조선시대
목축업에 관한 기록

축산 실록

저자 남인식

팜커뮤니케이션
Farm Coummunication

들어가며

조선왕조실록을 접한 것은 우연이었다. 30여 년 이상을 축산 현장에 근무하다가 은퇴 후 집안 선조들의 기록을 정리하면서 실록을 처음으로 접하였고, 그 방대함에 놀라고 그 정밀함에 감탄하였다. 그중에 흥미로운 것은 축산 관련 기록으로 지금에 비해 전혀 손색없는 정책을 수립하고 관리하였으며, 다양한 분야에 기록들이 실려 있는 것을 보고 이런 내용들을 정리하여 많은 분들이 보면 어떨까 하는 생각을 하게 되었다.

물론 전문적인 연구는 많은 분들이 하였으나, 일지 형식으로 매일 매일 이때쯤 조선시대 축산 현장에서는 어떤 일이 있었는지를 정리해 보는 것도 의미가 있다고 생각하여, 사회관계망 서비스(SNS)에 글을 쓰기 시작한 것이 2018년 5월이었다.

매일 조선시대 축산 관련 기사를 정리하면서 몇 가지 기준을 가지고 작업을 하였다. 첫째, 당일 기사를 찾아서 올리되 가급적 쉽게 풀어 쓴다. 둘째, 관련 자료를 덧붙이되 학술적인 내용보다는 사실 위주의 기록을 인용한다. 셋째, 가급적 매번 다른 주제의 기사를 선택하도록 노력한다.

그러나 이러한 원칙은 처음부터 난관에 부딪혔다. 우선 국사편찬위원회에서 제공하는 인터넷 실록이 일자 별로 선별을 할 수 없어 그 날짜의 축산 기사를 찾기가 쉽지 않았다. 또한 주제별로 분류해 놓은 항목 중에 축산·수의 부분이 있었으나 실제로 그 이외 항목에도 많은 축산 관련 기사가 있었고, 같은 일자 기사 중에서도 다룰만한 내용이 많을 때도 있고 그렇지 못한 때도 있어 '오늘의 축산실록' 기사를 정하기가 쉽지 않았다.

그러나 이러한 어려움에도 불구하고 글을 올리기 시작하자 많은 호응 있었고, 특히 개인적으로 연락을 해서 지금의 축산분야에도 이러한 기록 유산이 필요하다며 누군가 할 일을 해줘서 고맙다고 할 때는 일종의 사명감까지도 생기는 듯 했다.

그중에 가장 큰 힘은 농업축산분야 인터넷 언론 매체 중에 가장 젊고, 깊이 있는 기사로 정평이 나있는 '팜인사이트'에서 매일 정리한 내용을 동시에 인터넷 홈페이지 전면에 다루어 주면서 거의 언론인 수준의 책임감까지 느끼게 되었다. 실제로 팜인사이트 기사는 게재와 동시에 국내 최대 인터넷 포털인 '네이버(Naver)'나 '다음(Daum)'에 공유되어 축산실록 기사 중에 조회 수가 1만회를 넘는 기록이 나오기도 하였다.

그러나 이러한 사명감과 책임감은 횟수를 거듭 할수록 줄어들어 역사(歷史) 분야에 전문 연구자가 아님을 매번 절감해야 했고, 축산분야는 물론 수의, 식품, 가공, 동물 분야까지 영역이 확대되면서 새로운 분야에 대한 기본 지식의 미천함을 깨달아야 했다.

그런 이유로 처음에 '축산실록'을 책으로 엮어 보자고 제안했을 때 많이 주저하였으나, 내용을 정리하면서 새롭게 알게 된 5백여 년 전 이 땅의 선조들이 애지중지하던 '우리 축산'의 기록을 좀 더 쉽게 많은 계층과 공유하고, 또한 이러한 시도의 출발점으로서 의미가 있을 것 같다는 설득에 동의하게 되었다.

실제로 축산실록을 정리하면서 조선시대에는 '한우(韓牛)'라는 이름을 사용하지 않았다는 것을 알게 되었고, 검은 소(黑牛)가 왕실에서 어떠한 대접을 받았는지, 큰 소(大牛)를 사양관리 할 때 무엇을 먹였는지, 국가 목장이 왜 섬에 주로 설치되었는지를 처음으로 알게 되었다. 또한 말이나 돼지도 당시에 거세(去勢)를 하였으며 이를 담당하는 전문 관리가 있었고, 소나 말을 전담하던 조선의 카우보이(cowboy)가 있었던 것도 처음으로 접하게 되었다. 이외에도 축산학적으로 의미가 있는 소나 말을 방목하여 곡식을 생산하는 제경법(蹄耕法)에 대한 기록이나 가축에 역질(疫疾)이 발생하였을 때 대처한 내용, 중소가축인 닭, 오리, 거위 등의 사양 매뉴얼 등 여러 분야에서 체계적인 접근이 있었다는 것을 알게 되었다.

이렇게 책을 내는 것으로 동의하면서 기사를 정리하는 방식도 일부 수정되어 참고자료를 자세히 인용하였고, 실록 원문도 중요 내용을 발췌하는 방식에서 가급적 전문(全文)을 같이 게재하는 쪽으로 작성되었다. 그리고 비슷한 주제의 기사가 시대별로 다루어지는 것도 필요하다고 생각되어 그런 방식으로도 일부 기사는 정리되었다.

책이 나오기까지 많은 분들의 도움이 있었다. 우선, 처음부터 이러한 시도에 관심을 가져주고 격려와 지원을 아껴주시지 않은 농장과 식탁(팜인사이트) 대표님을 비롯한 관계자 여러분들께 깊이 감사드린다. 그분들의 노력이 없었으면 이 책에서 다루어진 기사들은 수많은 인터넷이나 사회관계망 서비스에 올린 글 중에 하나로 지나쳤을 것이다. 그리고 매일 매일 올린 기사에 응원을 해주고 격려를 해주신 여러분들께도 깊이 감사드린다.

축산분야 현장에서 근무하면서 느꼈던 가장 큰 자산은 경험이었다. 초보 농부(農夫)가 대를 이어온 농부를 당해 낼 수 없듯이, 이 땅에서 500여 년의 값진 축산 기록을 가지고 있는 우리 축산업은 어느 나라 누구와 경쟁해도 당당한 경쟁력을 가질 수 있다고 확신한다. 그러한 출발점에 이 책이 조그마한 보탬이 되기를 기원한다. 감사합니다.

2019년 11월
남 인 식 올림

차 례

들어가며 _ 2

일러두기 _ 24

1월
/
맹춘
孟春

1월 3일. 설날에 먹는 떡국인 병갱(餠羹)에는 소고기나 꿩고기를 사용했다 _ 26

1월 4일. 국가 목장에 사육된 우마(牛馬) 1만 4천 두 중 311두가 호랑이 피해를 입었다 _ 28

1월 7일. 치명적인 가축 전염병인 우역(牛疫)이 처음 발생하자 어떻게 대처했나? _ 32

1월 8일. 중국에 진헌(進獻)하는 종마(種馬)의 크기와 색깔 개량에 힘쓴 세종(世宗) _ 37

1월 9일. 축산(畜産)으로 새끼를 많이 번식시킨 자는 벼슬을 주고 직급을 올려준 세조(世祖) _ 41

1월 10일. 인구가 번창하여 하삼도(下三道)에서 공납하는 사슴고기 양을 줄였다 _ 45

1월 11일. 대신(大臣)이 눈병인 안질(眼疾)에 걸리자 양(羊)의 간(肝)을 내려 주었다 _ 48

1월 14일. 경기도(京畿道)는 나라에서 기르는 마필 한 두 당 15kg의 볏짚을 상납했다 _ 50

1월 15일. 정월 보름날 북극성에 지내는 제사에는 호랑이, 표범 모양의 연등을 달았다 _ 53

1월 16일. 30개월 동안 암말(雌馬) 번식률이 세 번 이상 80%면 직급을 올려 주었다 _ 57

1월 17일. 중앙부처 소속의 말안장을 전문적으로 만드는 장인이 있었다 _ 60

1월 18일. 중국산 돼지를 도입하고, 거세하는 방법을 배워 활용하게 했다 _ 63

1월 21일. 말고기는 진상용 포(脯)나, 연향(宴享)에 쓰이고 양기를 돋우는데도 쓰였다 _ 67

1월 22일. 살아있는 기러기를 전담으로 잡아 나라에 바치는 생안간(生雁干)이 있었다 _ 70

1월 23일. 봄에 민간(民間)의 농사용 소(農牛) 사료로 콩 1만 5천 3백 톤을 지원했다 _ 73

1월 24일. 우마(牛馬)를 잘 관리하면 교체하지 않고 종신(終身)의 임무로 여기게 했다 _ 77

1월 29일. 검은 암소가 송아지를 낳았는데, 귀가 셋이고 발이 여덟, 꼬리가 둘이었다 _ 81

1월30일. 일본국(日本國) 일부 지역에서는 소와 닭고기를 먹지 않고 죽으면 묻었다 _ 84

2월 / 중춘 仲春

2월 1일. 종묘에 지내는 대제(大祭)에 양과 염소 중 어떤 것을 쓸 것인지 논란이 되었다 _ 92

2월 5일. 관리들 승진시험에 소, 말, 양 등 육축(六畜)이 번성하는 대책을 적게 했다 _ 97

2월 6일. 말을 치료하는 약재로 꿀인 청밀(淸蜜), 웅담(熊膽)을 사용했다 _ 102

2월 7일. 거골장(去骨匠) 한 사람이 1년에 도살하는 소(屠牛) 두수가 1백여 두가 넘었다 _ 105

2월 9일. 2백여 명이 근무하며 왕실에 우유를 공급하던 유우소(乳牛所)를 혁파했다 _ 109

2월12일. 임금이 농사를 짓는 농기구를 나르는 수레는 견부(牽夫) 40명이 끌었다 _ 112

2월13일. 말을 치료하는 수의사인 마의(馬醫)도 품계에 따라 다섯 가지 등급이 있었다 _ 114

2월15일. 제주도 고라니는 원(元)나라에서 들여와서 놓아 먹이던 것이었다 _ 118

2월16일. 신백정(新白丁)을 평민화하기 위해 토지를 주고 자식을 향교에 보내게 했다 _ 121

2월19일. 부모 상(喪)을 당하면 담제(禫祭)가 끝나는 27개월간 고기를 먹지 않았다 _ 125

2월20일. 사냥용 매(鷹)로는 수리(鷲)의 일종인 새매(鷂子)도 사용되었다 _ 129

2월21일. 임진왜란 이전 175년 동안 암탉이 수탉으로 11번 바뀌었다 _ 132

2월 22일. 우마(牛馬)를 훔친 자는 교수형이나 섬으로 쫓아내고, 손의 힘줄을 끊었다 _ 135

2월 26일. 왜적이 충청도 비인(庇仁)에 쳐들어와 민가를 약탈하니 개와 닭도 씨가 말랐다 _ 140

2월 27일. 왕실 종친(宗親)의 집에서 소머리 35개와 말머리 8개를 찾아냈다 _ 143

3월 / 계춘 季春

3월 1일. 경상도 안동에서는 날씨가 추워 양(羊)을 토실(土室)에서 솜을 싸서 키웠다 _ 148

3월 4일. 중국황제도 조선인은 돼지고기를 먹지 않는것으로 알고 있었다 _ 151

3월 5일. 민간인에게 고기를 못 먹게 하는 금령(禁令)을 해제한 연산군(燕山君) _ 155

3월 6일. 임금의 사냥터에는 불을 내거나, 밭 갈고 나무하는 것까지 금지했다 _ 159

3월 7일. 군사 1만 명이 매와 개를 기르며 임금의 사냥만을 준비했던 조준방(調準坊) _ 161

3월 8일. 소젖(牛酪)을 대신에게 공급하고 소와 양을 도살하던 사련소(司臠所) _ 164

3월 11일. 역용(役用)으로 쓰기 위해 노새를 도입하여 소나 말과 번식시키려 했다 _ *167*

3월 12일. 조선시대 전국 540여개 역(驛)에 5,400여 두의 역마(驛馬)가 있었다 _ *170*

3월 13일. 경기 양주(楊州)에 있던 목장에서 두 번이나 호랑이를 직접 잡은 세조(世祖) _ *173*

3월 14일. 조선시대 농우(農牛)가 있는 집은 열 집에 한 집 꼴로 한 마리가 있었다 _ *177*

3월 15일. 목장에서 우마를 관리하는 목자들의 정년은 60세이었다 _ *181*

3월 18일. 큰 소인 경우 1일 피 8되, 콩 3되, 황초 7단을 급여했다 _ *184*

3월 19일. 강원도 강릉에 산불이 나 민가와 관아가 불타고 소와 말이 타죽었다 _ *187*

3월 20일. 한양에서 말 풀사료(生芻) 여섯 묶음 값이 쌀 넉 되나 되었다 _ *190*

3월 21일. 궁궐 안에 벌통 30개를 들여오게 하여 꿀을 생산했다 _ *194*

3월 22일. 충청도 해미에서 지진이 일어나 우마(牛馬)가 놀라서 넘어졌다 _ *197*

3월 26일. 임금은 쟁기를 잡고 밭을 갈며 왕비는 뽕잎을 따고 고치를 거두었다 _ *200*

3월 27일. 말을 타고 기예를 하는 마상재인(馬上才人)을 선발하여 군대를 편성했다 _ *204*

3월28일. 전국 8개도 관찰사 관리하에 59개 섬(島嶼)에 목장이 설치·운영되었다 _ 207

3월29일. 말을 거세(騸馬)할 때는 관청에 신고하고 낙인(烙印)한 후에 했다 _ 211

4월 / 맹하 孟夏

4월 3일. 중국 사신에게 우유로 만든 타락죽(駝酪粥)과 돼지머리 편육을 올렸다 _ 216

4월 4일. 종묘(宗廟)에서 지내는 춘향(春享)에는 소 5두, 양 18두, 돼지 30두가 사용되었다 _ 218

4월 5일. 기마병(騎馬兵)은 급료로 받는 군포(軍布)외에 콩 6~9두를 더 받았다 _ 221

4월 6일. 매월 진상하는 물품 중에는 살아있는 꿩, 청밀(淸蜜)등이 있었다 _ 226

4월 10일. 마필 한 마리의 가격이 3천만 원을 넘지 않게 고시했다 _ 229

4월 11일. 전국 8도에 중국에 진헌(進獻) 할 강아지 2백여 마리를 기르게 했다 _ 232

4월 12일. 임금이 타기에 적합한 말을 개인이 흉하게 만들면 장(杖) 1백 대에 처했다 _ 234

4월13일. 가죽을 삶는 데는 화약 재료인 염초(焰硝), 염색에는 철(鐵)을 사용했다 _ 238

4월 16일. 농우(農牛)가 많지 않아 교역이 어려웠고 수소보다는 암소가 많았다 _ 241

4월 17일. 여의도에 염소를 놓아길렀으나 비가 와서 모래로 덮이어 불러들였다 _ 244

4월 23일. 말이 한꺼번에 망아지 두 마리를 낳았는데, 한 마리는 수컷이고 한 마리는 암컷이었다 _ 248

4월 24일. 살곶이 목장의 마소를 도둑질하는 것에 대해 경비를 강화하다 _ 251

4월 27일. 달걀만 한 우박이 내려 사람과 가축이 상했으며 큰 나무가 뽑히기도 했다 _ 256

5월 / 중하 仲夏

5월 1일. 세자가 내린 육포를 먹고서 두통과 배를 앓으며 구토와 설사를 했다 _ 260

5월 6일. 조선시대 돼지는 외교부에서 길렀다? _ 263

5월 7일. 조선시대에도 닭, 오리, 거위 사양 매뉴얼이 있었다 _ 264

5월 8일. 함경도에 우역과 마역이 퍼져 소, 말 1만 8천 두가 죽었다 _ 265

5월 9일. 조선 왕실에서 쓰던 말은 서울 뚝섬 목장에서 길렀다 _ 266

5월 13일. 조선시대 나라의 세 가지 보배는 말(馬), 소(牛), ○○ 이었다 _ 268

5월 15일. 경기도 평택에서 기형 돼지가 태어났다 _ 270

5월 16일. 함경도 가축 돌림병으로 개와 돼지까지 죽었다 _ 271

5월 19일. 방울 달린 강아지를 너무 좋아했던 연산군 _ 272

5월 20일. 조선시대 소, 말을 전문적으로 관리하는 카우보이가 있었다 _ 274

5월 21일. 함경도에 큰 비가 내려 사람과 가축이 깔려 죽었다 _ 275

5월 22일. 임금이 밭을 갈 때는 흑우 두 마리를 사용했다 _ 276

5월 23일. 조선시대에 목장의 사양, 번식을 전담하는 관료가 있었다 _ 277

6월 / 계하 季夏

6월 11일. 조선시대에는 국방부에서 말과 소 사육을 담당했다 _ 280

6월 12일. 조선시대에는 말의 주민등록 제도를 운용했다 _ 281

6월 13일. 조선시대에는 한우(韓牛)라는 이름은 없었다 _ 283

6월 14일. 무더위로 인한 병으로 고기 먹기를 거부한 성종(成宗) _ 285

6월 15일. 조선시대에도 양봉통(養蜂筒)을 설치하여 꿀을 생산했다 _ 286

6월 18일. 왕십리 살곶이 목장에 호랑이가 나타나 말을 상하게 했다 _ 288

6월 19일. 조선시대 우마(牛馬) 사고사 1위는 '벼락' _ 290

6월 20일. 허가없이 소를 잡으면 온 가족이 외딴 섬으로 쫓겨났다 _ 291

6월 21일. 왕실에 전담으로 우유를 공급하는 관청이 있었다 _ 292

6월 22일. 모든 제사에 사용하는 가축은 별도의 사육기간이 있었다 _ 294

6월 26일. 원숭이를 이용하여 말(馬)의 병을 예방했다 _ 295

6월 27일. 소 한 마리가 송아지 다섯 마리를 낳았다 _ 297

6월 29일. 국가기관에서 기르는 돼지는 사료를 익혀 먹였다 _ 299

7월 / 맹추 孟秋

7월 3일. 가뭄이 심하면 사직단에서 돼지를 희생으로 제(祭)를 올렸다 _ 302

7월 4일. 도살을 금지하고 짐승의 뼈를 묻는 조선의 가뭄 10가지 대책 _ 303

7월 6일. 500년 전 경기도 안성에 젖소를 기르는 국가 목장이 있었다 _ 305

7월 7일. 왕실마 1천여 필에 기녀를 싣고 야외 유희를 즐긴 연산군 _ 308

7월 17일. 조선시대에는 말(馬)을 전담 거세하는 관리가 있었다 _ 309

7월 18일. 퇴임한 고위 관리에게 매월 주는 것은 고기와 술이었다 _ 311

7월 19일. 중국에서 가장 좋아했던 조선의 동물 중 하나는 사냥개 _ 313

7월 20일. 활을 만들기 위해 각지에 물소를 70마리나 길렀다 _ 315

7월 21일. 각 도(各道) 고을로 돼지 사육 두수를 늘린 세종대왕 _ 317

7월 24일. 남대문로 근처에 소와 말의 거래 시장이 있었다 _ 319

7월 25일. 임금이 타는 말에는 쌀, 일반 말에는 피(稗)를 먹였다 _ 320

7월 27일. 제주도에서 6백여 두의 말(馬)이 매년 육지로 공출되었다 _ 322

8월 / 중추 仲秋

8월 1일. 임금이 탔던 말은 요리에 사용하지 못하도록 했다 _ 326

8월 2일. 중국과의 말 중계 무역으로 10배의 수익을 남겼다 _ 328

8월 3일. 인왕산에 표범이 나타나 가축에게 피해를 입혔다 _ 332

8월 4일. 우마(牛馬) 도축의 장인을 거골장(去骨匠)이라 했다 _ 333

8년 5일. 닭과 개를 훔쳐 죽인 사람은 몸에 문신을 새겨 넣었다 _ 335

8월 9일. 80세 노인에게는 벼슬을 주고 술과 고기로 향응했다 _ 337

8월 10일. 왕실 제향에는 원래 멧돼지 7개 부위를 사용했다 _ 339

8월 11일. 조선시대 처음으로 돼지나 양을 거세토록 한 세종(世宗) _ 341

8월 12일. 살곶이 목장은 1천 필의 말을 기른 조선시대 최대 목장이었다 _ 344

8월 18일. 귀화한 외국인에게 임금이 타는 말을 관리하게 했다 _ 346

8월 19일. 왕실 회의에서 논란이 된 발이 일곱 개 달린 송아지 _ 348

8월 22일. 국가기관에서 제향을 위해 황우보다 흑우를 9배 더 길렀다 _ 351

8월 23일. 왕실 우유를 전담 공급하는 전문직 관리가 있었다 _ 353

8월 25일. 공자(孔子)에게 제사를 지낼 때는 붉은 소를 사용했다 _ 355

8월 26일. 제주도에서는 제경법(蹄耕法)을 이용하여 곡식을 생산했다 _ 357

8월 29일. 봄에 파종하는 밀, 보리의 최고 비료는 우마분(牛馬糞)이었다 _ 359

9월 / 계추 季秋

9월 2일. 임금이 사냥할 때 계절별로 사냥하는 짐승이 달랐다 _ *364*

9월 3일. 조선시대 송파나루는 우마(牛馬) 집결지로 목장이 있었다 _ *366*

9월 4일. 모든 연향(宴饗)에 소고기를 자유롭게 쓰게 한 연산군 _ *368*

9월 7일. 중국에 보내는 세공마(歲貢馬) 크기는 175cm 이상이었다 _ *370*

9월 8일. 소와 말을 방목하여 피해를 입히면 우마(牛馬)를 몰수했다 _ *372*

9월 10일. 돼지고기를 가공하여 말려서 보관하는 관청이 있었다 _ *373*

9월 14일. 목장 산지(山地)를 불법으로 점유한 경우는 징역 3년에 처해졌다 _ *376*

9월 15일. 조선시대 짐승의 가죽은 중요한 외교 거래 품목이었다 _ *378*

9월 17일. 나라에 공을 세운 공신(功臣)들은 임금과 함께 가축의 피를 마셨다 _ *380*

9월 21일. 중국에 보낼 진헌마(進獻馬) 확보를 위해 무당(巫堂)도 말을 내었다 _ *383*

9월 22일. 사슴, 송골매, 원숭이, 낙타, 고니 등 모든 동물을 사랑한 성종(成宗) _ *385*

9월 23일. 조선 초 60년간 중국에 보내진 마필 수가 6만 6천 두에 달했다 _ *387*

9월 24일. 볏짚은 기와를 만들고 얼음을 보관하는 관청에서도 사용했다 _ 389

9월 25일. 조선시대 백정(白丁)의 원조는 몽골의 달단(韃靼)족이었다 _ 391

9월 28일. 목장에서 말몰이를 전담하는 군사들도 있었다 _ 393

9월 29일. 일본 대마도에서 말 60여 두를 조공했다 _ 395

9월 30일. 왕실 마구간 내구(內廐)에 마필 4백 두를 길렀다 _ 397

10월 / 맹동 孟冬

10월 1일. 사냥한 짐승은 왼쪽 어깨 또는 넓적다리를 관통한 것이 상품(上品)이었다 _ 400

10월 2일. 조선시대 10가지 양마(良馬) 요령 _ 401

10월 5일. 임금이 밭을 가는 친경(親耕)시에는 소가 파란색 쟁기를 끌었다 _ 404

10월 6일. 벌꿀을 가장 많이 공물(貢物)로 바친 지역은 경상도였다 _ 406

10월 7일. 군사용으로 낙타 한 마리를 2억 원에 사려고 했다 _ 409

10월 8일. 화척(禾尺)에게 백정(白丁)이라는 호칭을 처음으로 사용하게 했다 _ 413

10월 9일. 소(牛)를 도둑질한 자는 곤장 1백 대에 '도우(盜牛)'라는 글자를 새겼다 _ 416

10월 13일. 소와 말의 전염병 치료에는 작설차(雀舌茶)를 물에 풀어먹였다 _ 421

10월 14일. 왕실 주방에는 고기를 전문적으로 굽는 전담 인력이 있었다 _ 423

10월 15일. 명품 모피를 얻기 위해 야인(野人)들에게 소와 말을 주고 교환했다 _ 426

10월 16일. 가죽을 전문적으로 다루는 장인(丈人) 3백여 명이 관청에서 일을 했다 _ 428

10월 19일. 역마(驛馬) 중에 푸른 털에 백마(白馬)인 청총(靑驄)이 있었다 _ 431

10월 20일. 타는 말(馬)의 털 색깔(毛色)에 대한 집착이 강했던 연산군(燕山君) _ 433

10월 22일. 젖 짜는 소를 사서 날마다 형님에게 우유를 먹이도록 한 세종(世宗) _ 435

10월 23일. 임금이 타는 말(御馬)의 재갈이 벗겨지면 담당 관리는 파면이었다 _ 437

10월 26일. 왕실의 말먹이(馬料)를 훔친 사람은 참형(斬刑)에 처했다 _ 439

10월 27일. 조선시대 임금들은 아끼는 신하가 죽으면 고기를 먹지 않았다 _ 441

10월 29일. 국가에서 관리하는 마필에는 '주(周)'자 낙인(烙印)을 찍었다 _ 442

11월 / 중동 仲冬

11월 1일. 임금들이 직접 말을 타고 공을 치며 즐긴 로얄 스포츠 격구(擊毬) _ 446

11월 5일. 서울에서 30간(間) 이상 집에 돼지 10마리를 기르면 세금이 면제되었다 _ 448

11월 6일. 조선 최초의 수입 외래 종 물소(水牛)는 어떻게 적응에 실패했나? _ 450

11월 7일. 화척(禾尺)과 예능인인 재인(才人)은 같은 북방 유민 출신이었다 _ 452

11월 8일. 어마(御馬)가 날뛰고 길들여지지 않아 다리를 저는 말을 탔던 세종 _ 455

11월 11일. 범, 표범, 곰 등을 산 채로 잡아다 직접 쏘아 죽인 연산군 _ 457

11월 12일. 재래마를 개량시킨 최초의 외래마는 호마(胡馬)였다 _ 459

11월 13일. 왕실 육류 조리사 파오치(波吾赤)는 몽골어에서 유래되었다 _ 464

11월 14일. 중국에 보내는 진헌마(進獻馬)는 털색에 따라 21종류가 있었다 _ 466

11월 15일. 읍(邑)과 역(驛)에 배치된 화물수레는 소 두 마리가 끄는 대차(大車)였다 _ 467

11월 18일. 목장을 지키고 맹수를 물리치는 특수부대 목마군(牧馬軍)이 있었다 _ 470

11월 20일. 엄격한 소 도살 금지 정책에도 사대부 집의 수색을 꺼린 성종 _ 472

11월 21일. 가장 중요한 제사에는 흑우(黑牛)를 희생(犧牲)으로 사용했다 _ 480

11월 22일. 망아지와 닥나무로 만든 저화(楮貨)를 바꾼 지방 수령이 면직되었다 _ 482

11월 25일. 제주도에 3만 두의 말이 목양되었고 도지사가 관리했다 _ 484

11월 27일. 궁궐 내 마구간에 돼지 1백여 마리를 기르게 한 연산군 _ 487

11월 28일. 버터(Butter)를 전문적으로 제조하는 수유치(酥油赤)가 수백 호나 있었다 _ 489

11월 29일. 재래마를 타고 하던 경기인 격구에는 임금도 돈을 걸었다 _ 492

12월 / 계동 季冬

12월 2일. 임금이 신하들의 노고를 치하할 때는 소고기 육회를 대접했다 _ 496

12월 3일. 강원도에서 개가 왼쪽 갈비 쪽으로 새끼를 낳는 일이 있었다 _ 498

12월 4일. 목장을 정할 때 가장 중요한 것이 호랑이가 없는 것이었다 _ 500

12월 6일. 중국에서 요구한 농우 1만 두 교역을 6천 두로 경감한 세종(世宗) _ 504

12월 10일. 하루에 쌀, 콩 3말씩을 먹으며 사람을 해치다 섬에서 죽은 일본 코끼리 _ 506

12월 12일. 당상관(堂上官)의 방한모에는 담비 털, 그 이하에는 족제비 털을 썼다 _ 508

12월 13일. 한양에 양(羊)이 1천 5백 두 이상 사육되어 도성(都城)에서 기르지 못하게 했다 _ 510

12월 17일. 전염병으로 소와 돼지가 많이 죽자 한글로 된 치료서적을 간행·보급했다 _ 513

12월 18일. 영호남 지역에서 평안도로 이주하면 관청에서 농토(農土)와 농우(農牛)를 주었다 _ 515

12월 19일. 설날 선물로 가장 인기 있는 품목은 살아있는 꿩(生雉)이었다 _ 520

12월 20일. 전국 각 도에서 개를 기르는데 연간 쌀 3천 6백 가마가 소요되었다 _ 522

12월 23일. 일식과 월식 때는 짐승의 도살을 금했다 _ 524

12월 24일. 제향에 쓰는 소와 양은 고기 외에 내장을 제물로 올렸다 _ 528

12월 25일. 사복시에 기르는 말의 풀 사료로 하루에 5천 단이 필요했다 _ 530

12월 26일. 혼인을 뜻하는 초례(醮禮)는 돼지를 나눠 먹고 동체(同體)가 되는 것이었다 _ 533

12월 27일. 한 해의 마지막 날 행하는 나례(儺禮)에는 수탉을 잡아 땅에 묻었다 _ 536

조선시대
목축업에 관한 기록
/
축산
실록

일러두기

- 이 책은 국사편찬위원회 조선왕조실록 번역본과 한국학 중앙연구원 조선왕조실록 사전을 기준으로 작성되었다.
- 날짜 기준은 음력을 기준으로 동일 일자 기사 중에 임의로 선별하였다.
- 기사 시점은 가급적 태조(太祖) 대에서 임진왜란 이전 선조(宣祖) 대로 한정하였다.
- 원문 인용은 그대로 싣는 것을 원칙으로 이해를 돕기 위한 해설을 덧붙였다.
- 축산, 수의 분야 외에 식품, 가공, 동물 분야 등 여러 분야에서 연관된 주제를 다루었다.

1월
/
맹춘
孟春

\ 1512년 중종7년 1월 3일

설날에 먹는 떡국인 병갱(餠羹)에는 소고기나 꿩고기를 사용했다

조선시대 새해 첫날 80세 이상의 장수하는 노인들에게 임금이 안부를 물으며 내려주는 시절 음식을 별세찬(別歲饌)이라 했는데, 이들 별세찬을 받는 대상은 정3품 이상의 관직에 종사했거나 종사하는 이들과 품계를 받은 부인들이었다.

이 같은 관리들 외에 90세 이상 장수한 일반 서민들에게도 세찬을 내리기도 했는데, 이는 관직이나 신분 여하에 상관없이 80세 이상 노인에게 장수를 축하하는 선물을 주었던 세궤(歲饋)와 유사했으며, 세궤 혹은 세찬은 100살 이상의 노인들에게 보다 많이 지급한 것으로 기록되어 있다.

이 같은 별세찬의 유래에 대해서는 노인은 고기가 아니면 배부르지 않고 비단이 아니면 따뜻하지 않아 이들을 위해 쌀과 비단을 내렸던 전통에서 그 연원을 둔 것으로 알려져 있으며, 음식 외에 쌀과 고기, 소금, 옷감 등을 나누어 준 것으로 기록되어 있다.

특히 별세찬으로 나누어 준 쌀은 새해 첫날 먹는 대표적인 세찬인 흰쌀로 만든 떡국인 병갱(餠羹)을 만드는데 사용되었는데, 조선 중기 이후 설날 아침에 모시는 차례 상에는 메(쌀밥)와 함께 이 병갱을 올리고 식구들이 모두 모여서 아침 식사로 먹은 것으로 나타나 있다.

병갱은 병탕(餠湯)이라고도 하여, 멥쌀가루를 익힌 후 반죽하여 떡메로 많이 쳐서 손으로 길게 늘려 가래떡인 백병(白餠)을 만들었으며, 이 가래떡이 굳기를 기다려 엽전과 같이 얇고 잘게 썰어 고기를 넣고 같이 끓인 국에 간장으로 간을 하여 먹게 되는데, 떡국에 넣는 고기로는 소고기와 꿩고기를 가장 많이 사용했다.

정조(正祖)의 어머니이자 사도세자(思悼世子)의 부인인 혜경궁 홍씨의 회갑연을 기록한 원행을묘정리의궤(園幸乙卯整理儀軌)에는 병탕의 재료로 멥쌀인 백미 2승(升), 찹쌀인 점미(粘米) 5합(合), 묵은 닭인 진계(陳鷄)와 생꿩인 생치(生雉) 1마리, 소고기인 황육(黃肉) 3양(兩), 간장(艮醬) 5석(夕)이 들어간 것으로 기록되어 있다.

507년 전 오늘의 실록에는 충청도 청주(淸州) 등지에 나이 백세가 넘은 사람 넷이 있는데, 쌀 10섬씩을 하사(下賜) 한 것으로 기록되어 있다.

- 중종실록 15권, 중종 7년 1월 3일 기유 기사 1512년 명 정덕(正德) 7년
- 충청도 청주 등에 백세가 넘은 자에게 쌀 10섬 식을 하사하다
- 충청도 청주(淸州) 등지에 나이 백세가 넘은 사람 넷이 있는데, 쌀 10섬씩을 주도록 명했다.
- 【태백산사고본】 8책 15권 2장

◆ 1470년 성종1년 1월 4일

국가 목장에 사육된 우마牛馬 1만 4천 두 중 311두가 호랑이 피해를 입었다

조선시대 말과 소 등의 가축을 기르기 위해 국가에서 일정한 설비를 갖춘 목장(牧場)을 총괄 관리하던 관청은 병조(兵曹) 직속의 정3품 아문인 사복시(司僕寺)였다. 이 사복시에서는 봄, 가을로 각 도의 목장에서 기르는 소나 말을 점검하기 위해 임시로 관원을 파견했는데 이를 점마별감(點馬別監)이라 했다.

조선시대 목장의 수는 임금대별로 차이가 있어 세종 대에는 59개소, 중종 대에는 87개소 정도였으며, 이후에는 170여개 소로 늘어난 적도 있다. 목장 내 실제로 사육되는 우마(牛馬) 두수는 성종 대에 경기, 충청도, 전라도, 경상도, 함경도, 황해도, 평안도 등 전국 7개 지역 33개 목장에 점마별감이 우마적(牛馬籍, 소의 주민등록과 같은 역할을 함)을 중심으로 수를 세어본 결과에 의하면 다음과 같다.

우선, 경기도 양성에 방목한 소가 101두, 장단에 방목한 말이 340두, 강화에 말 331두, 진강장에 말이 1천 302두로 파악되었고, 충청도 태안에 방목한 말이 458두였는데 범이 잡아먹은 것이 19두이며, 신곶이에 방목한 소가 77두, 범이 잡아먹은 것이 14두이며, 지령산에는 말이 300두, 범이 잡아먹은 것이 7두, 이산곶이에는 말이 322두, 범이 잡아먹은 것이 44두, 서산에는 말 354두, 범이 잡아먹은 것이 8두, 홍주에는 방목한 말이 122두로 집계되었다.

전라도 영광에는 말 214두, 고이도에 말 219두, 강진의 신지도에 말 299두, 흥양에는 말 666두, 절이도에는 말 364두, 장흥 내덕도에는 방목한 소 188두, 해남에 말 1천 449두, 진도에는 말 1천 312두로 나타났다. 경상도 고성에는 말 284두, 해평곶이 말이 742두, 동래 말 793두, 범이 잡아먹은 것이 38두, 울산 말 360두, 범이 잡아먹은 것이 67두로 조사되었다.

함경도 단천의 두언태에는 말이 103두, 북청의 나만북에 말 389두, 문천의 반상사눌도 소가 121두였고, 황해도 옹진의 창비도 말 167두, 강령 551두, 범이 잡아먹은 것이 49두이며, 황주의 철도에는 말이 78두, 범이 잡아먹은 것이 20두, 풍천의 석도 말 122두, 평안도 철산에는 말이 1천 293두, 가도 말 145두였고, 선천의 신미도는 말이 280두, 소가 49두, 정주 말이 240두로 조사되었다.

전체적으로는 33개 목장에 소 487두, 말 1만 3천 599두가 방목 사육되고 있었으나 이 중 고의적으로 잃어버리거나 유실된 마리수가 전체의 16.6%에 달하는 2천 340두에 달했으며, 특히 전체 사육 두수의 2.2%인 311두가 호랑이 피해를 입은 것으로 기록되어 있다.

549년 전 오늘의 실록에는 이러한 점검 결과를 가지고 일에 태만하여 많은 망실을 초래했으니 담당 관서로 하여금 이를 추국(推鞫)하게 하여 그 망실이 많은 사람은 파출(罷黜)시키도록 하고 있다.

- 성종실록 2권, 성종 1년 1월 4일 계미 기사 1470년 명 성화(成化) 6년

사복시 제조가 각지에서 기르는 마소의 원래 숫자와 현재 잃어버린 숫자를 아뢰다

사복시 제조(司僕寺提調)가 아뢰기를,

"지금 여러 도(道)의 점마 별감(點馬別監)의 우마적(牛馬籍)을 상고해 보니, 경기(京畿) 양성(陽城)의 괴태길곶이(槐台吉串)에는 본래 방목(放牧)한 소가 1백 1두(頭)였는데 고실(故失)이 23두이고, 장단(長湍)의 호곶이(壺串)에는 본래 방목한 말이 340두였는데 고실(故失)이 30두, 유실(遺失)이 8두이며, 강화(江華)의 북일곶이(北一串)에는 본래 방목한 말이 331두였는데 고실이 49이고, 유실이 6두이며, 진강장(鎭江場)에는 본래 방목한 말이 1천 302두였는데 고실이 122두이며, 충청도(忠淸道) 태안(泰安)의 대소산(大小山)에는 본래 방목한 말이 4백 58두였는데 고실이 117두, 범이 잡아 먹은 것이 19두이며, 신곶이(薪串)에는 본래 방목한 소가 77두였는데 고실이 9두, 범이 잡아 먹은 것이 14두이며, 지령산(知靈山)에는 본래 방목한 말이 3백 두였는데 고실이 24두, 범이 잡아 먹은 것이 7두이며, 이산곶이(梨山串)에는 본래 방목한 말이 322두였는데, 고실(故失)이 25두, 범이 잡아 먹은 것이 44두이며,

서산(瑞山)의 안면곶이(安眠串)에는 본래 방목한 말이 354두였는데 고실이 39두, 범이 잡아 먹은 것이 8두이며, 홍주(洪州)의 원산도(元山島)에는 본래 방목한 말이 122두였는데 유실이 10두이며, 전라도(全羅道) 영광(靈光)의 진하산(珍下山)에는 본래 방목한 말이 214두였는데

고실이 40두이며, 고이도(古耳島)에는 본래 방목한 말이 219두였는데 고실이 53두이며, 강진(康津)의 신지도(新智島)에는 본래 방목한 말이 299두였는데 고실이 49두이며, 흥양(興陽)의 도양곶이(道陽串)에는 본래 방목한 말이 666두였는데 고실이 163두, 유실이 5두이며, 절이도(折爾島)에는 본래 방목한 말이 364두였는데 고실이 72두이며, 장흥(長興)의 내덕도(來德島)에는 본래 방목한 소가 188두였는데 고실이 26두이며, 해남(海南)의 황원곶이(黃原串)에는 본래 방목한 말이 1천 449두였는데 고실이 152두이며, 진도(珍島)의 지력산(智歷山)에는 본래 방목한 말이 1천 312두였는데 고실이 131두이며, 경상도(慶尙道) 고성(固城)의 말을상곶이(末乙上串)에는 본래 방목한 말이 2백 84두였는데 고실이 59두이며, 해평곶이(海平串)에는 본래 방목한 말이 742두였는데 고실이 101두이며,

동래(東萊)의 오해야항(吾海也項)에는 본래 방목한 말이 793두였는데 고실이 78두, 범이 잡아 먹은 것이 38두이며, 울산(蔚山)의 방어진(方魚津)에는 본래 방목한 말이 360두였는데 고실이 57두, 유실이 11두, 범이 잡아 먹은 것이 67두이며, 함경도(咸鏡道) 단천(端川)의 두언태(豆彥台)에는 본래 방목한 말이 103두였는데 고실이 50두이며, 북청(北靑)의 나만북(羅萬北)에는 본래 방목한 말이 389두였는데 고실이 119두이며, 문천(文川)의 반상사눌도(反上四訥島)에는 본래 방목한 소가 121두였는데 고실(故失)이 26두이며, 황해도(黃海道) 옹진(甕津)의 창비도(昌比島)에는 본래 방목한 말이 167두였는데 고실이 26두이

며, 강령(康翎)의 등산곶이(登山串)에는 본래 방목한 말이 551두였는데 고실이 102두, 범이 잡아 먹은 것이 49두이며, 황주(黃州)의 철도(鐵島)에는 본래 방목한 말이 78두였는데 범이 잡아 먹은 것이 20두이며, 풍천(豐川)의 석도(席島)에는 본래 방목한 말이 122두였는데 유실이 5두이며, 평안도(平安道) 철산(鐵山)의 대곶이(大串)에는 본래 방목한 말이 1천 293두였는데 고실(故失)이 420두이며, 가도(椵島)에는 본래 방목한 말이 145두였는데 고실이 42두이며, 선천(宣川)의 신미도(身彌島)에는 본래 방목한 말이 280두였는데 고실이 49두이며, 정주(定州)의 도치곶이(都致串)에는 본래 방목한 말이 240두였는데 고실이 52두이다.

대체로 마정(馬政)은 군국(軍國)의 중대한 일인데도 겸감목관(兼監牧官)이 점검(點檢)하는 일에 태만하여 많은 망실(亡失)을 초래했으니, 위임(委任)하는 뜻에 어긋남이 있다. 담당 관서로 하여금 이를 추국(推鞫)하게 하여 그 망실이 많은 사람은 파출(罷黜)시키소서." 하니 그대로 따랐다.

- 【태백산사고본】 1책 2권 2장

\ 1542년 중종37년 1월 7일

치명적인 가축 전염병인 우역牛疫이 처음 발생하자 어떻게 대처했나?

조선시대 가축에 치명적인 우역(牛疫)에 관한 실록 기록은 280여 건으로 최초로 발생한 임금 대는 중종 36년(1541년) 1월 20일이나 가장 많이 발생한 것은 현종 이후로 나타나있다. 우역이 최초로 발생한 1541년 1월부터 1년간 실록의 기록에는 당시 조정의 상황 대처와 임금인 중종의 노심초사한 기록이 남아있다.

우선, 1월 20일 평안도에서 올린 서장(書狀)에서 관청에서 기르는 관우(官牛, 관청의 소)가 염병에 걸려 병사한 합계가 3천 515마리인데 병은 아직도 수그러지지 않는다고 하자, 임금은 농사지을 일이 걱정이라며 농사일이 시작되기 전에 소를 보내 주라고 일렀다. 2월 1일에는 그 외에 추가로 죽은 소가 591마리로 도합 4천여 마리라고 하자 호조(戶曹)로 하여금 소를 구입하여 보내주되 소 값을 넉넉히 주고 기한도 충분히 주는 방안을 검토하게 했다. 조정에서는 평안도의 농사일은 다른 지역과 달라 소를 보내주어도 2~3년 안에 그곳의 밭갈이에 익숙하기 어려운 점을 고려하여 우선 병으로 죽지 않은 집의 소를 서로 변통하여 농사를 짓게 하도록 조치했다.

3월 12일에는 봄인데도 겨울같이 추워서 비가 내리지 않아 초목에 꽃이 피지를 않고, 열병이 평안도는 물론 경기도 일원인 기전(畿甸)에서도 소, 말, 양, 닭, 개, 돼지를 포함하는 육축(六畜)이 많이 병들어 죽었다는 보고가 있자, 임금은 대궐을 떠나지 않으며 사찰을 철거하라는 유생(儒生)들의 상소를 윤허하지 않았다. 3월 15일에는 국가 제사에 대뢰(大牢)로 쓰이는 희생(犧牲)인 소, 양, 돼지가 까닭 없이 많이 죽으니, "임금이 제사를 조심스럽게 받들지 못한 때문이 아닌가" 스스로 자책하며 부덕(不德)한 자질로 결함 있는 정치가 한두 가지가 아니라며 한탄하기도 했다. 또한 3월 20일에는 제향(祭享)에 희생으로 쓰는 흑우(黑牛)까지도 병에 전염되어 죽자 매우 염려하며 죽은 숫자를 민간에게 배정(配定)하여 수를 채우게 한다면 폐단이 헤아릴 수 없어 큰 근심거리라고 적고있다. 4월 2일에는 임금의 걱정이 커지자 홍문관 부제학 등이 상소문을 올려, 습기로 돌림병이 생겨 사람과 가축이 거의 다 병들어 백성들은 잇달아 죽어가고 소와 양들도 죽어 쓰러지는데 나라의 의원도 기술을 쓸 수 없고 임금의 제사에도 희생을 바칠 수 없으니 이것은 하늘이 전하를 크게 경계하여 보호하고 안전하게 하려는 것이라고 위로하기도 했다.

4월 4일에는 나라의 제사에 쓸 소, 양, 돼지 삼생(三牲)이 거의 다 병들어 죽었는데 신명의 노여움을 받아서 이런 재변이 있는 것이므로, 재실(齋室)이 누추하지 않고 제복(祭服)도 깨끗이 하여 신명을 대하도록 신하들이 건의했다. 4월 21일자 양주목사 첩정에는 돼지, 염소, 양은 다 병들어 죽어서 고을 안의 모든 제향에 쓸 희생을 장만하여 바치기 어렵고, 기우제에도 쓸 것이 없다고 보고하고 있다.

10월 18일자 기록에는 제사에 쓸 희생 중에 병들어 죽은 것이 자못 많으니 백성에게 폐해를 끼치지 말고 서울에서 가까운 각 고을에서 나누어 길러 필요할 때 가져다가 쓰는 방안을 검토하게 했으나, 서울에서 가까운 각 고을은 소의 병이 더욱이 심하여 나누어 기르지 못한다고 하자 전곡(錢穀)이 있는 각사가 나누어 기르도록 전교하기도 했다.

11월 2일에는 돼지가 병들어 죽는 일에 대해 소의 전염병(牛疫)은 치료할 방법이라도 있지만 돼지는 치료할 방법이 없으니 어떻게 해야 할지 모르겠다는 예조당상(禮曹堂上)의 보고가 있자 11월 4일에 경기 광주에서 소, 양새끼, 돼지가 많이 죽었는데 의원을 시켜 약을 주어 치료하게 했더니 소는 혹 죽기도 하지만 돼지나 양 새끼는 전혀 죽지 않아 약으로 치료하면 살릴 수도 있고, 한 곳에서 많이 기르기 때문에 이런 일이 생기니 각사(各司)에서 한두 마리씩 나누어 기르도록 전교했다.

이러한 조치의 결과로 11월 5일에는 태평관에 옮겨 기르고 있는 돼지 75마리는 모두 살아났고, 개인의 우리로 옮겨 기른 돼지는 90마리 가운데 50마리가 죽고 40마리는 살아 있는데 한창 치료 중이라는 보고가 있었다. 11월 17일에는 제사에 쓰는 희생을 옮겨서 기르고 있지만 병이 전염되어 많이 죽으니 이는 반드시 제사에 정성을 다하지 못한 소치로 모든 제향관(祭享官)과 제구(祭具)에 정결하지 못한 일이 있는지 다시 더욱 살피도록 하라고 했다.

그러나 대신들은 제사에 쓰는 희생만이 그렇게 된 것이 아니고 말이나 기타 가축과 들짐승들도 많이 죽었으며, 민간에서 소가 죽었다고 관청에 보고하면 관청에서 소의 힘줄을 요구하기 때문에 보고하는 자가 적고 보고해도 계본에 쓰는 것은 겨우 5분의 1정도로 실제로는 잡축(雜畜)이 더 많이 죽는 것을 보면 제사의 일을 삼가지 않은 소치는 아니라고 임금을 위로하고 있다.

11월 23일에는 대사간(大司諫)이 상차하기를 몇 해 전부터 음양(陰陽)이 고르지 못해 추위와 더위가 계절에 맞지 않고 여름에는 비가 내리지 않으며, 겨울에는 눈이 오지 않아 벼농사가 되지 않아서 백성들이 굶주려 온 나라에 수심과 탄식이 가득하고 굶어 죽는 자가 여기저기 생겨나는데 가축까지도 모두 죽으니 지금의 재앙은 인사가 크게 잘못된 것이라고 지적했다. 11월 24일에는 평안도 감사가 도내의 병들어 죽는 소가 지난 8월 17일 치계(馳啓)한 뒤로 희천(熙川) 외에 7개 지역에서 1천 909마리의 소가 추가로 죽었다는 장계를 올렸다.

11월 28일에는 전염병이 겹쳐 백성과 가축이 함께 죽어가는 이유가 하늘이 재변을 보여 사람을 경계하기 때문으로 인사를 챙기고 임금도 자신을 반성하여 하늘의 뜻을 되돌리도록 하라는 사헌부의 상고가 있었으나, 이러한 노력에도 12월 17일 강원도 3개 고을에서 돼지가 전염병으로 죽었으며, 함경도에서는 4개 지역에서 소가 죽었다. 2월 9일 기사에는 함경도에서 여역(癘疫)이 퍼져 죽은 남녀노소가 2백여 명이고, 우역(牛疫)도 크게 번져 소가 매우 많이 죽은 것으로 기록되어 있다.

한편, 같은 해 11월에는 여러 가축의 치료법을 일반 사람들도 이해하기 쉽도록 이두문과 한글로 적고 약명은 민간에서 불리는 이름(鄕

名)으로 쓴 치료서적인 우마양저염역치료방(牛馬羊猪染疫病治療方)을 편찬하여, 각 도에서 여러 부를 각판(刻版)하게 하여 치료에 활용하도록 했다.

477년 전 오늘의 실록에는 황해도(黃海道) 황주(黃州)에서도 소 25마리와 돼지 31마리가 저절로 죽었다는 보고가 있었다.

• 중종실록 97권, 중종 37년 1월 7일 무자 기사 1542년 명 가정(嘉靖) 21년

황해도 황주에서 소와 돼지가 죽다

황해도(黃海道) 황주(黃州)에서 소 25마리와 돼지 31마리가 저절로 죽었다.

• 【태백산사고본】 49책 97권 20장

1194년 세종1년 1월 8일

중국에 진헌進獻하는 종마種馬의 크기와 색깔 개량에 힘쓴 세종世宗

조선시대 사행(使行)을 통하여 중국에 방물(方物)을 보내는 것을 진헌(進獻)이라 했으며, 이때에 말은 반드시 포함되어 정기 사행에 보내지는 말은 진헌마, 비정기 사행에 보내지는 말은 별마(別馬)라고 했다. 진헌하는 말은 색(色)과 크기를 정하여 종류마다 수를 지정했는데,

정기 사행 때 진헌하는 말은 50필 정도였으며, 크기는 주척(周尺)으로 5척 7촌 이하, 5척 4촌 이상, 별마는 더 커서 6척 이하, 5척 8촌 이상이었다.

왕조실록에는 진헌하는 말 중에 특히 종마를 보낸 기록이 여러 차례 있는데, 태조(太祖)대에 두 차례에 걸쳐 100두를 보냈으며, 태종 때에도 종마를 강제로 중국에 보낸 것으로 나타나 있고, 특히 세종 때는 이러한 종마의 크기와 색깔 개량을 위해 여러 가지 정책을 시행했다.

우선, 사복시에서 보고하기를 종전에는 함길도에서 몽골족인 달단(韃靼)의 말과 교접하여 번식되어 좋은 말이 많이 생산되었으나 통하지 않은 지가 50년이 되어 달단의 말이 절종(絶種)했다. 제주에는 몸이 크고 성질이 순한 말이 생산되지 아니하여 장래가 염려되니 북쪽 여진족인 야인(野人)들로부터 몸이 큰 암수 종마(種馬)와 교역하여 번식시키면 좋을 것이라는 건의를 받자, 함길도 도절제사에게 전지하여 품질 좋은 달단의 암수 종마(種馬)를 감영(監營)의 물건으로 사들이고 마필수와 털빛과 나이를 계문(啓聞)하라고 했다. 야인들 중에 좋은 말이 있는 자가 곡식이나 소나 말과 교환할 것을 요구하자, 각 고을의 국고에 저장된 것으로 소나 말은 포목과 그 외의 물건으로 민간에서 사서 종마를 바꾸게 했다.

또한 중국 황태자(皇太子)의 생일을 축하하기 위해 보내는 사신인 천추사(千秋使)에게는 말을 보내면서 중국에서 만약 종마와 진헌마는 모두 큰데 보낸 말의 크기가 너무 작다고 묻거든, 우리나라 달달마의 종자를 제주에 놓아기르는 것이 본시 적은데 해가 오래 됨에 따라 토종말과 서로 섞여 종마와 따로 바치는 말은 엄선하여 비교적 크나 상공마(賞貢馬)까지도 엄선한다면 달달마가 적어져 뒤를 잇기 어려워 오로지 토종말을 바치기 때문에 약간 작은 것이라고 설명하라고 사정을 당부하기도 했다.

모색 개량에도 관심을 가져 흑오명웅마(黑五明雄馬)와 철청웅마(鐵靑雄馬) 즉, 주둥이도 검고, 눈도 검고, 불알도 검으며, 발뒤꿈치도 검은 것과 결백웅마(潔白雄馬) 등 세 종류의 말은 각 도의 목장 안에서는 거세하지 말고 종마로 삼아 번식시키고, 개인에게 있는 이 세 종류 말은 거세를 금하고 번식에 쓰도록 병조에 하교하기도 했다.

의정부에서 진상해 바치는 오색(五色) 종마(種馬) 중에 오명마(五明馬), 철총마(鐵驄馬), 백마(白馬) 등은 드문 색깔이어서 경상, 전라, 충청 3개도에 도에 각기 하나씩 목장을 설치하여 특별히 기르고 번식시키어 진상해 바치도록 하자고 하니 그대로 시행하도록 하기도 했다.

이외에도 공마(貢馬)의 모색과 마리수를 예조에 미리 보고하게 하고, 각 도의 감사에게 선택하여 미리부터 기르게 했다가 전에 정한 본색의 마필과 충수할 별색의 마필을 보고서로 만들어 병조에 이첩 한 후 관리를 보내어 데려와 사복시(司僕寺)에 보내 먹여 기르게 하는 제도를 도입했다.

이 때 종마로는 오취(烏觜, 입 주변이 흑색), 오신(烏腎, 흑색 정소), 오제(烏

蹄, 흑색 발굽)의 결백(潔白)한 성숙한 수말인 상마(牡馬) 5필, 오취(烏觜), 오안(烏眼)의 결백(潔白)한 다 큰 암말인 피마(牝馬) 10필, 철청(鐵靑)의 상마 5필, 피마 10필, 흑종(黑鬃, 검은 갈기), 흑미(黑尾)의 누른 상마(黃牡馬) 2필, 피마 5필, 흑오명(黑五明)의 상마 2필, 피마 4필, 털빛이 붉은 적토마인 조류(棗騮)의 상마 3필, 피마 4필 등 50필을 활용하게 했다. 600년 전 오늘의 실록에는 중국에 진상하는 종마(種馬)는 매양 4년 만에 한 번씩 진상하는데, 진상할 그 해에 비로소 각 도에 명령하여 구하게 되어 미처 잘 먹일 겨를이 없는 탓으로 대개 여위고 약한 것이 많으니 금후로는 2년을 앞당기어 각 도로 하여금 미리 구하여 잘 먹여 기르도록 하자는 논의가 있었다.

• 세종실록 3권, 세종 1년 1월 8일 계축 기사 1419년 명 영락(永樂) 17년

중국에 진상하는 종마를 2년 전에 구하여 길렀다가 바치게 하다

예조에서 계하기를,

"중국에 진상하는 종마(種馬)는 매양 4년 만에 한 번씩 진상하는데, 진상할 그 해에 비로소 각 도에 명령하여 구해 드리게 하고 보니, 혹은 길 떠날 임시에 구득되어, 미처 잘 먹일 겨를이 없는 탓으로 대개 여위고 약한 것이 많다. 금후로는 2년을 앞당기어, 각 도로 하여금 미리 구하여 잘 먹여 기르도록 하여 주시옵소서."

하므로, 그대로 따랐다.

• 【태백산사고본】 2책 3권 3장

\ 1457년 세조3년 1월 9일

축산畜産으로 새끼를 많이 번식시킨 자는
벼슬을 주고 직급을 올려준 세조世祖

조선왕조실록에 축산에 관한 기록은 1천 1백여 건으로 임금별로는 세종 때 가장 많은 기사가 실려 있고, 숙종, 현종, 중종 순으로 관련 기록이 많이 실려 있다. 이 가운데 재위기간(13년)을 감안한 축산관련 기사는 세조 때 가장 많은 것으로 나타났다.

세조는 집권 직후부터 축산에 관심을 가져 근정전에 나아가 친히 과거시험인 문과 중시(文科重試)를 주관하면서 일종의 논술시험인 책문의 과제 중 하나로 소·말·양·닭·개·돼지 등 육축(六畜)이 번성하지 않는데 그 요령을 답하라고 과제를 내린 바가 있다. 형조(刑曹)에서 보고한 형률(刑律) 중 우마(牛馬)를 도적질한 주범은 도살했는가의 여부를 논할 것도 없이 교형에 처하고, 종범은 매살(買殺)한 예에 의거하여 장 1백 대를 때리고 몸은 수군(水軍)에 편입시켰다. 무식한 사람이 농우가 늙고 병들었다고 핑계하고서 달단화척(韃靼禾尺)에게 팔아 버린 사람은 그 팔아 버린 사람과 달단 화척 모두 우마를 도살한 형률로써 논죄(論罪)하고, 몸은 수군에 편입시키는 내용을 그대로 시행하게 했다.

또한 호조에 이르기를 황해도, 평안도에 거주하는 백성들에게 묵은 농지인 진지를 경작·개간할 때 농우의 사료는 첫 해에는 여러 고을의 군자창의 묵은 콩을 사용하게 하고, 그 후에는 신전(新田)의 소출을 사용하되, 군자창의 묵은 콩은 신전의 소출로 갚게 했다.

또한 관리들의 감찰도 엄격하게 하여 나라의 제사에 쓰는 희생을 기르는 전구서(典廐署) 각 등급의 담당자가 희생을 기르는 데 삼가지 않자 의금부에 전지하여 추국(推鞫)하게 했으며, 경기 광주 초평리에 사는 정예 군사인 갑사(甲士)가 몰래 백정을 불러다가 우마를 도살하자 당사자와 인근의 백정들을 국문하게 하기도 했다.

아울러 충청도 관찰사에게 유시하기를 본도는 변방이 아니므로 적을 방어하는 일은 조금 수월할 것이니 양잠과 축산 등의 일에 힘쓴다면 반드시 성효(成效)를 볼 것으로 기대한다고 격려를 하기도 했으며, 직급을 올려주는 가자(加資)를 한 문신들에게는 편지하여 말과 소는 어떻게 해야 번식하는지를 글로써 보고하게 했다.

그리고 가장 획기적인 축산 진흥책의 하나로 경중(京中)은 한성부에서 가옥의 크기인 간(間) 수에 따라 외방은 관찰사가 토지 소유 규모에 따라 대호(大戶), 중호, 소호로 나누어 소, 돼지, 말 등을 일정 수 이상 기르게 하여 조관(朝官)들의 공과(功過)를 임금에게 올리는 세초(歲抄)에 각각 그 이름 아래에 기르는 가축의 수를 기록하여 아뢰게 하고 세금을 면제하게 했으며, 관찰사들에게는 급히 편지를 내려 감목관(監牧官)을 겸한 수령들에게 우마의 번식한 수효를 자세히 기록하여 보고하라 했다.

또한 호조에 전지하기를 우리나라의 토풍(土風)은 가축을 기르는 것을 일삼지 않아서 손님 접대와 제사의 수용(需用)에 있어서도 오히려 넉넉하지 못하나 닭·돼지·개·돝(彘)의 가축을 번식할 때를 놓치지 않는다면 70대의 사람들은 고기를 먹을 수 있게 된다고 했으니 이것은 왕정의 먼저 할 바라고 강조했다.

이제부터는 경중(京中)·외방(外方)의 대소사에는 다 닭과 돼지를 기르고 경중은 한성부·오부에서 외방(外方)은 관찰사·수령이 항상 살펴서 가축을 제대로 번식 키우지 못한 부분도 보고하되, 그중에 가장 많이 번식한 자는 상을 주고 힘쓰지 않는 자는 벌을 주며 관리도 또한 사실에 근거하여 따져보고 상벌하도록 하는 등 축산(畜産)을 하여 새끼를 가장 많이 번식시킨 자는 벼슬을 주게 했고 각 관리들의 성적을 매겨 보고하도록 직접 지시했다.

또 실제로 돼지·양·오리·닭 등을 길러서 번식을 많이 시킨 종친들에게는 그들의 아들·사위·아우·조카 중에서 대신 1자급을 승진시켰고, 함흥갑사(咸興甲士)에게도 승급을 시켰으며, 축산으로 번식하여 불어난 가축의 숫자는 원래 기르던 가축이 배를 넘지 못하게 했다. 배로 늘어난 이후 태어난 돼지는 관가 안에서 기르기 어려우니 각각 그 경내(境內)에서 기르기를 자원하는 자가 있으면 민가에 나누어 주고 마리수의 많고 적음에 따라 수령들의 포상이나 징계를 행하게 했다.

562년 전 오늘의 실록에는 각 도의 관찰사에게 유시(諭示)하기를 농우(農牛)의 사육을 소홀히 할 수가 없으며 수령들이 시기에 맞추어 사료(飼料)를 주지 않아서 농우가 피곤해서 죽으므로 농사에 힘쓸 수 없게 되니 금후에는 사료(飼料) 콩을 미리 먼저 나누어 주어서 시기를 잃지 않도록 하고 있다.

- 세조실록 6권, 세조 3년 1월 9일 갑술 기사 1457년 명 천순(天順) 1년

제도 관찰사에게 농상에 대한 권과의 사목을 내려 시행하게 하다

제도 관찰사(諸道觀察使)에게 유시(諭示)하기를,

"농상(農桑)은 생민(生民)의 근본이고, 권과(勸課)하는 방법은 영갑(令甲)031) 에 상세히 있지마는, 그러나 저수(貯水)와 분전(糞田)032) 이나 조곡(早穀)과 만곡(晩穀)을 파종할 절후는 더욱 그 시기를 잃어서는 아니 된다. 수재(水災)와 한재(旱災)는 비록 천수(天數)이지마는 인사(人事)를 다한다면 반드시 흉년(凶年)에 이르지는 않을 것이다.(중략)

농우(農牛)의 사육을 소홀히 할 수가 없다. 수령이 시기에 맞추어 사료(飼料)를 주지 않아서 농우가 피곤해서 죽으므로 농사에 힘쓸 수 없게 된다. 금후에는 사료(飼料) 콩을 미리 먼저 나누어 주어서 시기를 잃지 않도록 하라(하략)." 했다.

- 【태백산사고본】 3책 6권 5장

> 1451년 문종1년 1월 10일

인구가 번창하여 하삼도^{下三道}에서 공납하는 사슴고기 양을 줄였다

조선시대 사슴고기는 왕실의 각종 제의(祭儀)에 중요한 제물(祭物)로 쓰였으며, 가장 많이 쓰인 것은 사슴이나 노루로 만든 포(脯)로 사슴고기로 만든 것은 건녹포(乾鹿脯), 노루고기로 만든 것은 건장포(乾獐脯)라 했다.

세종실록 지리지(地理志)에 따르면 사슴고기를 말린 녹포는 경상도 경주부 밀양도호부, 진주목 김해도호부·함양군·산음현, 강원도 강릉대도호부 정선군·평창군, 원주목 영월군·홍천현, 회양도호부 김성현·김화현, 삼척도호부 평해군· 울진현, 춘천도호부 낭천현·양구현·인제현의 토공(土貢)이고, 함길도 온성도호부의 토산(土産)인 것으로 나타나 있다.

왕실에서 쓰는 포육은 공물로 받는 것 이외에 왕실의 사냥인 강무 때 잡은 노루와 사슴으로도 마련했으며, 지방에서 직접 만들어 올리는 것 외에 음식 조리를 담당하는 별사옹을 중앙에서 지방으로 파견하여 포육을 직접 만들게도 했다.

이러한 녹포 외에 사슴고기는 소금에 절여서 숙성 시킨 녹해(鹿醢)를 만들어서 제례에 사용하기도 했는데, 녹해는 국물이 없는 것을 뜻하고 담해(醓醢)는 국물이 있는 것을 지칭했다. 왕실의 제사를 관장하는 봉상시(奉常寺)에서 맡아서 준비를 하여 제기에 담아서 제례 상 첫 번째 줄에 진설했는데 사슴을 잡아서 한꺼번에 만들었기 때문에 너무 오래되어 부패한 냄새가 나서 문제가 된 적도 있었다.

왕실에 쓰이는 사슴고기는 주로 하삼도(下三道) 지역인 경상도, 전라도, 충청도에서 주로 공물로 조달했는데 세종 때 사람들이 늘어 땅을 개간하므로 노루와 사슴이 매우 희귀하여 각 관사에 공납할 말린 노루고기(乾獐), 말린 사슴고기(乾鹿), 녹포(鹿脯), 녹각(鹿角), 노루가죽(獐皮), 사슴 가죽을 줄여 달라는 충청도 도절제사(都節制使)의 관문을 받아들인 기록이 있다.

실제로 노루와 사슴으로 만든 건포(乾脯)를 준비할 때에 관부(官府)에서 백성들을 모아 사냥할 때 동원되는 사람의 수가 천백에 이르러 산과 들을 덮어서 열흘 동안이나 잡아도 잡은 짐승은 두세 마리에 불과하며 이에 따라 궁중의 의료와 시약(施藥)을 관장하는 전의감에 바치는 녹각과 제도의 군기 장식에 쓰는 녹각 한 척(隻)의 값이 면포로 한 필이 넘고 미곡으로는 20여 말(斗)에 달한다고 기록되어 있다.

568년 전 오늘의 실록에는 하삼도(下三道)의 인구가 날로 번창하여 백성들이 조밀하게 거주하니 산마루의 땅을 더하여 아울러 모두 경작하고 개간하므로 금수(禽獸)가 번식할 수 없어 각 도의 감사로 하여금 도내 주(州)·군(郡)의 노루와 사슴의 번식하는지의 여부를 살펴서 공납하는 양(量)을 줄이고 마른 돼지고기인 건저(乾猪)로써 대신하도록 하고 있다.

- 문종실록 5권, 문종 1년 1월 10일 경술 기사 1451년 명 경태(景泰) 2년

하삼도에서 공납하는 사슴고기의 양을 줄이도록 하다

호조에서 아뢰기를,

"하삼도(下三道)의 인구가 날로 번창하여, 백성들이 조밀하게 거주하니, 산마루의 땅을 더하여 아울러 모두 경작하고 개간했으므로, 금수(禽獸)가 번식할 수 없다. 그런데 봉상시(奉常寺)·사재감(司宰監)에서 공납하는 바의 생록(生鹿)·건록(乾鹿)·건장(乾獐)·녹포(鹿脯)의 수는 옛날과 같으므로 각 도의 각 고을에서는 능히 준비하기가 쉽지 않아서 민간의 재화와 곡식을 거두어 들여 멀리 다른 도에서 사니, 그 폐단이 심히 큽니다. 빌건대 지금부터 사재감(司宰監)에 바치는 것은 각 도의 감사로 하여금 도내 주(州)·군(郡)의 노루와 사슴의 번식하는지의 여부를 살펴서 상량하여 양(量)을 줄이고 건저(乾猪)로써 대신하도록 공안(貢案)을 고쳐 만드소서. 만약 부득이하여 사재감(司宰監)에서 건장(乾獐)·건록(乾鹿)을 쓸 것이 있다면 모름지기 성상의 뜻을 품신(稟申)할 것이며, 만약 봉상시에서 제향(祭享)에 쓸 것이라면 견감(蠲減)할 수가 없으니 사복시(司僕寺)와 훈련하는 군사들로 하여금 사냥하여 잡는 것으로 대신하게 하소서." 하니, 그대로 따랐다.

- 【태백산사고본】 3책 5권 44장
- 【주】 - 하삼도(下三道) : 경상도(慶尙道)·전라도(全羅道)·충청도(忠淸道)
  - 생록(生鹿) : 생사슴고기   - 건록(乾鹿) : 말린 사슴고기
  - 건장(乾獐) : 말린 노루고기   - 녹포(鹿脯) : 사슴고기의 포(脯)

\ 1484년 성종15년 1월11일

대신大臣이 눈병인 안질眼疾에 걸리자
양羊의 간肝을 내려 주었다

조선시대 왕실에서 사용하는 약재와 신하에게 하사하는 의약의 공급에 관한 사무를 관장하던 정3품 관서를 전의감(典醫監)이라 했는데, 이후에 내의원이 설치되기 전까지 궁궐 안의 내전에 쓰이는 내용(內用) 약재의 조달과 왕실 및 조정관료의 진료, 약재를 내려보내는 일이나, 약재의 재배와 채취, 외국 약재의 구입 및 판매, 의서 편찬, 의학 교육 그리고 취재(取才) 등 국가의 모든 의료 사업을 관장했다.
이 같은 전의감이나 내의원에서 동지(冬至)로부터 세 번째 미일(未日)인 납일(臘日)에 특별히 제조하여 임금에게 진상하면 임금이 신하들에게 나누어 주던 환약 형태의 상비약을 납약(臘藥)이라 했는데, 그중 대표적인 것이 지금까지도 이름이 알려진 청심원(淸心元), 안신원(安神元), 소합원(蘇合元) 등이었다.
이 중에 청심원은 신경이나 정신 장애를 치료하는 데 효과적이었으며, 안신원은 열을 다스리는 데 효험이 있었고, 소합원은 극성위장염을 다스리는 데 효과적인 약으로 알려졌다. 당시 조선에서 만든 납약은 중국에서도 인기가 많아 북경 사람들은 청심원이 죽어가는 사람도 살릴 수 있는 신단(神丹)이라 여겨 왕공(王公)과 귀인(貴人)도 조선의 사신들에게 구걸할 정도였다고 기록되어 있다.

또한 이후에 소합원보다 효과가 좋은 제중단(濟衆丹)과 광제환(廣濟丸)을 만들어 보급했는데 신방제중단(新方濟衆丹)은 일반 사람들에게 나누어 주어 한기(寒氣)를 면하게 했으며, 제중단과 광제환은 군영(軍營)에 병사들에게도 나누어 주어 치료하는 데 쓰게했다. 그 외에 관직에서 물러난 연로한 문관들을 예우하기 위하여 국가에서 만든 기로소(耆老所)에서도 납약을 만들어 기신(耆臣)들에게 나누어 주었으며, 각 관아(官衙)에서도 만들어 나누어 주고 받은 것으로 나타나 있다.

민간에서는 납일 밤에는 농촌에서 새잡기를 했는데, 납일에 잡은 새는 맛이 좋고, 특히 아이들이 이 고기를 먹으면 병에 걸리지 않는다고 해서 반드시 새를 잡으려고 했다. 이날 내린 눈(雪)은 약이 된다고 해서 잘 받아 항아리에 담아 두었다가 녹은 물로 장(醬)을 담가 장독에 두면 맛이 변하지 않는 것으로 알려져 있다.

또한 이 눈 녹은 물을 의류와 책에 바르면 좀을 막을 수 있다고 해서 사용했으며, 잘 두었다가 환약을 달이는 데도 썼고 그 물로 눈(目)을 씻으면 안질에도 걸리지 않을 뿐 아니라 눈도 밝아진다고 알려져 많은 사람들이 이를 사용했다.

535년 전 오늘의 실록에는 임금이 대신(大臣)의 안질(眼疾)을 다스리기 위해 양(羊)의 간(肝)을 써야 하는데, 양을 아껴서 죽일 수 없고 어찌하면 좋은지를 묻자, 병을 치료하는 데에는 비록 양을 죽일지라도 무방하다고 승지(承旨)들이 아뢰고 있다.

• 성종실록 162권, 성종 15년 1월 11일 기해 기사 1484년 명 성화(成化) 20년

김양경의 안질 치료에 대해 논의하다

승정원(承政院)에 전교(傳敎)하기를,

"내가 의서(醫書)를 보니, 양(羊)의 간(肝)이 안질(眼疾)을 다스릴 수 있다고 하는데, 이제 김양경(金良璥)에게 이 병이 있으니, 내가 시험하고자 한다. 다만 이를 위해 양을 죽일 수 없고, 또한 양을 아껴서 치료하지 아니할 수도 없는데, 어찌하면 좋겠는가?"

하니, 승지(承旨)들이 아뢰기를,

"사람과 짐승의 구분은 경중이 현격하게 다르며, 또 대신(大臣)을 위해 병을 치료하는 데에는 비록 양을 죽일지라도 무방합니다." 했다.

- 【태백산사고본】 24책 162권 9장

↘ 1425년 세종7년 1월 14일

경기도京畿道는 나라에서 기르는 마필 한 두 당 15kg의 볏짚을 상납했다

조선왕조실록에 가축에 먹이는 풀 사료를 다양하게 표기하고 있는데, 가장 많이 보이는 단어는 일반적인 풀사료를 뜻하는 꼴(芻)로 1천여 건의 기록이 있다. 마른 풀을 뜻하는 추교(芻茭)는 마른 꼴(茭, 茭芻) 등으로 기록되어 있고 일반적인 생초(生草)는 생추(生芻)라고도 썼으며 볏짚은 고초(藁草) 또는 꼴짚(芻藁) 등으로 기록되어 있다.

또한 농업 생산과정에서 얻어지는 부산물인 볏짚 등을 전부 일컬어 곡초(穀草)라고도 하여 120여 건의 기록이 있으며 이러한 곡초를 일반적으로 가축에게 먹이는 꼴과 함께 생곡초(生穀草)라고도 적고 있다.

이러한 풀 사료는 주로 경기 일원의 농민들이 부담했는데 가축 사육을 담당하는 중앙 관청인 사복시, 사축서, 전생서 등에 주로 공납했다. 이외에도 볏짚 등 곡초는 기와를 만드는 와서(瓦署), 얼음을 보관하는 빙고(氷庫), 왕실용 채소를 재배하는 사포서(司圃署) 등에서도 요구했다. 이러한 풀 사료 조달에 대한 조선 초기 임금대별로 실록을 살펴보면 다음과 같다.

우선, 태종 때 경기 백성의 폐단이 겨울에는 숯과 땔나무에 있고 여름에는 사복시에 생초를 대기가 어렵다는 점을 감안하여 왕실의 마필을 담당하는 관청인 내사복의 말을 40필로 감하게 했고 궁중 밖에서도 백성들에게 거두어 드리는 공상(供上) 수량도 유추해 적당하게 감하여 백성을 편하게 하도록 했다.

세종 때 경기 관찰사가 도내 자연도, 용류도 두 섬의 목장에서 겨울을 지내는데 쓰일 풀사료를 육지로부터 운반해 오고 있는데, 수로가 멀리 떨어져 있어 폐단이 크니 마필을 관리하는 목자가 섬 안의 교초를 베어서 먹이도록 해달라고 요청을 해 승인을 얻기도 했다.

또한 사복시에서 말에게 먹이는 곡초를 경기의 각 고을에서 말 한 필에 곡초 25근(斤, 15kg)을 수납하게 하여 백성에게 폐를 끼침이 많아 5근을 감한 20근으로 하고 10월부터 이듬해 3월까지 곡초를 상납하게 하며, 3월부터 4월까지는 임금이 농사를 권장하기 위하여 직접 농사짓는 시범을 보이는 동서적전(東西耤田)의 곡초로써 이를 기르게 했다. 이것이 부족하면 여러 관원으로서 각 지역의 수변 근처의 풀을 베어 이를 보충하도록 했다.

한편, 문종 때 기록에는 사복시에서 기르는 말이 겨울에는 270필, 여름에는 100필로 정해져 있으나 실제로 기르는 수가 이것보다 많아 문제가 있었던 것으로 전해진다. 여름에 경기 안에서 생풀을 나르는 수고가 심히 괴롭고 숙직하는 한 사람이 혼자서 수납하기 때문에 아전이 농간을 부리고 시일을 끌어서 농사를 방해하고 백성을 병들게 하여 그 폐단이 적지 않으니 이제부터 사복시의 겨울·여름에 기르는 말의 수를 법전인 속전에 의하고 생꼴도 또한 그 해당 사(司)로 하여금 반드시 세 사람을 두는 것으로 받아들여 백성의 폐단을 덜게 하도록 한 바가 있다.

594년 전 오늘의 실록에는 사헌부에서 우유(牛乳)를 조달하는 유우소(乳牛所)와 가축 사육을 담당하는 전구서(典廐署)의 가축 사육용 고초(藁草)와 연료인 시목(柴木)의 수납을 그 기관의 관원이 홀로 관장하고 있는데, 일이 많아서 그 폐단이 백성에게 미치고 있으니 감찰(監察)에게 위임하여 규찰하도록 하자는 건의를 즉각 시행도록 하고 있다.

• 세종실록 27권, 세종 7년 1월 14일 을유 기사 1425년 명 홍희(洪熙) 1년

유우·전구서의 볏짚과 연료의 시목의 수납을 감찰에게 위임, 규찰하게 하다

사헌부에서 계하기를,

"유우소(乳牛所)와 전구서(典廐署)의 〈사육용의〉 고초(藁草)와 연료의 시목(柴木)의 수납을 그 기관의 관원이 홀로 이를 관장하고 있는데, 범람한 일이 많아서 그 폐단이 백성에게 미치고 있사오니, 지금부터 감찰(監察)에게 위임하여 규찰하도록 하시기를 청합니다."

하니, 그대로 따랐다.

- 【태백산사고본】 9책 27권 9장
- 【주】 고초(藁草) : 볏짚

\ 1412년 태종12년 1월15일

정월 보름날 북극성에 지내는 제사에는 호랑이, 표범 모양의 연등을 달았다

조선시대 도교(道敎)에서 일 년 중 가장 중요하게 여기는 세 번의 보름날은 음력 1월 15일, 음력 7월 15일, 음력 10월 15일로, 이들을 각각 상원일(上元日), 중원일(中元日), 하원일(下元日)로 칭하며 통칭하여 삼원일(三元日)이라고 했는데, 이 날에는 천상의 선관(仙官)이 1년에 세 번 선악을 살펴 그에 따라 장수와 화복을 주는 날로 여겼다.

특히 상원일에는 천관(天官)이 복을 내려주고, 중원일에는 지관(地官)이 죄를 구해 주며, 하원일에는 수관(水官)이 액운을 막아 주는 날이라 하여 이 날이 되면 각종 도교 행사는 물론 음식을 차리고 별이 뜬 시각에 하늘을 향하여 무언가를 비는 의식인 초례를 행하여 신에게 축원을 했다.

이러한 초례에는 옥황상제를 뜻하는 천황(天皇), 북극성의 신명(神名)인 태일(太一), 이십팔수 별자리 중의 하나로 남방주작 7수(宿) 중 네 번째 성수(星宿) 등을 숭배 대상으로 하여 천황초(天皇醮), 삼계초(三界醮), 태일초(太一醮), 북두초(北斗醮), 남두초(南斗醮), 본명초(本命醮) 등이 거행되었다. 이러한 초례의 목적은 풍우(風雨)의 순조, 자연재해의 종식, 기곡(祈穀), 구병(救病), 임금의 장수와 안녕 등을 기원하는 데 있었다.

삼원일 중 가장 중요시되고 행사가 많은 날이 상원(上元)인 정월 대보름으로 이 시기는 농사철로 접어드는 때이며, 마을 공동으로 동제(洞祭)와 각종 놀이가 펼쳐졌고, 대표적인 민속 풍속 중에 보름날 전날 밤에 잠을 자지 않는 '보름밤 지키기'라는 풍속도 있었다.

이 풍속은 정월 열나흗날 밤에 잠을 자면 눈썹이 센다 하여 잠을 자지 않는 것으로 만약 자는 사람이 있으면 눈썹에 쌀가루나 밀가루를 발라놓았는데, 이 날이 천관(天官)이 내려와 인간의 잘잘못을 따져서 수명을 결정하는 날로 잠을 자지 않으면 천관이 인간의 잘못을 따질 수 없게 된다는 믿음에서 비롯된 도교의 풍습이었다.

정월 대보름날 절식(節食)으로는 약밥, 오곡밥, 묵은 나물과 복쌈, 부럼, 귀밝이술 등을 먹었으며, 기풍, 기복행사로는 볏가릿대(禾竿) 세우기, 복토(福土)훔치기, 다리 밟기 등을 행했고, 그해 농사의 풍흉(豊凶)을 알아보려고 치는 농점(農占)으로서는 달집태우기, 집불이, 소밥주기, 닭울음점 등이 있었다.

또한 각종 제의(祭儀)와 놀이로는 지신밟기, 별신굿, 안택고사, 기세배(旗歲拜), 쥐불놀이, 사자놀이, 오광대탈놀음 등이 있었으며, 고싸움, 나무쇠싸움 등 각종 편싸움, 제웅치기, 나무조롱달기, 더위팔기, 개보름쇠기, 모기 불놓기, 방실놀이등의 액막이와 구충행사(驅蟲行事)도 행해졌다.

조선 초기 왕실에서도 삼원일에는 정기적으로 초례가 거행되었는데, 매월 초하룻날과 보름날인 삭망(朔望)에 거행하던 것을 삼원일과 입춘, 입하, 입추, 입동인 사립일(四立日)에 태일초(太一醮)를 거행하도록 했다. 초례를 거행하기 위해 연등을 대궐 안에 설치하면서 등 모양을 용(龍)이나 봉황(鳳凰)은 물론 호랑이, 표범 등의 모양으로 만들어 달았다.

607년 전 오늘의 실록에는 상원일(上元日)에 궁궐에서 태일(太一)을 제사 지내기 위하여 연등을 달았는데, 왕실에 물자를 공급하는 일을 담당하던 내자시(內資寺), 내섬시(內贍寺)에서 용봉(龍鳳), 호표(虎豹)의 모양으로 섞어서 각각 만든 종이 등(燈) 5백 개를 바친 것으로 기록되어 있다.

• 태종실록 23권, 태종 12년 1월 15일 경자 기사 1412년 명 영락(永樂) 10년

상원일에 태일을 제사지내기 위한 연등을 대궐 안에 설치하다

금중(禁中)에 등(燈)을 매달았으니, 상원일(上元日)에 태일(太一)을 제사지내기 때문이었다. 내자시(內資寺)·내섬시(內贍寺)에서 각각 종이 등(燈) 5백 개를 바치고, 또 용봉(龍鳳)·호표(虎豹)의 모양으로 섞어서 만든 것이 또한 많았다. 처음에 임금이 15일에 등(燈)을 달고자 예조 참의(禮曹參議) 허조(許稠)를 불러서 고전(古典)에 상고하고 하윤(河崙)에게 물어서 아뢰도록 했다. 허조(許稠)가 아뢰었다.

"《문헌통고(文獻通考)》에 상고하여도 없고, 오직 전조(前朝) 때 상정례(詳定禮)에만 나와 있는데, 그 기원(起原)은 한(漢)나라에서 태일(太一)을 제사지냄으로부터 시작된 것입니다. 하윤(河崙)도 또한 성인(聖人)의 법이 아니라고 말하니, 정지하는 것이 마땅합니다."

임금이 말했다. "삼대(三代) 이후로는 한(漢)나라나 당(唐)나라와 같은 것이 없다. 경은 한나라 제도를 본받을 것이 없다고 생각하는가?" 하니, 허조가 대답했다. "신은 원컨대, 전하는 반드시 삼대(三代)를 본받고 한나라·당나라를 본받을 것이 족히 못됩니다."

임금이, "그렇다면 예조에서 반드시 상정(詳定)하여서 아뢸 것이 없다. 내가 궁중에서 또한 행하겠다." 하고, 내자시·내섬시에서 각각 한 사람을 불러 말했다.

"삼원일(三元日)에 연등(燃燈)하는 것을 대략 사림광기(事林廣記)에 모방

하여 되도록 간이(簡易)한 데 따르고, 용봉(龍鳳)·호표(虎豹)의 괴이(怪異)한 모양을 만들어서 천물(天物)을 지나치게 허비하지 말라."
좌사간 대부(左司諫大夫) 윤회종(尹會宗)이 나와서,
"궁중에서 연등하는 것이 성인의 제도가 아니니, 원컨대 파하소서."
하니, 임금이 "내가 연등의 행사를 크게 행하고자 하는 것이 아니라 우선 궁중에서 잠깐 시험하는 것뿐이다."
했다. 하루 앞서 임금이, "상원(上元)에 연등하는 것이 한나라 때부터 시작되었으니, 폐할 수는 없다."하고, 비로소 북쪽 궁원(宮苑)에서 연등하는 것을 구경하고, 등(燈)을 만든 장인(匠人) 26인에게 사람마다 쌀 1석을 내려 주었다.

- 【태백산사고본】 10책 23권 4장
- 【주】 삼원일(三元日) : 상원(上元)·중원(中元)·하원(下元)을 가리킴. 상원은 음력 정월 보름날, 중원은 음력 7월 보름날, 곧 백중(百中)날, 하원은 음력 10월 보름날

1435년 세종17년 1월 16일

30개월 동안 암말雌馬 번식률이 세 번 이상 80%면 직급을 올려 주었다

조선시대 말 관련 정책인 마정(馬政)을 수립하는 조직은 여러 관청에서 관여했는데, 백관을 통솔하고 서정을 총괄하던 최고의 행정기구인 의정부는 물론 이조, 호조, 예조, 병조, 형조, 공조를 망라하는 육

조, 승정원, 사헌부, 경연 등이 참여했고, 실무는 병조 예하의 사복시에서 담당했다. 그 외에 왕실의 내사복시, 겸사복, 한성부도 일정 부분 마정 관련 업무를 맡아보았다.

지방의 경우에는 각 도의 관찰사 아래에 감목관을 두어 각 목장의 군두(群頭), 군부(群副) 및 목자(牧子)를 관할하며 말 증식과 사양을 관리하도록 했다. 실록에 말 번식에 관한 기사는 250여 건으로 그중 세종 때 가장 많은 50여 건이 기록되어 있으며, 주요 내용은 다음과 같다.

우선, 병조에서 조사한 내용을 보면 제주 목장의 말이 날로 키가 짧고 작아지는데, 그 이유가 주변 사람과 장사하는 무리가 왕래하면서 몸이 작은 말을 목장에 놓아두므로 이로 인해 번식하는 말이 모두 키가 짧고 작아져 장사들이 지나다닐 때에는 수령들이 엄중히 사찰하게 하여 이런 일이 일어나지 않도록 한 바가 있다.

사복의 양마원(養馬員)들이 각 도 목장의 말들이 새끼를 얼마나 쳤는지, 또 먹여 기르기를 근면히 했는지 태만히 했는지를 감찰하지 않아 말의 번식하는 수효는 적고 목양하는 보람이 없게 되니 직원과 목자를 정하여 암말 10필에 새끼 7~8필을 치는 것(번식률 80%)을 상등(上等)으로 정하고, 5~6필을 치는 것은 중등으로 정했으며, 3~4필 치는 것을 하등으로 정했다.

번식시킨 것이 많은 자는 상을 주고 적은 자는 벌을 주며 마음을 쓰지 않아 말을 죽게 한 자는 말의 값을 물려 관아의 노비로 넘기게 했다. 또한 각 고을의 수령을 모두 말 기르는 일을 맡는 감목관을 겸하게 하여 매년 연말에 말을 번식시킨 것이 많고 적음을 상고하여 포상(褒賞)하거나 폄출(貶黜)하게 했다.

각 도 목장의 말 사양관리 체계도 정비하여 다 큰 암말인 피마(雌馬) 1백 필을 일군(一群)으로 하여 군두(群頭) 1인이 맡게 하고, 50필마다 각각 군부 1인, 매 25필마다 목자 1인을 배치하며, 일에 능숙한 6품 이상으로 감목관을 나누어 보내도록 했다. 특히 신상필벌 제도를 엄격히 도입하여 매 1군마다 1년에 80필 이상을 번식시킨 것(번식율 80%)을 상등, 60필 이상을 중등, 60필 미만을 하등으로 하여 이것으로 관직을 올리고 내리는 출척(黜陟)을 삼아 30개월 안에 상등이 세 번이면 직급을 올려 주고, 상등이 한 번이면 위계(位階)는 그대로 둔 채 임용하며, 세 번 중등이면 벼슬을 깎아서 내보냈다. 하등은 즉시 파면하여 내쫓으며, 그 번식 성적이 하등인 것은 군두, 군부, 목자도 모두 벌을 주고, 마필의 죽은 것, 잃어버린 것, 손상하여 쓸 수 없게 된 것은 모두 배상하거나 벌을 주도록 했다.

또한 각 도에 말을 놓아먹이는 섬이 47군데에 이르고, 소를 놓아먹이는 섬이 9군데에 달하며, 한 해에 번식된 마필의 수효가 5백여 필이나 되니 몇 해 안 가서 마필의 수효가 필연코 셀 수 없을 만큼 늘어날 것이므로 사복시의 관원을 자주 체임(遞任)하지 말고 적당한 자를 골라서 각 도의 목장을 나눠 맡게 하고 오랫동안 일하게 하기도 했다.

이러한 노력으로 제주도 한 섬에 사육 마필 두수가 9천 792필에 달하고, 제도(諸道)의 말 번식 두수가 2만 2천 406필에 이르렀으나 좋은 말을 얻어 타는 이가 적고 진헌(進獻)하는 별마(別馬), 토마(土馬), 종마(種馬) 등 해마다 상공(常貢)을 위한 수요가 있으니, 충청도 태안(泰安)에 1만여 필, 경상도 거제(巨濟)에 7천여 필을 기르는 목장을 추가로 조성하는 것을 검토하기도 했다.

584년 전 오늘의 실록에는 함길도 감사에게 명하여 여진족인 야인(野人)들로부터 몸집이 큰 암말을 무역하여 함경도 경원(慶源, 孔州)의 섬에 방목하게 하도록 하고 있다.

- 세종실록 67권, 세종 17년 1월 16일 무자 기사 1435년 명 선덕(宣德) 10년

함길도 감사에게 명하여 야인들로부터 몸집이 큰 암말을 무역하여 공주의 섬에 방목하게 하다

함길도 감사에게 명하여 야인들로부터 몸집이 큰 암말을 무역하여 공주(孔州)의 섬에 방목하게 했다.

- 【태백산사고본】 21책 67권 3장

1419년 세종1년 1월 17일

중앙부처 소속의 말안장을 전문적으로 만드는 장인이 있었다

조선시대 공조(工曹)에 소속되어 말 등위에 얹는 안장을 만드는 장인을 안자장(鞍子匠) 또는 안장장(鞍粧匠)이라고 불렀는데, 이들은 주로 관부에 소속되어 국가에서 필요로 하는 각종 물품을 제작하던 일을 전업으로 하던 장인인 경공장으로 임금이 신하에게 하사하는 안장을 만들거나 외국 사신에게 줄 안장을 만들었다.

지방에도 안자장이 있었으나 이들은 지방 관청에 소속되어 국가에서 필요로 하는 물품의 제작을 하는 외공장(外工匠)은 아니었으며, 다만 중앙에서 안장 제작이 필요하면 한양으로 불려가서 작업을 하면서 매일 임금으로 목수(木手)의 보다는 낮지만 기와를 다루는 개와장(蓋瓦匠) 수준의 임금을 받은 것으로 나타나 있다.

경국대전에 따르면 이러한 안자장의 경우 공조에 공식으로 소속되어 있는 인원은 10명으로 되어 있으나, 안장의 수요가 많아지면서 사장(私匠)인 안자장 외에 가죽 제품을 만드는 한양의 주피방의 피장도 안장을 만들었다. 여러 장인이 안장을 만드는데 참여하여 은(銀) 장식품을 만드는 야장(冶匠), 가죽을 만드는 피공(皮工), 목재 틀을 만드는 목안휘항장(木鞍揮項匠) 등도 제작에 참여했고, 안장 외에 악기 제작은 물론 각종 행사에 필요한 안장도 제작한 것으로 나타나 있다.

한편, 임금의 말안장은 어안이라 하여 임금이 타는 어승마와 궁궐 안의 마구간인 내구(內廐)를 담당하던 내사복시 소속으로 왕실의 가마와 안장을 담당하던 별도의 정3품아문의 관청인 덕응방(德應房)이 관리했는데, 어안의 밑에 까는 땀갈이(汗替)의 가장자리인 연식(緣飾)

은 염소 가죽인 전피(甸皮)를 사용하지 않고 소나 말가죽으로 대신한 것으로 되어 있다. 진상(進上)하는 안자(鞍子)는 금은(金銀)의 장식을 사용하지 못하도록 했고, 말안장 아래를 덮는 녹색의 방석이나 담요인 녹색첩(綠色貼)은 정2품 이상의 당상관만 사용할 수 있었던 것으로 나타나 있다.

이외에도 국장의 발인이나 능(陵)·원(園)·묘(墓)를 천릉(遷陵)할 때에 동원하던 의장 반차(儀仗班次)에서 붉은 색 자수를 놓은 안장이 장착된 말은 자수안마(紫繡鞍馬) 또는 홍수안마(紅繡鞍馬)라고 불렀으며, 청색 수를 놓은 안장을 장착한 말은 청수안마(靑繡鞍馬)라고 불리었다.

600년 전 오늘의 실록에는 사헌부(司憲府)에서 주홍색 비단으로 말의 안장을 꾸미는 것을 금지하게 하여 달라고 청하자 그대로 시행한 것으로 기록되어 있다.

• 세종실록 3권, 세종 1년 1월 17일 임술 기사 1419년 명 영락(永樂) 17년

주홍색 비단으로 말안장 꾸미는 것을 금하다

사헌부에서 주홍색 비단으로 말의 안장을 꾸미는 것을 금지하게 하여 달라고 청하므로, 그대로 따랐다.

• 【태백산사고본】 2책 3권 5장

↘ 1445년 세종27년 1월 18일

중국산 돼지를 도입하고,
거세하는 방법을 배워 활용하게 했다

조선왕조실록에 돼지에 관한 기록은 700여 건으로 주로 제향, 강무(講武)등 사냥, 연향(宴享)과 관련된 기록이 대부분으로 임금별로는 세종(世宗)대에 가장 많은 120여 건의 기록이 나타나 있다.

돼지를 한자로 쓸 때는 가장 많이 쓰이는 돈(豚)외에 시(豕), 12지지(地支)를 나타내는 해(亥), 멧돼지를 뜻하는 저(猪), 체(彘), 단(猯), 렵(鬣)과 같은 글자 외에 3개월 된 돼지는 혜(豯), 6개월 된 돼지는 종(豵), 2살 된 돼지는 파(豝), 3살 된 돼지는 견(豜), 거세한 돼지는 분(豶) 등으로 적고 있다. 조선 초기 제향이나 사냥 외에 돼지 사육과 관련된 임금 대별 주요 실록 내용은 다음과 같다.

우선, 태종 대에는 가축을 기르는 관청인 전구서(典廐署)와 예빈시(禮賓寺)에서 기르는 염소(羔), 양(羊), 기러기(雁), 오리(鴨), 닭(鷄)외에 중국산 돼지인 당저(唐猪)등을 사육했는데 쌀과 콩이 너무 많이 소요되니 당시 가축사양 관리서인 농잠집요에 의하여 양사(養飼)하도록 했다. 특히 당저(唐猪)인 경우 적당히 요량하여 남겨 두고, 나머지는 외방 각 도로 보내어 양사하라고 했으며, 당시 중국에 통역으로 다녀온 절일사통사(節日使通事)가 황제를 만나고 돌아와 보고한 내용에 따르면 황제가 내관을 불러 말하기를 "조선인은 돼지고기를 먹지 않으니 소고기와 양고기를 공급토록 하라"고 했다고 기록되어 있다.

세종 대에는 태종의 장남으로 세종의 형인 양녕대군에게 중국의 돼지와 기러기, 오리 및 매 일련(一連)을 내려 준 것으로 기록되어 있다. 예빈시 보고로 홍제원동과 서강(西江)에서 양, 돼지, 닭, 오리, 당기러기 등을 당초 기르게 했으나, 관리들이 마음을 써서 먹여 기르지 아니하여 양과 돼지가 날로 파리하기만 하니 수초(水草) 좋은 곳에다가 관청을 짓고 관리를 나누어 보내서 감독하여 기르게 했다.

또한 중국 사신들이 사제 희생(賜祭犧牲)으로 거세한 양과 돼지를 쓰자 예조에서 계(啓)하여 크고 작은 제향에 쓰는 양이나 돼지는 모두 다 거세한 것을 미리 기르게 하고, 거세한 생식기는 즉시 묻어버리게 하는 제도를 도입했다. 우리나라에서는 닭과 돼지가 흔하지 않아 대개 노인을 봉양하고 제사를 받드는데, 보통 저자에 가서 물건을 사다가 쓰므로 제향이나 빈례(賓禮)등에 필요한 가축을 사육하던 전구서의 암퇘지 508마리 중에 크고 살이 쪄서 새끼를 많이 번식시킬 만한 3백 마리는 골라서 남기고, 나머지 2백 마리는 자원하는 자에게 시세대로 팔아서 집집마다 두루 기르게 하여 노인을 봉양하고 선대 제사에 소용을 갖추도록 하게도 했다.

그러나 지방 각 고을에 꿀벌과 닭, 돼지를 치게 하는 것은 원래 폐를 덜자고 한 것인데, 민호에다 나누어 주고서 매년 그 새끼 친 것을 추심하면서 죽은 것이나 잃은 것은 추징하여 수를 채우니, 가난한 백성이 오히려 그 해를 입게 되어 나눠 주고 기르게 하는 일을 폐지하자는 진언(進言)이 있었다. 전구서, 예빈시에서 양과 돼지 사료 때문에 고양현에다가 농장을 설치했는데, 그곳에 소용되는 종자와 인부들 식량 때문에 비용은 많이 들면서 수확은 오히려 적어 인근 고을 백성에게 식량을 운반하게 하면서 추징을 하는 폐단이 있자 두 관청 노자(奴子)만 시켜 운반하게 하기도 했다.

또한 빈객의 연향과 공궤를 담당하던 예빈시의 일을 나누어 맡아보던 분예빈시(分禮賓寺)에서 기르던 닭, 돼지, 염소 중에 병든 개체를 소속되어 있던 노예(奴隷)들이 모두 능히 치료하는 방법을 전해 익히자 감독관인 간양별감(看養別監)을 혁파(革罷)하기도 했다. 사신을 접대하는 염소와 돼지는 경상도와 같이 먼 도의 각 고을에서 수를 채워 바치기가 쉽지 않아서 백성들이 어떤 때에는 면포 7~8필과 의복까지 겸해 주고 겨우 사서 바치니, 경기(京畿)에 양축장(養畜場)을 4~5곳 설치하고, 충주(忠州)와 직산(稷山)에 양축장을 설치하여 예빈시, 전농시(典農寺)의 노비로 목자를 삼아 염소와 돼지를 나누어 방목하게 하고 보살펴 길러서 번식하게 하는 방안을 검토하기도 했다.

그러나 분예빈시에서 따로 기르는 돼지 1백 마리와 상시 기르는 돼지 150마리로는 사신과 객인(客人)의 공대(供待)가 넉넉지 못하자 각 도 각 고을로 하여금 목관(牧官) 이상은 15두, 지관(知官) 이상은 10두, 현관(縣官)은 5두로 정했으며, 경기의 경우는 목관은 8두, 지관은 4두, 현관은 3두로 수효를 정해 따로 길러서 적당하게 상납하여 사객을 공대하게 하고, 돼지 사육에 대하여는 계수관(界首官)으로 하여금 이를 규찰하게 했다.

각 고을의 억세고 교활한 무리들이 흔히 염소·양·돼지를 치면서 함부로 놓아 먹여서 화곡(禾穀)을 손상하게 하므로 해가 민간 생활에 미치자 관련 법률에 의거 관청이거나 사가의 가축을 놓아서 관이나 사사의 물건을 손상하거나 먹게 한 자는 태 30도에 처단하고, 중한 자는 장물죄로 논죄하며, 놓쳐서 나오게 한 자는 2등을 감하여 논하고 손상시킨 물건은 값의 갑절로 배상하게도 했다.

574년 전 오늘의 실록에는 요동(遼東)에 들어가는 사람이 있을 때마다 염소와 돼지를 사서 가져오게 하고, 통역 일을 보는 통사(通事)로 하여금 먹여 기르고 거세하는 법을 배워 익히게 하여 그대로 분예빈시(分禮賓寺) 별좌(別坐)를 삼아서 돼지 기르는 것을 감독하게 했다. 또한 전에 기르던 제사 소용의 중국 돼지는 토종과 잡종이 되어 몸이 작고 살찌지 않아서 제향에 합당하지 않으니, 돼지를 함께 사 가지고 오게 하자고 기록되어 있다.

• 세종실록 107권, 세종 27년 1월 18일 임진 기사 1445년 명 정통(正統) 10년

의정부에서 요동 돼지를 들여와 사육할 것을 건의하다

의정부에서 호조의 정문에 의거하여 아뢰기를,

"요동(遼東)에 들어가는 사람이 있을 때마다 염소와 돼지를 사서 가져오게 하고, 또 통사(通事)로 하여금 먹여 기르고 불까는(作騸) 법을 배워 익히게 하여 그대로 분예빈시(分禮賓寺) 별좌(別坐)를 삼아서 그

먹여 기르는 것을 감독하게 하고, 또 전에 기르던 제사 소용의 중국 돼지는 토종과 잡종이 되어 몸이 작고 살찌지 않아서 제향에 합당하지 아니하오니, 함께 사 가지고 오게 하사이다."

하니, 그대로 따랐다.

• 【태백산사고본】 34책 107권 5장

1417년 태종17년 1월 21일

말고기는 진상용 포(脯)나, 연향(宴享)에 쓰이고 양기를 돋우는데도 쓰였다

조선왕조실록에 말고기에 관한 기록은 마육(馬肉), 마포(馬脯) 등의 표현으로 약 20여 건에 불과한데 주로 조선 초기 임금 대에 많이 나타나 있으며, 공물(貢物)이나 말고기 거래를 처벌하는 행형(行刑)에 관한 기록이 대부분이다.

우선 태조, 태종 대에는 제주도 안무사(按撫使) 보고에 의하여 제주의 풍속으로 매년 섣달에 암말을 잡아서 포를 만들어 토산물로 바치는 말고기 진상을 금했으며, 세종 대에는 한성부의 계(啓)에 의해 말고기의 매매를 소고기 매매와 같이 서울 안에서는 한성부의 착표(着標)와 외방(外邦)에서는 그 관청의 명문(明文)을 받아야만 비로소 매매를 허용하고 위반하는 자는 율에 의하여 죄를 묻도록 했다.

또한 황해도 점마별감 보고에 따라 각 고을에서 나누어 기르는 말 두 필을 손상시키면 그 수령이 먹이는 사람에게 죽은 말 한 필을 바치게 하고 있으나, 죽은 말의 가죽과 고기를 관청에서 수납하는 것은 옳지 못하니, 그 가죽과 고기는 말을 바친 사람에게 주게 했다.

당시 제주목사가 우의정에게 말고기 포육을 보냈는데 사헌부에서 이 말은 저절로 죽은 말이 아니고 반드시 잡은 말일 것이며, 바친 곳이 많으면 말을 죽인 것도 또한 한두 마리가 아닐 것이므로 도살을 금하는 법을 어겼으며, 벼슬만을 거두는 가벼운 처벌로 평안히 집에 있게 함은 악을 징계하는 의미가 조금도 없으니, 변방 먼 데로 내쫓아서 후세를 경계하게 하자는 보고를 그대로 시행하기도 했다.

또한 문종 대에는 호조의 정문에 의거하여 각 목장에서 죽은 말의 가죽은 구례(舊例)대로 구워서 아교(阿膠)를 만들거나, 활이나 화살 주머니인 탁건(橐鞬)을 만드는데 쓰도록 하고, 고기는 곡식으로 바꾸어 의창(義倉)에 보태고 치부(置簿)하도록 했다.

단종 때 병조의 군영에서 타던 말이 죽으면 묻어주곤 했는데 왕실용 마필인 내구마 중에서 골라서 연향에 쓰는 것은 참으로 미편(未便)하다는 보고에 따라 연향에 공용(供用)하는 말은 사련소와 분예빈시가 같이 의논하여 사람들이 바치는 말들을 모집하여 사용하고, 종자마를 진헌하는 예에 의하여 1필마다 목장 어린말 3필씩을 주게 했다.

세조 대에는 소와 말을 도살한 자 및 저절로 죽은 소와 말을 관청에 신고하지 않고 옮겨 오고 옮겨 간 자, 표지가 없는 소와 말의 고기를 판매한 자는 모두 엄벌하도록 했다. 성종 대에는 소와 말을 사사로이 죽인 자는 장(杖) 1백 대에 도(徒) 3년에 처하며, 실정을 알면서도 그 고기를 먹은 자는 장(杖) 70대에 도(徒) 1년 반에 처하고, 병들어 죽었지만 관가에 신고하지 아니하고 잡아먹은 자는 장(杖) 1백 대에 처하는 금령(禁令)을 시행했다.

한편, 연산군(燕山君)은 백마(白馬) 가운데 늙고 병들지 않은 말을 찾아서 왕실에 물자를 조달하는 내수사(內需司)로 보내라고 전교했는데, 그 이유가 흰 말의 고기는 양기(陽氣)를 돕기 때문으로 적고 있다.

601년 전 오늘의 실록에는 궁중 잔치인 연향에 쓰이는 마필은 무역용을 제외하게 하고, 사복시(司僕寺)의 각장(各場)에서 쓰지 못하는 말을 쓰게 하도록 하고 있다.

- 태종실록 33권, 태종 17년 1월 21일 무신 기사 1417년 명 영락(永樂) 15년

연향마는 무역용을 제외하고 목장에서 쓰지 못하는 말을 쓰게 하다

명하여 이제부터 연향마(宴享馬)는 무역용(貿易用)을 제외하게 하고, 사복시(司僕寺)의 각장(各場)의 쓰지 못하는 말을 쓰게 했다.

- 【태백산사고본】 15책 33권 5장

> 1421년 세종3년 1월 22일

살아있는 기러기를 전담으로 잡아 나라에 바치는 생안간(生雁干)이 있었다

조선시대 기러기는 계절마다 농사지은 과일이나 곡식, 물고기와 날짐승 등을 종묘에 올려 감사의 뜻을 표하는 천신종묘의(薦新宗廟儀)에 쓰는 물목으로 사냥이나 지방에서 진상을 통해 조달했으나, 사신의 접대와 종재(宗宰)에게 식사 등의 일을 관장하던 예빈시(禮賓寺)에서 직접 기르기도 했으며, 왕조실록에는 160여 건의 기사가 등재되어 있다.

기러기는 한자로 보통 안(雁)이 가장 많이 쓰였고 실록에는 홍(鴻), 홍안(鴻雁), 주조(朱鳥)등의 표기도 있으며, 이외에 양조(陽鳥), 옹계(翁鷄), 사순(沙鶉), 육루(鵱鷜), 상신(霜信), 매매(鷪鷪)등으로도 알려져 있다. 임금 대 별로 제례나 예식과 같은 의례 이외에 주요 기사 내용은 다음과 같다.

우선, 태종 때는 강원도 평강현(平康縣)에 우박이 5치가량 내려 큰 기러기와 작은 기러기를 뜻하는 홍안(鴻雁)이 맞아 죽은 적이 있으며, 임금이 동교(東郊)에서 매사냥하는 것을 구경하고 고니인 천아(天鵝)와 기러기, 꿩을 잡아서 덕수궁(德壽宮)과 인덕궁(仁德宮)에 바쳤다 했다. 왕실용 가축을 기르는 전구서와 예빈시에서 기러기 외에 염소, 양, 돼지, 오리, 닭 등을 사육하는데 쌀과 콩이 너무 많이 드니, 당시 가축

사양 지침서인 농잠집요에 의하여 양사(養飼)하라고 적고 있다.

특히 황해도 풍천군(豊川郡) 사람 중 신분은 양인이나 노비와 같은 천역(賤役)을 지고 있는 신량역천(身良役賤)으로 나라에 산 기러기를 잡아 바치는 일을 맡아 보던 진상 생안간(進上生雁干)이 해마다 봄·가을로 각관(各官)에서 주로 진상하는 물건을 마련하는 일을 맡아 보는 산접간(散接干)과 각호(各戶)를 횡행(橫行)하며 나라에서 관리하는 곳간인 공름(公廩)을 허비한다는 보고가 있자 모조리 추고(推考)하여 군역(軍役)에 붙이도록 하게 한 바도 있다.

세종대에도 경기 철원 일대와 함길도 함흥에서 큰 우박이 내려 기러기들이 맞아 죽은 기록이 있으며 임금의 형인 양녕대군에게 기러기 외에 오리 및 매 일련(一連)을 내려 주었다. 또 예빈시 정6품 벼슬관리인 우정언(右正言)이 양, 돼지, 기러기, 오리의 사료를 지급하면서 쌀 10석(石)을 함부로 내어 준 것이 드러나 사헌부에서 논죄(論罪)하기를 청하니 속형(贖刑)으로 속장(贖杖) 90도에 처하도록 특명하기도 했다.

또한 태조의 비인 신의왕후(神懿王后) 한씨(韓氏)를 모신 사당인 문소전(文昭殿)과 태종과 원경왕후(元敬王后)의 신주를 모신 혼전(魂殿)인 광효전(廣孝殿)에는 노루, 사슴, 기러기, 오리 등의 진상을 모두 바치지 말라고 명한 기록도 나타나 있다.

이러한 실록의 기록 외에도 동의보감(東醫寶鑑)에는 기러기 기름(雁肪)은 팔다리와 몸이 쑤시고 무거우며 마비가 오는 풍비(風痺), 힘살이나 힘줄이 오그라들고 당기면서 뻣뻣하여지는 증상인 연급(攣急), 한쪽이 마비가 오는 반신불수인 편고(偏枯)등으로 기(氣)가 통하지 않는 것을 다스리고, 머리털, 수염, 눈썹을 기르고 근육이나 뼈를 강하게 하며, 살코기는 모든 풍(風)을 다스린다고 기록되어 있다.

또한 조선 후기 규합총서(閨閤叢書)에서는 기러기가 추우면 북으로부터 남쪽을 찾고 더우면 남으로부터 북안문(北雁門)에 돌아가니 신(信), 날을 때면 차례가 있어 앞에서 울면 뒤에서 화답하니 예(禮), 짝을 잃으면 다시 짝을 얻지 않으니 절(節), 밤이 되면 무리를 지어 자되 하나가 순경하고 낮이 되면 갈대를 머금어 화살을 피하는 지혜가 있기 때문에 고마움과 공경의 뜻으로 보내는 물건인 예폐(禮幣)하는 데 쓰인다고 했다.

이러한 뜻에서 유래하여 혼인예식에서는 신랑은 신부집에 이르러 혼례의 첫 의식으로 나무로 깎은 기러기를 신부 집에 전하는 전안례(奠雁禮)를 행하며, 남의 형제는 기러기가 의좋게 나란히 날아다니는 데서 유래하여 안행(雁行)이라고 했다.

598년 전 오늘의 실록에는 예빈시에서 양, 돼지, 닭, 오리 외에 당기러기(唐雁) 등을 홍제원동(洪濟院洞)의 수연(水碾) 과 서강(西江)의 잉화도(仍火島) 등에서 길렀는데 잘 자라지 않으니 수초(水草)가 좋은 곳에다가 옮겨 기르자는 보고를 하자 그대로 시행하도록 하고 있다.

- 세종실록 11권, 세종 3년 1월 22일 을유 기사 1421년 명 영락(永樂) 19년

예조에서 예빈시 보고에 의거하여 동물 사육에 대해 아뢰다

예조에서 예빈시(禮賓寺)의 보고에 의거하여 아뢰기를,

"양·돼지·닭·오리·당기러기(唐雁)등은, 전자에는 수연(水碾, 홍제원동 洪濟院洞) 과 잉화도(仍火島, 서강 西江)등에 나누어 길렀는데, 권지 직장(權知直長)을 정해 보내어 감독하여 기르게 했으나, 마음을 써서 먹여 기르지 아니하므로 양과 돼지가 날로 파리하기만 하오니, 수초(水草) 좋은 곳에다가 전구서(典廏署)의 전례에 의하여, 관청을 짓고 본시(本寺) 관리를 나누어 보내서 감독하여 기르게 하소서."

하니, 그대로 따랐다.

- 【태백산사고본】 4책 11권 6장

1446년 세종28년 1월 23일

봄에 민간民間의 농사용 소農牛 사료로 콩 1만 5천 3백 톤을 지원했다

조선시대 흉년이나 춘궁기에 곡식을 빈민에게 대여하고 추수기에 이를 환수하던 진휼제도(賑恤制度)를 환곡(還穀) 또는 환상(還上), 환자(還子)라고 했는데, 이 같은 곡물 대여와 굶주린 사람에게 무상으로 곡물을 나누어 주기 위해 설치한 구호기관이 의창(義倉)이었다.

의창에서는 무이자로 봄에 곡식을 나누어 주었다가 가을에 회수하는 방식으로 운영되었는데, 흉년이 들었을 때는 가난한 농민들이 환곡을 갚는 것이 쉽지 않아 원곡(元穀)이 감소하면서 조정에서는 전란 및 국가의 위기 상황에 대비하여 국가의 관할 창고에 비축해 둔 곡식인 군자곡(軍資穀)을 의창으로 옮겨서 운영하기도 했다.

그러나 근본적인 해결책이 되지 않아 지방 관리나 유력자에 의해 지역 단위에 곡물 창고인 사창을 운영하여 의창을 대체하려 했고, 이에 따라 의창의 규모는 축소되면서 명칭도 후에 별창으로 바뀌었다. 이러한 환곡제도와 같이 농사용 소의 중요한 곡물사료인 콩도 지원되었는데, 실록에 기록된 소사료인 콩에 관한 임금 대별 내용은 다음과 같다.

우선, 세종 대에는 병조에서 경기도에 각 목장의 말을 겨울철에 여러 고을에 나누어 기르게 한 원수(元數)가 382필인데 사료용 콩이 많이 들어 1천 6백여 석이나 되고, 김포 인근의 대명곶(大明串)에 들여다 먹이는 소가 50여 두에 사료용 콩이 또한 160여 석이나 되어 비용이 적지 않으니, 점고(點考)하는 별감(別監)으로 하여금 살찌고 여원 것을 가려내어 목장 안에 그대로 놓아먹이고, 여위어서 비와 눈에 견디지 못할 것은 각 고을에 나누어 기르게 한 바가 있다.

호조의 정문에 의거하여 1월부터 3월 사이에 경상도에는 볍씨 19만 5천 2백 석과 황두(黃豆) 종자 3만 6천 석, 잡곡 종자 6천 1백 석, 전라도에 소사료 콩 2만 석, 평안도에 소사료 콩 1만 석, 전라도의 구식(口食) 5만 석, 충청도에 구식 7만 6천 4백 석, 경기도 각 고을에 올

곡식(旱穀) 종자 1만 3천 5백 석과 평안도 인민의 구량(口糧)인 잡곡 4만 2천 석, 함길도의 귀맥(鬼麥) 종자 180석과 소 사료 콩 3천 석, 충청도에 벼종자 10만 석, 팥종자 7만 250석, 구량(口糧) 5만 석, 전라도에 소사료 콩 8만 석과 경상도에 구량 10만 석을 각각 제급(題給)하여 소 사료용 콩만 한 해에 11만 3천 석(콩 135kg기준, 1만 5천 255톤)을 지원했다.

세조 대에는 제도 관찰사에게 농우의 사육을 소홀히 할 수가 없으며, 특히 수령이 시기에 맞추어 사료(飼料)를 주지 않아서 농우가 피곤해서 죽어 농사에 힘쓸 수 없게 되므로 금후에는 사료용 콩을 먼저 나누어 주어서 시기를 잃지 않도록 임금이 특별히 유시(諭示)하기도 했다. 황해도·평안도에 거주하는 백성들에게 농우의 사료로 첫해에는 여러 고을의 군자창(軍資倉)의 묵은 콩을 사용하며, 그 후에는 신전(新田)의 소출을 사용하되, 군자창(軍資倉)의 묵은 콩은 신전(新田)의 소출로써 보충하여 갚게 조치한 바가 있다.

또한 경기 관찰사가 금년 봄에 민간에서 양식이 부족하여 땅을 갈고 씨앗을 뿌릴 수가 없을 것 같으며, 소사료인 황두도 지극히 부족하여 호조에 1만 석을 청했는데, 아직 어떻게 구처(區處)했는지를 알지 못한다고 보고하자 도승지가 세종 대에는 10만 석을 주었어도 부족했는데 지금은 나라의 저축(儲蓄)도 부족하여 5천 석 정도만 지원하겠다는 보고가 있었다.

충청 관찰사는 도내 각 제읍(諸邑)이 수재(水災)를 만나서 기근이 들어 먹을 것이 없는 호구가 열에 여덟, 아홉은 되니, 군자(軍資)의 묵은 황두 3천 석, 소금 1천 석과 소먹이 황두 1천 석을 주어서 백성의 급함을 구원해달라고 치계(馳啓)하자 소먹이 콩 1천 석 외에는 일부 감하여 지원한 것으로 기록되어 있다.

한편, 성종 때 호조에서 구황(救荒)과 백성의 수고를 줄일 만한 일을 적어 보고한 내용 중에는 여러 고을에 나누어 기르는 소의 먹이인 황두가 1년에 1천 636석인데, 관에서 소를 쓰지 않는 곳은 우선 시장가격에 따라 매각하여 관의 창고에 바치게 하자는 내용이 전해진다. 사복시의 수레를 끄는 소인 거우(車牛)의 먹이는 황두가 1년에 1백 32석인데, 거우의 용도가 오로지 말의 사료와 들판에서 나는 풀이나 땔감인 교초(郊草)를 전수(轉輸)하려고 마련한 것이니 1년간의 말 먹이의 숫자를 계산해 백성들로 하여금 바로 바치도록 하고, 교초(郊草)는 제원(諸員)으로 하여금 실어 나르게 하여 거우는 매각하자는 내용도 포함되어 있다.

573년 전 오늘의 실록에는 의정부에서 호조의 정문(呈文)에 의거하여 경상도에 볍씨 19만 5천 2백 석과 황두(黃豆) 종자 3만 6천 석과 잡곡 종자 6천 1백 석을, 전라도에 소사료(牛料) 콩 2만 석을 제급(題給)한 것으로 기록하고 있다.

- 세종실록 111권, 세종 28년 1월 23일 신묘 기사 1446년 명 정통(正統) 11년

경상도와 전라도에 곡식과 종자 등을 제급할 것을 의정부에서 아뢰다

의정부에서 호조의 정문(呈文)에 의거하여 아뢰기를,

"경상도에 벼씨 19만 5천 2백 석과 황두(黃豆) 종자 3만 6천 석과 잡곡 종자 6천 1백 석을, 전라도에 소사료(牛料) 콩 2만 석을 제급(題給)하소서."

하니, 그대로 따랐다.

- 【태백산사고본】 35책 111권 9장
- 【주】제급(題給) : 관아에서 공문서나 백성의 소장(訴狀), 청원서(請願書) 같은 데에 제사(題辭)를 적어서 내어 줌

1431년 세종13년 1월 24일

우마牛馬를 잘 관리하면 교체하지 않고 종신終身의 임무로 여기게 했다

조선시대 관직 체계는 문·무반 종9품 이상의 관직 중에 맡은 일의 유무에 따라 실직(實職)과 산직(散職)으로 구분되었는데, 실직은 다시 녹봉(祿俸) 지급 여부에 따라 녹관(祿官)과 무록관(無祿官)으로 구분되고, 녹관은 다시 정직(正職)과 복무 기간에만 녹봉을 지급받는 체아직(遞兒職)으로 구분되었다. 체아직은 주로 의관이나 역관, 산관(算官), 천문관 등 기술관 종사자와 내시 및 오위(五衛) 군사 등 잡직에 종사하는 자를 대상으로 하여 동반직, 서반직, 잡직으로 구분되었고, 서반(西班) 체아직이 대다수를 차지했다.

동반(東班) 체아직은 의(醫)·역(譯)·산(算)·관상(觀象)·율(律)·사자(寫字) 등의 기술관 사무의 실무직으로 중앙 관서에서 세습하는 기술직과 내시 등이 주로 맡아 호조의 산사(算士), 형조의 심률(審律), 전의감·혜민서의 의원, 천문·지리 등을 관장하는 관상감의 기술직, 사역원의 역관, 전연사(典涓司)에서 궁궐의 수리, 보수 일을 맡은 관원, 내수사의 서제(書題) 등 실무에 종사하는 관원과 내시부의 환관 등이 여기에 해당됐다. 서반 체아직은 삼군 녹사(三軍 錄事) 등이 체아직으로 시작하여 내금위, 별시위, 갑사 등의 관직이 대부분 체아직으로 전환, 종품직(從品職)으로 정립되었다.

잡직계는 모두 체아직으로 내시부나 왕실의 명령 전달, 알현 안내 등을 관장하던 액정서(掖庭署), 아악서(雅樂署)등의 관서에 환관이나 내수(內豎) 등을 제수하고 잡류(雜流)로 구분하였다. 이후 동반과 서반 잡직계가 따로 설정되었고, 대개는 양인 이하 신분에게 제수되었기 때문에 대우나 지위가 문·무반직과 완전히 구별되면서 점차 천역시 되었다. 대표적인 잡직의 동반 체아직은 공조(工曹), 저화(楮貨)의 주조 등을 맡은 사섬시(司贍寺) 등의 공장(工匠), 경적의 인쇄 등을 맡은 교서관(校書館)의 수장제원(守藏諸員), 왕실의 음식을 만드는 사옹원(司饔院)의 반감(飯監)·색장(色掌), 장악원(掌樂院)의 악사·악생·악공, 왕실의 화초와 과실 등을 관장하는 장원서(掌苑署)의 별감, 도화서(圖畵署)의 화원 등이 있으며, 우마(牛馬)를 관장하던 사복시의 사양관리를 담당하던 마원(馬員)이 여기에 속했다.

이들 체아직이 받는 녹봉은 정직(正職)과는 달리 체아록(遞兒祿)으로 규정되었는데, 도목(都目)과 번차(番次) 규정에 따라 교체되면서 입번하여 실제로 근무하는 기간에 한해 지급되어 실직과 같이 1년에 4번 1월, 4월, 7월, 10월에 녹봉을 받는 경우부터 근무 일수에 따라 달마다 받는 경우까지 다양한 녹봉 지급 규정이 있었다.

한편, 임기 만료, 공로, 과실 혹은 친족 등의 관계로 같은 곳에서 벼슬을 피하는 상피(相避) 등으로 관원의 관직을 교체하는 체직(遞職)인 경우 지방관인 관찰사나 도사(都事)는 360일, 수령은 1,800일, 당상관 수령 및 가족을 데리고 가지 않은 수령과 훈도는 900일을 임기만기로 하여 체직하도록 규정했으며, 임기가 만료되었다고 하더라도 농번기이면 체직하지 못하도록 했다.

또한 관인이 재직 중에 공을 세우거나 과실을 범할 때에는 그에 대한 상벌과 관련되어 체직되었으며, 공로로 인한 경우는 무록직이나 체아직에서 실직, 외직에서 경직, 차상위직에 승직하면서 각각 체직되었고, 과실로 인한 경우는 녹직에서 무록직, 경직에서 외직에 좌천되면서 체직되었다.

573년 전 오늘의 실록에는 우마의 관리를 맡은 사복 제조(司僕提調) 및 그 관원들이 번식시키는 방법을 무인(武人)에게 묻기도 하고 방서(方書)를 보는 등 종신(終身)의 임무로 부여하고 그 직임(職任)도 교체하지 말고 더욱 기르는 법을 연구하라고 유시하고 있다.

• 세종실록 51권, 세종 13년 1월 24일 기축 기사 1431년 명 선덕(宣德) 6년

각 도의 말 목양을 장려하다

상참을 받고 정사를 보았다. 임금이 각 도의 목장(牧場) 말의 번식한 수효를 열람하고, 대언들에게 말하기를,

"말이란 군정(軍政)에 큰 비중(比重)을 차지한다. 그러기 때문에 병관(兵官)을 부르기를 '사마(司馬)'라 하지 않는가. 금번 충청도에서 번식한 말의 수효가 타도의 갑절이나 되는 것은 그 토품(土品)이 타도보다 낫기 때문이다."

하니, 우부대언 송인산(宋仁山)이 대답하기를,

"대산관(大山串) 등지는 토품이 참으로 좋다." 했다.

임금이 말하기를,

"최윤덕(崔閏德)이 사복 제조(司僕提調)가 되어 마정(馬政)에 유의(留意)하기를 지극히 했다. 그러나 실효를 거두지 못했는데, 지금은 정연(鄭淵)이 이미 그 임무를 맡았으니 마땅히 정연에게 유시하여, '번식시키는 방법을 무인(武人)에게 묻기도 하고, 방서(方書)를 보는 등, 종신(終身)의 임무로 삼으라.' 하라. 또 박배(朴培)는 사복시 관원이 된 지 오래서 꽤 말 기르는 법을 알 것이니 그 직임을 교체해선 안 된다. 의당 박배에게도, '정연을 보좌하여 역시 종신의 임무로 알고 더욱 말 기르는 법을 연구하라.'고 유시하라."

하니, 대언들이 모두 아뢰기를,

"박배는 목양(牧養)에 근면해 왔사오며, 천성이 또한 총명하여 듣고 본 방법 등을 잊지 않다."

하니, 임금도 그렇게 여겼다.

- 【태백산사고본】 16책 51권 10장

1548년 명종3년 1월 29일

검은 암소가 송아지를 낳았는데, 귀가 셋이고 발이 여덟, 꼬리가 둘이었다

조선왕조실록에 나타난 가축의 기형 출산에 관한 기록은 200여 건으로 이 중 소에 관한 기록이 가장 많아 절반 이상을 차지하고 있다. 임금 대 별로는 숙종 때에 20여 건, 중종 및 현종 때에 15여 건 순으로, 조선 초기 임금대별 주요 기형 출산 형태는 다음과 같다.

우선, 태종 때는 전라도 순천부에서 소가 송아지를 낳았는데 귀가 넷이고 10일 만에 뿔(角)이 난 것으로 기록되어 있으며, 세종 때는 경상도 창녕현에 소가 암송아지 한 마리를 낳았는데, 입이 둘이고 코가 둘이고 눈이 넷으로 그 소가 즉시 죽어 자연재해나 이상한 현상이 발생했을 때 지내는 해괴제(解怪祭)를 지내도록 명했다 한다. 세조 때에는 경상도 관찰사가 소를 잡았더니 송아지가 있는데 한 몸에 머리가 둘, 귀가 셋, 눈이 넷, 꼬리가 하나라고 임금에게 계달(啓達)한 바가 있다.

성종 때는 경상도 관찰사가 울산군의 소가 송아지를 낳았는데, 등

위에 세 발이 같은 자리에서 났다고 치계(馳啓)하자, 임금이 이는 요물(妖物)로 예전에도 있었는지 전사(前史)를 상고하라고 전교하고, 이러한 이변(異變)은 허물이 자신에게 있으니 하늘을 공경하고 백성을 위하여 부지런히 일해서 재앙을 없애고 근심을 막고자 한다고 의정부에 전지(傳旨)하기도 했다.

중종 때는 다양한 기형 출산이 기록되어 있다. 경상도 김해부에서는 암소가 다리 다섯 달린 누런 수송아지를 낳았는데, 앞 다리 오른쪽 가에 또 하나의 다리가 달려 있었으나 땅에는 닿지 않고 굽은 세 쪽으로 쪼개어져 있었다. 전라도 고부군에서는 소가 발이 다섯인 수송아지를 낳았는데, 그 다리 하나가 두 앞다리 사이에 생겨 길이는 다른 것과 서로 가지런하나 세 마디로 되어 있고, 굴곡(屈曲)이 져서 딛고 다니지는 못한 것으로 나타나 있다.

또한 해남 민간의 암소가 송아지 한 마리를 사산했는데 머리가 둘이었으며 각각 눈·입·코가 둘씩이었고 입에도 각각 이빨이 있었으며, 평안도 상원군 민가에서 소가 송아지를 낳았는데 낳을 적에 다섯 개의 발이 먼저 나오고 가까스로 꺼내놓고 보니 그 모양이 머리는 하나, 다리는 여덟, 콧구멍은 넷, 귀는 셋, 등뼈가 둘, 꼬리가 둘, 배꼽 이하로는 갈라져 꽁무니가 둘이었는데 서로 끌어안고 누워 있는 형상이었다.

이외에도 충청도 대흥현(大興縣) 민가에서 발이 여섯 달린 암송아지가 출생했으며, 황해도 안악군(安岳郡)에서는 어떤 소가 암송아지를 낳았는데 머리가 3개고 눈이 3개로 가운데 눈은 눈자위는 1개인데 눈알은 2개고 두 눈알 사이에는 약간의 한계가 막혀 있었고, 아래 몸통은 갈라져서 둘이었고 얼굴마다 코·입·이·혀가 있었다 한다. 또 남해에 낳은 송아지는 오른쪽 앞다리가 없어서 세 발로 걸어 다닌 것으로 기록되어 있다.

이러한 재이와 변고에 대해 대사간(大司諫) 등은 예로부터 임금은 재변이 없을 때에도 덕을 닦고 일을 바로 하기를 게을리 하지 않아 재변이 일어나기 전에 사라지게 할 수 있었고, 불행히 조금이라도 이변을 당하면 반드시 두렵게 여기고 반성하여 이변이 일어나려 할 즈음에 이변을 사라지게 했다고 임금의 근신을 상소했다.

471년 전 오늘의 실록에는 평안도 평양에서 암소가 송아지를 낳았는데 뒤쪽 두 다리 밑은 색깔이 반백(班白)이고 앞쪽 두 다리 위의 등뼈 사이에 또 발 하나가 거꾸로 나왔으며, 상원군(祥原郡)에 검은 암소가 송아지 한 마리를 낳았는데 머리는 하나에 눈은 둘이고 귀가 셋이며 허리 위로는 소 한 마리의 형상인데 허리 밑은 소 두 마리의 형상이었고 발이 여덟, 꼬리가 둘에 털은 없고 몸은 붉은 것으로 기록되어 있다.

• 명종실록 7권, 명종 3년 1월 29일 병오 기사 1548년 명 가정(嘉靖) 27년

평양 백성 이인필·상원군 사노 돌쇠의 집에서 괴이한 송아지가 태어나다

평안도 평양(平壤)에 사는 백성 이인필(李仁弼)의 집 암소가 송아지를 낳았는데, 뒤쪽 두 다리 밑은 색깔이 반백(班白)이고 앞쪽 두 다리 위의 등뼈 사이에 또 발 하나가 거꾸로 나왔다. 그 다리의 웃마디는 길이가 주척(周尺)으로 7촌(寸) 2푼(分)이고, 아랫마디는 길이가 6촌 3푼이며, 발굽의 높이는 2촌 1푼이고, 발에서 몸뚱이와의 거리는 1푼이었다. 그 다리는 뼈가 없어서 유연했고 걸어다닐 때는 마구 흔들렸다. 꼬리는 마치 노루의 꼬리와 같이 생겼는데 길이는 4촌이고 두 갈래였다. 또 상원군(祥原郡) 사노(私奴) 돌쇠(突衰)의 집에 검은 암소가 송아지 한 마리를 낳았는데 머리는 하나에 눈이 둘이고 귀가 셋이며, 허리 위로는 소 한 마리의 형상인데 허리 밑은 소 두 마리의 형상이었고, 발이 여덟, 꼬리가 둘에, 털은 없고 몸은 붉었다. 이상의 송아지는 모두 수컷들이었다.

- 【태백산사고본】 6책 7권 10장

\ 1501년 연산7년 1월 30일

일본국日本國 일부 지역에서는
소와 닭고기를 먹지 않고 죽으면 묻었다

조선시대 외교적 개념 중에 필적하는 나라끼리 대등한 의례를 나누는 교린(交隣)의 대상국은 주로 일본 및 지금의 일본 오키나와 현 근처에 있던 유구(琉球), 여진(女眞) 등이었으며, 특히 일본에 대해서는 조선 초기부터 교린국으로 국교를 재개하여 많은 사신들이 왕래한 것으로 전해진다. 세종 대에 한 차례 온 일본 국왕의 사신 규모가 타고 온 배는 16척에 전체 거느린 사람이 523명으로 한 달간 소요되는 양식 규모가 209석 3두(斗)라는 기록이 있으며, 유구국 외교 사절도 신하라 칭하면서 표문(表文)을 바치는 등 내조(來朝)하여 교류한 것으로 나타나 있다.

또한 조선에서도 사신을 파견하여 교류했는데, 그중에는 일본에 대한 풍속, 학문, 관대(冠帶)등을 파악한 것을 실록에 기록하고 있으며, 민간인들이 바다에서 표류하다가 일본이나 유구국에서 보고 들은 사정도 적고 있다. 그중에 가축과 관련된 주요 내용은 다음과 같다.

먼저 성종 때에 일본에 다녀온 사신들이 보고한 내용에 따르면 지금의 일본 나가사키현에 있던 일기도(壹岐島)에서 일본국까지는 25일이 소요되었다. 그 나라에는 우역(郵驛)이 없었고, 말로 밭을 갈고 모든 나르는 물건은 사람이 짊어지며, 산골짜기 사이에 소를 놓아먹이는데 소는 다 살이 쪘고, 소를 잡아먹을 수 있는지를 물으니, 조선에서는 짐승을 먹기를 좋아하니 참으로 추악하다고 했다. 물소는 없었고 물산(物産)이 없어 모든 물건은 흔히 남만(南蠻)에서 사서 쓰는 것으로 적고 있다.

또한 제주 사람 셋이 진상(進上)할 쌀을 싣고 서울로 향해 가다가 바람을 만나 표류하다가 유구국과 여러 섬을 거쳐 돌아왔는데, 그 풍속을 홍문관(弘文館)에서 파악한 내용에 따르면 윤이시마(閏伊是麿)라는 섬에서는 집에 쥐·소·닭·고양이가 있으나, 소와 닭의 고기를 먹지 않고 죽으면 묻어 소·닭의 고기는 먹을 만한데 묻는 것은 옳지 않은 거 아니냐는 지적에 섬사람들이 침을 뱉으면서 비웃었다고 한다. 반면에 소내시마(所乃是麿)라는 섬에서는 집에서 기르는 소는 도살하여 먹고 닭고기는 먹지 아니했으며, 산에는 산돼지가 있는데 섬사람이 창을 가지고 개를 끌고 가서 사냥해 잡아다가 그 털을 태우고 베어서 삶아 먹으나 사냥한 자만 먹고 비록 지극히 친한 자일지라도 주지 않았다. 다른 섬들도 소와 닭고기 식성은 유사하나 포월로마이시마(捕月老麻伊是麿)에서는 밀·보리를 심고, 가을이 되면 우분(牛糞)을 손으로 움켜서 밭에 넣고, 2~3월에 추수를 마친 뒤에는 또 밭을 일구어 아홉 종류의 곡식을 심고 수확한 것으로 보고하고 있다.

끝으로 유구국은 밭이 조금 많고 논은 겨울에 파종을 해서 5월에는 벼가 다 익어 수확을 마치면, 소(牛)로서 이를 밟아 다시 파종을 해서 7월에 이앙(移秧)하고, 가을과 겨울 사이에 또 수확을 했으며, 밥은 쌀을 사용하고 염장(鹽醬)을 사용하여 국을 만들며, 채소를 섞는데 혹은 고기를 쓰기도 한 것으로 적고 있다.

518년 전 오늘의 실록에는 내섬시(內贍寺)의 종이 일본을 표류하여 보고 들은 일을 보고했는데, 일기도(壹岐島)에서 도주(島主)가 살고 있는 곳의 군사들을 모두 모아 노루·사슴·멧돼지·꿩·물개 등 짐승을 몰아 사냥하는데, 노루·사슴을 잡으면 가죽만 벗기고 그 살은 버리며, 멧돼지·꿩·물개를 잡으면 고기를 삶아 밤새도록 술을 마시고는 흩어졌다. 소로 논을 갈아서 볍씨를 물에 담갔다가 싹이 트면 4월에 씨를 뿌려서 싹이 자란 뒤에 5월에 모내기를 하고, 제초는 하지 않으며, 7월에 수확하는 것으로 기록하고 있다.

• 연산군일기 40권, 연산 7년 1월 30일 기묘 기사 1501년 명 홍치(弘治) 14년

예조에서 제주도 내섬시의 종 장회이가 일본에 표류하여 보고 겪은 일을 아뢰다

예조가 아뢰기를,

"지난번에 평순치(平順治)가 이라다라(而羅多羅)를 사신으로 하여 표류인을 보냈는데, 그는 제주(濟州)에 사는 내섬시(內贍寺)의 종 장회이(張廻伊)였다. 이야기하기를, '지난 기미년 정월에 표류해서 일본 해변에 도착했는데, 왜인 11명이 작은 배를 타고 왔고, 또 왜인의 배 30여 척이 와서 포위했다. 이라다라(而羅多羅)라고 칭하는 왜인이 내가 탄 배를 그의 배 꼬리에 매어 달고는 동쪽으로 조금 가서 미도(彌島) 가에 이르니, 왜인의 집 30여 호가 있었다. 데리고 그 집에 가서 10일 동안 머물렀는데, 항상 술과 밥을 먹여 주었다. 10일 뒤에 하룻길 거리에 있는 산밑으로 가니, 오질포리(烏叱浦里)라는 곳이 있었는데, 거기가 바로 이라다라(而羅多羅)가 사는 곳이었다. 이날 밤에 도주(島主)의 아비 평순치(平順治)의 집에 이르니, 또한 머물러 있기를 허락하고, 생깁 저고리 2벌, 무명 겹옷 2벌, 홑옷 3벌, 속옷 2벌을 만들어

주고 거기서 1년을 지나게 되었다. 평순치(平順治)가 나에게 하는 말이, '네가 이곳에서 살겠다면 마땅히 장가를 들이고 집을 지어서 살게 할 것이고, 만약 본국으로 돌아가겠다면 내어 보내리라.'고 하기에, '부모가 그리워 본국으로 돌아가고 싶다.'고 대답했더니, 평순치(平順治)는 서계(書契)를 써서 그 아들 이라다라(而羅多羅)에게 주고는 나에게 길 양식 10석(石)을 주었다.

전년 정월 12일에 내보내기에 그 집으로부터 동쪽으로 향해서 하룻길을 가서 우기도(于奇島)에 이르러 3일 동안을 묵었다. 그곳에 왜인의 집 20호가 있었고, 배 10여 척이 떠 있었는데, 모두 고기잡이 배였다. 또 동쪽으로 향해 돛을 달고 이틀 낮 하룻밤 만에 화가대도(化可大島)에 이르러 17일 동안을 머물러 있다가 서쪽으로 향하여 배를 타고 온 지 1일만에 일기도(壹岐島)에 이르렀는데, 도주(島主)가 즉시 내보내주지 않으므로 6개월 동안을 머물렀다. 전년 7월에 행장(行狀)을 받고 이날 30일에 제포(薺浦)에 이르렀다.

그곳의 풍속으로는 도주(島主) 평순치(平順治)가 사냥할 적마다 말을 타고 환도와 화살을 허리 사이 안팎으로 차고, 소도(小刀)도 차며, 활을 보행하는 사람에게 주어 가지게 하고, 살고 있는 곳의 군사들을 모두 모아, 노루·사슴·멧돼지·꿩·물개 등 짐승을 몰아 사냥하는데, 노루·사슴을 잡으면 가죽만 벗기고 그 살은 버리며, 멧돼지·꿩·물개를 잡으면 고기를 삶아 밤새도록 술을 마시고는 흩어지며, 다음날도 또 이같이 했다. 술을 마실 적마다 나를 초대해서 접대하면서, '술과 고기를 네가 배부르도록 먹으라.'고 했다. 고기잡이로는 해변에 사는 왜인들이 고등어·오징어·방어·도미·대구·청어·상어 등 날 것을 소금에 절이고, 해삼·홍어·조기·숭어 등은 철을 따라 잡아서 도주(島主)의 집에 바쳤다. 소로 논을 갈아서 볍씨를 물에 담갔다가 싹이 트면 4월에 씨를 뿌려서 싹이 자란 뒤에 5월에 모내기를 하고, 제초(除草)는 하지 않으며, 7월에 수확합니다. 그 곡초(穀草)의 길이는 두 줌쯤 되고, 그 뿌리에 싹이 나서 익으면 9월에 수확하고, 또 그 뿌리에 싹이 나서 익지 않으면 사람은 먹지 않고 베어 들여서 마소를 먹였다. 밭곡식은 5월 중에 보리·콩·조·피 등을 같은 때에 씨를 뿌려 소로 갈아서 덮고, 싹이 자란 후에 두 번 제초(除草)해서 수확하며, 다시 갈거나 씨를 뿌리지 않았다.

도주(島主) 평순치(平順治)의 집은 30여 칸이나 되는데, 모두 지붕에 기와를 이고 나무 판자로 벽을 했으며, 그 나머지 휘하(麾下)의 사람들은 긴 행랑 초가(草家)에 살았는데, 우리 나라 시중(市中)의 좌우 행랑과 같았다. 남녀의 혼인은 여자의 부모가 무늬 있는 옷감으로 그 딸의 머리를 싸서 말을 태워 먼저 가게하고, 부모와 노비(奴婢)가 뒤따라가며, 신랑의 집에서는 혼례 뒤에 밤새도록 잔치를 하며, 이튿날 아침에 신부 부모와 노비들은 집으로 돌아옵니다. 길을 다니는 사람은 항상 환도와 소도(小刀)를 차고, 만일 존장을 만나면 신발을 벗고 지나가는데, 설령 전부터 서로 모르는 사람이라도 만약 신을 벗지 않고 지나가면, 성을 내어 쫓아가 잡아서 목을 잘라 버리며, 또 사사로이 서로 성이 나서 다투는 사람들도 환도로 서로 쳐서 목을 자르며 도주(島主)가 비록 알더라도 전혀 검찰(檢察)하지 않는다.'고 했다." 했다.

- 【태백산사고본】 11책 40권 4장

2월

중춘

仲春

↘ 1497년 연산3년 2월 1일

종묘에 지내는 대제(大祭)에 양과 염소 중 어떤 것을 쓸 것인지 논란이 되었다

조선시대 역대 임금과 왕비는 물론 추존(追尊)된 왕과 왕비의 신주를 모신 왕실의 사당을 종묘라 했다. 이들의 신위(神位)를 모시고 지내는 제사 의례를 종묘대제라 했으며, 국가 오례(五禮) 중 길례(吉禮)에 속했고, 대사(大祀), 중사(中祀), 소사(小祀)로 구분되는 국가 제사 체계 중 등급이 가장 높은 대사에 해당했다.

종묘대제는 봄, 여름, 가을, 겨울, 납일(臘日) 등 1년에 다섯 번을 지냈으며, 납제사는 동지(冬至) 후 세 번째 간지에 미(未) 자가 들어가는 미일(未日)인 납일에 지내는 제사였고, 그 외에도 초하루와 보름, 정월 초하루, 한식, 단오, 추석, 동짓 날에도 정기적으로 제사를 지냈다.

또한 수시로 올리는 제사도 여러 가지가 있었는데, 홍수, 가뭄, 질병, 병충해, 전쟁, 자연재해 등이 발생했을 때에도 종묘에서 기도를 했으며, 국왕의 거둥(擧動)[1]과 책봉, 관례나 혼례 등 국가에 큰 일이 있으면 종묘에서 고유제(告由祭)[2]를 행했다.

---

1 임금의 나들이.(편집자 주)
2 국가와 사회 및 가정에 큰 일이 있을 때 관련 신령에게 그 사유를 고하는 제사.(편집자 주)

이 밖에도 새로 농사지은 과일이나 곡식을 먼저 사당에 올려 조상에게 감사하는 뜻을 드리는 의식인 천신(薦新), 사냥해서 잡은 짐승을 사자(使者)를 보내서 올리는 의식인 천금(薦禽)등의 절차도 종묘에서 있었다.

종묘대제 의식은 향사(享祀) 전 국왕이 7일간의 재계(齋戒)를 시작으로 하여 향사 3일 전에는 제례에 소용되는 각종 물품을 설치하는 진설(陳設), 향사 1일 전에 임금이 신하들을 거느리고 궁을 나오는 거가출궁(車駕出宮), 희생 제물의 상태를 살피는 성생기(省牲器), 향사 당일에 세 번 향을 피어올리고 신령의 강림을 바라며 울금향(鬱金香)을 넣어 빚어 향기가 나는 술인 울창주(鬱鬯酒)를 땅에 뿌리고 폐백을 올리는 신관(晨祼), 삶은 고기를 올리는 궤식(饋食), 신위에 초헌관(初獻官)이 첫 번째 잔을 올리는 초헌(初獻), 신위에 아헌관(亞獻官)이 두 번째 잔을 올리는 아헌(亞獻), 신위에 종헌관(終獻官)이 마지막 세 번째 잔을 올리는 종헌(終獻), 복주로 올린 술을 마시는 음복(飮福), 국왕이 궁으로 돌아오는 거가환궁(車駕還宮)의 순서로 진행되었다.

이러한 종묘대제 외에 조선시대에는 땅의 신인 사(社)와 곡식을 맡아 다스린다는 신인 직(稷)을 위한 제단인 사직단(社稷壇)을 만들어 놓고 제례를 지냈는데, 이를 사직대제(社稷大祭)라 했다. 음력 2월인 중춘(仲春), 음력 8월 중추(仲秋)의 첫 술일(戌日)과 납일(臘日)에 행한 세 차례의 정기 대제가 있었고, 국가 오례중 대사(大祀)의 규례로 지냈다. 또한 각 지방 주현에서는 한양에 사직단을 둔 것과 같이 그 지역의 토신과 곡신을 제사하는 사직단을 두었는데, 통상 각 고을의 서쪽에 사와 직의 단을 같이 만들어 중춘(仲春), 중추(中楸) 첫 술일에 연 2회 제사했다.

한편, 국가에서 거행하는 제사인 대사, 중사, 소사에는 반드시 희생으로 가축을 사용했는데 이를 생뢰(牲牢)라 했다. 제사의 크기에 따라 소, 양, 돼지 등 희생의 수를 달리하여, 소, 양, 돼지를 모두 사용하는 경우는 태뢰(太牢), 소를 제외하고 양과 돼지만을 쓰는 경우는 소뢰(小牢)라고 했고, 종묘와 사직 등에 지내는 대사에서는 태뢰를, 그보다 한 등급 낮은 제사인 중사에서는 소뢰를 올렸다.

522년 전 오늘의 실록에는 예조(禮曹)에서 사직(社稷)과 납일(臘日), 봄가을 큰 제사에는 양을 썼고, 임금이 제례에 참여하지 않고 지내는 섭행(攝行)에는 염소를 썼다고 서계(書啓)하자, 대신들이 선왕조(先王朝)에서 종묘에는 양을 썼고, 사직에는 염소를 썼던 것이 어디에 근거하여 그렇게 한 것인지 알 수 없고, 같은 큰 제사이니 종묘의 예절에 따라 양을 쓰게 하는 것이 마땅하다는 논의를 했다.

• 연산군일기 21권, 연산 3년 2월 1일 계유 기사 1497년 명 홍치(弘治) 10년

예조·어세겸 등이 제사에 양을 쓰는 문제로 서계하다

예조가 서계(書啓)하기를,

"《문헌통고(文獻通考)》 중 종묘고(宗廟考)의 주에 이르기를, '변(籩) 앞의 조(俎)가 두 줄(重)이다. 첫째 줄은 소의 날고기 체(體)로 채우니 두 다

리(髀)·두 갈비(脅)·두 어깨와 등허리인데, 두 다리가 양쪽 끝에 있고 두 어깨·두 갈비가 그 다음이요, 등허리는 가운데에 둔다. 둘째 줄은 양의 날고기 7체로 채우는데, 그 순서는 소와 같고, 두(豆) 앞의 조는 돼지 날고기 7체로 채우는데 그 순서는 양과 같다. 그리고 머리 오른쪽의 조는 세 줄이 되는데, 첫째 줄은 소와 양과 돼지의 머리 하나씩으로 한다.'고 했으며, 아조(我朝)《오례의(五禮儀)》주에는 이르기를, '변 앞의 조는 하나를 소의 날고기로, 하나는 양의 7체로 채우는데, 두 다리 두 어깨 두 갈비와 등허리다.'고 했다. 그런데 여기에는 '다리가 두 끝에 있고 어깨 갈비가 그 다음이요 등허리가 가운데 있고, 두 앞의 조에는 돼지의 날고기 7체로 채우는데, 그 순서는 양과 같다. 고 했다. 그런데 소와 양과 돼지의 머리를 말한 것이 없으니, 옛 글과는 조금 다릅니다. 그 본 뜻을 자세히 생각하여 보았지만 그 자세한 것을 알 수 없다. 그리고 지금부터는 양과 돼지의 머리를 등허리 꼬리에 이어서 하나로 하여 쓰는 것이 어떻습니까? 또 염소와 양은 한 종류입니다. 그러나 양은 본국의 소산이 아니기 때문에 예절을 마련할 때, 사직(社稷)과 납일(臘日)과 봄 가을 큰 제사에 친행(親行)할 때에는 양 네 마리로 정했고, 섭행(攝行)할 때에는 양 한 마리로 정했다. 이에 의하면 섭행할 때에는 염소를 썼다. 지금 양이 많이 번식했으니 섭행할 때에라도 양을 쓰는 것이 어떻습니까?"

하니, 전교하기를,

"의논하게 하라."

하자, 윤필상(尹弼商)이 의논드리기를,

"지금 양이 번식했으니 쓸 수는 있겠지만 염소를 쓴 지가 이미 오래였으니 예조와 홍문관에서 널리 제도를 상고하도록 해야 하겠다."

하고, 노사신(盧思愼)·신승선(愼承善)은 의논드리기를,

"예문에 보면 모든 제사의 희생(犧牲)은 소와 양과 돼지를 쓰고, 염소를 쓴다는 문구는 없다. 우리 나라에서 종묘에는 양을 쓰고 사직에는 염소를 쓰는데 그것이 그렇게 된 유래를 알 수는 없지만 종묘와 사직은 일체(一體)이므로 다르게 할 수는 없다. 종묘에서 하는 대로 양을 쓰게 하는 것이 예법에 맞을까 합니다."

하고, 어세겸(魚世謙)·한치형(韓致亨)·정문형(鄭文炯)·이극돈(李克墩)·유지(柳輊)는 의논드리기를,

"큰 제사에 희생(牢)으로 쓰이는 것은 소와 양과 돼지입니다. 선왕조에서 종묘에는 양을 썼고, 사직에는 염소에 썼던 것이 어디에 근거하여 그렇게 한 것인지 알 수는 없다. 다만 양과 염소가 같은 희생이니 어찌 구별됨이 있겠습니까. 선왕의 옛 법을 가볍게 고칠 수는 없으니, 예관(禮官)에게 조종조에서 예법 만든 뜻을 자세히 상고하게 하고 옛 제도를 참작하여 다시 아뢰게 한 후에 의논을 보아 시행하게 하소서."

하고, 성준(成俊)은 의논드리기를,

"염소로 양을 대신한 이유를 신은 아직도 알지 못합니다. 그러나 같은 큰 제사이니 종묘의 예절에 따라 양을 쓰게 하는 것이 마땅할 듯

합니다."

했는데, 왕이 성준의 논을 좇았다.

- 【태백산사고본】 6책 21권 27장
- 【주】 - 변(籩) : 대로 만든 제기
  - 조(俎) : 제기의 일종
  - 두(豆) : 고기를 담는 제기
  - 희생(犧牲) : 양·소·돼지고기의 제수

↘ 1457년 세조3년 2월 5일

관리들 승진시험에 소, 말, 양 등 육축六畜이 번성하는 대책을 적게 했다

조선시대 관리를 선발하는 대표적인 제도는 과거(科擧) 시험으로, 과거 이외에도 공신을 우대하기 위하여 그 자손들에게 입사의 특전을 주는 음서(蔭敍)와 천거(薦擧)에 의해서도 관리를 등용했지만 과거가 가장 중요한 통로였다.

과거에는 문과(文科), 무과(武科), 잡과(雜科), 생원진사시(生員進士試)가 있었으며, 시기에 따라 정기시와 비정기시로 구분되었고 정기시는 3년에 한 번씩 실시하는 식년시(式年試)와 10년에 한 번씩 실시하는 중시(重試)가 있었다.

비정기 시험은 나라에 큰 경사가 있을 때 시행하는 증광시(增廣試),

별시(別試), 임금이 성균관 문묘에 참배하여 작헌례를 올린 후에 실시하는 알성시(謁聖試), 정시(庭試), 임금이 창경궁 춘당대에 친림하여 시행한 춘당대시(春塘臺試) 등의 각종 별시가 있었다. 식년시와 증광시에는 문과, 무과, 잡과, 생원진사시를 모두 설행하고 그 외의 시험에는 문과와 무과만 설행했다.

문과와 무과는 초시(初試), 복시(覆試), 전시(殿試)의 3단계 시험을 거쳐야 했다. 초시는 거주하는 지역에서 보고 복시와 전시는 한양에서 보았는데, 전시는 임금이 친림하여 실시하는 시험이었다. 통상 식년시와 증광시만 3단계이고, 다른 시험은 초시와 전시 또는 1회의 시험으로 당락을 결정했다. 잡과와 생원진사시는 초시, 복시의 2단계만 보면 되었고, 초시는 거주지에서 보고 복시는 한양에서 보았으며, 복시 합격이 최종 합격이었다.

이러한 시험 합격자에게는 임금과 문무백관이 참여하는 방방의(放榜儀)를 통해서 합격 증서를 수여했는데, 문무과 합격자에게는 홍패를, 생원진사시와 잡과 합격자에게는 백관이 참석하지는 않고 백패를 지급했으며, 과거에 합격해도 합격 즉시 관직이 제수되지는 않아 성적이 우수한 갑과(甲科) 합격자에게는 실직을 제수하고 나머지 을과·병과 합격자에게는 품계만 주었다.

과거시험의 정원은 문과의 경우에는 초시 240명, 복시 33명, 전시 33명이었으며, 무과의 정원은 초시 190명, 복시 28명, 전시 28명이었고, 생원진사시의 경우에는 생원시와 진사시에서 각각 초시 700

명, 복시 100명이었다. 그러나 이러한 정원은 식년시와 증광시에만 적용되었고, 문무과만 실시하는 각종 별시는 법적으로 정해진 정원 없이 그때그때 임금이 결정했다.

또한 잡과에서 역과(譯科) 정원은 초시 57명, 복시 19명이었으며, 의과는 초시 18명, 복시 9명, 율과(律科)는 초시 18명, 복시 9명, 음양과는 천문학, 지리학 등을 포함하여 초시 18명, 복시 9명으로, 초시대 복시의 비율이 문과와 무과, 생원진사시는 대체로 7:1, 역과는 3:1, 의과, 율과, 음양과는 2:1로 과거 합격은 결코 쉬운 일이 아니었다.

한편, 문무과에 급제했으나 아직 관직에 나가지 못한 사람이나 급제하여 관직에 나갔어도 당하관(堂下官)인 관료들을 대상으로 10년에 한번씩 시험을 실시하여 성적에 따라 관직이나 관품을 올려주는 시험을 실시했는데, 이를 중시(重試)라 했다.

중시도 문과중시와 무과중시로 구분되었는데, 문과 중시인 경우 응시 자격은 당하관에게만 주었고 정원과 시험 방법은 실시할 때마다 왕명을 받아 결정했으며, 시험 장소는 문과전시와 마찬가지로 근정전, 인정전 등이었다.

시관(試官)은 시험문제를 고시하고 읽어 주는 독권관(讀券官) 3명과 응시자들의 질문에 응대하며 독권관 보좌역인 대독관(對讀官) 4명으로 이들은 모두 당상관으로 차정했으며, 시험 과목은 대책(對策), 표(表), 전(箋), 잠(箴), 송(頌), 제(制), 조(詔), 논(論), 부(賦), 명(銘) 가운데 1편을 제술하게 했다.

이러한 중시 급제자에게는 승진의 특전이 주어졌는데, 원래 품계를 가지고 있으며, 급제한 갑과 1등에게는 4품계, 갑과 2·3등에게는 3품계, 을과는 2품계, 병과는 1품계를 올려 주었고, 참하관으로 중시에 급제한 사람은 등수에 관계없이 모두 6품으로 승진시켰다. 이에 따라 품계에 따라 당하관에서 당상관으로 또는 참하관에서 참상관으로 승진할 수 있었다.

실제로 조선시대 중시 급제자는 전원이 문과 급제자로 이들 중 91%가 현직 관료이고 6.3%가 전직 관료였으며, 2.3%가 급제 후 아직 관직에 나가지 못했거나 임시직인 권지(權知) 상태로 파악되고 있다.

562년 전 오늘의 실록에는 임금이 근정전(勤政殿)에 나아가 친히 문과 중시(文科重試)를 책문(策問)했음을 기록하고 있다. 책문 중에 소, 말, 양, 닭, 개, 돼지 등 육축(六畜)이 번성하지 않고 있는데, 이를 생각해 보아도 그 요령을 얻지 못하겠으니 이에 대한 해결책을 마음을 다하여 답하도록 했다.

• 세조실록 6권, 세조 3년 2월 5일 기해 기사 1457년 명 천순(天順) 1년

문과 중시에 책문을 내리다

임금이 근정전(勤政殿)에 나아가 친히 문과 중시(文科重試)를 책문(策問)했는데, 책문에 이르기를,

"도적이 날로 성하고, 육축(六畜)이 번성하지 않고, 군기(軍器)가 단련

(鍛鍊)되지 않으니, 이 세 가지는 이를 생각해 보아도 그 요령을 얻지 못하겠다. 그대들 대부(大夫)는 마음을 다하여 대답하라."

했다. 우의정(右議政) 정창손(鄭昌孫)과 예문관 대제학(藝文館大提學) 이변(李邊)을 독권관(讀券官)으로 삼고, 우승지(右承旨) 윤자운(尹子雲)·우부승지(右副承旨) 권지(權摯)·판군기감사(判軍器監事) 이극감(李克堪)을 대독관(對讀官)으로 삼아, 모화관(慕華館)으로 거둥하여 무과(武科)의 초시(初試) 및 중시(重試)를 시험하고, 야인(野人)과 왜인(倭人) 등을 먹이고는 야인(野人)에게 명하여 사후(射侯) 하게 하고, 또 모구(毛毬)를 쏘게 했다.

돌아오다가 잠저(潛邸)의 구거(舊居)에 이르러 호종(扈從)하는 종친(宗親)과 재신(宰臣)을 불러서 술자리를 베풀고는, 임금이 말하기를,

"이 곳은 나의 풍패(豐沛)이다. 옛날에 한(漢)나라 고조(高祖)가 말하기를, '부귀(富貴)를 하고서 고향(故鄕)에 돌아가지 않는다면 마치 비단 옷을 입고 밤에 가는 것과 같다.'고 하면서 패중(沛中)의 부로(父老)들을 불러서 술자리를 베풀고는 대풍가(大風歌)를 지어 부르면서 즐겼었는데, 여러 경(卿)들도 또한 나의 패중의 부로이다. 오늘날의 일이 그때의 일에 가까운 점이 없겠는가?"

하고는, 한껏 즐기고 헤어졌다.

- 【태백산사고본】 3책 6권 26장
- 【주】- 육축(六畜) : 소·말·양·닭·개·돼지
  - 사후(射侯) : 활로써 목표물인 솔(侯)을 쏘던 일, 솔(侯)은 사포(射布)에 짐승의 머리를 그린 것인데, 웅후(熊侯)·미후(麋侯)·시후(豕侯)가 있음.

- 잠저(潛邸) : 임금이 즉위(卽位)하기 전에 말함.
- 구거(舊居) : 예전에 살던 집
- 풍패(豊沛) : 한 고조(漢高祖)의 고향. 곧 제왕의 고향을 일컫는 말

1474년 세종9년 2월 6일

말을 치료하는 약재로 끓인 청밀淸蜜, 웅담熊膽을 사용했다

조선시대에는 초기부터 말의 질병을 치료하는 일을 맡은 사복시(司僕寺) 소속의 마의(馬醫)와 이마(理馬) 등을 각 목장에 배치하여 말(馬)의 건강을 관리하고 질병을 치료했다. 또한 말의 질병을 치료하기 위한 처방인 마의방(馬醫方)등을 수록한 마의학 서적도 간행하여 보급하는 데도 힘을 썼다.

대표적인 마의학 서적으로는 편찬자가 확인되지 않은 마경, 상마경 외에 청나라에서 편찬된 원형마료집, 중종 때 편찬된 집성마의방, 인조 때 편찬된 마경언해, 신각삼보침의학대전 등이 있다.

이 중 마경초집언해라고도 불리는 마경언해는 편찬 연대 미상의 마경대전과 신편집성마의방을 초집(抄集)하는 등 마필을 관리하는 백성의 대부분이 한자를 모르는 점을 감안해 한글로 편찬한 책으로, 인조 대에 사복시 제조(提調)를 지낸 이서(李曙)가 편찬한 것으로 알려져 있다. 무과(武科) 출신인 이서는 일찍이 마필 관리의 중요성을 인

식하고 중국 마의학서인 마경(馬經)을 구해 신각참보침의마경대전를 간행한 바 있고, 남한산성을 수축하고 마필을 번성케 한 것은 물론 무기 정비에도 진력하여 임금으로부터 두터운 신임을 받았던 인물로 나타나 있다.

마경언해는 상권과 하권으로 구성되어 있는데, 상권은 말의 부모 있음을 논하는 논마유부모(論馬有父母), 좋은 말의 관상을 보는 그림을 수록한 상양마도(相良馬圖), 좋은 말의 관상을 보는 노래를 수록한 상양마가(相良馬歌), 좋은 말의 관상을 보는 법을 수록한 상양마법(相良馬法)등 67개 항목이 수록되어 있으며, 하권에는 말 질환에 관한 그림을 수록한 마환냉장사병도(馬患冷腸瀉倂圖), 마환신구사병도(馬患新驅瀉倂圖) 등이 수록되어 전체적으로 총 115개 항목을 다루고 있다.

또한 이 책에는 여러 가지 삽화를 그려 넣어 이해를 쉽게 하고 있는데, 둔한 말과 흉한 말의 관상을 보는 노마(駑馬)·흉마(凶馬) 변상법(辨相法), 말의 수명을 알아보는 마수(馬壽), 말의 치아를 살피는 마치(馬齒), 질병을 진단하는 장부진맥법(臟腑診脈法), 양마법(養馬法), 외양법, 방목법(放牧法), 침을 다루는 행침법(行針法), 골명법(骨名法), 혈명도(穴名圖) 등을 상세하게 다루고 있다. 이 외에도 말의 오장육부 질환과 각종 골저(骨疽), 창상(創傷)은 물론 발열과 관련된 전염병도 온역문(溫疫門) 등에서 세분하여 수록하고 있다.

한편, 조선시대에는 말을 치료하는 약재로는 일년생 초본 식물로 진정·혈압강하 효과가 있는 질리(蒺藜), 투명한 꿀인 청밀(淸蜜), 국화과에 속하는 여러해살이 식물로 건위, 소화 작용이 있는 삽주를 뜻하는 출(朮), 곰의 쓸개인 웅담(熊膽), 메밀인 교(蕎), 짚을 뜻하는 양(穰), 푸른색 소금인 청고(靑鹽) 등이 사용되었고, 말을 치료하는 의술에는 치료하기 위한 처방인 의방(醫方), 약재를 다루는 이약(理藥) 외에 침이나 칼을 쓰는 침자(針刺) 등이 있었던 것으로 기록되어 있다.

592년 전 오늘의 실록에는 우마방서(牛馬方書)를 궁중의 의료와 시약(施藥)을 관장하는 전의감(典醫監)의 의원으로 하여금 모두 익히게 하고, 사복시(司僕寺)의 마방(馬方)을 혁파했으며, 습독(習讀)하던 임시 직장들인 권지직장(權知直長)은 각 관사의 실무 수습인 권지(權知)로 나누어 소속시키게 하고 있다.

• 세종실록 35권, 세종 9년 2월 6일 갑자 기사 1427년 명 선덕(宣德) 2년

《우마방서》를 전의감의 의원에게 모두 익히게 하고 사복시의 마방을 혁파케 하다

예조에서 계하기를,

"《우마방서(牛馬方書)》를 전의감(典醫監)의 의원(醫員)으로 하여금 모두 익히게 하고, 사복시(司僕寺)의 마방(馬方)을 혁파하고 습독(習讀)하던 권지직장(權知直長)은 각 관사(官司)의 권지(權知)로 나누어 소속시키소서." 하니, 그대로 따랐다.

• 【태백산사고본】 11책 35권 12장

\ 1474년 성종5년 2월 7일

거골장去骨匠 한 사람이 1년에 도살하는 소屠牛 두수가 1백여 두가 넘었다

조선시대 소와 말(牛馬)을 도축하는 집단을 일컫는 말은 임금대별로 다양한 표현을 사용하여 초기에는 고려시대부터 내려오던 화척(禾尺)을 많이 사용했다. 태조 때 기록에는 재인과 화척이 이곳저곳으로 떠돌아다니면서 농업을 일삼지 않으므로 배고픔과 추위를 면하지 못하여 상시 모여서 도적질하고 소와 말을 도살하게 되니, 그들이 있는 지방에서는 그 사람들을 호적에 올려 농사를 짓도록 하고 이를 어기는 사람은 벌하자고 임금에게 상소를 올리기도 했었다.

백정(白丁)이라는 말이 처음 나타난 것은 세종 때 병조에서 보고하여 재인과 화척은 본시 양인으로서 업이 천하고 칭호가 특수하여 백성들이 다른 종류의 사람으로 보고 그와 혼인하기를 부끄러워하니, 칭호를 백정이라고 고쳐서 평민과 서로 혼인하고 섞여서 살게 하며, 그 호구를 적에 올리고 경작하지 않는 밭과 묵은 땅을 많이 점령한 사람의 밭을 나누어 주어서 농사를 본업으로 하게 했다.

또한 사냥하는 부역과 버들그릇(柳器)과 피물(皮物), 말갈기, 말총, 힘줄(筋)과 뿔 등의 공물을 면제하여 그 생활을 편안하게 하고, 그 가계가 풍족하고 무술에 관한 재주가 있는 자는 시위패로 삼고, 그 다음은 수성군 삼으며, 그 가운데에도 무재가 특이한 자는 도절제사로

하여금 재능을 시험하여 갑사직과 같은 병사로 삼기도 했다.

신백정(新白丁)이라는 호칭도 이 시기에 쓰이기 시작했다. 외방에 산재한 신백정의 부처(夫妻)와 자식을 자세히 조사하여 본래 농업에 종사하여 생계에 충실한 자는 세 장정으로 한 호(戶)를 만들고, 처음으로 농업에 종사하여 생계가 충실하지 못한 자는 다섯 장정으로 한 호를 만드는데 그들의 재품(才品)에 따라 별패 시위(別牌侍衛), 수성(守城) 등의 군인으로 충정(充定)하게 한 바가 있다.

소와 말을 도축하여 뼈를 골라내거나 가죽을 벗겨 가죽신을 비롯한 각종 가죽제품을 만드는 거골장(去骨匠)이란 말은 세조 때에 처음으로 쓰기 시작했다. 형조에서는 한양 도성 안에서 우마를 도축하는 자를 한성부(漢城府) 5부 관리로 하여금 고발하게 하고, 무시로 수색하여 체포하라고 명한 바가 있다.

당시 기록에 따르면 옛날에는 백정(白丁)과 화척(禾尺)이 소를 잡았으나 지금은 경외(京外)의 양민(良民)들도 모두 이를 잡으며, 옛날에는 흔히 잔치를 준비하기 위하여 소를 잡았으나 지금은 시장 안에서 판매하기 위해 이를 잡고, 옛날에는 남의 소를 훔쳐서 잡았으나 지금은 시장에서 구매해 이를 잡는다고 적고 있다. 백정은 일정한 수(數)가 있으나 양민은 그 수가 무한(無限)하며, 잔치는 일정한 수가 있으나 판매하는 것은 끝이 없고, 남의 것을 훔쳐서 잡는 것은 일정한 숫자가 있으나 소를 사서 잡는 것은 무궁(無窮)하여 대책이 필요하다고 상서(上書)하고 있다.

또한 과거에는 소를 잡는 도적(宰牛賊)이라 하여 죄인시 했으나 지금은 거골장이라 칭하고, 일반적인 살림집에서 소를 잡아도 대소(大小) 인근 주변 마을 사람들이 전혀 괴이하게 여기지 않으며, 만약에 고기를 쓸 일이 있어서 시장에서 구하려고 하면 값을 가지고 가서 구하면 얻지 못함이 없다고 세태를 그리고 있다.

한편, 중종 때의 기록에 따르면 소의 도살을 직업으로 삼는 자들이 함부로 도살하여 한 사람이 1년에 도살하는 것이 백여 두를 넘으며, 이익을 노리는 무리들이 평안도, 함경도 지역인 에 들어가 소를 끌어다가 양반의 빈집에 매어 놓고 하루에 도살한 소가 많은 경우는 3~4마리에 이르기도 했다. 곳곳마다 다 그러하여 남대문과 서소문 성 위에는 싸인 뼈가 산더미 같다는 내용이 있으며, 법을 무서워하지 않고 꺼리지 않는 것이 더욱 심하니, 해당 관청으로 하여금 모조리 잡아들여 전 가족을 변방으로 옮기는 전가사변(全家徙邊)를 강력하게 취하자는 논의도 있었다.

545년 전 오늘의 실록에는 도성 안의 무뢰한 무리로서 날마다 소를 도살하는 것으로 업을 삼으며 거골장(去骨匠)이라 이름하여 후한 이익을 노리는 자가 매우 많으니 엄히 금지하고, 옛날에는 거골장이 없었으므로 사족(士族) 집에서 혼인이나 제사할 때에는 반드시 사련소(司臠所)에 청해서 했는데, 지금은 거골장이라 일컫는 자들이 없는 곳이 없으니, 나타나는 대로 변방에 옮기라고 적고 있다.

- 성종실록 39권, 성종 5년 2월 7일 임술 기사 1474년 명 성화(成化) 10년

경연에서 안침·김질이 서울에서 소를 도살하는 거골장을 변방으로 옮길 것을 청하다

(상략) 정언(正言) 안침(安琛)이 아뢰기를,

"서울 안의 무뢰한 무리로서 날마다 소를 도살하는 것으로 업을 삼으며 거골장(去骨匠)이라 이름하여 후한 이익을 노리는 자가 매우 많으니, 엄히 금지해야 됩니다. 앞서 외지부(外知部)라 일컫는 자들을 모두 변방으로 옮겼으니, 지금 이 예에 따라 소를 도살하는 자를 모두 찾아서 변방으로 옮기소서."

하니 임금이 좌우에게 물었다. 영사 최항(崔恒)이 대답하기를,

"거골장은 본래 죄를 줄 만합니다. 다만 찾아서 보낼 때에 혹은 그릇 체포되는 자가 있으면 옳지 못합니다."

하고, 김질이 말하기를,

"서울에는 옛날에 거골장이 없었으므로 사족(士族) 집에서 혼인이나 제사할 때에는 반드시 사련소(司臠所)에 청해서 했는데, 지금은 거골장이라 일컫는 자들이 없는 곳이 없으니, 나타나는 대로 변방에 옮기는 것이 마땅합니다."

하니 임금이 말하기를,

"가하다." 했다.

• 【태백산사고본】 6책 39권 5장

\ 1421년 세종3년 2월 9일

2백여 명이 근무하며 왕실에 우유를 공급하던 유우소(乳牛所)를 혁파했다

조선왕조실록에 왕실에 우유를 공급하기 위하여 병조 산하에 설치한 공상(供上) 아문(衙門)인 유우소(乳牛所)에 관한 기록은 10여 건 정도로 태종 때부터 세종 때까지 나타나 있으며, 주요 내용은 다음과 같다.

우선, 태종 때 의정부에 명하여 대간(臺諫)에서 상소(上疏)한 것을 의논한 내용에 따르면 경기에서 궁중에 사용하던 어물(魚物), 육류(肉類) 등을 관할하던 사재(司宰), 토목(土木)과 영선(營繕)을 담당하던 선공(繕工), 가축 사육을 담당하던 사복(司僕), 유우소(乳牛所), 기와를 다루는 동서와요(東西瓦窯) 등의 각사(各司)에 바치는 정제된 석탄인 정탄(正炭), 땔나무인 소목(燒木), 곡물의 짚인 곡초(穀草) 및 모든 수납(輸納)하는 물건을 농사가 한창 바쁜 때를 당하여 급히 징수하여 바치므로 농업을 폐하게 해서 백성들이 생활하지 못할 지경에 이르렀다.

그리하여 각사에 바치는 공물은 1년 경비의 수를 계산하여 반드시 추수한 이후 농사가 시작되기 전에 감독해 바치는 것으로 시행한 바가 있다.

이밖에 임금의 행차 시 궁중에서 쓰는 장막을 담당하던 충호위(忠扈衛), 임금에게 음식을 올리는 일을 맡은 사옹방(司饔房), 사복시(司僕寺)

유우소 관원인 제원(諸員)과 세수간 별감(洗手間別監)들이 잡인(雜人)을 용납해 두고도 고하지 않는 경우에는 엄히 논죄하도록 했다.

또한 유우소에 있던 수레를 끄는 소의 반을 감한 것도 이 시기에 이루어졌다. 경기도관찰사가 구황사목(救荒事目)을 올렸는데, 굶주린 백성이 사복시, 유우소, 예빈시(禮賓寺), 전구서(典廐署), 채원(菜園), 빙고(氷庫), 목(牧), 감(監) 각처에 바치는 짚이 3만 9천 5백여 동인데 교지(敎旨)에 의하여 실농이 더욱 심한 강화 교동, 김포 통진 등 9현을 면제한 외에 그 나머지 각 고을에 나누어 정한 짚의 수량이 전의 배가 더 되고 각 고을에서 받는 우마를 기르는 짚을 모두 백성에게 거두니 오는 2월부터 4월까지 위의 항목의 각처에 바치는 짚을, 충청도·강원도의 실농하지 않은 각 고을에 금년만 한하여 옮겨 정하도록 하자 육조에 내리어 의논하게 했다. 이렇게 운영되는 유우소(乳牛所)에 다시 유제품을 바치라고 명한 것도 비슷한 시기에 이루어 졌다.

세종 대에는 사헌부에서 계하여, 유우소와 전구서(典廐署)의 사육용 볏집인 고초와 연료인 시목(柴木)의 수납을 그 기관의 관원이 홀로 이를 관장하게 했다. 그러나 범람한 일이 많아서 그 폐단이 백성에게 미치고 있으니 감찰에게 위임하여 규찰하도록 하게 했다. 이후에는 경성(京城) 안에 방호소(防護所)를 13개 설치하면서 동면(東面)에는 유우소 북점(北岾)에 1개소를 설치하여 유우소 기능을 축소했으며, 1년 후에는 동부학당(東部學堂)을 북평관(北平館)으로 만들고 유우소를 동부 학당으로 만들면서 기능을 폐지한 것으로 나타나 있다.

598전 오늘의 실록에는 병조에서 유우소는 오로지 위에 지공(支供)하기 위하여 설치했는데, 모든 인원 2백 명을 매년 전직하여 승직시켜 5품에 이르러 별좌(別坐)가 된다는 것은 이름만 있고 실상은 없으니 혁파하여 상왕전에 지공하는 유우(乳牛)는 인수부(仁壽府)에 소속시키고, 주상전에 지공하는 유우는 예빈시에 소속시키게 하며, 여러 인원은 소재한 주·군의 군(軍)에 보충하게 하자고 건의하자 그대로 따른 것으로 기록되어 있다.

- 세종실록 11권, 세종 3년 2월 9일 임인 기사 1421년 명 영락(永樂) 19년

병조에서 유우소 혁파에 대해 아뢰다

병조에서 계하기를,

"유우소(乳牛所)는 오로지 위에 지공(支供)하기 위하여 설치한 것으로서, 모든 인원 2백 명을 매년 전직하여 승직시켜 5품에 이르면 별좌(別坐)가 된다는 것은, 능한가 능하지 못한가를 상고하지 아니하여 이름만 있고 실상은 없으니, 바라옵건대, 유우소를 혁파하고, 상왕전에 지공하는 유우(乳牛)는 인수부(仁壽府)에 소속시키고, 주상전에 지공하는 유우는 예빈시에 소속시키게 하고, 그 여러 인원은 소재한 주·군의 군(軍)에 보충하게 하소서."

하니, 그대로 따랐다.

- 【태백산사고본】 4책 11권 9장

╲ 1523년 중종18년 2월12일

임금이 농사를 짓는 농기구를 나르는 수레는 견부牽夫 40명이 끌었다

조선시대 한양 흥인문(興仁門) 밖 전농리(典農里)에 위치해 있던 선농단(先農壇)에서 풍년을 빌기 위하여 농업신(農業神)인 신농(神農)과 후직(后稷)에게 바쳤던 제사를 선농제라 했다. 매년 음력 2월 경칩이 지난 해일(亥日)에 임금이 직접 참여하는 친향선농의(親享先農儀)나 임금을 대신해 대신이 참여하는 향선농섭사의(享先農攝事儀)를 거행했다.

제사 후에는 임금이 농사를 권장하기 위하여 직접 농사짓는 시범을 보이기 위해 적전(籍田)에서 직접 밭을 가는 친경례(親耕禮)를 행하기도 했는데, 친제의 경우 임금이 하루 전에 선농단으로 가서 숙박을 했으나 섭사(攝祀)로 지내고 친경만 하는 경우에는 당일 아침 출궁 전에 역대 임금의 초상화인 어진(御眞)을 봉안한 진전(眞殿)에 나아가 배례를 행하고, 동단(東壇)에 나아가 친경례를 행하였다. 또 예를 마치고 신하와 백성들이 경작하는 것을 보기 위해 설치한 친경대(親耕臺)로 돌아와 노주례(勞酒禮)를 행하고 환궁했다.

이러한 임금의 친경례를 위해 동적전(東籍田)에 행차할 때는 여러 농기구를 싣고 나르는 수레를 사용했는데 이 수레를 경근거(耕根車) 또는 농여(農輿), 망거(芒車)라고 했다. 이러한 수레는 왕실의 토목, 영선, 공작을 담당하던 선공감(繕工監)에서 제작했으며, 임금이 친히 밭을 갈 때 사용하는 쟁기인 어뢰사(御耒耜) 등의 농기구를 운반하는 데 사용했다.

이 경근거는 덮개나 장식이 없는 수레로 크기는 화포(火砲)를 싣는 화거(火車)보다 약간 작았으며, 수레 본체의 사면에는 구멍이 뚫린 작은 난간을 만들고, 검은색으로 칠했으며, 수레를 끄는 손잡이에는 명에를 만들어 그 양끝은 푸른색 끈으로 묶어 끌 수 있게 했고, 어뢰사 외에 벼 종자를 담은 상자인 동륙상(種稑箱) 등을 실은 뒤 푸른색 보자기로 덮어서 운반했다.

한편, 이 경근거를 끄는 사람은 총 40명으로 모두 푸른색 옷을 입고 푸른색 두건을 착용했으며, 병조에서 차출했고 친경례를 행하기 위해 거둥하는 거가(車駕) 행렬에서는 임금이 타는 대가(大駕) 앞에서 끌도록 했다.

598년 전 오늘의 실록에는 선농제(先農祭)와 대사례(大射禮)를 거행하려 했으나 임금의 어머니인 자전(慈殿)께서 병환의 징후가 반복무상하시니 우선 정지했다가 다시 다른 날을 기다리는 것으로 결정하고 있다.

• 중종실록 47권, 중종 18년 2월 12일 계미 기사 1523년 명 가정(嘉靖) 2년

선농제와 대사례를 정지하기로 하다

남곤(南袞)이 의논드리기를,

"조정이 무사하고 상하가 화평한 뒤에라야 이같은 성례(成禮)를 거행할 수 있다. 지금 만약 자전께서 병환이 점점 침중(沈重)해지신다면

근심과 황망이 극도에 달하여 사려(思慮)가 정일(精一)하지 못할 것이니, 인사(禋祀)059)를 강행할 필요가 없다. 비록 다시 다른 날을 가려 택일(擇日)하더라도 그때의 사고(事故)를 또한 기필할 수가 없으니, 즉시 정지시키는 것이 온편합니다."

하고, 이유청(李惟淸)은 의논드리기를,

"선농제(先農祭)와 대사례(大射禮)는 성대한 행사입니다. 위에서 거행하려던 뜻도 이미 오랬고 신 등 또한 거행하기를 원했으므로 지난번 하문(下問)을 받들고 거행함이 마땅하다고 아뢰었다. 마침 지금은 자전께서 병환의 징후가 반복무상하시고 시종들도 정지하시기를 청했는데, 하물며 상의 뜻도 응당 미안하실 것이니 말해 무엇하겠습니까? 우선 정지했다가 다시 다른 날을 기다리는 것이 어떠하겠습니까?"

하니 전교하기를,

"이 대신들의 의논을 보니 의견이 모두 같다. 선농제와 대사례를 정지한다는 것으로 승전(承傳)을 받들라." 했다.

- 【태백산사고본】 24책 47권 11장

\ 1439년 세종21년 2월 13일

말을 치료하는 수의사인 마의(馬醫)도 품계에 따라 다섯 가지 등급이 있었다

조선시대 사복시(司僕寺)에 소속되어 말의 질병을 치료하는 일을 전담하던 수의사를 마의(馬醫)라 했는데, 이들은 정직(正職)과 잡직(雜織)으로 구분되어 정직 정7품 마의는 마의사복(馬醫司僕)이라 하여 3명의 정원 중 2명은 임금의 말을 관리했다. 1명은 내전의 말을 관리하게 했으며 잡직 마의는 통상적인 마의로서 때로는 말을 생산하는 일을 맡았던 종 6품 양마(養馬)와 함께 중국 사신 연행 사절단을 수행하면서 장행마(長行馬)나 잡색마(雜色馬) 등을 치료하기도 했다.

조선 초기에 말의 질병 치료에 대한 제도는 체계적이지 못하여 서민의 질병을 치료하는 일을 맡았던 혜민국서 의원을 사복시에 파견하여 마의방(馬醫方) 등 마의학을 가르쳐 사복시에 서용했고, 후에는 전의감(典醫監) 의원들에게 우마의방서(牛馬醫方書)를 배우게 하여 사복시에서 수의사 역할을 맡게도 했다.

또한 말의 훈련을 맡은 정6품 잡직인 이마(理馬)에게도 마의방의 약명과 치료술을 전수하여 질병을 치료하게 했으며, 때로는 의생(醫生)에게도 이를 권장했다. 후에 경국대전(經國大典)이 제정되면서 종9품의 마의 10명이 사복시에 소속되어 잡직을 받아 전담하는 것으로 제정하였다. 이후 정3품 마의 3명과 이마 4명이 증설되었고, 정6품 마의의 품계도 세분화되어 6품 1명, 8품 2명, 9품 1명으로 변경되었다.

통상 마의의 선발은 병조와 사복시의 업무를 총괄하던 2품 이상의 제조(提調)가 강(講)하여 마의학 책인 안기집(安驥集)등을 보고 뜻을 풀이하는 임문(臨文)을 통해 한 번만 시험을 보는 단시제(單試制)의 취재(取才) 방법을 따랐으며, 임금의 말을 관리하는 마의사복의 경우에는 오래 근무한 이마 중에서 마경(馬經)을 해독할 수 있는 자로 충원했다.

군영(軍營)에 소속된 마의의 경우에는 임금의 호위와 궁궐의 숙위(宿衛)를 담당하던 친위부대인 용호영(龍虎營) 마의의 경우 품계는 있으나 직무가 없는 어영청의 대장 등에 딸린 수하병(手下兵)인 표하군(標下軍) 가운데 의학을 아는 자를, 도성 숙위를 담당했던 어영청(御營廳)은 품계는 있으나 직무 없이 한가하게 지내는 한산(閑散)에서 뽑도록 규정했다.

한편, 사복시에는 마의 외에도 말의 훈련을 맡은 정6품 잡직인 이마(理馬), 생산이나 거세를 맡은 종 6품 잡직인 양마, 말의 보양(保養) 등을 맡은 종 6품 잡직인 안기(安驥), 말의 조련을 맡은 종7품 조기(調驥), 종8품 이기(理驥), 종9품 보기(保驥)등이 말의 관리와 목장에 관한 일을 담당했다.

580년 전 오늘의 실록에는 각 목장의 말을 목자(牧子)들이 잘 감수(監守)하지 못하여 죽고 손상되는 것이 많은데, 모두 병으로 죽었다고 칭탁하여도 실상을 조사하지 아니하므로, 말을 미리 난치(難治) 가치(可治)의 병으로 나누지 말고 죽은 것이 있으면 감목관을 시켜서 사실을 조사한 후 사정을 감안해 처벌하도록 하고 있다.

• 세종실록 84권, 세종 21년 2월 13일 임술 기사 1439년 명 정통(正統) 4년

의정부에서 육지의 각 목장의 말을 잘 관리하게 할 것을 아뢰다

의정부에서 병조의 보고에 의하여 아뢰기를,

"육지의 각 목장의 말을 목자(牧子)들이 잘 감수(監守)하지 못하여 죽고 손상되는 것이 많사온데, 모두 병으로 죽었다고 칭탁하여도 다시 실상을 조사하지 아니하는 것은 실로 불가하오니, 지금부터는 제주(濟州)와 수로(水路)가 험하게 막히어 목자가 없는 목장 외에는 감목관이 항상 순행하게 하되, 각 목장 안에서 사상한 말은 감목관이 즉시 몸소 가서 자세하게 조사하여 매월 말에 그 수효를 기록하여 병조에 보고하여 사복시에 이문(移文)하게 하옵시고, 다시 상고하고 조사하되, 그 사상한 것이 너무 많은 곳은 사연을 갖추어 아뢰고, 다시 이문(移文)하여 그 용심하지 아니한 것을 추핵(推劾)하소서. 사적(事迹)이 드러난 목자(牧子)는 분양(分養)한 국마(國馬)를 고의로 잃어버린 수령들의 예에 의하여 수효를 계산하여 말을 징납하게 하고, 감목관이 잘 점검하지 못한 자도 또한 율(律)에 의하여 논죄하게 하옵소서.

또 근년 이래로 목마(牧馬)의 병명(病名)을 들어 미리 치료하기 어렵다든가 치료할 수 있다든가를 구분하는 까닭으로, 각 목장의 목자와 목마군(牧馬軍)들이 비록 치료할 수 있는 병이라 하더라도 구호하는 데에 태만하여 많이 죽다. 따라서 징납하는 것을 모면하려고 허망하옵게도 난치의 병이라 하옵고, 감목관도 역시 몸소 사실을 조사하지 아니하므로 그 폐단이 적지 아니하오니, 지금부터는 각 목장의 말을 미리 난치(難治) 가치(可治)의 병으로 나누지 말게 하옵고, 만약 죽는 것이 있사오면 감목관을 시켜서 사실을 조사하여 기록하게 하시되, 사복시의 관리를 보내어 방목(放牧)한 말의 원수효에 의거하여 그 목양하기에 부지런함과 게으름을 상고하게 하여 죽은 것이 가장 많은 자는 사정을 요량하여 추정하시어 그 간사한 것을 징계하게 하옵시고, 그 감목관도 단지 보통 때에 순행할 뿐, 서우풍한(暑雨風寒)한 때에 구호하고 목양하는 법을 조금도 미리 조치하지 아니하여 많이 죽게 된 것이므로, 지금부터는 매년 연말마다 그 방목한 원수효를 상고하여 3분에 죽은 것이 1분이 되오면, 율(律)에 의하여 처벌하시고, 1분 미만인 자는 벌하지 말게 하옵소서."

하니, 그대로 따랐다.

- 【태백산사고본】 27책 84권 17장

\ 1413년 태종13년 2월 15일

제주도 고라니는 원元나라에서 들여와서 놓아먹이던 것이었다

조선왕조실록에 기록된 고라니는 미록(麋鹿) 또는 궤자(麂子)라고 표현되어 있는데, 30여 건의 기사가 등재되어 있으며, 생물학적인 특징은 견치(犬齒)가 송곳 모양으로 길게 자라서 끝이 구부러져 입 밖으로 나와 있고, 암수가 다 같이 뿔이 없는 것이 특징이다. 또한 고라니 피는 사슴피와 같이 귀중하게 여기었고, 뼈는 열탕으로 끓여 마시면 관절염 등에 효과가 있는 것으로 알려져 있다.

임금대별 고라니에 대한 주요 기사들을 살펴보면 우선, 태종 때에는 임금이 상체(上體)가 미령(未寧)하여 온천에서 목욕 치료를 핑계로 전라도 임실에서 사냥을 하려하자 대신(大臣)들이 산천이 험조(險阻)하여 말을 달려 사냥하다가 넘어져 쓰러질 염려가 있으며, 사냥을 하려는 강무장(講武場)에 초목(草木)을 베어내어 불태우는 것은 옛 성현도 경계했다고 상언(上言)하였다. 그러나 거리가 이틀 정도(程道) 가까운 거리이고 고라니와 사슴이 많아 무리를 이룬다고 하니, 사냥하는 것을 구경하기에는 이와 같은 곳이 없고 단지 구경할 따름이라며 논쟁을 한 바 있다.

세종 때에는 궁궐 내 정원을 관리하고 과일·화초 등에 관한 일을 하던 상림원(上林苑)에 이르기를, 자신이 꽃과 새를 구경하는 일을 좋아하지 아니하고, 고라니와 사슴을 기르고 화초를 키우는 것이 본래 긴요한 일은 아니지만 심어 놓은 식물 등이 무성하게 잘 자란다면 국가의 용도에도 보탬이 있을 것이라고 관리들을 질책한 바가 있다. 전라도 감사가 전의감(典醫監)이나 제생원(濟生院)에 바치는 녹용이 애초에는 땅이 넓고 백성이 적어서 고라니와 사슴이 번성하여 각 관청에 바치는 것을 쉽게 마련할 수가 있었지만 지금은 백성이 날로 불어나서 고라니와 사슴이 희소하여 며칠 동안 사냥을 다녀도 한 마리도 잡지 못 하여 백성들의 괴롭힘이 너무 심하다고 보고하자, 바치는 양을 모두 감하고 바치는 것도 각 고을에 분배시키지 말고, 군사들이 있는 영과 진에서 바치게 했다.

또한 당시 병조에서 보고한 내용에 따르면 제주는 원래 말과 소를 방목하는 장소일 뿐 아니라 원(元)나라에서 들여온 고라니를 번식시키는 곳으로, 일정한 직업이 없는 무리들이 말과 소 그리고 고라니를 마구 잡아 죽여 거의 다 없어져 제주 감목관(監牧官) 등에게 마소를 놓아먹이는 것과 고라니가 사는 곳을 살펴보고 그 부근에 사는 사람들을 감찰하게도 했다.

한편, 중종 때에는 함경북도 병사가 보고한 계본(啓本)에는 함경도 혜산 지역에서는 원래 고라니, 사슴, 담비가 많이 나기 때문에 야인들이 늘 와서 사냥하면서 방비가 허술한 때를 타 침범하므로 국경이 소란할 염려가 있어 대비가 필요하다 적고 있다.

620년 전 오늘의 실록에는 산속에서 고라니가 있는 곳을 잘 알고 있던 전 판사(判事)에게 솜을 가운데 넣고 안팎으로 무명을 바쳐 겨울에 입는 유의(襦衣), 활과 화살인 궁시(弓矢)를 내려 주었으며, 군대를 이끌고 고라니 몰이를 잘 한 해주 총패(海州摠牌)에게는 각궁(角弓)을 내려 준 것으로 적고 있다.

- 태종실록 25권, 태종 13년 2월 15일 갑자 기사 1413년 명 영락(永樂) 11년

사슴의 거처를 잘 아는 김여에게 옷과 활·화살을 하사하다

전 판사(判事) 김여(金洳)에게 유의(襦衣)·궁시(弓矢)를 내려 주니, 김여

가 산속에 미록(麋鹿) 의 있는 곳을 알고 있었기 때문이었다. 동지총제(同知摠制) 유은지(柳殷之)가 일찍이 해주(海州)를 다스릴 때, 이 사람을 알았으므로 그를 천거했었다. 또 해주 총패(海州摠牌) 4인에게 각기 각궁(角弓)을 하나씩 내려 주니, 이 사람들은 군대를 이끌고 미록(麋鹿)몰이를 한 까닭이었다.

- 【태백산사고본】 11책 25권 9장
- 【주】 - 유의(襦衣) : 동옷   - 미록(麋鹿) : 고라니

1439년 세종21년 2월 16일
신백정新白丁을 평민화하기 위해 토지를 주고 자식을 향교에 보내게 했다

조선시대 우마(牛馬) 도살업이나 유기(柳器) 제조 등을 전문으로 하는 천인 집단을 지칭하는 백정(白丁)이라는 말은 고려시대에는 직역(職役)이 없다는 의미로 일반 농민층을 지칭할 때 쓰였다. 초기에는 평민, 양민, 촌민, 백성 등의 용어와 혼용되어 사용되었고, 세종 때에 이르러 재인(才人)과 화척(禾尺)은 본래 양인인데, 업이 천하고 칭호가 특수하여 백성들이 다른 종류의 사람으로 보고 혼인하기를 부끄러워하니, 불쌍하고 민망하여 칭호를 백정(白丁)이라고 고쳐서 부르는 데서 시작되었다.

이에 따라 초기에는 고려시대의 농민층인 백정과 이들 재인, 화척을

구분하기 위해서 관리(官吏)와 일반인들이 신백정(新白丁)이라는 호칭을 사용하기도 했다. 왕조실록에는 30여 건의 기록이 남아 있으며, 주요 내용은 다음과 같다.

우선, 세종 대에는 외방에 산재한 신백정(新白丁)의 부처(夫妻)와 자식을 자세히 조사하여 본래 농업에 종사하여 생계에 충실한 자는 세 장정으로 한 호(戶)를 만들고, 처음으로 농업에 종사하여 생계가 충실하지 못한 자는 다섯 장정으로 한 호를 만들며, 그들의 재품(才品)에 따라 별패시위(別牌侍衛), 수성(守城) 등의 군인으로 충정(充定)하도록 했다. 일부 신백정을 도성으로부터 90리인 3사(舍)밖으로 옮겨 놓았으나 성 안으로 모두 돌아와 도살을 자행하니, 모두 조사 탐색하여 해변 각 고을로 옮기고 그 고기를 먹은 자들도 한성부로 하여금 수색 체포하여 도성으로 들어오지 못하도록 하였다.

또한 신백정들이 이미 평민의 신분으로 시위패(侍衛牌)에 들어오는 것을 허락했으니 다른 시위패(侍衛牌)의 예에 의하여 중앙군 중에서 가장 중추적인 갑사(甲士)에도 들어갈 수 있게 했고, 그들의 후손 중 독서를 원하는 자에게는 지방에 설치한 교육 기관인 향교에 나가게도 했다.

이외에도 신백정들이 농사일은 하지 않고 말의 힘만 믿고 도적질을 하는 경우가 많아 신백정에게 말을 파는 것을 금지하고 기르는 말은 모두 낙인을 찍어 관리하여 평민이 되도록 유도하는 정책을 검토하기도 했다. 각 도의 수령으로 하여금 그 경내에 있는 신백정을 추쇄

(推刷)하여 각 동리에 나누어 배치하고, 적당하게 토지를 주고 일정한 재산과 직업이 있는 자를 골라 보증하게 했다. 그 동리의 이름·인구 및 보수자(保授者)를 기록해 두고 매달 돌아다니면서 규찰하도록 했다.

그러나 이러한 조치에도 신백정이 없는 곳이 없고, 소를 잡는 것으로 농사를 대신하며, 농사는 본래 하지 않던 것으로 쉽게 배울 수 없다며 빈들빈들 놀고먹는 까닭으로 국가에도 이익이 없고 생민에게 해독이 심해지자, 10년을 정하여 신백정이 농사를 실지로 하는지를 조사하여 수령들의 근무성적평정인 전최(殿最)에 적용하여 성과를 독려하기도 했다. 문종 때 기록에는 각 도 죄수의 무리 안에 강도와 살인을 도모한 자가 380여 명이나 되는데, 이 중에 재인과 신백정이 절반을 차지하니, 엄한 형벌이 필요하여 육체에 과하던 형벌인 육형(肉刑) 중 발꿈치를 자르는 월족(刖足)의 형벌을 검토하기도 했다.

580년 전 오늘의 실록에는 신백정들에게 식구를 계산해 토지를 주고, 향리에 녹적(錄籍)을 주어 평민과 섞여 살면서 서로 혼인하게 했으며, 떼 지어 도적질하는 자는 그들의 말을 빼앗고 팔게 하여 도적질하는 계획을 끊어 버렸으나, 각 고을 수령들이 뜻을 본받지 아니하고 다 봉행하지 못하니, 율(律)에 의하여 처벌하고, 백정들이 생업에 안심하고 농사를 힘쓰는지의 여부를 상고하여 근무 성적 평정인 전최를 하도록 하고 있다.

- 세종실록 84권, 세종 21년 2월 16일 을축 기사 1439년 명 정통(正統) 4년

전 이조판서 박신이 신백정들이 농사를 실지로 하는가를 전최할 것을 아뢰다

처음에 전 이조 판서 박신(朴信)이 상언(上言)하기를,

"우리 국가에서는 신백정(新白丁)이 없는 곳이 없사와 소를 잡는 것으로 농사를 대신하여 빈들빈들 놀고 먹는 까닭으로, 개국 이래로 여러 번 조령(條令)을 내려 소 잡는 것을 금하고 농사를 지어먹게 했사오나, 그들의 습속이 농사를 괴롭게 여기어 말하기를, '농사는 본래 하지 않던 일이니, 어찌 쉽게 배울 수 있는가.' 하고, 소 잡는 것이 여전하와 개전(改悛)함이 있지 아니하니, 국가에도 이익이 없고 생민에게 해독이 심하옵니다. 이제부터는 10년을 한하여 신백정(新白丁)이 농사를 실지로 하는가 아니하는가를 전최(殿最)한다면, 수령들이 다 마음을 다하여 권면하게 되어 마침내는 반드시 성과가 있을 것이옵니다."

하므로, 의정부에 내려 이를 의논하게 하니, 의정부에서 아뢰기를,

"이 말이 매우 사의에 합당합니다. 조장(條章)을 역력히 상고하오면 신백정은 식구를 계산해 토지를 주고, 향리에 녹적(錄籍)을 주어 평민과 섞여 살면서 서로 혼인하게 했사옵고, 거지를 가탁(假托)하고 떼지어 도적질하는 자는 모두 그들의 말을 빼앗고 억지로 팔게 하여 도적질하는 계획을 끊어 버렸사오니, 그 입법한 것이 상세하여 빠짐이 없었사온데, 각 고을 수령들은 깊으신 뜻을 본받지 아니하고, 다 봉행하지 못했다. 청하건대, 지금부터는 수령이 봉행하지 못한 자는

율(律)에 의하여 처벌하옵고, 또 상언(上言)에 의하여 그 백정들이 생업에 안심하고 농사를 힘쓰는지의 여부를 상고하여 전최하는 데 빙거가 되게 하옵소서."
하니, 그대로 따랐다.

- 【태백산사고본】 27책 84권 18장

↘ 1517년 중종12년 2월 19일

부모 상喪을 당하면 담제禪祭가 끝나는 27개월간 고기를 먹지 않았다

조선시대 죽은 사람에 대한 제사를 기신제(忌晨祭)라 했는데, 불교식으로는 기신재(忌晨齋)라 했고, 억불숭유(抑佛崇儒) 정책에도 불구하고 불교식 장례 및 제사의식이 많이 행해져 죽은 지 7일에 지내는 칠재, 49일에 지내는 사십구재, 100일 만에 지내는 백일재, 1년이 되는 때에 지내는 소상재(小祥齋), 2년 되는 날에 지내는 대상재(大祥齋) 등이 있었다.

불교식으로 지내는 재 중에는 죽은 사람의 영혼이 정토나 극락으로 가기를 기원하는 천도재가 가장 중시되었는데, 불교에서는 사람이 죽으면 명부(冥府)의 시왕(十王)에게 1주일마다 돌아가면서 재판을 받는데, 그중에 일곱 번째에 해당하는 즉 죽은지 49일째 되는 날에는 염라대왕이 죽은 사람의 지옥행과 극락행을 결정하므로 사십구재가 중요하게 되었다. 왕실의 기신재는 4대조까지가 대상이었으나 불교식으로 제사를 지낼 경우에는 관료들의 반발이 적지 않았다.

통상 사찰에서 지내는 기신재의 절차는 기일 전날 저녁, 승려들이 선왕과 선후의 영혼을 불러들이는 의식을 거행하고 신주에 모신 후 기일 아침에 신주를 욕실(浴室)에서 깨끗이 목욕시켜 장식이 없는 평상(白平床) 위에 신주를 놓고, 평상을 들고 옆문을 통해 불상 앞으로 옮기면서 시작되었다. 신주가 옮겨지면 승려들은 둘러서서 징과 북을 두드리며 신주를 맞아들이고, 신주를 사용하여 불상에 예배하는 동작을 하게하며 소문(疏文)을 읽어 복을 빈 후 의례에 사용된 음식을 승려와 재주(齋主), 신하 등의 순서로 시식한 것으로 되어 있다. 그 후에는 다시 유교식 제사를 지내고 모두 마치면 승려에게 음식을 대접하는 반승(飯僧) 행사를 진행한 것으로 마무리했다.

반면에 죽은 지 2년이 되는 달의 기일(忌日)에 지내는 유교식 제사인 대상(大祥)의 일반적인 절차는 제사 하루 전에 목욕재계를 하고, 제사 참여자들의 자리 설치, 의식 준비 완료를 전하는 외판(外辦) 아뢰기, 임금이 연복(練服)을 입고 지팡이를 짚고 곡을 한 후 연복에서 담복(禫服)으로 바꾸어 입었다. 술잔을 올리는 아헌관(亞獻官)·종헌관(終獻官)의 자리를 정리하고, 축판(祝版)·폐비(幣篚)·예찬(禮饌)·제기(祭器) 등 제사에 필요한 도구나 물건의 진설을 마치면 제례를 시작하여 향을 올리고 폐백을 드리는 전폐례(奠幣禮), 첫 잔을 올리는 초헌례(初獻禮),

두 번째 잔을 올리는 아헌례(亞獻禮), 마지막 세 번째 잔을 올리는 종헌례(終獻禮), 모든 예가 끝났음을 초헌관에게 알리는 예필(禮畢) 등의 순으로 진행했다.

한편, 3년의 상기(喪期)를 마치고 상복(喪服)을 벗고 평상으로 돌아가는 것을 고하는 제례를 담제(禫祭)라 했는데, 이 담제는 대상(大祥)을 치른 다음다음 달 하순에 지내므로 3년상의 경우에는 초상(初喪) 후 27개월, 1년상인 기년상(期年喪)의 경우 15개월 만에 행했는데 윤달은 계산하지 않았다. 담제(禫祭)가 끝나면 색이 옅은 담복(淡服)을 벗고 보통 옷인 길복(吉服)을 입었으며, 이 담제가 끝날 때 까지 상주(喪主)들은 술과 고기를 먹지 않았다.

502년 전 오늘의 실록에는 임금이 참여한 아침 조강(朝講)에서 부모의 상사(喪事)에 대상(大祥)이 끝나기도 전에 더러 고기를 먹는 사람이 있고, 고기만 먹을 뿐 아니라 복(服)을 입지 않는 사람이 있어 상례(喪禮)가 크게 무너졌으니 친족을 친애하는 일은 위에서부터 솔선해야 하는 것으로 논하고 있다.

- 중종실록 27권, 중종 12년 2월 19일 을축 기사 1517년 명 정덕(正德) 12년

조강에 나아가다. 시독관 신광한 등이 상례가 크게 무너진 것을 우려하여 아뢰다

조강에 나아갔다. 대사헌 김당·사간 김희수가 전의 일을 아뢰고, 영사 신용개가 또한 아뢰었으나 모두 윤허하지 않았다. 시독관 신광한

이 아뢰기를,

"요사이 복제(服制) 입는 사람들을 보건대, 비록 조사(朝士)라 하더라도 노상에서는 흰 띠를 띠지 않고, 사서인들은 복마저 입는 사람이 없다. 또 복제중에 있으면서 반드시 앞질러 계달(啓達)하고 출사(出仕)하는 것도 이미 잘못이거니와, 또한 출사하여서는 모두 흰 띠를 띠지 않고 일을 봅니다. 또 부모의 상사에 대상이 끝나기도 전에 더러 고기를 먹는 사람이 있고, 고기만 먹을 뿐 아니라 또한 복을 입지 않는 사람이 있어 상례가 크게 무너졌다."

하고, 검토관 유용근(柳庸謹)이 아뢰기를,

"풍속이 이렇게 됨은, 대개 친친(親親)의 도리가 없어졌기 때문입니다. 평상시에 시·공(緦功)의 친족 얼굴도 모르고 지내는데, 어찌 애척(哀戚)하게 여기는 마음이 있겠습니까? 이런 일은 마땅히 위에서부터 솔선해야 하는데, 지금 종실(宗室) 사람들도 오히려 진현(進見)하러 오는 때가 없고, 왕자군(王子君)들은 존귀하게 자랐기 때문에 또한 형수나 삼촌의 얼굴도 모르니, 이는 역시 잘못된 일입니다." 하니,

상이 이르기를, "과연 친친의 도리가 지극하지 못하기 때문에 그런 것이다. 복제중에 있으면서 출사하는 폐단은 일이 번다할 때는 부득이하지만, 복을 입지 않거나 흰 띠를 띠지 않는 것은 진실로 불가하다." 했다.

- 【태백산사고본】 14책 27권 36장
- 【주】 - 출사(出仕) : 곧 출근과 같은 뜻   - 친친(親親) : 친족을 친애하는 것

- 시·공(緦功) : 복(服)이 있는 가까운 친족을 말함. '시'는 시마복(緦麻服)으로, 종증조(從曾祖)·삼종 형제(三從兄弟)·증손·현손의 상사에 입는 석 달 복. '공'은 대공(大功)·소공(小功) 두 가지가 있는데, 대공은 종형제(從兄弟)·자매(姉妹)·자부(子婦)·손자와 손녀·질부(姪婦), 남편의 조부모·백숙부모(伯叔父母)·질부 등의 상사에 아홉 달 입고, 소공은 종조부모(從祖父母)·재종 형제·종질(從姪)·종손(從孫)의 상사에 다섯 달 입는 복이다.
- 진현(進見) : 임금께 뵙는 것

1453년 단종1년 2월 20일

사냥용 매鷹로는 수리鷲의 일종인 새매鷂子도 사용되었다

조선시대 새매에 대한 표기는 요자(鷂子), 요전(鷂鸇)로 적고 있으며, 한자로 요(鷂), 전(鸇), 준(隼)등으로 적어 일반적인 매(鷹)와 구분하고 있다. 생물학적으로 사냥매는 골(鶻)속과 응(鷹)속의 두 분류로 구분하여 골속은 분류상 매목 매과에 속하는 송골매, 백송골, 쇠황조롱이 등이며 응속은 매목 수리과에 속하는 조류로 참매, 새매, 뿔매, 검독수리, 참수리, 독수리, 망똥가리 등이 여기에 속한다.

통상 매과 조류들은 날개폭이 좁고 길이가 길어 공중에서 빠른 속도를 내는데, 사냥할 때도 공중에서 기류를 타고 급강하하면서 사냥감을 낚아채 일격에 목뼈를 부러트려 즉사시키는 등 넓은 공간에서 사냥능력이 뛰어난 반면, 수리과 조류들은 날개폭이 넓고 길이가 짧아

산속이나 들판에서와 같이 좁은 장소에서 순발력이 뛰어난 것으로 알려져 있다.

역사적으로는 조선 초기까지만 해도 매과와 수리과 조류를 모두 다 사냥에 이용했지만 일반 서민들이 매사냥에 참여한 조선 중기 이후부터는 수리과 조류가 매사냥의 주축이 된 것으로 분석되고 있다. 이러한 변화는 매과와 수리과의 특성에 따른 자연적인 선택으로 새매에 대한 왕조실록의 기록은 100여 건으로 임금대 별로 고르게 나타나 있으며 초기 매에 관한 주요 내용은 다음과 같다.

우선, 태종 때에 사복시 부정(司僕副正)을 지낸 자를 가두었다가 석방했는데, 이 사람 휘하에 좋은 새매(鷂)를 기르는 자들이 4명이 있었다. 이들이 조심하지 못하여 새매를 실성(失性)하게 하여 관원에게 제공하는 봉급인 녹(祿)을 도로 징수하고 군졸로 충군(充軍)하게 했으며, 평안도도안무사(平安道都安撫使)가 새매(鷂) 3련(連)을 왕실에 바친 기록도 있다.

세종 때에는 태종과 신빈 신씨 사이에 태어난 정신 옹주(貞愼翁主)의 부군 영평군(鈴平君)의 무리가 나라의 새매를 응방 제조(鷹房提調)의 집에서 훔치자 직첩을 거두고 부하들은 형장 1백에 수군(水軍)에 충당(充當)했는데, 이들에게 중형을 내려야 한다는 대신들의 건의에 비록 매를 훔쳤다고는 하나 궁중 담을 넘어서 내부의 것을 도둑질한 것과는 죄가 차이가 있으며, 새매는 임금이 특별히 아끼는 것도 아니므로 목숨을 해치는 중형은 불가하다고 한 바가 있다.

또한 세종 임금의 형님인 양녕대군의 임시직 관리인 차비(差備)가 진상할 새매를 몰래 양녕의 처소에 보냈는데 이를 사사로이 받은 것으로 들어나자 작과 녹을 깎아버리고 금령을 엄중하게 세우라는 대신들의 건의를 윤허하지 않았으며, 임금이 사냥인 강무를 위해 황해도 풍천 지역에 머물 때 경기 감사가 활, 살, 사냥개 외에 새매를 바친 것으로 기록되어 있고, 전라도 감사가 흰 새매를 진상하자 의복 1습을 하사하기도 했다.

아울러 왕세자인 동궁이 학문할 때에 새매와 사냥개를 데리고 사졸(士卒)을 갖추어서 들판을 달리면서 학업을 일삼지 않는다면 이것은 교양(敎養)하는 길이 아니라는 대신들의 건의에 임금이 게을러서 동궁으로 하여금 대행시키는 것이 아니라며 타이르기도 했다. 평안도와 함길도의 채방별감(採訪別監)에게 송골매를 잡을 때에 혹시 매의 일종인 흰 나진(邢進)이나 흰 새매를 잡거든 송골매의 예(例)에 따라 포상할 것을 널리 알려 함께 잡게 하라고 유시하기도 했다.

566년 전 오늘의 실록에는 새매가 참새를 쫓다가 궁궐 안 전내(殿內)에 들어온 것으로 기록되어 있다.

- 단종실록 5권, 단종 1년 2월 20일 정미 기사 1453년 명 경태(景泰) 4년

새매가 전내에 들어오다

새매가 참새를 쫓다가 전내(殿內)에 들어왔다.

- 【태백산사고본】 2책 5권 16장

> 1515년 중종10년 2월 21일

임진왜란 이전 175년 동안 암탉이 수탉으로 11번 바뀌었다

조선왕조실록에 암탉에 관한 기사는 80여 건으로 임금 대 별로는 중종 대에 20여 건의 기사가 실려 있는데, 대부분 기형 닭이나 성 전환 닭에 대한 기록이며, 고전을 인용한 기사로는 서경에 실린 '암탉은 새벽에 울지 않는다. 암탉이 울면 집안이 망한다'고 하는 내용이 주로 기록되어 있다.

자연 상태에서 닭의 성전환은 희소하지만 1만분의 1의 확률로 실재하는 것으로 알려져 있다. 이론적으로는 통상 닭은 왼쪽의 난소만 기능을 하는 것이 보통인데 종양 등으로 손상이 되는 경우, 오른쪽 난소가 활동을 시작하면서 특이적으로 정소로 자라나면 웅성 호르몬인 테스토스테론이 분비되어 암탉이 수컷이 될 수 있는 것으로 설명하고 있으며, 영국, 이탈리아는 물론 중국이나 우리나라에서도 이러한 사례가 보고된 바가 있다. 실록에 기록된 암탉에 관한 기록 중 태조 대에서 임진왜란 이전인 명종 대까지 175년간 주요 내용은 다음과 같다.

우선, 세종 대에는 충청도 해미현(海美縣)에서 암탉이 수컷으로 변하여 벼슬, 발톱, 깃털과 날고 우는 것이 모두 수탉과 같았으므로, 나라에 괴이한 현상이 발생했을 때 이를 물리치기 위하여 지내는 제사인 해괴제를 행하고 내관인 환자(宦者)를 보내어 살펴보게 했으며, 전라도 강진현의 민가에서도 암탉이 수탉으로 변했다는 관찰사의 치보(馳報, 지방에서 역마를 달려가서 급히 중앙에 보고하던 일)가 있었다.

중종 때에는 풍산 심씨 집 암탉이 변하여 수탉이 되었다가 어느 날 저절로 죽었는데 그 깃이 모두 저절로 떨어져 날아간 적이 있으며, 한성부 민가의 흰 닭이 본래 암탉인데 지금은 수탉으로 변했다는 승정원 보고에 임금이 그 전말을 상세히 물었더니 닭 주인인 장원서(掌苑署)의 노비(奴婢)가 지난 여름에 난 닭이 12월에 와서 수탉의 털이 생겼다고 보고하자 비상한 일이라고 적고 있다.

또한 경기 관찰사가 부평부에서 암탉이 변하여 수탉이 되어 그 닭을 함께 올려 보낸다고 장계를 올리자 이것은 재변으로 괴이한 물건을 맡을 수 없으니 소관 관청에서 처치하게 하라고 전교하기도 했다. 강릉에서 반쯤 검은 암탉이 2월 초부터 변화하여 수컷으로 되었는데, 머리 위의 붉은 볏이 수탉과 매우 같고 목털이 연하고 길며 발이 크고 며느리발톱이 나기 시작했고, 온 몸이 붉은 수탉이 되어 길게 우는데 우는 소리가 반은 쉬었던 것으로 적고 있다. 전라도 구례현 민가에서 암탉이 변하여 수탉이 되었는데, 수탉의 벼슬로 변하고 수탉의 울음을 울었으나 두 날개와 꼬리깃은 변하지 않은 것으로 나타나 있다.

한편, 명종 대에는 함경도 함흥 지방에 암탉이 수탉으로 변한 일이 있었는데 정원(政院)은 이를 알고 있으라는 임금의 전교가 있었다. 경기 안성에서는 암탉이 변해서 수탉이 되었는데, 전체가 아직 완전히 변하지는 않고 두 날개 밑에서부터 두 다리 위에까지는 약간 암탉의 형상이 남아 있고 볏·목털·꼬리털은 완전히 수탉으로 변했는데, 당초 변하기 시작한 것은 병아리를 깠을 때부터이며 금년 정월에 와서 그 볏이 점점 높아지고 꼬리털이 점점 길어지더니 새벽에는 수탉과 함께 울고, 대체로 볏과 꼬리털은 꼭 수탉 같았으나 온 몸이 다 변하지는 않았다고 상세히 기록하고 있다.

전라도 무장의 민가에서 암탉이 수탉으로 변하여 날개를 치며 새벽에 울었고 함경도 이성의 민가에서 누른 암탉이 7월부터 붉은 수탉으로 변하기 시작하여 꼬리 및 목과 가슴의 깃은 완전히 변했고 머리 부분과 양쪽 날개는 아직 완전히 변하지 않았는데, 수탉 울음소리를 낸 것으로 적고 있다.

566년 전 오늘의 실록에는 암탉이 변하여 수탉이 된 것이 셋으로 음(陰)이 화하여 양이 되었으니, 그 변괴가 심하여 상하가 두려워하고 근신하는 오구수성(恐懼修省)을 하도록 하고 있다.

• 중종실록 21권, 중종 10년 2월 21일 기유 기사 1515년 명 정덕(正德) 10년

조강에서 허지가 살인한 이지방을 탄핵하고 암탉의 변괴를 아뢰다

조강에 나아갔다. 집의 허지(許遲)가 전의 일을 논계하고 또 아뢰기를,

"이지방(李之芳)은 상중(喪中)에 살인을 했으니, 일이 강상(綱常)에 관계됩니다. 결코 병사(兵使)가 될 수 없다."

하고, 사간 이행(李荇)은 아뢰기를,

"암탉이 변하여 수탉이 된 일은 옛날에도 있었다. 그러나 밤에 운다는 말은 듣지 못했다. 지금 암탉이 변하여 수탉이 되고 밤에도 우니 더욱 괴이합니다. 이런 변괴에는 더욱 오구 수성(恐懼修省)하여야 합니다."

하고, 검토관(檢討官) 유옥(柳沃)은 아뢰기를,

"암탉이 변하여 수탉이 된 일은 한(漢)나라 때에도 있었다. 한 번뿐이었는데, 지금은 수탉이 된 것이 셋입니다. 음(陰)이 화하여 양이 되었으니, 그 변괴가 심합니다."

하니, 상이 이르기를,

"상하가 다시 더 수성함이 가하다." 했다.

- 【태백산사고본】 11책 21권 57장

1456년 세조2년 2월 22일

우마牛馬를 훔친 자는 교수형이나 섬으로 쫓아내고, 손의 힘줄을 끊었다

조선시대 농경과 이동의 중요한 수단이었던 소와 말은 지역별로 관리되었으며, 국가의 재산처럼 중요히 여겨 호조 관련 법규에 의거 소나 말이 죽거나 유실되었을 경우 해당 마리 수를 한양은 한성부에서, 지방은 관찰사가 파악해 해마다 호조에 보고하도록 했다.

실제로 농가가 보유하고 있던 농우(農牛)의 중요성을 강조한 단종 대의 기록을 보면 한 마을 안에 농우를 가진 자가 한두 집에 지나지 아니하며, 한 집의 소로 한 마을의 경작을 의뢰하는 것이 반이 넘는데 만약 한 마리의 소를 잃으면 이는 한 마을의 사람이 모두 농사짓는 때를 맞추지 못하는 것으로, 한 마리의 소가 있고 없는 것으로써 한 마을의 빈부가 관계되니 소의 쓰임이 진실로 크다고 적고 있다.

또한 말(馬)에 대해서도 군정에 크게 소요되는 자산으로 군사의 기마는 그 값이 적은 것이 10~20관(貫)이고, 많은 것은 40~50관까지 올라가는 것으로 적고 있다. 이러한 우마의 중요성 때문에 소나 말을 훔치는 우마적에 대해서는 엄격한 형벌 제도를 적용했다. 실록에는 20여 건의 기록이 있는데 임금대별 주요 기사 내용은 다음과 같다.

우선, 세종 대에는 비교적 형벌이 엄중하지 않아 제주의 우마적을 색출하여 평안도에 나누어서 배치했는데, 각 호에 나누어 주어 어미와 자식이 서로 떨어지지 않도록 하고, 머슴과 같은 고공인(雇工人)의 예에 의하여 취역하게 하며, 노약과 질병으로 자활이 불가능한 자는 구호의 양곡을 지급하도록 한 바가 있다. 이러한 우마적의 색출과정에 우마를 잡아 제사하고 고기를 먹은 자까지 걸려 전체 숫자가 1천 명에 이르고, 이동과정에 해상에서 바람을 만나 중국으로 표류하거나 바다에서 익사하는 사태가 벌어지자 진상을 규명하게 하여 이미 육지로 이동한 자에게는 양곡을 풀어 구제하면서 넓은 공한지를 주어 토착해 편히 살도록 하고, 그 나머지 이동하는 자들도 자원하는 곳에 분산 배치하도록 했다.

단종 대에는 우마적에 대한 형벌이 강화되어 소를 죽였든지 죽이지 아니었는지를 막론하고 초범은 교수형에 처하고, 종범(從犯)은 법에 의하여 신체에 글자를 새기는 자자(刺字)를 하여 거제도·진도·남해도에 방치하고, 재범은 전의 죄까지 고려해 교수형에 처하는 것으로 결정했다.

그러나 세조 대에는 우마적을 초범이라도 교형에 처하는 것은 미안(未安)하니, 우마적이 죄가 비록 크다고 하나 사형에 처하는 것은 인정상 차마 할 수 없어 장물(臟物)이 10관(寬) 이상인 자는 모두 손에 힘줄을 끊는 단근(斷筋)의 벌을 주는 것으로 결정하기도 했다.

이러한 제도의 운용에도 불구하고 예종 대에는 적인(賊人)으로 제주에 온 자가 공사(公私)의 말을 훔쳐서 함부로 죽이기를 거리낌이 없이 하고, 배를 만들어 나누어 정박하며 말을 도둑질하는 것으로 일을 삼아 동서(東西)에 서로 숨겨 두고 전전하며 매매하기 때문에 목자들이 도둑맞을 것을 염려하여 불과 수십 보(步)로 목장을 축조해서 이로 말미암아 수초(水草)가 부족하고 말들이 모두 파리하게 야위어서 새끼를 쳐서 번식하지 못하니, 육지에서 옮겨 사는 적인과 원래부터 살고 있는 우마적을 전례에 따라 모두 색출하여야 한다는 상소가 있었다. 이에 따라 우마적의 우두머리는 아내를 함께 죽이도록 하여야 한다는 논란이 있었다.

성종 때는 우마를 훔친 우두머리 되는 자의 처자(妻子)는 함께 변두리

지방의 관노비로 영속시키게 했고, 우마를 도살한 자는 초범은 장 1백 대에 일종의 징역형인 도 3년을, 재범은 장 1백 대에 얼굴과 팔뚝에 죄명을 새겨 넣게 했고, 3범은 장 1백 대에 얼굴에 글자를 새기는 경면(黥面)을, 4범(四犯)은 교형에 처하게 했다. 후에 우마적의 괴수가 되는 자를 교수형에 처하는 법은 세조가 도적이 성행함으로 법을 세워 도적을 그치게 하고자 함이었으나, 이 법을 행한 지가 여러 해이고, 도적도 적어졌으니 재범하는 자만 교수형에 처하는 것으로 완화되었다.

563년 전 오늘의 실록에는 우마적을 예에 따라 진도·거제·남해 등의 고을로 내쫓았는데, 근자에 도적이 날로 번성하기 때문에 내쫓은 자가 많이 불어나서 편소(褊小)한 섬 안에 도적의 무리가 떼로 모이니 절도(竊盜)의 예(例)에 따라 전가(全家)를 평안도의 제읍(諸邑)으로 옮겨 살게 하자는 논의가 있었다.

- 세조실록 3권, 세조 2년 2월 22일 신유 기사 1456년 명 경태(景泰) 7년

전라도 진도인 오원식의 청에 따라 우마적을 변방으로 내치도록 하다

전라도 진도(珍島) 사람 오원식(吳元湜) 등이 상언(上言)하기를,

"본군(本郡)은 양지(壤地)가 편소(褊小)한 데다가 목장에서 영전(營田)을 더하여 남은 전토(田土)가 거의 없으니 여러 사람을 먹여 살리기 어렵다. 지금 경외(京外)의 우마적(牛馬賊)으로 귀양 편관(編管)하는 자가 1백여 가(家)나 되어 무뢰(無賴)한 무리가 밤에는 모이고 낮에는 흩어져

서 오직 도둑질만을 힘쓰므로, 백성의 피해가 작지 않으니, 원컨대 들여 보내지 말게 하소서."

하니, 형조에 명하여 의논하게 했는데, 형조에서 아뢰기를,

"우마적(牛馬賊)은 예에 따라 진도(珍島)·거제(巨濟)·남해(南海) 등(等)의 고을로 내쫓았는데, 근자에 도적이 날로 번성하기 때문에 내쫓은 자가 많이 불어나서 편소(褊小)한 섬 안에 도적의 무리가 떼로 모이니, 거민(居民)이 해를 입을 뿐 아니라 군당(群黨)으로 전성(轉成)하여 만행을 도모하지 않을까 심히 두렵다. 청컨대 이제부터 우마적은 절도(竊盜)의 예(例)에 따라 전가(全家)를 평안도 박천(博川) 이북의 제읍(諸邑)으로 옮겨 살게 하소서."

하니, 그대로 따랐다.

- 【태백산사고본】 2책 3권 14장
- 【주】 - 양지(壤地) : 경토(境土)
    - 편소(褊小) : 좁고 작음
    - 편관(編管) : 죄를 지은 사람을 변방의 고을에 귀양 보내면, 편호(編戶)로서 그 지방 수령이 관장하던 곳

＼ 1550년 명종5년 2월 26일

왜적이 충청도 비인庇仁에 쳐들어와 민가를 약탈하니 개와 닭도 씨가 말랐다

조선시대 초기 극성을 부린 일본의 해적 집단인 왜구(倭寇)는 도서(島嶼)지역과 해안가는 물론 내륙 깊숙한 곳까지 노략질을 일삼았는데, 고려시대 역사서에는 바다에서 많게는 50리(20km)에서 적어도 30~40리는 떨어진 곳이라야 백성들이 겨우 편안히 살 수 있었던 것으로 적고 있어, 지형적 특성상 해안가 넓은 평지에 많이 밀집한 논과 밭에는 이들 왜구들 때문에 농사를 지을 수 없어 거의 황폐화 되었으며, 이에 따른 재정적 어려움이 고려를 멸망시키고 조선을 건국하게 한 요인으로도 분석되고 있다.

실제로 조선왕조실록에는 왜적에 관란 기록은 3천 5백여 건, 왜구(倭寇)에 관한 기록은 800여 건으로 초기 세종 대와 임진왜란이 있었던 선조 대의 기록이 많으며, 왜구들의 침입으로 우마(牛馬)를 기르기 위해 해안가나 도서 지역에 설치되었던 국영 목장들도 실제적인 영향을 받았는데, 임금대별 주요 내용은 다음과 같다.

우선, 세종 대에는 경기 감사가 강화의 목장을 쌓는 군사의 수효와 기일에 대하여 보고를 하자, 대신들 간에 거주하는 백성을 옮기지 않더라도 목장 안이 넓어서 만 마리의 말을 방목하여도 여유가 있을 것이며, 이 지역은 바다 입구의 요해지(要害地)이므로 왜구가 있다면 모두 이곳을 경유하게 되니 거주하는 백성을 다 옮기는 것은 분명히 옳지 못한 일이라는 논란이 있어 조관(朝官)을 보내어 다시 성을 쌓는 데 넓게 하고 좁게 할 것과 높게 하고 낮게 할 것을 살피게 한 바가 있다.

또한 단종 때는 경상도 거제현 사람들이 장고(狀告)하기를, 살고 있는 땅이 모두 큰 산과 바위로 되어 있어 경작할 만한 평지가 없는데도 목장 9개소를 설치했고, 나머지 바닷가의 경작할 만한 땅은 왜구가 다시 침입할까 두려워 경작을 금하여 생계가 매우 어려우니, 목장 옛터의 묵은 땅을 경작하게 해달라는 건의도 있었다.

세조 대에는 양계(兩界)인 평안도와 함길도에 충청도 안면곶이의 거주민을 보내자는 논의가 있었으나, 이 지역에는 목장이 이미 반을 차지하고 있고, 남북쪽으로 방어가 있으며, 해안에는 배를 정박하는 곳이 없어 왜구가 침입할 수가 없으므로 거주민을 그대로 두고, 소나무가 없는 산기슭에는 백성에게 밭을 갈아 농사를 짓도록 하며, 소나무가 무성한 곳에는 벌채를 엄중히 금지시켜 밭을 만들지 못하게 했다.

또한 연산군 때 진도는 전라도에 왜적이 드나드는 관문으로 해마다 백성들이 농사를 실패하여 생활이 안정되지 못하고 유랑하여 도망하는 사람이 잇따르니, 관찰사로 하여금 목장의 파괴 여부와 모든 공물의 감량 가부를 살펴서 의논하도록 하기도 했다.

이외에도 중종 대에는 제주 왕래에 왜적이 있어서 사람과 가축을 죽이고 약탈하며 관리들도 피해를 입자 대마도 도주에게 통보하여 왜적의 죄에 대해 다스리게 한 바 있다. 또 전라도 영암에 있는 노도·달목도는 말을 방목하는 목장으로 삼았는데, 말을 점고할 때면 왜구와 수적(水賊)이 가벼운 배, 작은 배로 출몰하니, 두 섬의 말의 수효가 겨우 130필에 불과하고 말 때문에 사람이 상하거나 빠져 죽게 되면 안 되니 두 섬을 도외시(度外視)해버리자는 상소도 있었다. 이 밖에도 왜적이 충청도 비인에 쳐들어와 병선에 불을 지르고 현성을 포위하며 민가를 약탈하니 개와 닭도 씨가 말랐다고 기록되어 있다.

469년 전 오늘의 실록에는 중국 배가 황해도 풍천(豊川) 고을의 초도(椒島)에 와서 정박하여 집을 짓고 거주하면서 나무를 베어 배를 만들고 목장의 말을 도살하는 등 마치 무인지경에 들어온 듯 했으니, 관할 부사(府使)를 파직시키고 추고하라고 적고 있다.

• 명종실록 10권, 명종 5년 2월 26일 신유 기사 1550년 명 가정(嘉靖) 29년

초도에 정박한 중국배의 노략질을 알지 못한 부사 전순인의 파직을 명하다

정원에 전교했다.

"중국 배가 풍천(豊川) 고을의 초도(椒島)에 와서 정박하여 집을 짓고 거주하면서 나무를 베어 배를 만들고 목장의 말을 도살하는 등 마치 무인지경에 들어온 듯했으니, 감목(監牧)이 된 자는 마땅히 즉시 군사를 일으켜 기회를 보아서 쳐 죽였어야 할 것이다. 그런데 평소에 방

비를 소홀히 하여 그들의 오고감을 전혀 알지 못했으니 매우 경악스러운 일이다. 부사(府使) 전순인(全舜仁)을 먼저 파직시킨 다음 추고하여 방비를 삼가지 않은 죄를 다스리라."

- 【태백산사고본】 8책 10권 9장
- 【주】 감목(監牧) : 감목관(監牧官)의 약칭. 지방의 목장에 관한 일을 맡아보던 종 6품의 외관직 무관. 목장이 있는 곳의 수령이 겸직했다

1449년 세종31년 2월 27일

왕실 종친宗親의 집에서 소머리 35개와 말머리 8개를 찾아냈다

조선왕조실록에 쓰인 종친(宗親)이라는 의미는 일반적인 부계(父系)의 동성(同姓) 친족(親族)을 뜻하는 것 외에 국가적 편제의 대상이 되어 예우와 규제를 받던 임금의 일정 범위 내 동성 친족을 뜻하는 의미로 사용되었으며, 조선시대의 종친 봉작(封爵)은 경국대전(經國大典)에 명확히 규정되어 운영되었다.

우선, 임금의 본부인인 왕비가 출생한 아들들은 대군(大君)이 되었으며, 봉작을 하는 연한은 따로 없어 적당한 시기에 봉작하도록 했고, 후궁들이 출생한 아들들은 군(君)이 되었는데 이들은 7세가 되면 봉작되었다. 대군과 군은 무품계로서 정1품의 위(位)에 해당하여, 임금의 아들들은 명분상 신료들보다도 상위의 존재라는 명분상의 의미

를 갖게 했다.

이외에 임금의 손자나 증손자 또는 현손자(玄孫子)는 대수와 적서(嫡庶) 관계에 따라 종친을 관리·감독하며 역대 임금의 계보·초상화를 보관하고 임금과 왕비의 의복을 관리하던 관서인 종친부(宗親府)의 작위를 받고 차차로 승진하도록 했으며, 종친부의 봉작을 받은 종친들은 작위에 따른 토지와 녹봉을 받아 생활했다.

또한 종친과 함께 종친의 처도 봉작되었는데, 초기에는 대군의 처는 정1품의 삼한국대부인(三韓國大夫人), 군의 처는 정1품의 모한국부인(某韓國夫人), 정2품과 종2품의 군의 처는 이자호택주(二字號宅主), 정3품 원윤(元尹)과 종3품 정윤(正尹)의 처는 신인(愼人), 정4품 부원윤과 종4품 부정윤의 처는 혜인(惠人)이었으며, 종친의 처 중에서는 오직 적처만이 봉작의 대상이 되었다. 이후 종친 처의 봉작명은 정1품의 처는 모부부인(某府夫人), 종1품의 처는 모군부인(某郡夫人), 정2품과 종2품의 처는 모현부인(某縣夫人)으로 바뀌었다.

종친부에 소속되어 국가적 규제와 예우를 받던 종친들은 과거 응시가 금지되었고 관직을 맡을 수 없다는 규제를 받았으나, 그 대가로 종친부의 작위뿐만 아니라 형사상, 신분상, 경제상 다양한 예우를 받았다. 종친이 죄를 지었을 경우에도 형벌이 한단계 감형되는 예우를 받았을 뿐만 아니라 사망할 경우에는 임금이 내리는 부의(賻儀)인 치부(致賻)를 받았고 증시(贈諡), 추증(追贈) 등의 예우도 받았다.

종친부의 작위를 받는 종친들은 왕실 족보에 기록되어 왕실의 계보를 만들고 왕족의 허물을 살피던 관서인 종부시(宗簿寺)에서 관리되었으며, 태종 대에 펴낸 대표적인 왕실족보인 선원록(璿源錄)에는 특정 임금의 6대 내외 후손까지 수록하여 4대 이내는 종친부의 작위를 주고, 그 외 5대와 6대는 군역과 천역(賤役)에 종사하지 않도록 배려 했다.

또한 왕실 족보 작성 방식은 임금의 아들과 딸들에게 소생이 있을 경우 매 3년마다 소생의 이름과 생년 등을 종부시에 보고했고, 증손자나 현손자가 출생하면 왕실 족보를 작성하기 위한 단자(單子)를 각자의 아비가 가장으로 보고하게 하였다. 신고자가 한양에 거주할 경우에는 서명한 단자를 신고자 자신이 직접 종부시에 올리고 지방에 살 경우에는 지방관의 확인을 거치도록 했는데, 이 때는 아울러 향소(鄕所) 임원과 문중(門中)의 확인을 거치게 하여 신고자의 신원을 확인하게 했다.

570년 전 오늘의 실록에는 종친의 집에서 소와 말을 도살한다는 보고가 있어 불러 물었으나 사실대로 답하지 않아 수색해 소머리 35개, 말머리 8개를 찾아냈다. 남은 뼈도 심히 많았는데, 그동안 소와 말 임자가 이 같은 것을 알고 뒤를 밟아 쫓았으나 종친의 집이라 사람들이 감히 말을 내지 못했던 것으로 기록되어 있다.

• 세종실록 123권, 세종 31년 2월 27일 무인 기사 1449년 명 정통(正統) 14년

수도정 이덕생의 집에서 소·말을 도살한 것으로 박만·원생·이덕생을 검거하다

종부시(宗簿寺)에서 아뢰기를, "박만(朴萬)·원생(元生) 등이 수도정(守道正) 이덕생(李德生)의 집에 숨어 살며 또 소뼈를 뜰 가운데 묻어 두었으니, 청하옵건대, 내관(內官)에게 명하여 수색해 검거하게 하되, 먼저 군사로 하여금 파수보게 하여 도망해 숨는 것을 방비하옵소서." 하니, 임금이 말하기를, "종친의 집은 이처럼 할 수 없으니, 우선 이덕생에게 물으면 그 실정을 얻을 것이다. 만일에 혹 불복하거든, 수색해 잡는다 하더라도 늦지 않겠다."

하고, 곧 이덕생을 불러 물으니, 사실대로 대답하지 아니하매, 쇠머리 35개, 말머리 8개를 찾고, 남은 뼈도 심히 많았으며, 뼈에 살이 붙어 지저분한 것까지 있었다. 이덕생은 공정 대왕(恭靖大王)의 서자(庶子)이다. 일찍이 중이 되었는데, 임금이 머리를 기르기를 명했다. 이덕생이 일찍이 박만·원생을 집에 모아서 소와 말을 도살(屠殺)하니, 그 임자가 혹 알고 뒤를 밟아 쫓으면, 이덕생이 문에 다다라 막으니, 사람들이 감히 말을 내지 못했는데, 이에 이르러 일이 발각되었다.

- 【태백산사고본】 38책 123권 20장
- 【주】 공정 대왕(恭靖大王) : 정종

3월

계춘

季春

> 1506년 연산12년 3월 1일

경상도 안동에서는 날씨가 추워 양羊을 토실土室에서 솜을 싸서 키웠다

조선왕조실록에 따르면 국가에서 중요하게 여긴 가축은 육축(六畜)이라 하여 소, 말, 양, 닭, 개, 돼지를 일컬었는데, 임금 대별로 25건의 기사가 실려 있고, 이외에도 잡축(雜畜)이라 하여 5건의 기사가 실려 있으며, 중종(中宗) 때까지 주요한 기사는 다음과 같다.

우선, 세종 대에는 추위로 인한 재해가 경기 지역에 심하게 되자 과중하고 번다한 백성들의 요역(徭役)을 다른 도(道)로 옮겨 적당하게 감하게 했고, 가축을 기르는 관서인 분예빈(分禮賓), 전구서(典廐署)의 젖소를 먹이는 곡식과 풀과 연료, 나무 같은 것도 수량이 대단히 많아 백성들이 심히 괴로우니, 각사(各司)에서 기르는 잡축(雜畜)을 감하게 한 바 있다.

세조 때에는 임금이 근정전에 나아가 친히 문과중시(文科重試)라는 과거 시험에서 응시자들에게 정치에 관한 계책을 물어 답하는 과거 과목인 책문을 실시하기도 했다. 이 시험에서 세조는 도적이 날로 성하고 육축이 번성하지 않으며, 군기가 단련되지 않으니, 이 세 가지 문제를 해결하는 요령을 물은 바가 있다.

정사(政事)를 보면서 육축을 번식하게 하는 일을 의논하게 하여 한양에는 토지를 소유한 규모에 따라 대호(大戶)는 돼지 15구(口), 소 7두

(頭), 말 5필을, 중호(中戶)는 돼지 10구, 소 5두, 말 4필을, 소호(小戶)는 돼지 5구, 소 3두, 말 2필 이상을 기르는 자는 세금을 면제하게 했다.

지방인 경우 돼지의 수는 한양과 같으나 대호는 소 10두, 말 8필을, 중호는 소 7두, 말 6필을, 소호는 소 4두, 말 3필 이상을 기르는 자를 똑같이 부역과 세금을 면하게 했다. 임금이 분판(粉板)을 자리 오른쪽에 항상 놓고 일을 만나면 모두 기록하여 옻나무로 이루어진 숲을 뜻하는 칠림(漆林), 육축(六畜), 뽕나무를 가꾸는 종상(種桑) 등 10여 조목을 일일이 기록해 승정원에 내 보이며, 힘써 권하는 것을 뜻하는 돈권(敦勸)하는 방법을 의논했다.

연산군 대에는 대내에서 매사냥을 관장하는 응방(鷹坊)의 잡축(雜畜)에게 먹일 미곡 1년 소요량을 계산하여 각 도에 배정하여 따로 창고를 지어 저장하게 했으며, 죄를 범하여 벌금 형식으로 내는 속(贖)을 궐내 사람이면 전량을 응방으로 보내 전전관(典錢官)으로 하여금 출납을 맡게 했다. 날씨가 음산하여 악한 기운이 공중을 덮으니 임금이 세상에서 7일은 인일(人日)이라 하고, 8일은 곡일(穀日)이라 하는데, 구름이 끼면 재앙이 있는 것이냐고 묻자, 승지(承旨)가 1일부터 6일까지는 각각 육축(六畜)을 뜻하고 7일은 사람을, 8일은 곡식을 뜻하여 혹 구름이 끼어 어둡던지 하면 그 주장하는 물건이 번성하지 못한다고 하는데 믿을 만한 것이 못 된다고 아뢴 적이 있다.

중종 대에는 겨울인데도 봄같이 따뜻하여 눈이 내리지 않고 봄인데도 겨울같이 추워서 비가 내리지 않았으며, 3월인데도 날씨가 추워 초목에 꽃이 피지를 않으면서 열이 나는 돌림병인 여역(癘疫)이 평안도에서만 발생한 게 아니었다. 경기도 일원에서도 육축(六畜)이 많이 병들어 죽자 유생들이 올린 사찰을 철거하라는 상소를 물리면서 적당한 시기가 아니라며 윤허하지 않았다.

경상도 예안 현감(지금의 안동)이 육축의 짐승은 성질이 추위를 견디지 못하는데 양(羊)은 더욱 심하여 흙으로 만든 방인 토실(土室)에다 두고서 솜으로 싸서 키우더라도 죽게 될까 염려된다고 하였다. 또 부지런히 돌보아 주어도 자주 병들고 죽는데 나라에서는 가져다 바치라고 독촉을 하여 곡식을 내다 팔아 3배나 값을 더 주는 폐단이 있다며, 날씨가 훈훈하고 따뜻한 연해(沿海) 지방에 더 많은 마리수를 배정해 달라고 상소를 하기도 했다.

513년 전 오늘의 실록에는 대궐 안 후원(後苑)에서 매와 개를 기르며 훈련시키는 일을 맡아 하던 조준방(調隼坊) 잡축(雜畜)에게 먹이기 위해 각 도에서 상납한 곡식을 병기(兵器)의 제조 등을 관장하던 자문군기시(紫門軍器寺)에 간수하게 하라고 전교하고 있다.

• 연산군일기 61권, 연산 12년 3월 1일 신사 기사 1506년 명 정덕(正德) 1년

각 도에서 상납한 조준방 잡축에게 먹일 곡식을 자문 군기시에 간직하게 하다

전교하기를,

"각 도에서 상납한 조준방(調隼坊) 잡축(雜畜)에게 먹일 곡식을 자문 군기시(紫門軍器寺)에 간수하게 하라." 했다.

- 【태백산사고본】 17책 61권 20장

1443년 세종25년 3월 4일

중국황제도 조선인은 돼지고기를 먹지 않는것으로 알고 있었다

조선왕조실록에 돼지고기에 관한 기사는 100여 건으로 주로 제향(祭享)에 올리는 제물로서 돼지고기, 진상으로 올리는 마른 돼지고기, 빈객(賓客)을 접대하는데 쓰는 고기 등의 내용이 많으며, 성종 임금 대까지 주요 내용은 다음과 같다.

먼저, 태종 때에 중국에 통역으로 다녀온 절일사 통사가 황제를 만나고 돌아와 보고한 내용에 따르면 황제가 사신 일행 중에 자신의 여러 제비 중 한 명인 정비의 친척이 있다는 얘기를 듣고, 내관을 불러 말하기를 "조선인은 돼지고기를 먹지 않으니, 소고기와 양고기를 공급토록 하라"고 했다고 보고하고 있다. 백성들이 조밀하고 땅이 개척되어 야생돌물이 드물어졌으므로 각 부처에 바치는 말린 사슴과 노루고기인 건장록(乾獐鹿)을 각 고을에서 기르는 돼지와 염소로 대치하게 의정부와 육조(六曹)에서 건의한 바가 있다.

세종 때에는 우리나라에서는 닭과 돼지가 흔하지 아니하므로 노인을 봉양하고 조선의 제사를 받드는데 어긋남이 있으니, 가축을 기르는 전구서의 암퇘지 중에 남는 두수를 자원하는 자에게 시세대로 팔아 집집마다 두루 기르게 하여 번식시키지 않는 자가 없게 했다. 아울러 노인을 봉양하며 선대를 제사하는 소용에 갖추도록 하게 했다. 또 중국 사신을 접대하고 수응하는 큰길 곁에 있는 고을에는 닭과 돼지를 많이 기르게 하여 뒷날의 수용(需用)에 준비하는 방안을 의논하게 했다. 또한 여러 제사에 반찬으로 쓰는 고기로 담근 젓갈인 탐해(酖醢)는 홍무예제(洪武禮制)에 의하여 돼지고기를 쓰도록 바꾸기도 했다.

세조 때에는 어가(御駕)가 경기도 양주인 풍양(豊壤)의 이궁(離宮)에 이르러 관사에 머물고 있는 일본사람에게 돼지 1구(口)와 술 10병, 여진족인 야인에게는 돼지·사슴 각 1구(口)와 술 20병을 내려준 바가 있다. 특히 닭, 돼지, 개와 같은 가축은 번식할 때를 놓치지 않으면 70대의 사람들도 고기를 먹을 수 있게 된다고 했으니, 이것은 왕정의 먼저 할 바로 대소가(大小家)는 모두 닭과 돼지를 기르게 하고, 관할 관청에서 항상 살피게하여 그중에 가장 많이 번식한 자는 상을 주고, 힘쓰지 않는 자는 벌을 주되, 관리도 평가하여 상벌하라고 전지하기도 했다.

성종 대에는 손님을 연향(宴饗)하는 예에서는 충분하게 배불리 먹고 배고픔과 목마름을 면했던 것으로 신하는 까닭 없이 양(羊)을 잡지 아니하고 선비는 까닭 없이 개나 돼지를 잡지 아니했으며, 70세가 된 자라야 비로소 닭이나 돼지나 개 따위의 고기를 먹을 수 있다. 그러나 근래 사대부(士大夫)의 집을 보건대, 음식이 절조가 없어서 손님이나 제사 때문도 아니고 노인을 봉양하기 위해서도 아닌데 보통 때에 집에 거처하면서 소를 잡아서 스스로 몸을 보양하고, 조그마하게 모여서 잔치하면서도 백품(百品)이 모였다고 과장하며, 한 사람이 몇 사람의 음식을 먹어치우고 하루에 열흘치의 비용을 허비하니, 이것은 선비의 풍습에 있어서 작은 연고가 아니라는 상소가 있었다. 이에 따라 연향(宴饗, 궁중잔치)의 조목을 속히 개정하여 대육(大肉, 돼지나 닭 등의 가축을 통째로 찌거나 삶는 요리)에 드는 돼지고기는 번식하지 않은 동안에는 우선 말린 돼지고기를 쓰고, 번식하기를 기다린 후에 예(例)대로 산 돼지를 써서 풍후(豊厚)하도록 힘쓰라고 전교하기도 했다. 576년 전 오늘의 실록에는 임금이 승정원에 마른 고기와 제철 물건은 진상함이 마땅하나 노루와 사슴 같은 것을 사냥하여 잡으려 하면 시끄럽고 요란한 폐단이 있으며, 농사철을 당하여 민폐가 될까 두려우니 각도(各道)로 하여금 날고기를 올리는 것을 정지시키고 궐내 여러 곳에서 쓸 것은 하루에 돼지 한 마리씩을 쓰게 하는 것을 검토하게 했다. 그러나 우리나라 사람이 돼지고기를 즐기지 않아 궐내에서는 쓸 수가 없으니 먼 도는 진상하는 것을 정지하고, 가까운 도는 진상을 계속하는 것으로 결정하고 있다.

• 세종실록 99권, 세종 25년 3월 4일 기미 기사 1443년 명 정통(正統) 8년

날고기의 진상을 중지하고 돼지로 대체할 것을 물으매 대신들이 반대하다

우참찬 이숙치(李叔畤)·병조 판서 정연(鄭淵)·참판 신인손(辛引孫)이 채소와 날고기 올리기를 청하니, 임금이 이르기를,

"남새밭 채소 외에 잡종 나물이나 날고기는 올리지 말라."

하고, 인하여 승정원에 이르기를,

"마른 고기와 제철 물건은 진상함이 마땅하나, 노루와 사슴 같은 것을 사냥하여 잡으려 하면 시끄럽고 요란한 폐단이 있고, 또 먼 길에 흔히 상하기도 할 것이며, 이제 농사철을 당하여 민폐가 될까 두려우니, 내 각 도로 하여금 날고기를 올리는 것을 정지시키고 궐내 여러 곳에서 쓸 것은 하루에 돼지 한 마리씩을 쓰게 하려는데 어떠한가."

하니, 도승지 조서강(趙瑞康)이 호가(扈駕)한 대신들과 함께 의논하여 아뢰기를,

"우리 나라 사람이 돼지고기를 즐기지 않사오니, 보통 사람도 그러하온데 어찌 궐내에서 쓸 수가 있겠습니까. 먼 도는 진상하는 것을 우선 정지시키되, 가까운 도는 정지시킬 수 없사옵니다."

했다.

- 【태백산사고본】 32책 99권 24장

↘ 1495년 연산1년 3월 5일

민간인에게 고기를 못 먹게 하는 금령(禁令)을 해제한 연산군(燕山君)

조선시대 고기붙이로 만든 반찬인 육찬(肉饌)으로 차린 임금이 드시는 수라를 육선(肉膳)이라 했는데, 실록에는 200여 건의 기사가 있으며, 이외에도 비슷한 의미인 육즙((肉汁)도 40여 건의 기사가 있다. 또한 고기로 만든 음식을 뜻하는 육미(肉味), 육물(肉物), 고기를 먹는 육식(肉食) 등 다양한 기사가 실려 있다. 육선과 관련된 임금대별 기사는 태종, 세종, 성종 순으로 많으며 주요 내용은 다음과 같다.

우선, 태종 때 태상왕(太上王, 李成桂)이 임금의 스승으로 부터 주의(戒)를 받아 육선(肉膳)을 들지 않아 날로 파리하고 야위어진다는 얘기를 듣고 임금이 육선(肉膳)을 자시지 않는다면 왕사에게 허물을 돌리겠다고 하자, 태상왕은 "국왕이 나처럼 부처를 숭상한다면 마땅히 고기를 먹겠다"고 했으며, 절에서 경작하는 사전(寺田)을 모두 환급(還給)하고 승려가 되는 것에 대해 죄를 묻지 않고, 부녀자들이 절에 올라오는 것을 금하지 않게 한다는 조치를 취하자 비로소 육선을 다시 들기도 했다.

또한 오래도록 병이 낫지 않은 공조 판서에게 마른 노루고기인 건장(乾獐), 생 노루고기인 생장(生獐)과 생선(鮮魚) 등 육선을 하사했고, 가뭄이 들자 나라에 재앙을 당하거나 2품 이상의 관료가 죽었을 때 임금이 술을 들지 않고 금주하는 철주를 시행하고 임금이 육선을 들지 않는 감선(減膳)을 하도록 했다.

세종 대에는 임금이 어육(魚肉)을 쓰지 않는 소찬으로 차린 수라인 소선(素膳)을 들어 심히 수척하여 대신(大臣)이 육선을 청했으나, 임금이 허락하지 않았는데, 상왕이 "주상의 안색이 수척한 것도 상심케 하는 것이고 육선을 허락하지 않는다면 불효"라는 말을 하자 비로소 육선을 들이게 했다. 흉년이 들어 백성이 굶주리어 소찬(素饌)을 하는 임금에게 기력저하와 극심한 피로가 나타나는 허손병(虛損病)이 점점 깊어 약이 효험이 없게 되자, 육조 당상과 대간이 청하여 마지못해 육찬(肉饌)을 진어하게 했고, 양녕대군의 딸이 죽은 까닭으로 육선을 폐하여 대신들이 두세 번 청하여 다시 허락을 한 바도 있다.

문종 대에도 세종대왕의 기월(忌月)이기 때문에 달을 마치도록 육선을 올리지 말도록 명한 바가 있으며, 가뭄으로 기우(祈雨)하는 불사(佛事)를 행하려 흥천사(興天寺)에 가게 하기 위하여 병조판서에게 명하여 육선(肉膳)을 거둔 바가 있다.

단종 대에는 임금에게 정부 대신 등이 육즙(肉汁)을 진어(進御)하도록 여러 번 청했으나 유윤(兪允)을 받지 못했으나 후에 세조가 된 이유(李瑈)가 육즙과 말린 고기를 갖추게 하고 부채로 얼굴을 가리고 슬프게 흐느끼면서 애통해 하고, 청을 얻지 못하면 물러날 수 없다고 하자 그때야 허락을 한 바도 있다.

세조 대에는 좌의정이 죽자 임금이 7일간 육선을 거둔다고 했으나 신하들의 건의로 3일간만 철선을 한 바 있으며, 세종의 후궁 신빈 김씨의 소생인 계양군이 죽으니 3일 동안 조회(朝會)와 저자를 정지하고 육선을 물리쳤다. 또 다른 후궁에서 나온 정안옹주가 죽자 오랫동안 소선을 들었으며, 정난(靖難) 및 좌익공신인 신하가 죽자 이 같은 소식을 듣고 어찌 차마 고기를 먹겠느냐며 본인은 원래 소선을 꺼리지 않는다며 육선을 거둔 바도 있다.

성종 대에는 신하들이 대왕대비에게 육선 드시기를 청하니 몸이 편안하고 튼튼하여 병이 없는데 어찌 고기를 먹을 필요가 있겠느냐고 한 바가 있으며, 그래도 대신들이 이를 두 번이나 청하니 내 말을 믿지 않고 강요를 그치지 않는다면 짧은 머리털이 매우 적지만 이것마저 깎아버리고 비구니 절인 정업원(淨業院)으로 물러가겠노라고 주장하여 신하들을 물리쳤다가 70여일이 지난 후 임금이 직접 청하니 그때야 허락하였다.

또한 임금이 별자리에 이상이 생기는 성변(星變) 때문에 육선을 덜고 풍악을 중지시켰고, 종친, 문무 정2품 이상 및 입직(入直)한 제장(諸將), 승지(承旨)등에게 명하여 소선을 행한 지가 너무 오래 되었으므로 육선을 하기를 권한 바도 있다.

한편, 연산군 대에는 양 대왕대비전에 육선을 드시기를 청했더니 칠칠일이 지난 뒤에 하겠다고 하여 임금이 친히 드시기를 권했는데도 윤허를 하지 않아 대신들에게 다시 청하게 했는데, 양전에서는 그제야 드셨다고 다시 보고하자 임금은 알았다고 했으나, 이미 보고 전에 연산군은 몰래 생선을 구해 먹은 것으로 적고 있다. 선조들에게 제사를 지내는 국기일인데 육선을 권하실 것이라고 핑계를 대고 대비전에 육선을 올리고, 중궁은 물론 세자에게도 육선을 쓰도록 하라고 전교한 바가 있다.

524년 전 오늘의 실록에는 연산군이 대궐 안에서는 이미 육미(肉味)를 쓰고 늙고 병든 재상들도 역시 육식을 하는데 민간에도 늙고 병든 자가 있으니 육미를 금하지 말라고 하자, 승정원에서 이렇게 육식하기 시작하면 반드시 너무 지나치니 금령(禁令)을 늦춰서는 안 되다고 보고했으나 그대로 시행하라고 전교하고 있다.

• 연산군일기 4권, 연산 1년 3월 5일 무자 기사 1495년 명 홍치(弘治) 8년

육식하는 금령을 늦추지 말도록 하다

전교하기를,

"대궐 안에서 이미 육미(肉味)를 쓰고 늙고 병든 재상들도 역시 육식한다. 민간에는 어찌 늙고 병든 자가 없으랴. 육미를 금하지 말라."

하매, 승정원에서 아뢰기를,

"이렇게 육식하기 시작하면 반드시 너무 지나칠 듯하오니, 금령(禁令)을 늦춰서는 안 됩니다." 하니, '그리하라'고 전교했다.

• 【태백산사고본】 1책 4권 2장

╲ 1429년 세종11년 3월 6일

임금의 사냥터에는 불을 내거나, 밭 갈고 나무하는 것까지 금지했다

조선시대 봄가을에는 임금이 직접 전국의 군사를 동원하여 야외에서 사냥을 겸한 군사훈련인 강무(講武)를 실시했다. 세종(世宗) 대에 군례(軍禮)의 하나인 강무의(講武儀)로 명문화 된 후 국조오례의(國朝五禮儀)로 최종 확립되어 농번기인 봄철보다는 주로 가을 추수가 끝난 후 시행되었다.

강무의의 일반적인 절차는 우선, 행사 7일 전에 병조에서 백성을 징발하여 사냥하는 법을 따르게 하고, 사냥할 들판에 경계를 표시한 후 당일 새벽 깃발을 사냥터 뒤편에 세우고, 장수들로 하여금 군사를 약속된 깃발 아래 집합시켜 준비하게 했다.

행사 당일 병조에서 사냥을 시작하는 명령을 내리면 군사들이 깃발을 세우고 주변을 에워싸면서 앞쪽은 틔워놓게 되고, 어가가 북을 치면서 에워싼 빈 곳에 도착한 후 여러 장수들이 북을 치면서 에워싼 빈 곳에 나아가면서 몰이하는 기병을 출동시켜 임금이 말을 타고 남향하면 대군(大君) 이하의 관원들도 말을 타고 앞뒤로 도열하게 되어 있다.

이때 유사(有司)가 세 마리 이상의 짐승을 몰아 임금의 앞으로 나오며, 첫 번째 몰이에는 유사가 활과 화살을 정돈하고, 두 번째 몰이에는 병조에서 활과 화살을 올리며, 세 번째 몰이에는 임금이 쫓아가 짐승의 왼쪽에서 활을 쏘게 된다. 임금이 화살을 쏜 뒤에야 여러 대군들이 활을 쏘게 되고, 그 다음에는 장수와 군사들이 차례로 쏘며, 이것이 종료되고 몰이하는 기병이 철수하게 되면 백성들도 사냥을 하게 했다.

사냥을 하면서 지켜야 할 원칙이 있었는데, 몰이에 쫓긴 짐승은 다 죽이지 않았고, 이미 화살에 맞은 것은 다시 쏘지 않았으며, 얼굴은 쏘지 않고, 털을 자르지 않으며, 사냥터 바깥으로 나간 것은 쫓아 가지 않는 것으로 정해져 있었다.

또한 사냥이 끝날 무렵에는 병조에서 사냥터에 깃발을 올리면 어가와 여러 장수들이 북을 크게 치고 군사들이 함성을 지르면서 잡은 짐승은 모두 깃발 아래 모으고 군사들은 깃발 왼쪽에 서며, 사냥에서 잡은 큰 짐승은 종묘(宗廟)에 제사를 지내는데 사용했고, 작은 짐승은 개인이 갖거나 나머지는 그 자리에서 요리해 연회를 베푼 것으로 나타나 있다.

한편, 활쏘기를 연마하는 장소를 뜻하는 사장(射場)을 실록에서는 임금이 사냥하는 강무장 안에 사냥을 할 때 몰이한 짐승에게 활을 쏘는 곳이라는 의미로도 쓰였는데, 사방에 표를 세우고 이곳으로 짐승을 몰이하여 일반인의 접근을 금지했다. 민간이 사냥하는 사렵이 금지되었을 뿐만 아니라 불을 내거나(防火), 밭 갈고 나무하는 것까지 금지했던 것으로 기록되어 있다.

590년 전 오늘의 실록에는 의금부 제조를 불러, 강무장에 방화(防火)와 사렵(私獵)을 금한지 오래되었으나 짐승이 매우 희소하고 사렵을 한 형적이 분명하니 정실을 감고(監考) 조사하라고 적고 있다.

- 세종실록 43권, 세종 11년 3월 6일 임자 기사 1429년 명 선덕(宣德) 4년

평강 등지의 강무장에서 사렵이 행해진 것을 의금부에서 조사하라 이르다

의금부 제조를 불러 이르기를,

"평강(平康) 등지에 있는 강무장에 방화(防火)와 사렵(私獵)을 금한 지가 해가 넘었으니, 의당 그새 짐승이 번식했어야 할 터인데, 지금 매우 희소하고 또 짐승을 잡은 듯한 곳이 많아 그 사렵을 한 형적이 분명하니, 아직 형은 가하지 말고 먼저 그 정실을 감고(監考) 전언(全彦) 등에게 물어 보라." 했다.

- 【태백산사고본】 13책 43권 22장

\ 1506년 연산12년 3월 7일

군사 1만 명이 매와 개를 기르며 임금의 사냥만을 준비했던 조준방調準坊

조선시대 역대 임금 중에 가축이나 짐승에 관한 특이한 기록을 가장

많이 남긴 임금은 연산군(燕山君)으로, 그중에 하나가 궁궐 내 후원(後苑)에서 매와 개를 기르며 훈련시키는 일을 맡아 보던 조준방(調隼坊)이라는 기구를 운영한 것이다. 이 조준방에 대한 기록은 연산군 대에만 10여 건의 기록이 나타나 있으며 주요 내용은 다음과 같다.

우선, 조준방에는 군인 1만 명을 배치했는데 그중에서 매일 5천 명씩을 각각 다른 대장(隊長)이 거느리고 대령하게 하라고 전교(傳敎)한 바 있으며, 조준방 군인 1백 명을 왕실의 마구간인 용구(龍廐)에 교대로 보내기도 했다.

또한 남양주 인근의 광릉산(光陵山)에서 사냥할 때에는 조준방의 군사 1만 명과 병조에서 뽑아 정한 군사 3만명을 장수 2명으로 나눠 길을 몰고 사냥하면서 승지와 승정원 낭청 중에서 활을 잘 쏘는 자를 가려 임금을 따르는 수가(隨駕)를 하게 했고, 임금의 사냥터 내 거주시설인 사장(射場) 주가처(駐駕處)의 임시 누각인 가루(假樓)는 내관의 말을 들어서 광활하게 감독하여 짓도록 하기도 했다.

그 외에도 각 도에서 상납한 조준방의 여러 종류의 잡축(雜畜)에게 먹일 곡식을 병기(兵器)의 제조 등을 관장하던 자문군기시(紫門軍器寺)에 간수하게 했으며, 부대 군사인 대졸(隊卒) 4백 명을 조준방에 추가로 더 두되 급여인 월봉(月俸)은 주지 못하도록 했다. 조준방, 용구, 또 다른 왕실의 마구간인 인구(麟廐)의 하급 관리인 서리(書吏)는 관직에서 물러난 뒤에도 사모(紗帽)를 쓰고 그대로 일을 보게 하며 일종의 급여인 녹(祿)을 주게도 했다.

한편, 연산군을 폐위(廢位)시킬 때 기록한 기사에 따르면 궁궐 내에 설치한 조준방에는 매와 개를 무수히 기르므로 먹이는 비용이 걸핏하면 1천(千)을 헤아렸고, 사방에 진기한 새와 기이한 짐승을 모아 들여 역시 그 속에서 관리했다. 뿐만 아니라 따로 응군(鷹軍)이란 군사조직을 두어 내응방(內鷹坊)에 소속시키고 번갈아 바꾸도록 하게 하여 그 인원이 1만 명이나 되었다고 적고 있다. 응군 조직은 두 대장에게 나누어 소속시키면서 또 위장(衛將)이 있어 여러 장수들의 수를 서로 통솔하게 했는데, 그중에서도 고완관(考頑官)과 해응관(解鷹官)이라는 직책을 별도로 두어 매와 개를 몰아 사냥하는 일을 살피도록 하여 모두 미치고 방종한 무뢰한이었다라고 기록하고 있다.

또한 임금이 사냥을 하려 하면 대장 이하가 각기 응군을 거느리고 달려오는데 이것을 내산행(內山行)이라 했으며, 사방의 준마를 모아 용구(龍廐), 인구(麟廐), 운구(雲廐), 기구(麒廐), 신준방(神駿坊), 덕기방(德驥坊), 봉순사(奉巡司) 등 서로 다른 마구간을 따로 두어 기르면서 사복시의 관원을 더 두어 오로지 감목(監牧)하게 하여 대궐 밖으로 거둥하는 유행(遊幸)이나 사냥에 나가는 출엽(出獵)시 활용한 것으로 나타나 있다.

513년 전 오늘의 실록에는 연산군이 생포한 짐승을 실어 나르는 기구를 조준방에 있는 양식에 따라 경기(京畿)의 각관에게 명하여 사복시에 만들어 바치게 하라고 적고 있다.

• 연산군일기 61권, 연산 12년 3월 7일 정해 기사 1506년 명 정덕(正德) 1년

생포한 짐승을 실어 나르는 기구를 경기의 각관에 명하여 바치게 하다

전교하기를,

"생포한 짐승을 실어 나르는 기구를 조준방(調隼坊)에 있는 양식에 따라 경기의 각관에게 명하여 사복시(司僕寺)에 만들어 바치게 하라."

했다.

• 【태백산사고본】 17책 61권 21장

\ 1400년 정종2년 3월 8일

소젖牛酪을 대신에게 공급하고
소와 양을 도살하던 사련소司臠所

조선시대에 가축을 기르는 일을 맡은 관서에는 예조 소속의 전생서(典牲署)와 예조, 호조가 관할한 예빈시(禮賓寺), 사축서(司畜署) 등이 있었다. 전생서는 궁중의 제향(祭享), 빈례(賓禮), 사여(賜與)에 쓰이는 가축을 길러 황우(黃牛), 흑우(黑牛), 양(羊) 등을 길렀으며, 예빈시는 빈객의 연향(燕享)과 종실 및 재신(宰臣)들의 음식물 공급 등을 관장하기 위해 설치된 관서로, 양과 돼지, 기러기, 오리, 닭 등을 사육했다.

사축서는 고려의 전구서가 예빈시와 통합되어 분예빈시(分禮賓寺)가 되었고, 조선 초기에 국용 소와 말을 기르던 사련소(司臠所)와 분예빈시를 통합해 사축소(司畜所)로 운영되다가 사축서로 개칭되었으며,

가례(嘉禮)나 진연(進宴), 사신 접대에 쓰이는 가축을 주로 공급하는 일을 맡았다. 이러한 관서 중에 사련소에 대한 기록은 20여 건으로 주로 태종 및 세종 대에 많으며 주요한 내용은 다음과 같다.

우선, 태종 때는 육조의 직무 분담과 소속을 상정할 때 정종 때 설치한 사련소를 예조에 속하게 했으며, 세종 때는 임금이 1년에 한 번만 실시하는 큰 연회가 파한 뒤에 신녕 궁주에게 술 한 잔을 올리기 위하여 중궁(中宮)에 들어갔는데, 큰 상에 놓인 고기가 바깥사람들의 작은 상에 차린 것만도 못한 것을 알고 이것은 담당 관청(攸司)에서 임금이 직접 보지 않을 줄로 알고 조심하지 아니한 탓이라며 사련소 별감 등을 불러들여 문초하여 보고하게 한 바가 있다.

또한 사련소에 명하여 영의정을 지낸 성산 부원군에게 날마다 우유를 보내게 했고, 사련소에 근무하는 관원 중 구임(久任) 4명을 감원하게도 한 바가 있다. 의정부에서 보고하기를 사련소 별감은 공사를 맡아 따로 전문적으로 고기를 베는 파오치(波吾赤)를 설치했더니, 오히려 지금은 제거(提擧)와 별좌(別坐)가 공사를 맡아 보고 별감은 고기를 베는 소임만을 오로지 맡아 보는데 고기를 베이는 한 가지 소임에 별감 6인이 있고, 거기에 또 파오치 8인이 있어서 너무 많다고 하자 파오치를 모두 해임하게 했다. 또한 세자가 중한 병을 만나 달포가 지나 평상시와 같이 회복되어 기쁘고 경사스러운 일로 제 관직에 한 자급을 더하는 가자(加資)를 할 때 사련소의 별좌(別坐)를 포함 시키게도 했다.

문종 때는 사련소 별좌의 정원이 너무 많다며 1명을 감원한 바 있으며, 임금이 군신들의 노고를 치하하기 위해 행하는 회례연(會禮宴)을 베풀려고 준비 했는데, 몸이 편안하지 못해 모든 연찬(宴饌)을 잠정적으로 정지하고 후일을 기다리도록 하자 사련소(司臠所)에서 이미 소와 양을 잡아 죽여 여러 관사에 잔치를 내려주는 사연(賜宴)을 하여야 한다고 하여 임금이 증세를 살펴보고 친히 나가겠다고 한 바가 있다.

단종 때는 타던 말이 죽으면 이를 묻어 주고 파는 말도 속(贖)해 주는 것이 어진 일(不忍之仁)인데 왕실 마구간에서 쓰던 내구마(內廐馬)를 골라서 연향에 쓰는 것은 마음이 편하지 않은 일로 궁중잔치에 사용되는 말은 말은 사련소 제조와 분예빈시(分禮賓寺)가 같이 의논하여 사람들이 바치는 말들을 모집하여 쓰게 하였다. 또 세조 때는 분예빈시와 사련소를 합병해 사축소(司畜所)라 칭하게 하여 관사(官司)를 개혁 했다.

619년 전 오늘의 실록에는 헌사(憲司)에서 사련소(司臠所)로 하여금 소와 말을 미리 길러서 국용(國用)에 대비하게 하고, 민간의 것을 빼앗지 말도록 청하여 그대로 시행한 것으로 적고 있다.

• 정종실록 3권, 정종 2년 3월 8일 계유 기사 1400년 명 건문(建文) 2년

헌사의 건의를 사련소에서 소와 말을 미리 길러서 국용에 대비하게 하다

헌사(憲司)에서 사련소(司臠所)로 하여금 소와 말을 미리 길러서 국용(國用)에 대비하게 하고, 민간의 것을 빼앗지 말도록 청하니, 그대로 따랐다.

• 【태백산사고본】 1책 3권 14장

1487년 성종18년 3월 11일

역용(役用)으로 쓰기 위해 노새를 도입하여 소나 말과 번식시키려 했다

조선왕조실록에 암말과 수 당나귀 사이에서 태어난 노새에 대한 기록은 많지 않아 70여 건에 불과하고 임금대별로는 선조, 인조 대에 많으며, 주로 중국과의 무역이나 사신과 관련된 내용이나 자체 번식하려는 내용도 있다. 중종 대까지의 주요한 기사는 다음과 같다.

우선, 세종 때는 중국 황실의 생일을 축하하기 위해 성절사(聖節使)로 북경을 다녀온 사신이 임금에게는 선을 행하면 하늘이 은연중에 복을 내린다는 위선음즐서(爲善陰騭書) 6백권을, 상왕에게는 나귀·노새 각 10마리를 가져와 바쳤는데, 사신이 북경에 들어갈 때 말 6필을 주고 나귀·노새와 무역하기를 요구한 것을 황제가 알고 하사한 것이었다.

사헌부에서 중국에 사신으로 가는 조현(朝見)시 따라가는 대소인원을 검찰 할 사목 중에 중국 사람을 만나거든 온후(溫厚)하고 유순한 태도로 접대하고, 비록 관부(館夫)와 마부(馬夫)에게라도 꾸짖고 구타하여 욕보이지 말 것이며, 말과 노새 골라잡아 타기를 다투지 말도록 하고 이를 어긴 사람은 죄를 논한 바가 있다.

또한 의정부에서 병조의 첩정에 의거하여 중국으로 사신이 갈 때 황해도와 평안도 목장의 암말과 포화(布貨, 화폐로 쓰이는 포목)를 가지고 가서 노새와 나귀를 무역하고 먹여 기르는 법도 아울러 알아와서 번식하게 하자고 한 바가 있다.

문종 때는 나귀는 먹는 것이 적으나 힘은 강하여 쓸 만한 동물이라는 기록이 발견된다. 태종조에는 중국에 나귀와 노새를 청하여 많이 길렀으나, 지금은 이미 씨가 끊겨 사라졌으니 북경에 가는 자로 하여금 사 오게 하여 이를 기르는 것이 어떠한가를 중신들에게 물었으나 중국에서 금하는 것으로 사 올 수 없다는 답변을 듣고 사서 들여오자는 뜻을 거두어 들였다.

세조 대에는 충청도 관찰사에게 전교하여 호랑이에게 상하고 병든 군사에게는 약물을 갖추어 주고 병이 낫거든 여행 중에 양식인 행량(行糧)과 노새나 나귀와 같은 각력(脚力)[1]을 주어서 올려 보내라고 했다.

성종 때는 좌찬성이 숫노새를 바치며, 암말이 노새와 교미를 잘하여

---

1 ①다릿심 ②걷는 힘.(네이버 사전)

노새를 낳아 암말도 아울러 바치기를 청했으나, 노새는 번식하여 자라게 하고자 할 뿐으로 많이 있더라도 국가에 무슨 소용이 없으니 암말을 바치지 말고 기르도록 한 바가 있다.

연산군 때는 사복시에 전교하여 잘 걷고 잘 달리고 몸집이 큰 길든 말 10필을 급속히 끌어오고, 키우고 있는 자색 노새가 몇 필인지를 글로 서계(書啓)하며, 흰 말도 갈기와 꼬리가 모두 검은 것을 널리 찾아 들이게 하라고 했다. 약재로도 쓰이는 소목(蘇木) 10근을 대궐 안으로 들이고, 노새 안장 2벌과 여러 기구를 고쳐 수리하라고 했으며 중국에 다녀온 주문사(奏聞使)가 사온 노새 12마리를 왕실 마구간 중 하나인 기구(麒廐)에서 기르게 했다.

532년 전 오늘의 실록에는 중국 사람들은 짐을 실을 적에 모두 노새를 쓰는데, 노새 값이 대단히 싸다고 하니 널리 무역해 소에 교접시키거나 말에 교접시키어 번식하면 70~80년 뒤에는 크게 번식할 것이라는 보고를 받고 임금이 중국 갈 때마다 나귀를 무역하게 하였다. 그 뒤로 무역하여 온 것을 검색하여 취종하는 것이 어떤지를 물었으나, 개와 말 같은 것은 그 지역 토성(土性)이 아니면 잘 크지 않아 나귀가 중국에서 본국에 이르면 열에 네다섯은 죽어 번식하지 못한다고 하자 임금이 그것은 토성(土性)이 그러한 것이 아니고 맡아서 기르는 자가 불성실하기 때문이라고 하고 있다.

• 성종실록 201권, 성종 18년 3월 11일 신해 기사 1487년 명 성화(成化) 23년

장령 홍흥 등이 충청도 관찰사 채수가 아비를 데리고 청주에 내려간 일을 아뢰다

(상략) 특진관(特進官) 이계동(李季仝)이 아뢰기를,

"중국 사람들은 짐을 실을 적에 모두 노새를 쓰는데, 중국은 노새 값이 대단히 쌉니다. 널리 무역해다가 혹 소에 교접시키고 혹 말에 교접시키어 취종(取種)하면 7, 80년 뒤에는 크게 번식할 것입니다." 하니, 임금이 말하기를,

"일찍이 갈 때마다 나귀를 무역하게 했으니, 지금 마땅히 무역하여 온 것을 검색하여 취종하는 것이 좋겠다."

했다. 홍흥이 말하기를,

"개와 말이 토성(土性)이 아니면 잘 크지 않다. 나귀가 본국에 이르면 열에 네다섯은 죽다. 그러므로 생산이 번식하지 못합니다."

하니, 임금이 말하기를,

"어찌 토성(土性)이 그러하겠는가? 이것은 맡아서 기르는 자가 불성실하기 때문이다." 했다. (하략)

- 【태백산사고본】 30책 201권 3장

\ 1502년 연산8년 3월 12일

조선시대 전국 540여개 역驛에 5,400여 두의 역마驛馬가 있었다

조선시대에 왕명과 공문서의 전달, 사신 왕래에 따른 영송(迎送)과 접대, 공공 물자의 운송, 통행인의 규찰 등을 위해 설치한 교통 기관을 역참(驛站, 驛)이라 했는데, 사람과 물자를 운송하기 위해 설치한 공적인 기관으로 군사·외교뿐 아니라 행정 및 교통 등 여러 측면에서 중앙 집권 국가를 유지하는 데 중요한 역할을 했다.

역참의 관리는 중앙의 경우 병조의 관할 아래 승여사(乘輿司)가 담당했고, 지방의 경우에는 역승(驛丞) 또는 찰방(察訪)이 파견되어 소속된 역을 관리했으며, 역의 실무는 역리(驛吏), 역노비, 일수(日守) 등 다양한 역속(驛屬)과 역호(驛戶)가 맡아보았다. 신분을 세습하면서 역역(驛役)에 종사했고, 이들은 그 대가로 공수전(公須田), 마위전(馬位田, 마전), 인위전(人位田) 등 역전(驛田)인 토지를 지급받아 이를 경작하여 제반 경비에 충당했다.

전국적으로는 시기에 따라 차이는 있으나 41개 역도(驛道)와 540여 개의 역이 존재하여 각 역에는 통신 및 물류 업무를 원활히 수행하기 위해 말을 기르는 것이 의무화되어 있었고, 역의 중요도에 따라 대체로 각 역에 10여 마리의 마필이 있어 전국적으로 약 5,380필의 역마가 배속되어 있었다. 이러한 말을 키우고 유지하는 데 드는 비용을 충당하기 위해 분급된 마전(馬田) 규모는 경국대전 상에 1마리당 큰 말은 7결(약 2만평), 중간 크기의 말은 5결 50부, 작은 말은 4결로 정도로 규정되어 있었다.

이러한 역참제도는 임진왜란 이후 파발제를 시행함에 따라 역참의 역할이 일반 행정 문서의 전달로 한정되고 군사 정보의 전달은 파발이 담당하는 것으로 바뀌게 되었으며, 역마 확보 방법의 변화도 있어 초기에는 역리와 역노비 등 역호에 의한 입마가 주류를 이루었으나 역호의 도망 등으로 인해 일반 평민을 마호(馬戶)로 편성하여 마호입마제를 시행하게 되었다. 대동법 시행 이후에는 일반 마상이나 민간으로부터 말을 사서 입대(立待)시키는 쇄마고립제와 함께 역마고립제를 시행하게 되었다.

517년 전 오늘의 실록에는 각 역(驛)에 평민들의 입마(立馬)를 허가한 것은 논밭이 없는 사람이 마위전(馬位田)을 경작하고자 하기 때문으로 입마하는 사람들의 잡역은 면제했으나, 호역(戶役)은 면제받지 않아 혼란이 있으니 앞으로는 입마하기를 자원하는 사람에게는 신역(身役)과 호역을 전부 면제해 주도록 하고 있다.

- 연산군일기 43권, 연산 8년 3월 12일 갑신 기사 1502년 명 홍치(弘治) 15년

병조에서 각역에 입마한 자에게 신역과 호역을 면제해 주도록 건의하다

병조가 아뢰기를,

"각 역(驛)에 평민들의 입마(立馬)를 허가한 것은 논밭이 없는 사람이 마위전(馬位田)264) 을 경작하고자 하기 때문입니다. 다만 입마하는 사람은 호역(戶役)을 면제받아야만 권장할 수 있으므로, 일찍이 전교를 받아 잡역(雜役)은 면제했으나 결복(結卜) 수는 거론되지 않았다.

이 때문에 외방(外方)의 수령들이 시행하는 데 혼란이 있으니, 앞으로는 입마하기를 자원하는 사람에게는 신역(身役)과 호역을 전부 면제해 주고, 또 여러 가지 군사의 농토 5결(結) 이하는 호역을 면제하는 예에 따라서 시행하도록 하소서."

하니, 그대로 좇았다.

- 【태백산사고본】 11책 43권 8장
- 【주】마위전(馬位田) : 추수하는 곡식을 역마의 먹이로 쓰는 밭

↘ 1463년 세조9년 3월 13일

경기 양주楊州에 있던 목장에서 두 번이나 호랑이를 직접 잡은 세조世祖

조선시대 목장에는 국가에서 운영하는 국마 목장과 민간에서 운영하는 사마 목장이 있었는데, 임진왜란 이전에는 국마 목장에서 말을 관리하는 것이 일반적이었으나 이후에는 사마 목장에서 국가에 말을 공급하기도 하였다. 설치된 목장의 수는 시기별로 달라 세종 대에는 59개소, 중종 대에는 87개소, 현종 대에는 폐목장 62개소를 포함해 138개소, 영조 대에는 123개소, 철종 대에는 114개소, 순종 대에는 지방 목장만 172개소로 기록되어 있다.

이 중에 중앙의 국마 목장으로는 한양 동쪽 근교에 위치한 살곶이

목장과 경기 양주도호부 녹양벌 일대에 자리한 녹양 목장이 있었는데, 녹양 목장은 호랑이 등 맹수가 자주 출몰하는 바람에 세조 대에 폐장된 것으로 기록되어 있으며, 실록에는 녹양 목장에 관한 기사가 많지는 않으나 주요 내용은 다음과 같다.

우선, 세조 때 당상관 이상에게 원(願)에 따라 녹양 목장에 말을 방목하게 했는데, 겨우 40여 필에 불과하여 동반 6품 이상과 서반 4품 이상 관리들에게 각기 암말인 피마(雌馬) 1필씩을 방목하도록 하였다. 이후에 임금이 호랑이가 녹양 목장의 말을 물었다는 소문을 듣고, 즉시 동교(東郊)에 거둥하여 좌상·우상으로 나누어 군사들로 하여금 오봉산과 수락산 두 산에 몰이하게 한 바가 있다.

또한 그 이듬해 사복시에서 호랑이가 녹양 목장에 들어와서 말을 상하게 했다고 보고하자 3월에 이어 5월에도 임금이 친히 녹양평에 거둥하여 호랑이를 잡고 저녁때에 환궁한 바가 있다. 같은 해 겨울 형조판서를 대장으로 삼아 녹양의 옛 목장에 가서 호랑이를 잡게 했는데, 겸사복과 제색군사를 거느리고 호랑이 두 마리를 잡아 바치자 말 한 필을 내려준 것으로 나타나 있다.

그러나 이러한 녹양 목장은 처음에 조성할 때부터 두 산 사이에 막혀서 넓고 깊으며 험하기까지 하여 울타리를 막기가 매우 어려워서 호랑이에게 상할 우려가 있다는 중신들의 의견이 많았다. 그러나 이같은 반대 의견에도 만약 호랑이 걱정이 있다면 임금이 잡겠으니 걱정 말라는 뜻에 따라 경방에 명하여 정부(丁夫)를 징발하여 목장을 쌓아 조성했던 곳으로 조관(朝官)의 사람들로 하여금 암말인 피마(牝馬) 한 필씩을 내게 하여 국마와 더불어 방목까지 했으나, 여러 차례 호랑이 등 맹수에게 물려 죽는 것이 태반이 되자 세조대에 병조에 전지하여 파하게 했다.

한편, 성종 때는 임금이 녹양장 안의 전지(田地)를 경작 금지하는 것이 적당한지를 호조·병조로 하여금 보고하게 했다. 관련 판서들이 그 장내가 고약한 짐승과 도둑이 두려워 말을 놓아기르기에 마땅하지 않다고 하였다. 민가 10여 호가 있을 뿐이니 거기에 사는 백성이 경작하는 전지는 모두 경작을 금지하고 이 뒤에 새로 집을 짓는 자와 계속하여 전지를 일구는 자는 죄를 주도록 하자고 건의했으나, 녹양장을 도로 묵히는 것은 국가에 이로움이 없으며, 세조조에 말을 많이 길렀으나 한 해를 지나지 못하여 범에게 해를 당한 것이 반이나 되어 폐지했던 것으로 묵히지 말고 헐어 없애자는 논란이 있었다.

그러나 임금은 태조께서 도읍을 정하신 뒤에 살곶이·녹양 두 목장을 두셨으니 그 뒤에 침범하여 차지해서 일구는 사람이 있으면 엄하게 징계하고 도로 묵혀야 할 것이라 하였다. 만약 엄하게 금지하지 않는다면 권세가 있는 집에 점유 당하게 될 것이므로 나라에 노는 넓은 땅이 없고 말을 기를 곳도 없어질 것이며, 변란 등 나라의 일을 꾀하는 데에 있어서 여러 도에서 군사를 징발하여 수만의 군사를 둔치게 하고, 장수에게 명하여 군사를 내어 나아가 정벌하여 흉악한 무리를 섬멸하게 한 바도 있으니 녹양 목장을 중하게 여겨 옛터대로 묵히고, 한 치 한 자의 땅이라도 일구도록 허가하지 않는 것으로 결정한 바 있다.

556년 전 오늘의 실록에는 사복시(司僕寺)에서 녹양 목장(綠楊牧場)의 말 4필이 범에게 물렸다고 보고하자 임금이 직접 기동하여, 행 상호군(行上護軍)을 좌상 대장(左廂大將)으로 삼고, 행 호군(行護軍)을 우상 대장(右廂大將)으로 삼아, 오봉(五峯)·수락산(水落山)을 합해 몰이해서 범을 잡고, 날이 저물어서 환궁(還宮)한 것으로 적고 있다.

• 세조실록 30권, 세조 9년 3월 13일 임인 기사 1463년 명 천순(天順) 7년

녹양 목장의 말 4필이 범에 물리자 오봉·수락산에서 몰이하여 범을 잡다

사복시(司僕寺)에서 아뢰기를,

"녹양 목장(綠楊牧場)의 말 4필이 범에게 물렸다."

하니, 임금이 녹양(綠楊)에 거둥하여, 명하여 행 상호군(行上護軍) 조득림(趙得琳)을 좌상 대장(左廂大將)으로 삼고, 행 호군(行護軍) 박수장(朴壽長)을 우상 대장(右廂大將)으로 삼아, 오봉(五峯)·수락산(水落山)을 합해 몰이해서 범을 잡고, 날이 저물어서 환궁(還宮)했다.

• 【태백산사고본】 11책 30권 18장

\ 1520년 중종15년 3월 14일

조선시대 농우農牛가 있는 집은
열 집에 한 집 꼴로 한 마리가 있었다

조선시대 소의 힘을 농사에 이용하여 개간하지 않은 땅이나 묵은 땅을 일구어 갈아 경작하는 것을 우경(牛耕)이라 했으며, 밭을 가는 경지(耕地)작업을 할 때는 천천히 하여 흙을 유연하게 하고 소도 피곤하지 않게 하는 것을 우선으로 했다.

또한 봄이나 여름의 기경은 얕게 하고, 가을기경은 깊게 하는 것이 적당하다고 권했으며, 밭작물을 경작할 때는 작물이 자라는 도중에 밭이랑 사이의 중경(中耕) 제초(除草) 작업에도 우경을 했는데, 이때 밭이랑 사이에 잡초가 무성하면 소의 입에 망을 씌우고 서서히 중경하면서 작물에 피해가 가지 않도록 했다.

따라서 기본적인 기경 작업에는 우경을 수행하는 것이 가장 기본적이었지만 농우를 확보하지 못한 경우에는 어쩔 수 없이 인력을 동원했다. 우역 등 재해로 소가 크게 부족할 때에도 사람의 힘을 이용하여 쟁기를 끄는 경우가 생겨 이를 인만려(人挽犁)라 불렸는데, 사람이 끄는 쟁기는 아홉 사람의 힘으로도 소 한 마리를 당해내지 못하는 것으로 알려져 있다.

이렇게 중요한 농우에 대한 실록의 기록은 300여 건으로 임금대별로 고르게 기록되어 있는데, 주로 소를 도살하는 것을 막는 금령인 우금(牛禁)이나 북방 민족과의 교역관련 내용이 많으며 중종 대까지 주요 기사 내용은 다음과 같다.

우선, 세종 때는 중국에서 소 1만 마리를 교역하고자 하자, 임금이 "우리나라에는 소가 본래 많지도 않은데 근래에는 실농했기 때문에 백성들의 양식도 오히려 부족하니 어찌 여력이 있어서 농우(農牛)를 기를 수가 있겠느냐"며 "민가에 소가 있는 사람은 열 집에 한 집이 될 정도이며, 그 있는 것도 한 마리에 불과하여 온 나라에서 이를 찾아내더라도 1만 마리를 얻지 못하니 황제에게 잘 아뢰어 요구두수를 감면하게 해달라"고 사정한 바가 있다. 또한 함길도 연변의 각 고을은 산천이 험하지 않고 넓은 지역이 많은 바, 주둔한 군대의 경비를 마련하기 위해 둔전(屯田)을 설치하여 군수물자를 준비하기에 마땅하니 농우는 관에서 준비하고, 농군은 재능이 없어 군졸로 되지 못할 자를 알맞게 뽑아내어서 경작하게 하라고 한 바가 있다.

단종 때는 황해도 여러 고을에 소 205두를 나누어 기르고 있으나 젖소는 없고 희생으로도 합당하지 않으며, 꼴과 콩만 헛되게 소비하고 있으니 점마별감(點馬別監)으로 하여금 살찌고 튼튼하여 수레를 끌 만한 것을 뽑아 사복시에 보내고 나머지는 모두 관찰사에게 주어서 빈민으로 농우가 없는 자에게 고루 나누어주게 했다. 세조 대에는 제도관찰사에게 유시(諭示)하여 농우의 사육을 소홀히 할 수가 없어 수령이 시기에 맞추어 사료를 주지 않아서 농우가 피곤해서 죽으므로 농사에 힘쓸 수 없게 되니, 금후에는 사료용 콩을 미리 먼저 나누어 주어서 시기를 잃지 않도록 하라고 했다.

황해도·평안도에 거주하는 백성들이 농사지을 힘이 넉넉지 못하여 전지(田地)를 개간할 수 없으니 백성들 가운데 관우(官牛)로써 경작·개간하고자 하는 자가 있으면 첫해의 전답 수확인 화리(花利)를 허락하여 한 반(半)은 관(官)에서 거두어 공름(公廩)과 의창(義倉)에 보충하며, 개간한 전지(田地)는 전호(佃戶)에게 우선적으로 주되, 별다른 전지가 없는 자는 모두 적당한 데 따라 나누어 주게 했다. 농우의 사료는 첫해에는 군자창의 묵은 콩을 사용하며, 그 후에는 신전(新田)의 소출을 사용하되, 군자창의 묵은 콩은 신전(新田)의 소출로써 보충하여 갚게 했다.

성종 때에는 평안도·황해도에 새로 옮긴 백성은 땅을 미처 개간하지 못하여 생활하기가 어려우니 원래 사는 사람의 것으로 올곡(早穀)과 밀보리를 심을 만한 숙전(熟田)을 적당하게 나누어 주어서 심어 먹게 하고, 2년이 지난 뒤에는 본 주인에게 돌려주게 했다. 농기는 해당 수령으로 하여금 적당한 대로 갖추어 주게 하고, 농우가 없는 자는 해당 수령으로 하여금 본래 사는 사람의 농우를 주어서 갈게 했다.

중종 때는 경기 관찰사가 제주 농우를 육지에 내다가 사사로이 무역할 것을 허락하여 경작에 편리하게 할 것을 주청하니, 호조에 계하(啓下)한 바가 있다. 또한 백성들이 실농(失農)하여 서울과 지방의 농우가 많이 죽으니 다음 해의 농사일이 매우 걱정된다고 임금이 걱정을 하면서 그렇지만 조치할 방도가 없다며 한 백성이 굶주리면 임금이 곧 주리고, 한 백성이 추우면 임금이 곧 춥다며 안타까움을 표시하기도 했다.

499년 전 오늘의 실록에는 근년에 해마다 흉년이 들어 백성이 기아(飢餓)에 허덕이는데, 수령이 비록 진휼(賑恤)하려 해도 창고 곡식이 바닥이 나서 조처할 수가 없고 파주창(坡州倉)에 저장된 황두(黃豆)는 겨우 2백 곡(斛) 뿐이어서 백성에게 대여(貸與)할 수가 없으므로 백성들은 농우(農牛)를 기를 수가 없으니, 경창(京倉) 황두로 구제해 주기를 건의했다. 그러면서 수시로 어사를 보내 살피게 한다면 태만한 자로 하여금 근면하게 할 수 있고 백성 역시 조정에서 항상 염려한다는 뜻을 알게 될듯하다는 논의가 있었다.

• 중종실록 38권, 중종 15년 3월 14일 임인 기사 1520년 명 정덕(正德) 15년

이빈이 대신이 병을 핑계로 출사않는 일과 진휼책 등에 관해 아뢰다

주강(晝講)에 나아갔다. (중략)

이빈이 아뢰기를,

"근년에 해마다 흉년이 들어 백성이 기아(飢餓)에 허덕이는데, 수령이 비록 진휼(賑恤)하려 해도 창고 곡식이 바닥이 나서 조처할 수가 없다. 또 파주창(坡州倉)에 저장된 황두(黃豆)는 겨우 2백 곡(斛) 뿐이어서, 백성에게 대여(貸與)할 수가 없으므로 백성들은 농우(農牛)를 기를 수가 없으니, 경창(京倉) 황두로 구제해 주소서. 경기 지방도 혹 이러한데 하물며 보고 들을 수 없는 먼 외방이리까? 관찰사가 비록 규검

(糾檢)한다 해도 수령 중에는 혹시 태만하여 마음을 다하지 않는 자가 있을 것이니, 신의 생각으로는 수시로 어사를 보내 살피게 한다면 태만한 자로 하여금 근면하게 할 수 있고, 백성 역시 조정에서 항상 염려한다는 뜻을 알게 될 듯합니다."

하니, 상이 이르기를,

"경기(京畿)에 해마다 흉년이 들었다. 올해 가을에 잘 여물지 그렇지 않을지는 지금 알 수가 없으나, 만약 또 여물지 않는다면 매우 염려할 만하다. 진구(賑救)의 일은 관찰사가 어찌 마음을 써서 조치하지 않겠는가? 외방에서 만약 어사가 간다는 것을 들으면 수령들이 그 법을 어긴 것을 많이 숨길 것인데, 비록 하나라도 발각되는 것이 있으면 반드시 아랫사람을 조사하여 일이 번거롭고 요란하게 되니, 할 수가 없다." 했다.

1437년 세종19년 3월 15일

목장에서 우마를 관리하는 목자들의 정년은 60세이었다

조선시대 각 목장에서 우마(牛馬) 사육에 종사하는 사람들을 목자(牧子)라 했는데, 이들은 사찰에 소속된 사사노비(寺社奴婢), 관청에 소속된 노비인 공천(公賤), 향리(鄕吏), 양민 등으로 편성되었으며, 16세에서부터 60세까지 국가의 말을 사육하는 국역에 종사했고 그 신분이 세습되었다.

목자의 직무는 마필을 사육하는 것이 가장 중요하여 고려시대에는 1인당 말 4필, 조선 초기에는 10필을 사육했으나, 그 뒤에 우마 25필로 증가했다. 경국대전에는 각 도 목장에 암말 100필, 수말 15필로 1군(群)을 삼고 1군마다 군두(群頭) 1인, 군부(群副) 2인, 목자 4인씩을 배정하여 종6품의 감목관(監牧官)의 지휘 감독 아래 매년 망아지인 자식(慈息) 생산 책임량을 85필 이상으로 규정하고 목자 1인당 20여필 이상을 생산하도록 했다.

그러나 관리 소홀로 말이 손실되거나 죽을 경우 허물을 가려 벌을 주고 변상케 했으며 말의 등급에 따라 많게는 오승포(五升布) 400~500필로 대납해야 했다. 이로 인한 목자의 가산이 탕진돼거나 떠돌이가 되는 일이 빈번해 목자 우대책을 강구하여 목자위전(牧子位田) 2결(結)을 지급하고 일종의 세금 면제인 복호(復戶)의 대상이 되었다. 또 근무 성적에 따라 승진과 포상의 길도 마련해주어 1년에 망아지 20필 이상을 얻으면 상등, 15필 이상은 중등, 15필 이하는 하등으로 하여 30개월 내 상등을 3회 이상 받으면 승진해 임금을 주는 녹을 받게 되었으며 이하인 자는 죄를 물었다.

또한 목자는 말 관리자 중 우두머리인 군두, 중앙 부처 관직인 경관직(京官職) 등으로 승진할 수 있는 보장책이 마련되어 있었으나, 실제로는 목자의 신분적 지위는 노비(奴婢)와 거의 마찬가지였다. 목장마 사육에 필요한 사료의 준비, 목마군(牧馬軍)으로의 편성, 지방 특산물인 소와 말고기나 가죽 등 토산물 진상 등은 물론 감목관, 감사, 사복시, 점마별감 등 관원의 순행에 따른 수탈로 고통이 너무 심해 정처 없이 떠도는 유리(流離)를 하거나 도망하는 일이 잦아, 조정에서는 목자의 호적을 별도로 작성해 통제하기까지 했다. 또한 목자의 아들 중 3명은 세습하도록 하고, 동거 친족 중 1명은 다른 역을 면제해 목자역을 부담하도록 하는 규제를 하기도 했다.

한편, 이러한 목자들 중에는 목장마를 부정으로 매각하거나, 개인 소유로 둔갑해 매매하고 또 마필을 도살·유실했다고 거짓 보고해 사복(私腹)을 채우는 일이 많아 물의를 일으키기도 했다.

582년 전 오늘의 실록에는 각 목장의 목자(牧子)들이 마필을 보살펴 기르는(看養) 데 있어 병들고 야위거나 죽거나 하면 죄를 다스리고 보상을 받지마는 경작하는 땅을 공식적으로 일구어 산물(産物)을 바치는 공부(貢賦) 이외에는 잡역(雜役)을 감면하도록 하고 있다.

- 세종실록 76권, 세종 19년 3월 15일 을사 기사 1437년 명 정통(正統) 2년

각 목자들에게 잡역을 감면시켜 간양에 전념하게 하다

병조에서 아뢰기를,

"각 목장의 목자(牧子)가 마필을 보살펴 기르는(看養) 데 있어, 혹 병들고 야위거나, 혹 죽거나 하면, 죄를 다스리고 보상을 받지마는, 경작하는 땅의 공부(貢賦) 이외에는 잡역(雜役)을 감면하여 오로지 간양만을 위임하소서."

하니, 그대로 따랐다.

- 【태백산사고본】 24책 76권 27장

1458년 세조 4년 3월18일

큰 소인 경우 1일 피 8되, 콩 3되, 황초 7단을 급여했다

조선왕조실록에 가축에 급여하는 사료에 대한 기사는 소 사료인 우료(牛料), 말 사료인 마료(馬料)외에 가축에 급여하는 전체적인 먹이로는 사료 외에 축료(畜料)라는 표현을 사용하고 있으며, 가축별로 급여하는 사료의 양은 고려시대에 제정된 축마료식(畜馬料式)을 기준으로 일부 수정하여 적용했다. 초식동물인 우마(牛馬)의 특성을 감안하여 연중 풀의 성장기인 5월에서 9월을 청초절(靑草節), 10월에서 4월을 황초절(黃草節)로 구분하여 사료의 양을 조절해 급여했다.

축마료식에 나온 주요 가축의 1일 사료 급여량을 알아보면 우선 큰 소인 경우 피(稗) 8되, 콩 3되, 황초 7단을 급여했으며, 농사일을 하는 역우는 청초절 기준 피 6되, 콩 2되, 송아지는 피 4되, 콩 2되를 급여했다. 말은 사용 용도나 사육 부서에 따라 차이가 있었으나 일반적인 암말은 청초절 기준 피 1말, 잘게 쪼갠 콩 3되를 급여했으며, 2세 망아지는 피 3되, 콩 2되를 급여했고, 일반적인 잡마는 피 3되, 쪼갠 콩 2되를 급여했다.

이밖에도 당나귀와 노새는 청초절을 기준으로 피 6되, 쪼갠 콩 3되를 주도록 했다. 낙타의 사료 급여량도 정해져 있었으며, 다른 가축과 달리 소금을 첨가해 주도록 했다. 실록에 실려 있는 사료에 대한 기사는 마료에 대한 기록이 가장 많아 120여 건, 사료에 대한 기사는 20여 건 등으로 나머지 우료나 축료 관련 기사는 많지가 않으며, 임금대별 주요 기사 내용은 다음과 같다.

우선, 태종 때는 경상도 경차관의 건의로 백성들의 요청에 따라 봄에 창고의 묵은 콩을 내주고 가을에 가서 새 콩으로 거두며, 관청인 공아(公衙)의 마료도 묵은 콩을 사용케 한 바가 있다. 사복시의 마료를 감하게 하여 가을과 겨울이면 대소의 말에게 모두 황두 1되 씩을 주고, 봄과 여름이면 큰 말에게는 5되를, 작은 말은 전량을 제하게 했다.

세종 때는 경기도내 각 목장의 말 382필을 겨울철에 각 고을에 나누어 기르게 하면서 사료용 콩이 많이 들어 1천 6백여 석이나 되었다. 강화도 대명곶(大明串)에 들여다 먹이는 소가 50여 두, 사료 콩이 160여 석이나 되어 비용이 적지 않으니 가을에 말을 관리하는 별감으로 하여금 살찌고 여윈 것을 나누어 여위어서 비와 눈에 견디지 못할 말은 각 고을에 나누어 기르게 하고, 그 나머지는 모두 목장 안에 그대로 놓아먹이고, 소 또한 그렇게 기르도록 한 바가 있다. 이밖에도 호조에서 흉년으로 각 고을에 나누어 기르는 공마와 각 도 절제사와 군관의 마료(馬料)를 감하기를 청하자 그대로 시행한 바가 있다.

성종 때는 호조에서 봄부터 여름까지 가물고 비가 오지 아니하니 농사 때를 놓치게 될 것을 우려해 백성들을 진휼(賑恤)하는 정책으로 사복시의 마료인 황두와 꼴을 적당히 줄이게 했다. 수레를 끄는 소의 사료는 황두가 1년에 132석인데, 소를 사육하는 것은 오로지 마료와 교초(郊草)를 운송하기 위한 것으로 연간 마료의 수량을 계산하여서 백성들로 하여금 바로 바치도록 하고, 교초(郊草)는 근무하는 관리인 제원들이 운반하게 하여 소를 합의에 의해 팔아버리게 했으며, 임금이 타는 어승마(御乘馬)의 사료도 풀이 자랄 때는 5승(升)으로 했는데 1승(升)을 줄이고, 큰 말(大馬)은 4승(升)이었는데 2승(升)을 줄이게 한 바 있다.

561년 전 오늘의 실록에는 경상도 관찰사가 풍기 군사가 공물로 바치는 표범의 가죽 값을 민간에게 거두고, 개인적으로 필요한 사료를 백성들로부터 징수한 일로 파면을 건의하자 그대로 시행하게 하고 있다.

- 세조실록 12권, 세조 4년 3월 18일 을사 기사 1458년 명 천순(天順) 2년

사사로이 공물의 표피값과 축료를 백성에게서 징수한 풍기 군사 김효급을 파출하다

경상도 관찰사가 아뢰기를,

"풍기군사(豐基郡事) 김효급(金孝給)은 공물(貢物)로 바치는 표피(豹皮) 값을 민간(民間)에게 거두었는데, 많이는 80여 필에 이르렀다. 또 사용

(私用)의 축료(畜料)187)를 도리어 백성에게 징수했으니, 비록 사유(赦宥)가 경과했더라도 청컨대 파출(罷黜)하여 그 나머지 사람을 경계하게 하소서."

하니, 그대로 따랐다.

- 【태백산사고본】 5책 12권 4장
- 【주】 축료(畜料) : 가축의 사료

\ 1524년 중종 19년 3월 19일

강원도 강릉에 산불이 나 민가와 관아가 불타고 소와 말이 타죽었다

조선시대 초기 도성 내 화재 수습을 위해 임시로 설치한 관청이 금화도감(禁火都監)으로, 통행금지 시간인 인정(人定) 이후에 불을 끄는 사람이 불이 난 장소로 달려갈 때 증명이 되는 신패(信牌)를 만들어 주거나 밤낮으로 살피다가 화재가 발생한 곳이 있으면 종을 쳐서 알리는 등의 임무를 수행했다.

금화도감의 주 업무는 화재 예방과 진압이었으나, 화재 진압을 위해 하천의 물이 필요하여 하천에 관한 일을 함께 담당하도록 했다. 성문을 지키고 수리하는 일을 담당하는 성문도감(城門都監)과 금화도감의 역할을 합하여 수성금화도감(修城禁火都監)을 설치하여 성의 수리와 화재 금지, 길과 다리의 수리 임무를 맡기기도 했으며 이후에는 이러한 기능을 총괄하는 수성금화사(修城禁火司)의 설치로 이어졌다. 실록에 화재와 금화(禁火)에 관한 기사는 각각 150여 건, 70여 건으로 주로 도성이나 궁궐의 화재, 화재 방지에 대한 내용이 주로 임금 대별로 고르게 나타나 있으며, 그중에서도 산불에 관한 기사는 50여 건으로 가축과 관련된 주요 내용은 다음과 같다.

우선, 태조 때는 산림이 무성한 뒤에 땅 기운이 윤택해서 가물어도 한재가 덜하며, 상수리를 주워서 흉년을 방비할 수 있으나, 무뢰한 무리들이 사냥을 용이하게 하기 위해 산에다가 불을 놓으니 수령이 친히 산림을 점검하고 부근에 살고 있는 백성들로 나누어 맡아 보게 하여 만일에 불을 놓는 자가 있으면 즉시 알리어 중한 죄로 벌하게 했다. 불이 난 것을 알리지 않은 자는 불 놓은 사람과 연좌(緣坐)하게 하며 목마장(牧馬場)의 동면하는 벌레인 칩충(蟄蟲)이 깨어나기 전에 불에 태우도록 하게 한 바가 있다.

세종 때는 함경도 경흥(慶興)의 덕릉(德陵)·안릉(安陵)은 옮겨 모신 지가 비록 오래 되었으나 그 터는 아직도 남아 있어 비록 옮겨 간 옛터라 하더라도 공경하고 중하게 여기지 않을 수 없으니, 소와 말이 허물고 더럽히지 못하게 하고 소나무를 심도록 하며 부근 마을 정장(正長)에게 봄·가을에는 산불을 금하게 하고 일반 사람은 거기에 매장하지 못하게 하라는 예조의 건의를 그대로 시행하게 했다.

성종 때는 평안도 창성에서 불이나 곡간에 쌓여 있던 곡식 1천 8백여 석이 불에 타고, 민가 89호에 불이나 남녀 7명이 사망했고, 관사와 공아, 창고 등이 남김없이 다 타버렸다는 보고가 있자, 임금이 창고를 풀어서 백성들에게 나누어 주고, 제때에 씨를 뿌려 농사를 지을 수 있도록 하며, 사람과 가축이 불에 타 죽은 것을 조사해 죄를 묻고 백성들을 구제하는 일은 대책을 세우도록 했다.

또한 강원도에 산불이 나서 양양부 주민 205호와 낙산사 관음전이 연소되고, 간성 향교와 주민 2백여 호가 일시에 모두 탔는데 오직 사람과 가축은 상하지 아니했고 민간에 저장한 곡식이 모두 재가 되었으니, 강원도 통천의 전세(田稅)를 옮겨 받아서 주도록 하게 해달라는 강원도 관찰사의 요청을 그대로 따르게 했다.

이른 봄에는 산불이 번지기 쉽고, 산에 초목이 없으면 물줄기의 근원이 마르게 되어 농사에 해가 있는데, 수령들이 산림에다 불을 질러 놓고 사냥을 하며, 백성들도 화전을 일구어 경작을 하니 법으로 엄하게 금하게도 했다.

495년 전 오늘의 실록에는 강원도 강릉의 대산 등에 산불이 일어나 번져서 민가 244호를 태웠고, 경포대의 관사도 죄다 태웠는데 주방(廚房)만이 타지 않았으며, 민가의 소 한 마리와 말 한마리가 타죽은 것으로 기록하고 있다.

- 중종실록 50권, 중종 19년 3월 19일 갑신 기사 1524년 명 가정(嘉靖) 3년

강릉 대산 등에 산불이 일어나다

강릉(江陵)의 대산(臺山) 등에 산불이 일어나 번져서 민가 244호를 태웠고, 경포대(鏡浦臺)의 관사(官舍)도 죄다 태웠는데 주방(廚房)만이 타지 않았으며, 민가의 소 한마리와 말 한마리가 타죽었다.

• 【태백산사고본】 25책 50권 32장

1445년 세종27년 3월 20일

한양에서 말 풀사료生芻 여섯 묶음 값이 쌀 너되나 되었다

조선시대 전국 각 지역의 백성들이 세금으로 바친 곡물(稅穀)은 한강의 물길을 따라서 한양으로 운반되었으며, 지방의 특산물과 생필품, 기호품 등도 수로와 육로를 따라 한양으로 옮겨졌다. 조선전기에 한강의 대표적인 나루터는 양화진, 노량진, 한강진, 삼전도, 광진 등 5진을 중심으로 발전되었다. 조정에서는 외관직인 종9품의 도승을 책임자로 하여 배를 안전하게 안내하고 감독하도록 했으며, 도승을 보좌해 각 진도에는 진리(津吏)를 두어 사무를 처리하도록 하면서 실제 도강할 때에는 진척(津尺)이나 진부(津夫)를 두어 나룻배를 젓도록 했다.

이렇게 형성된 나루촌은 이후에는 동작진, 송파진, 두모포, 뚝섬, 망원정 등으로 확대되었는데, 그중에서도 임금의 능행로(陵幸路)로는 물론 민간에서도 가장 많이 활용하고 두드러진 지역은 송파진으로, 병조에서 삼전도를 설치하여 한강을 도선하는 배 1척, 사재감선 2척을 두고 진척 10인을 배속시켰다. 이외에 조정에서는 한강에 있는 모든 선박을 공조에서 매년 빠짐없이 조사하도록 하여 선박의 크기에 따라 자호(字號)를 선체에 낙인(烙印)하고 선주의 이름도 등록하도록 하여 관리했다.

실록에 삼전도(三田渡)에 관한 기사는 100여 건이나, 삼전포(三田浦), 송파진(松坡津)에 관한 내용은 많지 않으며, 축산과 관련된 주요 내용은 다음과 같다.

우선, 세종 때에는 양주 녹양평에 있는 좌군(左軍)과 중군(中軍)의 목장 안에 경작할 만한 땅을 경작지가 없는 아전 또는 관노비에게 주어 개간하고 경작하여 생계를 돕게 하자는 병조의 보고에 좌군 목장은 봄부터 가을까지 언제나 녹양 목장에서 목양(牧養)하게 했다. 중군은 목장이 2개소로 녹양 외에 삼전포에 있고, 삼전포 목장이 물에 잠기면 녹양으로 옮겨 목양하기 때문에 녹양에 일부 담을 쌓으면 도망해 빠져나가는 마필도 방지하고, 양군의 마필을 복양하는 수초도 풍족하며 또 일부 경작할 만한 땅도 있으니 경작지가 없는 자에게 적당히 나누어 주게 했다.

단종 때는 임금이 친히 헌릉과 영릉에서 초하룻날에 조상에게 지내던 제사인 삭제(朔祭)를 지내고 환궁하다가 삼전도에 이르러 시위 군사들로 하여금 인근 살곶이 들판에서 사냥하게 한 바가 있다.

세조 때는 경성 및 여러 영·진의 성안에 본래 말꼴을 거두어 저장하지 않으니 한양에서는 사복시로 하여금 호곶이(壺串)·삼전도 등지에서 마른꼴을 많이 베어 운반하게 하여 말을 먹이고 남는 것은 매각하지 말고 잘 쌓아 두껍게 덮어 부패하거나 손상되지 않게 했다. 영·진도 역시 많이 수확해 저장하도록 하고 불시의 수요에 대비하게 했으며 관찰사가 이를 점검하도록 했다.

또한 호조 참판 등이 목장을 설치할 만한 땅을 가서 살펴본 뒤 삼전도와 녹양은 흙, 돌, 벽돌 따위로 쌓아 올린 장원(場垣)의 유지(遺趾)가 있고, 아차산은 산이 험하고 땅이 좁으며 물과 풀이 부족하며 목장을 쌓는 공역이 어렵겠다고 보고하자 다른 곳을 찾아보도록 한 바가 있다. 삼전도의 옛 목장에 땔나무와 꼴을 한양의 도하(都下) 사람이 채취하여 쓰고, 잡인들이 서로 잇따라 개간하여 초목이 무성하여지지 못하니 앞서 하사를 받았거나 관으로부터 허락을 받아 오래 경작한 자 외에는 일절 금하게 했다.

한편, 성종 때는 녹양 목장과 삼전도 갑사 목장 안에 사사로이 밭을 일군 자가 많아서 목장을 둔 본의가 없어 해조(該曹)에서 검속하여 보니 일부 민간인이 밭을 일구기도 하고 집을 짓기도 했으나, 사유(赦宥) 이전에 지은 죄이므로 소급하여 논할 수 없지만 집은 헐게 한 바 있었다. 시중에서 생풀 여섯 묶음의 값이 쌀 넉되인 데 그렇게 된 까닭이 근교에는 풀을 벨 곳이 없고, 오직 양화도·노량·삼전도 등지에서만 풀을 얻기 쉬우나 이러한 땅에서는 대군 또는 여러 군·재상 등이 하사받은 땅이라고 주장하여 권세 있는 집의 종들이 주인의 세력을 믿고 구역을 사사로이 차지하고는 자기 시장이라 하여 다른 사람은 손을 대지 못하게 하기 때문이었다. 한양에 머무는 군사들이 말 두 필을 가지고 있는데, 풀을 대는 괴로움이 심하다는 보고에 사사로이 시초장(柴草場)을 차지하는 것을 금하는 법을 따로 세웠으니 병조에서 살펴서 보고하도록 조치한 바가 있다.

574년 전 오늘의 실록에는 백성들의 토지가 광평군(廣平君)과 평원군(平原君) 묘지의 금하는 구역 안에 있어서 경작하지 못하는 자들에게는 삼전포(三田浦) 목장의 묵은 땅을 각각 걸맞게 베어 주도록 호조에 전지하고 있다.

- 세종실록 107권, 세종 27년 3월 20일 계사 기사 1445년 명 정통(正統) 10년

광평군 평원군의 묘지 인근에서 경작하는 자들에게 삼전포 목장의 땅을 떼어주게 하다

호조에 전지하기를,

"백성들의 토지가 광평군(廣平君)과 평원군(平原君) 묘지의 금하는 구역 안에 있어서 경작하지 못하는 자들에게 삼전포(三田浦) 목장(牧場)의 묵은 땅을 각각 걸맞게 베어 주라." 했다.

- 【태백산사고본】 34책 107권 18장

◦ 1521년 중종16년 3월 21일

궁궐 안에 벌통 30개를 들여오게 하여 꿀을 생산했다

조선시대 꿀은 식용과 약용으로 쓰여 한방에서는 위를 편하게 하고 대변을 순하게 하는 약재로 활용되었으며, 12장부의 어떤 병에도 좋아 열을 내리고 소화를 돕고 독을 해독할 뿐만 아니라 건조함을 치료하고 통증을 멎게 하는 데 쓰여 졌다.

이러한 꿀은 생산지에 따라 암석 틈에서 채취한 석밀(石蜜), 나뭇가지에 매달려서 만들어진 목밀(木蜜), 땅속에서 만들어진 토밀(土蜜)등이 있으며, 일반적으로 습한 곳에서 생산된 꿀이 목밀, 건조한 곳에서 생산된 것이 토밀로 청백색이고, 최상품은 고체 형태인 석밀이며, 새로 만들어진 꿀은 누런색의 황밀, 오래된 꿀은 흰색의 청밀로 구분되었다.

실록에 꿀은 300여 건의 기사가 실려 있으며, 이외에도 봉밀, 양봉, 벌통, 양봉통 등 관련기사가 임금 대별로 다양하게 실려 있다. 그중에 양봉과 관련된 주요한 기사는 다음과 같다.

태종 때는 전국의 산속에 있는 고을에 양봉통을 설치하게 하여 각 도의 공안(貢案)에 붙인 일 년에 청밀(淸蜜), 황랍(黃蠟)의 원수(元數)를 납공(納貢)에 족(足)한 수에 준하여 계산하고, 각 고을에 나누어 정해 양봉(養蜂)의 가부를 시험하게 했다. 세종 대에는 각 고을에 벌통을 설치한 것이 꿀을 공납하는 일을 덜고자 함이었는데, 관가의 벌통을 양봉하는 민가에 갖다 두고 해마다 거기에서 생산되는 꿀을 걷어 들이므로 백성이 모두 싫어하고 귀찮게 여기며, 양봉하는 사람이 적어져 벌꿀 값이 비싸게 되어 관가에서 양봉을 하여 백성에게 해를 끼치지 않도록 했다.

또한 비리를 저지른 지양근군사(知楊根郡事)가 꿀벌을 많이 기르면서 맡아 지키는 자가 꿀 한 되를 몰래 소모하면 쌀 한 말을 징수하도록 하여 민간에 강제로 팔고, 환상곡(還上穀)의 남은 곡식을 사용한 것이 드러나 장 1백대에 처하되, 신체에 글자를 새기는 자자(刺字)는 면제하게 한 바가 있으며, 연산군 때는 임금이 벌통 30개를 대궐 안에 들여오라고 직접 전교한 바가 있다.

중종 때는 궁궐에 필요한 공상(貢上)과 고관 및 왜인, 여진족에게 음식물 공급과 직조(織造) 등의 일을 맡았던 내섬시(內贍寺)에 백청밀(白淸蜜)을 약으로 쓰기 위해 앞당겨서 받기를 호조에 알린 바가 있고, 평안도에서 백성들이 산에 가서 채집한 것에 세금을 받는 산세(山稅) 중에 꿀, 인삼, 오미자 등에 대해 징세(徵稅)하지 않는 것이 없었으며 때를 맞추어 바치지 못하면 매질까지 하고, 소를 끌고 가니 백성들이 편안히 살 수 없어 시정해야 한다는 건의가 있었다.

498년 전 오늘의 실록에는 각 고을에 벌통을 설치하고 해마다 꿀 뜨는 양을 매기고 있는데 그 매긴 숫자가 너무 많고, 관에서 한 통도 치지 않고 벌을 치는 촌민으로 하여금 진공하게 하는 경우도 있으며, 농지세(農地稅)로도 국용(國用)에 쓰기에 충분하여 벌통에서 거둔 꿀은 군읍에 저장한 채 상납도 않고 있는 실정으로 세월이 흘러 색깔과 맛이 변해서 쓸 수 없게 된 뒤에야 그 꿀로 곡식을 사서 군자금에 보충하게 하니 이를 면제시켜 궁한 백성들을 조금이라도 소복시켜 달라는 건의가 있었다.

- 중종실록 41권, 중종 16년 3월 21일 계유 기사 1521년 명 정덕(正德) 16년

조지서 사지 이종이 꿀의 진공의 폐단을 들어 이를 면제시켜 줄 것을 청하다

윤대(輪對)를 들었다. 조지서 사지(造紙署司紙) 이종(李瑽)이 아뢰기를, "신이 수령으로 있을 때 보건대, 각 고을에 벌통을 설치하고 해마다 꿀 뜨는 양(量)을 매기고 있는데 그 매긴 숫자가 너무 많았다. 그런데다가 관(官)에서는 한 통도 치지 않고 벌을 치는 촌민(村民)으로 하여금 진공하게 하고 있다. 대저 농지세(農地稅)로 진공하는 것으로도 국용(國用)에 쓰기에 충분합니다. 그런데 벌을 치게 해서 꿀을 충족시킬 필요가 뭐 있겠습니까? 벌통에서 거둔 꿀은 군읍(郡邑)에 저장한 채 상납(上納)도 않고 있다. 그래서 세월이 흘러 색깔과 맛이 변해서 쓸 수 없게 된 뒤에야 그 꿀로 곡식을 사서 군자(軍資)에 보충하게 합니다. 곡식을 무역할 때는 강제로 농민들에게 사게 해서 그 곡식으로 보충하고 있으니, 명칭만 환매(換賣)지 실은 강제로 뺏는 것입니다. 이러니, 어찌 원망이 없을 수 있겠습니까? 이를 면제시켜 궁한 백성들을 조금이라도 소복시키소서." 했다.

- 【태백산사고본】 21책 41권 44장

1553년 명종8년 3월 22일

충청도 해미에서 지진이 일어나 우마牛馬가 놀라서 넘어졌다

조선시대 초기에는 하늘의 별에 이상 현상인 성변(星變)이 나타나거나 산이 무너지고, 돌이 움직이고, 바닷물이 붉어지는 적조, 부엉이와 같은 야생조류의 출현 등 다양한 재앙이 되는 이상한 일로 간주되는 현상이 발생했을 때 이를 물리치기 위하여 지내는 제사를 해괴제(解怪祭)라 했다. 실록에는 해괴제 관련 1천여 건의 기사가 실려 있다.

그러나 이러한 해괴제는 중기 이후에는 지진이 발생했을 때만 거행하는 의식으로 바뀌게 되어, 지진이 발생한 것을 조정에 보고하면 중앙에서 향촉(香燭)을 내려주어 지역 지방관으로 하여금 지내게 하였다. 여러 고을에서 지진이 발생한 경우에는 해당 고을 중 중앙의 고을을 선택하여 제향 장소를 마련하고, 제의는 사직(社稷), 종묘, 풍운뇌우(風雲雷雨), 악해독(嶽海瀆), 명산대천(名山大川)의 신에게 지내는 기고제(祈告祭) 형식으로 시행했다.

실록에 실려 있는 지진에 관한 기사는 500여 건이나 이 중 가축과 관련된 기록은 많지 않으며 주요한 내용은 다음과 같다.

우선, 성종 때는 공신(功臣)의 상소 중에 지방관리의 탐학, 군역의 해이, 전투선박의 문제 등을 보고하면서 당해 년 봄에 지진이 있어 사람이 모두 놀라고 두려워했으며, 닭과 개가 달아난 적이 있었다. 전년도 봄에도 지진이 있었는데 근년들어 음양(陰陽)이 순조롭지 못하여 수재(水患)가 연달아 일어났으니 민간에서 보고 들은 것을 가지고 이를 추측해 보면 가혹한 관리의 때문임에 의심이 없다고 한 적이 있다.

연산군 대에는 겨울철에 눈비가 평년보다 더했고, 봄과 여름에는 가뭄이 매우 심하여 경기 지방의 고을로부터 여러 도에 이르기까지 보리와 밀이 거의 상해서 백성들이 밥 먹기가 어려워졌다. 가을철에 이르러서는 흙비로 재해가 있었고 남방의 여러 고을에는 수재가 계속 이어져 백성들의 가옥이 물에 잠기고 사람과 가축이 물에 떠내려가고 나무가 꺾이고 뽑혔으며, 곡식이 손상되는 천재(天災)와 지변(地變)이 끊이질 않았다. 근일에는 한양에 지진까지 있어 의정부 영의정 등이 책임을 지고 사직하기를 청했으나 윤허하지 않았다.

중종 대에는 충청도 관찰사가 보낸 해미현감이 지진 상황을 보고하면서 유시(酉時)에 우레와 같은 소리가 동쪽으로부터 일어났는데, 사람이 제대로 서지 못하고 여러 곳의 성의 담들이 계속 무너졌으며, 우마(牛馬)는 모두 놀라서 넘어지고, 샘물이 끓는 듯하고 산에 있는 돌도 굴러 떨어졌으나 곡식이나 사람은 상하지 않았다고 했다. 밤 2경(更)에는 한양 경중(京中)에서 지진이 있었는데 그 소리가 은은한 우레 소리 같고 황해도의 지진에는 집들이 모두 흔들렸는데 6월초까지 연달아 있었던 것을 기록하고 있다.

명종 때는 경상도 영천, 용궁에 지진이 일어나 지붕의 기와가 조금 움직였으며, 경상도 합천 초계의 민가에 암소가 두 마리의 송아지를 낳았는데 몸뚱이와 꼬리는 하나이고 머리·입·귀는 두 개씩이며 눈과 발은 네 개씩이었으나, 산후에 어미와 새끼가 다 죽은 것으로 나타나 있다.

466년 전 오늘의 실록에는 전라도 구례에 지진이 일어났으며, 강진에서는 소가 새끼 세 마리를 낳은 것으로 기록하고 있다.

- 명종실록 14권, 명종 8년 3월 22일 무술 기사 1553년 명 가정(嘉靖) 32년

전라도 구례에 지진이 일어나다

전라도 구례(求禮)에 지진이 일어났다. 강진(康津)에서는 소가 새끼 세 마리를 낳았다.

- 【태백산사고본】 10책 14권 25장

\ 1513년 중종8년 3월 26일

임금은 쟁기를 잡고 밭을 갈며 왕비는 뽕잎을 따고 고치를 거두었다

조선시대 뽕을 따고 누에를 치는 양잠(養蠶)은 옷감인 비단을 생산하는 수단으로 여성들이 길쌈을 통해 입을 거리를 생산하는 것을 장려하기 위해 왕비가 내외명부(內外命婦) 여성들을 거느리고 잠실(蠶室)에 행차하여 함께 뽕을 따고 누에를 치는 의식인 친잠례(親蠶禮)를 행했다.

친잠례는 뽕잎을 따는 친잠례와 누에가 커서 고치를 형성하면 이를 수확하는 수견례(收繭禮)로 나뉘었는데, 왕비가 친잠례를 행할 때는 먼저 채상단(採桑壇)이라고 하는 단을 쌓았고, 주변에는 휘장을 쳐서 다른 곳과 구분하여 왕비와 수행 여성들이 머물 천막을 쳤다. 친잠례를 행하기 직전에는 누에의 신 선잠(先蠶)에게 제사를 올렸는데, 선잠단에서 제사를 올릴 때는 다른 사람을 보내어 대신 행하게 하거나 왕비가 친잠하는 장소에 별도로 친잠단을 쌓고 직접 제사를 올리기도 했다.

왕비와 수행 여성들이 뽕을 따고 누에를 치기 위해서는 대나무를 쪼개서 엮어 만들며 손잡이가 달린 항아리 모양의 광주리, 기다란 뽕나무 가지를 당기기 위한 지팡이 모양의 갈고리, 대나무를 쪼개 발과 같은 모양으로 만들어 누에를 키우는 잠박(蠶箔), 잠박을 얹어 놓기 위해 소나무로 만든 구조물인 시렁, 누에 등을 준비하여 시렁 위에 잠박을 놓은 다음 그 위에 다시 잠박을 두는 형태로 누에를 놓아 길렀다.

이때 왕비는 황색 국의(鞠衣)를 입고, 같은 색으로 된 상자에 뽕잎을 따서 넣었는데, 채상단의 남쪽 계단을 이용해 단으로 올라가 다섯 가지의 뽕나무에서 잎을 딴 후 황색 광주리에 넣었다. 이후에는 수행 여성들이 채상단 주변에서 뽕잎을 따면 왕비는 이 모습을 채상단의 남쪽에서 관람했다. 왕비를 수행한 여성들이 따는 뽕나무 가지의 수는 품계에 따라 달랐는데, 1품 이상은 일곱 가지 그 이하는 아홉 가지를 땄다.

왕비와 수행 여성들이 딴 뽕잎은 왕세자빈이 수행 여성들을 거느리고 누에가 있는 곳으로 가지고 가서 누에를 지키고 있던 잠모(蠶母)에게 주면 뽕잎을 받아 잘게 썰어 누에에게 뿌려 주었다. 누에가 뽕잎을 다 먹으면 왕세자빈은 수행 여성들을 거느리고 왕비에게 돌아왔으며, 이후 왕비는 왕세자빈 이하 수행 여성들의 수고를 위로하는 연회를 베풀었다. 친잠의식이 끝나면 만조백관은 왕비의 친잠에 하례를 드렸다.

또한 누에가 고치를 지어 성견(成繭)이 되면 고치를 거두고 씨고치를 갈무리하는 의식인 수견의(受繭儀)가 있었는데, 내명부에 속한 정6품의 궁인인 상공(尙功)이 대나무로 된 죽상(竹箱)에 고치를 가득 담아 임금과 왕비에게 올리면 고치를 친견한 다음 왕비는 내명부 정5품인 상의(尙儀), 상의는 종5품 상복(尙服)에게 주어 보관시키고 친잠과 정에서 수고한 백관을 위로하는 술과 음식을 내리는 과정으로 끝났다.

한편, 임금이 직접 소를 이용하여 밭갈이 하는 모범을 보인 의식인 친경(親耕)에서는 임금이 동적전(東籍田)으로 행차하여 선농단에 제사를 올린 후 소가 끄는 쟁기를 직접 잡고 밀었는데, 임금은 다섯 번에 걸쳐 밀었으며, 이후 관경단(觀耕壇)으로 물러나면 세자(世子)는 쟁기를 일곱 번 밀었고, 참여한 관료들은 각각 아홉 번씩 밀었다. 친경 행사 때 가는 밭은 총 100 고랑이었다.

506년 전 오늘의 실록에는 임금의 친경(親耕)과 왕후의 친잠은 백성의 의식(衣食)의 근본을 중히 여겨 천하를 솔선하기 위한 것으로 정월 길일 기해에 몸소 백관과 기로(耆老)를 거느리고 백묘(百畝)의 적전(籍田)을 갈았다. 또 삼월에는 왕비가 내외명부를 거느리고 다시 친잠례(親蠶禮)를 행하여 우리 백성으로 하여금 감발(感發)하여 힘써 본업에 종사케 하고자 했으니 백성을 다스리는 중외 장관은 각각 이같은 뜻을 본받아 두루 촌간에 알려서 들에는 밭 갈지 않는 지아비가 없고, 집에는 베 짜지 않는 지어미가 없어 곡식과 포백(布帛)이 충족하여 날로 쌓이게 하라고 교서를 내렸다.

• 중종실록 18권, 중종 8년 3월 26일 을미 기사 1513년 명 정덕(正德) 8년

중외에 교서를 내리다

중외에 교서를 내렸다.

"옛적에 임금의 친경(親耕)과 왕후의 친잠은 백성의 의식(衣食)의 근본을 중히 여겨 천하를 솔선하기 위해서였다. 무릇 군·후(君后)의 높음으로도 쟁기와 베틀의 수고를 꺼리지 않고 위에서 주창한다면, 항간 농민이 누군들 흥기하여 힘쓰지 않으랴! 내 덕이 현철한 옛날 임금 같지 못한지라, 몸소 행하여 솔선하는 일에 미덥지 못한 데가 있다. 내가 즉위하여 정사에 임한 지 이제 8년이 되었는데, 백성의 풍습이 날로 투박하여 본업을 버리고 말리(末利)를 좇아 남자는 농사를 힘쓰지 않고 여자는 길쌈을 힘쓰지 않는다. 이리하여 부성한 효과는 이루지 못하고 서로 빈곤에 빠져 들어가고 있으니 내 몹시 부끄럽다. 금년 정월 길일 기해에 몸소 백관과 기로(耆老)를 거느리고 백묘(百畝)의 적전(籍田)을 갈았으며, 또 본월 26일에는 왕비가 내·외 명부를 거느리고 다시 친잠례(親蠶禮)를 행하여 우리 백성으로 하여금 감발(感發)하여 힘써 본업에 종사케 하고자 했으니, 백성을 다스리는 중외 장관은 각각 나의 지극한 뜻을 본받아 두루 촌간에 알려서, 들에는 밭 갈지 않는 지아비가 없고, 집에는 베 짜지 않는 지어미가 없어 곡식과 포백(布帛)이 충족하여 날로 쌓이게 한다면 거룩한 일이 아니겠는가!"

- 【태백산사고본】 9책 18권 12장
- 【주】 - 정월 길일 기해 : 29일
    - 적전(籍田) : 임금의 친경전(親耕田)

﹨1471년 성종2년 3월 27일

말을 타고 기예를 하는 마상재인(馬上才人)을 선발하여 군대를 편성했다

조선시대 달리는 말위에서 말을 탄 기마수(騎馬手)나 마상재인(馬上才人)이 갖가지 재주를 부리던 기예(技藝)를 마상재(馬上才)라 했는데, 말을 타고 달리면서 두 패로 나눠진 사람들이 긴 나무막대의 채로 공을 쳐서 상대방의 문에 넣는 격구(擊毬)처럼 말 타는 기술을 닦기 위한 군사 훈련의 한 종목으로도 활용되었다.

마상재의 주요 내용은 우선, 주마입마상(走馬立馬上)이라 하여 달리는 말 위에 서서 활을 쏘거나, 우초마(右超馬) 또는 우칠보(右七步)라고 하여 말 오른쪽에 매달려서 달리기가 있었다. 좌초마(左超馬) 또는 좌칠보(左七步)는 반대로 말 왼쪽에 매달려서 달리는 재주를 뜻한다. 마상도립(馬上倒立)은 말 위에서 물구나무서기를 하고 달리기, 횡와양사(橫臥佯死)라 하여 말 등에 누워서 죽은 듯이 달리기, 우등리장신(右鐙裏藏身)은 우장니리(右障泥裏)라고도 하며 말 오른쪽에 엎드려 숨어서 달리기, 좌등리장신(左鐙裏藏身)은 좌장니리(左障泥裏)라고 하여 말 왼쪽에 엎드려 숨어서 달리기, 종와침마미(縱臥枕馬尾)는 세로로 말 꼬리를 베고 누워 달리기 등 8가지 종목이 있었다.

이러한 마상재를 할 때는 처음 출발할 때 말 한 마리를 타기도 하고, 말 두 마리로 쌍마를 몰고 나가기도 하는데, 마상재인은 대나무를 패랭이처럼 엮어 모자와 양태를 만들고 천을 발라서 만든 모자인 전립(戰笠)을 쓰고 호의(號衣)라고도 하는 양 옆이 완전히 터진 세 자락 웃옷인 더그레와 누런 베 바지를 입으며 가죽신을 신은 것으로 알려져 있다.

실록에 마상재에 관한 기록은 20여 건으로 중종 때는 당시의 무사들 중에 걸으면서 활을 쏘는 자는 많지만 말을 타면서 활을 쏘는 기사(騎射)는 없어 무재(武才)는 모두 말 위에서 능해야 되는데 보사만 익히며 말 타기를 익히지 않으니 실로 작은 걱정이 아니라며 관할 해조(該曹)로 하여금 마상재를 시험하도록 한 바가 있다.

또한 임진왜란 이후에는 훈련도감 관장 아래 관무재(觀武才)에서 봄·가을로 마상재인(馬上才人)을 선발하여 마군에 속한 마상재군이 편성된 적도 있으며, 실전에도 활용되어 마상재의 재주로써 적을 무찔렀다는 기록도 있다. 북벌계획을 세워 무예를 권장할 때 마상재 기술을 가르친 일도 있으나 점차 전쟁에 이용할 기회가 없어지면서 대개 구경거리나 재주부리기 곡마(曲馬)로서 행하여 진 것으로 알려져 있다.

548년 전 오늘의 실록에는 임금이 주관하여 관문(館門)에 나아가서 무과(武科)를 시험하여 17인을 뽑고, 이어서 제장(諸將)과 위사(衛士)에게 명하여 날쌘 기마(騎馬)를 뽑아서 갑, 을, 병 3대로 편성하여 화살 끝에 가죽을 입힌 연습용 화살인 피두전(皮頭箭)을 가지고 각각 2인씩 두루 말을 달리면서 등을 쏘는 훈련인 삼갑사(三甲射)와 피두창(皮

頭槍)을 사용하여 말을 달리면서 찌르는 삼갑창(三甲槍), 털로 만든 모구(毛毬)를 활로 쏘아 맞히는 무예와 격구(擊毬)를 시험한 것으로 기록하고 있다.

- 성종실록 9권, 성종 2년 3월 27일 경자 기사 1471년 명 성화(成化) 7년

모화관에 거둥하여 관문에 나아가서 무과를 시험하여 김확 등 17인을 뽑다

모화관(慕華館)에 거둥하여 관문(館門)에 나아가서 무과(武科)를 시험하여 김확(金確) 등 17인을 뽑고, 이어서 제장(諸將)과 위사(衛士)에게 명하여 삼갑사(三甲射)·삼갑창(三甲槍)과 모구(毛毬)·격구(擊毬)를 시험했다.

- 【태백산사고본】 2책 9권 35장
- 【주】 - 삼갑사(三甲射) : 날쌘 기마(騎馬)를 뽑아서 그 다소에 따라 갑·을·병 3대로 편성하여 그 표지를 다르게 하고 사람들은 피두전(皮頭箭:화살 끝에 가죽을 입힌 연습용 화살)을 가지는데, 붉은 물을 들여 우전(羽箭)의 끝에 꽂고 천천히 가도록 하여 사람을 상하지 않게 하고, 북을 치면 갑·을·병이 각각 2인씩 두루 말을 달리면서 그 등을 쏘는데, 갑은 을, 을은 병, 병은 갑을 쏘되 함부로 쏘지 않으며, 정(鉦)을 울리면 말을 달려서 원위치로 돌아가는 훈련임
    - 삼갑창(三甲槍) : 피두창(皮頭槍:끝에 가죽을 입힌 연습용의 창)을 사용하고 대(隊)를 나누어 말을 달리면서 찌르는데, 삼갑사(三甲射)의 예와 같은 훈련임

1431년 세종13년 3월 28일

전국 8개도 관찰사 관리하에
59개 섬에 목장이 설치·운영되었다

조선시대 국가에서 말과 소를 기르기 위해 설치 운영한 목장은 임금 대별로 차이가 있는데 적게는 59개소에서 많게는 172개소까지 있었다. 목장의 관리는 중앙의 살곶이 목장 등은 사복시에서 직접 관할했으나 지방의 목장은 관찰사 아래에 감목관을 두어 실무를 담당하는 군두(群頭)와 군부(群副) 및 목자(牧子)들이 관리하도록 했다.

각 도 및 지역별로 폐쇄된 목장을 제외한 114개 주요 목장 내역은 다음과 같다. 이 중 제주도를 제외한 59개 목장이 섬에 위치한 것으로 나타나 있다.

우선, 경기도 강화 지역에는 진강장, 신도, 걸도, 매음도, 미법도, 북일장, 장봉도, 주문도에 목장이 있었으며, 인천지역에는 용류장, 무의도, 신불도 목장, 남양지역에는 대부도, 영흥도, 선감도, 소흘도, 이작도, 소우도, 이측도, 불도, 풍도, 입파도 목장이 있었고, 수원지역에는 양야곶, 홍원곶에 목장이 있었으며, 양성 지역에는 괴태곶에 있었다.

충청도에는 서산 대산곶이에 목장이 있었고, 태안에는 이원곶, 원서면 독진도, 홍성에는 홍량곶, 면천에는 창택곶에 목장이 있었다.

황해도에는 해주 연평도, 강령지역에 등산곶, 순위도, 옹진 기린도,

장연 백령도, 풍천 초도, 단율 석도에 각각 목장이 있었다.

전라도에는 홍양지역에 도양장, 절이도, 소록도, 신산도, 녹도, 맛도에 목장이 있었고, 순천에는 내나로도, 성두곶, 외나로도, 화태도, 개도, 제리도, 백야곶, 돌산도, 백야도, 묘도, 낭도, 검모도, 낙안 장도, 해남에 황원곶, 진도 지력산, 남도포, 강진 신지도, 영광에 다경곶, 임자도, 나주에는 압해도, 우곶도, 장산도, 자은도, 지도, 무안에 가라곶, 함평에 진하산에 각각 목장이 있었다.

경상도 거제에는 구영등장, 장목포장, 칠천도, 가조도, 구천장, 구조라포장, 지세포장, 산달도에 목장이 있었고, 고성에 삼천당포장, 해평장, 남해 금산장, 울산 방어진, 장기 겨율배곶, 동래에 절영도, 돌포, 오야항, 김해에 금단 곶에 목장이 있었다.

이밖에 함경도에는 함흥에 도련포, 화도, 문천에 사눌도, 영흥에 말응도, 홍원에 마랑이도, 단천에 두언태, 온성에 사초도 목장이 있었고, 평안도에는 철산에 대곶, 가도, 선천에 신미도, 탄도 목장이 있었다.

제주도에는 제주목에 6개소, 대정지역 3개소, 정의에 2개소, 산둔, 우둔, 을병별둔, 청마별둔에 각각 1개소의 목장이 있었던 것으로 기록되어 있다.

588년 전 오늘의 실록에는 각 도의 목장을 설치할 만한 곳을 물색해 놓고 소를 교역하여 놓아 길러 국가 수용에도 충당하고 혹은 민간과의 교환도 들어주기 위하여 경기 양성현(陽城縣)의 괴태길관(槐台吉串),

수원부(水原府)의 홍원관(弘原串), 인천군(仁川郡)의 용류도(龍流島), 무의도(無衣島), 남양부(南陽府)의 선감미도(仙甘彌島), 강화부(江華府)의 주문도(注文島)와 황해도 해주(海州)의 수압도(睡鴨島)와 충청도 당진현(唐津縣)의 맹관(孟串), 태안군(泰安郡)의 다리관(多利串), 남포현(藍浦縣)의 진관(津串), 함길도 안변부(安邊府)의 압융(押戎)과 용진현(龍津縣)의 반상사눌(反上四訥), 홍원현(洪原縣)의 마랑이도(馬郎耳島), 북청부(北靑府)의 나만북도(羅萬北島) 등을 정했다. 또한 경상·전라도에서도 물과 풀이 모두 풍족하여 방목(放牧)할 만한 곳을 찾아 목장으로 만들게 하고, 소를 구입하는 데는 각 도에서 생산되는 어염(魚鹽)과 각영의 공물(公物)로서 이를 바꾸게 했다.

• 세종실록 51권, 세종 13년 3월 28일 임진 기사 1431년 명 선덕(宣德) 6년

목장으로 할만한 곳을 찾아 소를 기르게 하다

병조에서 아뢰기를,

"소는 국가에 있어 그 용도가 심히 큰 것이온데, 관에서 이를 길러 번식하지 않는 것은 실로 궐전(闕典)이 아닐 수 없다. 청하옵건대 이제부터 생곡초(生穀草)를 납부하는 경기의 각 고을을 제외하고 유수(留守)·대도호부·목(牧) 등의 고을에는 암소(牸牛) 6두(頭)와 황소(雄牛) 3두를, 도호부와 지군사 등 고을에는 암소 4두와 황소 2두를, 현령(縣令)·현감(縣監) 등의 고을에는 암소 2두와 황소 1두를 배정하여 국고의 요두(料豆)로 길러 번식하게 하고 회계(會計)에 실려 사복시(司僕

寺)로 하여금 이를 관장하게 하소서."

하니, 명하여 의정부 및 제조(諸曹)와 같이 이를 의논하게 한바, 모두 말하기를,

"관이나 민이나 번식시키는 데는 다를 것이 없사온데, 각 고을에서 나누어 기르게 되면 기르는 사이에 백성들이 반드시 그 폐해를 받을 것이오니, 각 도의 목장을 설치할 만한 곳을 물색해 놓고 소를 교역하여 놓아 길러서 국가 수용에도 충당하고 혹은 민간과의 교환도 들어주게 하소서."

하니, 명하여 아뢴 대로 하라 하고, 이내 본조와 사복시 제조에게 명하기를,

"목장으로 할 만한 곳을 의논해 찾으라."

하여, 지난 정미년에 혁파한 목장을 상고한바, 경기 양성현(陽城縣)의 괴태길관(槐台吉串), 수원부(水原府)의 홍원관(弘原串), 인천군(仁川郡)의 용류도(龍流島)·무의도(無衣島), 남양부(南陽府)의 선감미도(仙甘彌島), 강화부(江華府)의 주문도(注文島)와 황해도 해주(海州)의 수압도(睡鴨島)와 충청도 당진현(唐津縣)의 맹관(孟串), 태안군(泰安郡)의 다리관(多利串), 남포현(藍浦縣)의 진관(津串)과 오래 전에 혁파한 바 있는 함길도 안변부(安邊府)의 압융(押戎)과 용진현(龍津縣)의 반상사눌(反上四訥), 홍원현(洪原縣)의 마랑이도(馬郞耳島), 북청부(北靑府)의 나만북도(羅萬北島) 등은 모두 놓아 기를 만한 곳이며, 또 경상·전라도에서도 물과 풀이 모두 풍족하여 방목(放牧)할 만한 곳을 찾아서 목장으로 만들게 하고, 소를

구입하는 데는 각 도에서 생산되는 어염(魚鹽)과 각영의 공물(公物)로서 이를 바꾸게 하자고 하니, 그대로 따랐다.

- 【태백산사고본】 16책 51권 39장

1407년 태종7년 3월 29일

말을 거세騸馬할 때는 관청에 신고하고 낙인烙印한 후에 했다

조선시대에는 전투마(戰鬪馬)나 외국에 진헌하는 말, 임금이 타는 어승마(御乘馬)등은 조련하기 위해 거세를 했는데, 이러한 거세를 한 말을 선마(騸馬)라 했으며 사복시 소속의 종6품 관직인 양마(養馬)가 전담했다. 실록에는 선마에 관한 기사가 10여 건, 가축의 거세에 관한 기록이 10여 건 실려 있으며, 그중 선마에 관한 주요한 내용은 다음과 같다.

태종 때는 제주목사의 상언(上言)에 따라 제주(濟州)에서는 말을 기르는 자는 모두 둔(屯)을 조직하여 매둔(每屯)마다 연간 수말인 상마(雄) 1필에 암말인 피마(雌) 9필을 남기고, 나머지 거세한 말은 모두 조정에 바치는 것으로 정하였다. 그 외에는 마음대로 거세(선마, 騸馬)하는 것을 금했고, 닥나무 껍질을 원료로 하여 만든 화폐인 저화(楮貨) 유통을 활성화시키기 위해 각 도의 여러 섬과 각 고을에 산재하여 있던 사복마(司僕馬) 가운데 13세 이상의 거세한 말이나 병든 말은 적당한 값을 매겨 저화로 바꾸도록 한 바가 있다.

세종 대에는 임금이 좌우 근신에게 이르기를 태조 대왕 때부터 거세를 금하는 법을 세웠는데, 거세를 다 하지 않으면 말이 억세게 되어 여자와 노인들은 타고 다니기가 어려우며, 또 전장에서 해가 있을까 걱정이라는 의견이 있었으나 전쟁의 일은 이미 태조께서 경험하셨는데도 금하셨으니 예전대로 거세를 금하도록 했다.

각 목장에서 명나라에 바칠 세공마(歲貢馬)를 위해 3~4세의 말을 찾아 미리 길러 바치도록 했으나 3~4세의 말들은 병 없이 기르기가 어렵고 거세할 때에 상하는 수도 있으며, 게다가 몇 해를 먹이는 동안 많은 사료를 허비하고, 4~5세에 이르러도 몸집과 모양이 장대하지 않아 바치기에 합당치 않다고 하였다. 지금부터는 민간에서 자원하는 경우 3세의 아마(兒馬, 길이 들지 아니한 작은 말) 2필을 훈련된 장대한 말 1필과 교환하여 각 고을에 분배해 기르게 하고, 경기 각 목장에 있는 아마(兒馬)는 모두 사복시로 집합시켜 교환한 뒤에 각 고을에서 나누어 기르다가 때가 되거든 가져다가 바치게 한 바 있다.

성종 때는 중국에 보내는 진헌마는 항상 전례에 따라 선마를 사용했는데 사복시제조(司僕寺提調)에게 부탁하여 웅마(雄馬)를 바치게 한 대신을 국문하게 했다. 연산군 때는 왕실 재산을 관리하는 내수사(內需司)에 보낸 길든 말 2필이 전부 재주가 없어 길들고 우량한 선마(騸馬)로 바꾸어 보내도록 사복시에 전교하기도 했고, 명종 때는 중국 사신에게 말을 선물했는데, 다른 사람에게는 선마를 주면서 자기한테는 거세하지 않은 아마를 주었다고 화를 냈다는 보고가 있자 다시 다른 선마로 바꾸어 주도록 한 바 있다.

612년 전 오늘의 실록에는 각 도에서 생식(生息)하는 마필(馬匹)이 서우(暑雨)와 풍설(風雪)로 많이 죽게 되어 섬 안에 풀로 지은 마구간(草屋)을 서너 곳 적당히 지어서 추위와 더위를 피하게 하고, 목자들로 하여금 매년 계추(季秋)인 9월에 들풀을 베어서 쌓게 하여 풍설(風雪)과 기한(飢寒)에 대비하게 했다. 좋은 말인 양마(良馬)를 가지고 있는 자들이 모두 거세(去勢)한 말(騙馬)을 만들어서 종자를 없애니 임의로 거세하지 못하게 하고, 병이 있어 반드시 거세해야 할 것은 병조에 고하거나 수령에게 고하고 낙인한 후에 거세하도록 했다.

• 태종실록 13권, 태종 7년 3월 29일 계미 기사 1407년 명 영락(永樂) 5년

사복시에서 올린 마정(馬政)에 관한 사목

사복시(司僕寺)에서 마정(馬政)에 관한 사목(事目)을 올리고 아뢰기를, "마정(馬政)은 군국(軍國)의 중한 일인데, 각도(各道)에서 생식(生息)하는 마필(馬匹)이 서우(暑雨)와 풍설(風雪)로 인하여 많이 죽게 되니, 비옵건대, 한 섬(島)안에 초옥(草屋) 서너 곳을 적당히 지어서 말들로 하여금 추위와 더위를 피하게 하고, 또 목자(牧子)들로 하여금 매년 계추(季秋)에 들풀을 베어서 쌓게 하여, 풍설(風雪)과 기한(飢寒)에 대비하소서. 또 근래에 무릇 양마(良馬)를 가지고 있는 자가 대개는 모두 거세(去勢)한 말(騙馬)을 만들어서 종자를 없애니, 비옵건대, 이제부터 중

외(中外)에 포고(布告)하여 임의로 거세(去勢)하지 못하게 하고, 병(病)이 있어 반드시 거세해야 할 것은 서울에서는 병조(兵曹)에 고(告)하고, 외방(外方)에서는 수령에게 고(告)하게 하여, 그 허위와 사실을 상고하여 낙인(烙印)한 연후에 거세하도록 허락하소서."

하니, 그대로 따랐다.

- 【태백산사고본】 5책 13권 15장

4월

/

맹하

孟夏

ᐟ 1483년 성종14년 4월 3일

중국 사신에게 우유로 만든 타락죽駝酪粥과 돼지머리 편육을 올렸다

조선시대 곡식에 물을 부어 알갱이가 푹 무르도록 오래 끓인 음식을 죽이라 했는데, 쌀, 조, 율무 등의 곡식에 채소나 종실류, 육류, 약이(藥餌)성 재료 등의 부재료를 넣어 쑤었으며, 상 중에 있을 때는 식사 대용으로 먹었고, 그 밖에 환자식, 보양식, 구황식 외에 사신 접대 음식으로도 쓰였다.

죽의 종류에는 여러 가지가 있어 물을 적게 넣어 끓인 된 죽을 전(饘), 묽은 죽을 죽, 뻑뻑한 죽을 조(稠), 맑은 죽을 이(酏)라고 하여 농도별로 분류하였다. 또 40종의 서로 다른 죽을 쑤는 법이 알려져 있으며, 왕실에서는 쌀로 만든 흰죽, 우유 및 타락죽, 잣죽, 깨죽, 검은깨로 만든 흑임자(黑荏子) 죽, 살구 씨로 만든 행인(杏仁) 죽 등을 많이 올렸다.

이러한 죽 중에 타락죽(駝酪粥)은 우유를 끓여 발효시킨 일종의 발효유인 타락(駝酪)을 넣어 끓인 것으로 타락을 만들기 위해서는 우선 유방이 좋은 암소의 젖을 송아지에게 빨리다가 젖이 나오기 시작하면, 유방을 씻고 젖을 받아 많을 때에는 1사발, 적을 때에는 반 사발 정도를 받아 체로 3번 걸러서 끓인 후에 남겨둔 숙타락(熟駝酪)을 오지항아리에 우선 담아 준비를 한다. 여기에 작은 잔 1잔 분량의 본타락(本駝駱)을 섞어 위를 두껍게 덮은 후에 따뜻한 곳에 놓아두면 한참 후에 나무꽂이로 찔러 누런 물이 솟아나게 되어 오지항아리를 시원한 곳으로 옮겨 만들었다. 이때 만약 본타락이 없으면 좋은 탁주(濁酒)를 중간 정도 크기의 그릇인 종지(鍾子)로 한 종지 넣어도 좋고, 본타락을 넣을 때 좋은 초(醋) 약간을 함께 넣으면 더욱 좋은 것으로 알려져 있다.

이렇게 만든 타락은 궁중에서는 몸이 아픈 제신(諸臣)이나 왕족들에게 음식으로 만들어 몸을 보신 시켰다. 특히 중국 명나라 사신이 왔을 때 아침식사 전에 식욕을 돋우는 음식으로 죽상(粥床)이 올라갔으며, 이때에 중간 크기의 사발인 완(椀)에 담긴 타락죽과 중간 크기의 접시에 담긴 돼지머리편육, 중간 크기의 사발에 담긴 병아리로 만든 계아탕 등이 차려졌고, 이 중에 가장 중요한 음식은 타락죽이었던 것으로 나타나 있다.

이밖에도 왕실의 의약을 맡아 보던 관청인 내의원(內醫院)에서는 물에 불린 쌀을 물과 함께 맷돌에 간 후 체에 밭쳐 가라앉힌 앙금인 쌀무리를 먼저 쑤다가 반쯤 익으면 생우유를 부어 섞어 쑨 우유죽도 준비하여 올렸는데, 생우유가 한 사발이면 쌀무리는 다소 적게 넣고 만든 것으로 나타나 있다.

536년 전 오늘의 실록에는 임금이 수일(數日) 동안 전죽(饘粥)을 들지 않고 몹시 슬퍼하기를, 예제(禮制)에 지나치므로 영의정 등이 죽 들기를 권하니 임금이 받아들인 것으로 기록되어 있다.

- 성종실록 153권, 성종 14년 4월 3일 을축 기사 1483년 명 성화(成化) 19년

정창손 등이 전죽 들기를 청하니 따르다

임금이 수일(數日)을 전죽(饘粥)을 들지 안하고 몹시 슬퍼하기를 예제(禮制)에 지나치므로, 영의정(領議政) 정창손(鄭昌孫) 등이 아뢰기를,

"전하(殿下)께서 애통하시는 정(情)을 어찌 차마 말할 수가 있겠습니까? 원컨대 종사(宗社)를 생각하여 슬픔을 억제하시고 죽(粥)을 드소서."

하니, 전교하기를,

"알았다." 했다.

- 【태백산사고본】 23책 153권 4장

1518년 중종13년 4월4일

종묘(宗廟)에서 지내는 춘향(春享)에는 소 5두, 양 18두, 돼지 30두가 사용되었다

조선시대 역대 임금과 왕비는 물론 추존(追尊, 임금으로 등극하지 못했거나 폐위 되었다가 사후 왕으로 모시는 것)된 임금과 왕비의 신주를 모신 종묘(宗廟)에서 신위(神位)를 모시고 지내는 제사를 종묘대제(宗廟大祭)라 했는데, 기본적으로 1년에 5번을 지내 봄, 여름, 가을,

겨울 사계절과 동지(冬至) 후 세 번째 미일(未日)인 납일(臘日)에 지내는 사시급납향종묘의(四時及臘享宗廟儀)가 있었다. 임금이 직접 종묘에 기원이나 보고를 드리는 친향기고종묘의(親享祈告宗廟儀), 사계절과 납일에 임금이 사람을 시켜서 제사 지내는 사시급납향종묘섭사의(四時及臘享宗廟攝事儀), 명절이나 초하루·보름에 지내는 속절급삭망향종묘의(俗節及朔望享宗廟儀), 새로 나온 곡식이나 물건을 바치고 지내는 천신종묘의(薦新宗廟儀)등이 있었다.

이외에도 수시로 올리는 제사도 여러 가지가 있어 홍수, 가뭄, 질병, 병충해, 전쟁, 자연재해 등이 발생했을 때 종묘에서 기도(祈禱)했고, 국왕의 거둥과 책봉(冊封), 관례나 혼례 등 국가에 큰 일이 있으면 종묘에서 고유제(告由祭)를 행했다.

이러한 종묘 제례 의식은 향사(享祀) 전 국왕의 7일간 재계(齋戒)로 시작되었다. 향사 3일 전에는 제례에 소용되는 각종 물품을 설치하는 진설이 있었고, 향사 1일 전에는 임금이 신하들을 거느리고 궁을 나오는 거가출궁(車駕出宮), 희생 제물의 상태를 살피는 성생의(省牲儀)를 거쳐, 향사 당일에는 세 번 향을 피어올리고 신령의 강림을 바라는 강신례(降神禮), 울창주(鬱鬯酒)를 땅에 뿌리고 폐백을 올리는 신관(晨祼), 삶은 고기를 올리는 궤식(饋食), 신위에 초헌관(初獻官)이 첫 번째 잔을 올리는 초헌(初獻), 신위에 아헌관(亞獻官)이 두 번째 잔을 올리는 아헌(亞獻), 신위에 종헌관(終獻官)이 마지막 세 번째 잔을 올리는 종헌(終獻), 복주로 올린 술을 마시는 음복(飮福), 국왕이 궁으로 돌아오는 거가환궁(車駕還宮)의 순서로 진행되었다.

이러한 제례의식에서 가장 중요한 것 중에 하나가 제물로 사용되는 가축인 희생을 준비하는 것으로 모든 희생은 매질 등으로 손상시켜서는 안 되고, 죽으면 제물 외에 다른 용도로 사용하지 않고 땅에 묻어야 했다. 희생을 담당하는 관청인 전생서(典牲署)에서는 향사가 있기 3개월 전부터 키워 살찌운 가축을 제향에 사용했고, 종묘의 경우에는 정전(正殿) 동편의 제사 음식을 마련하는 신주(神廚) 앞쪽에 성생위(省牲位)가 있어서 이곳에서 희생으로 사용할 가축을 점검했다.

이러한 절차를 거쳐 희생으로 사용하기에 부족함이 없는 가축은 재인(宰人)이 난도(鸞刀)로 희생을 베어 도살하여 제사 때 올렸는데, 털과 피인 모혈(毛血)과 구운 간인 간료(肝膋), 생살코기인 생체(生體), 삶은 고기인 숙육(熟肉) 등으로 분리되어 제물로 상에 올렸다. 통상 종묘 춘향(春享) 때에는 흑우 5마리, 양 7마리, 돼지 21마리가 사용되었으며, 임금이 직접 참석하는 경우에는 양 11마리와 돼지 9마리가 추가 되었다.

536년 전 오늘의 실록에는 임금이 종묘에 친제하려 하는데 희생으로 쓰일 소인 희우(犧牛)가 묘문(廟門)으로 들어오다가 죽으므로 대제를 친행하되 제문(祭文)에 잘못을 비는 뜻을 쓰도록 하고 있다.

• 중종실록 32권, 중종 13년 4월 4일 임신 기사 1518년 명 정덕(正德) 13년

종묘에 친제하려 하는데, 희우가 죽으므로 아헌관이 다른 희우로 바꾸기를 청하다

상이 명일 종묘(宗廟)에 친제하려 하는데, 희우(犧牛)가 묘문(廟門)으로 들어오다가 죽으므로 아헌관(亞獻官) 정광필 등이 다른 희우와 바꾸자고 청했다.

예조에서 대제를 물릴 수 없으니 친행하도록 아뢰다

예조가 아뢰기를,

"신 등의 생각도 섭행(攝行)하고자 아니하나 물려서 거행할 것이라면 차라리 섭행하는 것이 좋다고 봅니다. 대제는 결코 물려서 거행할 수 없으니 그대로 친행하소서."

하니, 전교하기를,

"지금 대제를 친행할 것이니 제문에 잘못을 비는 뜻을 아울러 쓰도록 하라." 했다.

- 【태백산사고본】 16책 32권 46장

1520년 중종15년 4월 5일

기마병騎馬兵은 급료로 받는 군포軍布 외에 콩 6~9두를 더 받았다

조선시대 왕실에서 주관하여 행해진 군대의 열병의식(閱兵儀式)이나 군사훈련 검열을 열무(閱武)라 했는데, 큰 뜻에서는 진법이나 무예 훈련, 군사 동원 점검, 병기나 군마 점검, 사냥대회를 겸한 강무의식(講武儀式), 열병의식 등 전반적인 군사훈련에 대한 검열을 뜻하나, 또 다른 뜻으로는 임금이 친림(親臨)하여 주관하던 열병식 및 전투훈련 참관을 의미하는 대열(大閱) 또는 친열(親閱)을 나타내기도 했다.

이러한 대열이 진행되는 절차는 의식 당일 좌우군(左右軍)이 교련장에 마주 포진한 뒤 임금이 탄 대가(大駕)가 도착하면 큰 나팔을 불어 개막을 알리며 이어 좌우 두 대장이 오위(五衛)의 장수들을 불러 선서하면서 대열을 행하여 군사들에게 전투법을 교련하는데, 진퇴좌우를 일체 병법과 같이 했다. 명령에 따르면 상을 주고 명령을 어기면 형벌을 줄 것이니 힘써 행하라고 하달하면 오위의 장수들은 각기 그 위치에 돌아가 이 내용을 전달한다.

이어서 대가 앞에서 큰 나팔을 불고 기(麾)를 지휘하여 진을 형성하면 본격적으로 대포를 쏘고 전투나팔을 불어 여러 형태의 진법을 차례로 훈련하게 되는데, 이러한 열병의식은 군사들의 전투훈련 및 검열의 의의도 있었지만 임금에 대한 군대의 충성을 맹세하는 의식이기도 했다.

한편, 조선시대 초기 군제 개혁을 통해 양인의 병종(兵種)을 정병(正兵)으로 통일하고, 말이 있는 사람을 기정병(騎正兵), 말이 없는 사람을 보정병(步正兵)으로 규정했는데, 기정병을 줄여 기병(騎兵) 또는 마병(馬兵)으로 칭하고, 이들은 정예 병력으로 사회적 위치가 높은 양인으로 편성되었다. 병서(兵書)에 따르면 이들 기병들은 진을 칠 때 사방으로 나가 적군을 견제하고 진이 완성되면 진 안에서 대기하면서 보병과 함께 적군에 응전할 수 있도록 하는 역할을 담당했다.

또한 이들은 주로 말을 타고 활을 쏘는 기사(騎射), 말을 탄 병사가 쓰는 창인 기창(騎槍)을 다루는 마병으로 구분되었으며, 무기로서 갑옷과 투구, 예도(銳刀)의 일종인 환도(環刀)를 길이 1척 6촌, 너비 7푼으로 보병용 환도보다는 다소 작게 만들어 지급했다. 또한 짧은 화살을 쏠 때에 살을 담아 활의 시위에 메어 쏘는 가느다란 나무통인 통아(桶兒), 도리깨와 곤봉(鞭棍) 각 1개, 장전(長箭) 20발, 1천 보(步) 이상의 먼 거리를 쏠 수 있는 가늘고 짧은 화살인 편전(片箭) 15발, 목궁(木弓)의 일종인 교자궁(交子弓)과 유궁(帷弓) 각 1장(張) 등도 갖추게 했다.

이러한 마병의 양성에는 보병과 달리 적지 않은 비용이 들어 필요한 전마(戰馬)를 확보하는 것도 쉽지 않았다. 조정에서는 사복시를 통해 각 마병에게 관마(官馬)를 지급해 주도록 했고, 이들이 말을 유지·관리할 수 있도록 직접 군역을 지지 않지만 군포 등을 부담하는 장정인 보인(保人)을 보군(步軍)보다 1명 더 주었고 급료도 콩 6~9두를 추가로 지급했다.

마병은 훈련도감의 주요 기병 부대였으므로 진법 훈련 시 진(陳) 후방에 대기하고 있다가 포수와 살수(殺手)의 공격으로 적군이 약해지면 앞으로 달려 나가 적군을 포위하여 공격하거나 후퇴하는 적을 추격하여 격멸하는 임무를 주로 맡았으며, 이를 위해 마병만의 진법

훈련도 있어 마병학익진(馬兵鶴翼陣), 마병봉둔진(馬兵蜂屯陣) 등을 행했다. 임금이 행행(行幸)할 때에는 보통 훈련도감 마병이 선두에서 행렬을 선도하기도 하며 복병(伏兵)으로서 도성 부근과 내외에 배치되어 임금을 경호하기도 했다.

499년 전 오늘의 실록에는 근래 군무(軍務)가 해이한 지 오래되어 당번 군사는 기마(騎馬)와 짐 싣는 말인 복마(卜馬)를 가지고 입영하여 수번(隨番)해야 하는 법인데, 늘 한양에서 말을 빌어서 점고(點考)의 준비를 하고, 스스로 기마·복마를 갖추는 자는 한 사람도 없으므로 먼 곳에서 관열(觀閱)하여 그 군마(軍馬)를 정제하고자 했으나 그리하지 못한 것은 병조(兵曹)의 검거가 매우 게으른 소치이니 이제부터 엄하게 검거하여 해이하지 않게 하도록 하고 있다.

• 중종실록 39권, 중종 15년 4월 5일 임술 기사 1520년 명 정덕(正德) 15년

군마를 병조에서 엄하게 검거하여 해이하지 않도록 힘쓸 것을 명하다

조강에 나아갔다. 상이 이르기를,

"근래 재변이 잇따라 일어나서 순양의 달에 서리가 내리기까지 했으므로 대신들이 이제 와서 그 벼슬을 사양했으나, 어찌 사직한다 하여 재변이 그칠 수 있겠는가? 두렵게 여기고 닦고 반성하며 염려해야 옳을 것이다. 어떻게 하면 참되게 하늘에 응답하여 재변을 그치게 할 수 있겠는가? 또 군무(軍務)가 해이한 지 오래거니와, 당번 군사는 기마(騎馬)·복마(卜馬)를 가지고 입영하여 수번(隨番)해야 하는 법

인데, 늘 서울 사람의 말을 빌어서 점고(點考)의 준비를 하고, 스스로 기마·복마를 갖추는 자는 한 사람도 없으므로, 먼 곳에서 관열(觀閱)하여 그 군마(軍馬)를 정제하고자 했으나, 대신이 폐단이 있다고 하므로 이제 우선 정지했다. 군마가 정제되지 않은 것은 병조(兵曹)의 검거가 매우 게으른 소치이니, 이제부터 엄하게 검거하여 해이하지 않게 하라."

하매, 영사(領事) 김전(金詮)이 아뢰기를,

"법에 있어서는 기마·복마를 갖추어서 입영해야 합니다. 그러나 근래 해마다 흉년이 들어 곡초(穀草)가 아주 귀하므로 군마가 피곤하고, 또 경기의 백성이 바야흐로 경종(耕種)에 종사하므로 폐단을 염려하지 않을 수 없으니, 추성(秋成)을 기다리는 것이 옳을 것이므로 아뢰었다."

하니, 상이 이르기를,

"경기 백성에게는 과연 그 폐단이 없지 않겠으나, 군마가 부실하다는 것을 말삼는다면 옳지 않다. 열무(閱武)할 때에도 그렇다면, 만약에 먼 지방에 뜻밖의 일이 있을 때에는 어떻게 쓰겠는가? 흉년이라 하더라도 군오(軍伍)의 일은 정제하지 않을 수 없다. 경오의 변【이 해에 왜변이 있었다.】에 군마가 정제되지 않았으므로 싸움에 나아갈 즈음에 남의 말을 빼앗아 타고 갔으니, 이는 작은 일이 아니다."

(하략)

• 【태백산사고본】 20책 39권 4장

↘ 1426년 세종8년 4월 6일

매월 진상하는 물품 중에는
살아있는 꿩, 청밀淸蜜 등이 있었다

조선시대 임금의 식사인 내선(內膳) 공상(供上)을 전담하는 관청은 후에 사옹원(司饔院)으로 바뀐 사선서(司膳署)에서 담당했다. 이 가운데 내(內)는 대궐, 조정, 궁중을 뜻하며, 선(膳)은 반찬을 뜻했고, 실제로 음식의 품질을 검사하고 감독하는 일은 내시(內侍)의 일을 관장하던 내시부(內侍府)에서 관할했다.

여기서 공상은 궁중에서 임금이나 왕실가족의 일상생활과 권위 유지에 필요한 여러 물품을 조달·공급하는 것으로 이러한 수요품 조달 업무를 관장하는 관아(官衙)를 공상아문(供上衙門)이라 했다. 초기에는 식·음료품인 내선을 담당하는 사선서 외에 궁궐내의 술인 예주(醴酒)를 담당하는 사온서(司醞署), 미곡을 조달하는 요물고(料物庫), 가축을 기르는 업무를 맡은 전구서(典廐署), 궁중의 제사와 각 전(殿)에서 소요되는 채소의 재배와 공급을 관장하던 침장고(沈藏庫), 궁궐 내 정원을 관리하고 과일, 화초 등에 관한 일을 맡은 상림원(上林園), 기름, 꿀, 과실, 미역귀인 곽이(藿耳) 등을 담당하던 의영고(義盈庫), 포필(布匹)과 지석(紙席) 등을 담당하는 장흥고(長興庫), 대나무로 만든 물건인 죽물(竹物)을 공급하는 공조서(供造署)등 여러 관아가 있었다.

이러한 공상아문에서 소요되는 물품들은 각 지방 장관이 상납하는 것으로 충당했는데, 이 중에 공물(供物)은 중앙과 지방군현에서 조달했지만 진상은 관찰사와 병마·수군절제사가 분담했고, 관할 군현은 해당 문무관의 권한으로 이루어졌으며, 민가에 대해서는 지방 수령에게 위임되었다.

이렇게 조달되는 물품에는 식재료 위주인 물선(物膳)외에 토산물인 방물(方物), 사냥으로 잡은 짐승인 제향천신(祭享薦新), 약재(藥材), 사냥용 매인 응자(鷹子) 등과 별례진상(別例進上)으로 나누어졌는데, 진상물자에는 짐승류, 어류, 조류, 채소류, 과실류, 기구류, 모피·약재류, 기타 장식품 등이 망라되었다.

한편, 이러한 진상 중에 매월 초하룻날 각 도의 특산물을 정기적으로 왕실에 보내는 물선진상을 삭선(朔膳)이라 하여 각 지방의 감사, 병사, 수사, 절제사 들이 바쳤는데, 물건의 종류와 수량은 월별로 정해져 있었다. 진상하는 횟수는 월 2회, 월 1회, 격월 1회 등 차이가 있었으나, 군수·현감 등 수령을 차사원(差使員)으로 임명하여 물품목록인 선장(膳狀)을 가지고 사옹원에 상납하게 하여 선장을 다시 승정원에 바치고, 예조의 점검을 받도록 했다.

이들 삭선에는 일반적으로 제철에 나는 특산물을 진상했는데, 해산물, 농산물, 채소, 과일, 약재, 짐승 등이 주종을 이루었다. 기록에는 전라감사가 대비전에 올린 품목에는 전복, 석류, 유자, 살아있는 꿩, 생강, 청밀(淸蜜) 등이 포함되어 있었다.

593년 전 오늘의 실록에는 근년에는 천기가 순조롭지 못하고 비가 오지 않아 임금이 여러 곳의 제향(祭享)과 조정(朝廷)의 사신과 이웃 나라 객인(客人)들에게 대접하는 것을 제외하고는 중앙과 지방에서 술 쓰는 것을 금하였다. 또 각 도에서 진선(進膳)하는 것을 정지시키고자 했으나 사신이 있고 내선(內膳)이 넉넉하지 못하니 지방에서 선(膳)을 올리지 않을 수 없다고 건의하고 있다.

- 세종실록 32권, 세종 8년 4월 6일 기사 기사 1426년 명 선덕(宣德) 1년

경연에 나아가다

경연에 나아갔다. 임금이 참찬관 곽존중(郭存中)에게 이르기를,

"수재(水災)와 한재(旱災)는 예로부터 있는 것이나, 근년에는 천기가 순조롭지 못함이 더욱 심하여, 지난해 겨울에는 늘 따뜻했으며, 지금 농사 철에 비가 시기를 어기니, 그 이유를 알 수 없어 내가 심히 이를 염려하는 바이다."

하니, 존중(存中)이 대답하기를,

"지금 한창 보리가 여물고 또한 씨를 뿌릴 시기인데, 이와 같이 비가 오지 않는다면 기근(飢饉)이 이를 것입니다."

했다. 임금이 드디어 여러 곳의 제향(祭享)과 조정(朝廷)의 사신과 이웃 나라 객인(客人)들에게 대접하는 것을 제외하고는, 이달 4월 15일부터 중앙과 지방에서 술 쓰는 것을 금하고, 또 각 도에서 진선(進膳)하는 것을 정지시키고자 하니, 존중(存中)이 청하기를,

"지금은 중국(朝廷)의 사신이 있고 또한 내선(內膳)이 넉넉하지 못하

니, 선(膳)을 올리지 않을 수 없다." 했다.

- 【태백산사고본】 11책 32권 2장

1537년 중종32년 4월 10일

마필 한 마리의 가격이 3천만 원을 넘지 않게 고시했다

조선시대 초기 국가에서 공식적으로 유통한 화폐는 닥나무 껍질로 만든 종이로 된 명목 화폐인 저화(楮貨)와 면화, 삼베, 모시 등을 재료로 직조한 직물류를 사용하는 포화(布貨)였다. 저화는 실제로 유통이 활발하게 되지 않아 처음 시행된 태종 때는 저화 1장에 쌀 2말 가치로 상오승포(常五升布) 한 필(匹)에 준하는 가치였던 것이 점차 먹지도 입지도 못하는 종이돈이라는 민간의 불신이 커져, 세종 때는 쌀 1되 정도로 시장에서 가치가 현저하게 낮아졌다. 관에서도 고액의 명목 화폐인 저화를 보완하기 위해 포화를 사용하게 되었고, 백성들 사이에서는 실질적 가치가 있는 포화가 널리 사용되었다.

실록에 마필 가격에 대한 기사는 30여 건으로 무역으로 이루어진 가격이나 개인 간 거래에서 언급된 내용을 제외하고 공식적으로 국가에서 마필의 유통가격을 기록한 기사는 많지 않으나 주요 내용은 다음과 같다.

우선, 태종 대에는 말 값(馬價)이 너무 무거우니, 태조 때 정한 기준에 준하여 저화 4백 장(쌀 기준 : 저화 4백장 x 2말 x 현시가 3만 7천원 = 2천960만원)을 넘지 않게 한 바가 있다. 세종 대에는 저화의 증가로 말 가격에 비례하여 저화량을 조정하게 하여 당초 의정부의 영으로 말 값을 저화로 큰 말은 상등에 450장, 중등은 4백 장, 하등은 350장으로 하고 중마(中馬)는 상등이 3백 장으로 아홉 등급의 말을 매 등급에 50장씩 차를 두어 가격을 정했다. 그러나 종전에 동전(銅錢) 일관(一貫)이면 저화 10장과 비슷하던 것이 지금은 30장에 해당하니 공사(公私)의 말 가격을 옛날과 같이 하는 것이 옳지 못하여 종전에 450장 하던 말이면 1천 350장으로 조정하고, 4백 장 하던 말이면 1천 2백 장으로 말 가격을 정하여 매매하게 했다.

또한 신축년(1421년)과 계묘년(1423년)의 말 값으로 중마 상중등은 한 마리당 견(絹, 명주실로 무늬 없이 희게 짠 직물) 3필, 면포 2필이고, 중마 하등과 하마 상등은 견 2필, 면포 3필, 소마(小馬) 중하등에는 견 2필, 면포 1필로 했다. 주고받기 전에 사고로 인하여 잃어버린 말이나, 돌아오는 길에 사고로 인하여 잃은 말, 도망하여 달아난 말에는 한 마리에 견 1필씩 값을 정하도록 하기도 했다.

중종 때는 임금의 측근에서 호위를 맡은 군대인 내금위의 금군(禁軍)조차도 탈 말이 없고, 무예 시험을 거쳐서 선발된 정예 군사인 갑사(甲士)와 별시위(別侍衛)도 말을 준비 못하고 있는데, 진법(陳法)을 연습할 때 쓰는 말의 가격이 전에는 반 필만 주어도 샀는데 지금은 3필을 주어도 쉽게 살 수 없다고 기록되어 있다.

482년 전 오늘의 실록에는 서쪽 지방 일대는 역로(驛路)가 잔약하고 피폐하여 다시 일어나기 어려울 듯한데 특히 황해도에서는 말 한 필의 값이 면포 50 동(同)이나 되어도 말이 좋지 않아 매우 염려스러우니 회복시킬 계책이 없는지에 대한 논의를 한 바가 있다.

• 중종실록 84권, 중종 32년 4월 10일 무오 기사 1537년 명 가정(嘉靖) 16년

삼공에게 서북 지방의 역로와 마정에 대해 의논하게 하다

영의정 김근사(金謹思), 좌의정 김안로(金安老), 우의정 윤은보(尹殷輔)에게 전교했다.

"오늘 안주의 전위사 정백붕(鄭百朋)을 인견할 적에 말하기를, '서쪽 지방 일대는 역로(驛路)가 잔약하고 피폐하여 다시 일어나기 어려울 듯하다. 황해도에서는 말 한 필의 값이 면포(綿布) 50 동(同)이나 되어도 말이 또한 좋지 않았다.' 했으니, 매우 염려스럽다. 이 서쪽 일대의 도(道)들이 입은 폐해가 다른 도보다 배나 되는 것은 천사가 올 때만이 아니라 평소에도 북경(北京)에 가는 사신이 또한 잇달아 끊어지지 않기 때문인데, 곤란과 폐단이 이에 이르렀으니 따로 회복시킬 계책이 없겠는가?

여타의 마정(馬政)에 있어서는 대신들이 마땅히 사복시 제조(司僕寺提調) 등과 상의하여 조목조목 진달(陳達)하면 되겠지만, 오직 이 시급히 바로잡아야 할 일은 특별히 조치하지 않을 수 없으니 각 곳의 목장 안에 쓸데없이 늙고 있는 말들을 가려내어 역(驛)의 크고 작음을

헤아려 나누어 주는 것이 어떻겠는가. 또한 태자(太子)를 책봉(冊封)한 다음에는 천사가 나올 것인데, 일대의 역말이 모두 나자빠진다면 이는 작은 일이 아니니 장차 어떻게 할 것인가? 병조와 함께 회복시킬 방도를 의논해야 한다."

• 【태백산사고본】 42책 84권 52장

1418년 태종18년 4월 11일
전국 8도에 중국에 진헌進獻 할 강아지 2백여 마리를 기르게 했다

조선왕조실록에 강아지에 관한 기사는 40여 건이나, 이외에 한자로 구아(狗兒), 구자(狗子)등의 표기로는 각각 20여 건, 5건의 기사가 있다. 주로 사신들에게 외교적으로 하사(下賜)하거나 지방관리가 진상하는 내용이 많고, 특이하게 사람의 이름으로도 몇 건의 기록이 있다. 그중 강아지에 관한 기록 중 주요한 내용은 다음과 같다.

우선, 태종 때는 강원도관찰사 심부름을 하는 사인(使人)이 와서 활과 화살인 궁시(弓矢), 마필(馬匹), 강아지(狗兒)를 바친 기록이 있다. 세종 때는 중국 사신이 엷고 무늬가 둥근 비단인 궁초 50필로 모시와 마포를 바꾸어 주기를 청하고, 강아지 두 마리와 잠자리에 까는 돗자리인 침석(寢席) 각각 하나씩과 산유자(山柚子) 꽃무늬를 놓은 금띠를 청하고, 따라온 조리사인 숙수(熟手)들은 구리거울과 침석을 청하니, 모두 다 그 청구하는 대로 준 것으로 기록되어 있다.

또한 종전에 중국에 진헌(進獻)할 강아지를 경기도에 66마리, 충청도에 9마리, 경상도 42마리, 전라도 59마리, 황해도·강원도 각 13마리, 평안도 11마리, 함길도 3마리로 배정하고 먹이를 주어 먹여 길렀었는데, 임금의 전지(傳旨)로 전에 작정한 수효를 감하고 각 도의 영진(營鎭)에 40마리만 나누어 기르고 있어 병조에서 진헌에 혹시 부족 될까 염려되어 종전에 정한 수에 의하여 강아지를 구해서 먹이를 주어 잘 기르자고 건의하자 그대로 시행한 바가 있다.

문종 때는 일본국 관서의 태수가 큰 칼인 대도 2자루, 원숭이 2마리, 비단의 일종인 적직금(赤織錦) 1단, 청자주구(靑磁酒具) 등 토물(土物)을 바치고 강아지 2마리, 다람쥐 2마리, 거위 1쌍, 흰 오리 1쌍, 표범가죽 5매 등을 요구한 바 있다. 성종 때에는 여러 도에서 바치는 매(鷹)는 일찍이 정한 숫자가 없기 때문에 봉진(封進)하는 숫자가 번거롭고 지금 응방(鷹房)에서 기르는 것도 많으니 바치지 말도록 하고, 강아지도 또한 바치지 말게 했다.

연산군 때는 봉진(封進)한 강아지가 산돼지나 노루를 잘 무는 것이어야 하는데 모두 그런 실력이 없어 쓰지 못하겠으니 금후로는 그중에서도 잘 무는 것을 골라서 들이라고 8도에 하서했다. 또 임금이 항상 내정(內政)에 강아지 한 마리를 길렀는데, 그 턱밑에 방울을 달아 강아지가 방울 소리를 듣고 놀라 뛰면 그것을 매양 재미로 여긴 것으로 기록되어 있다.

601년 전 오늘의 실록에는 한양 망우리 근처 사고개(沙古介) 등지에 개들이 무리를 지어 8~9마리가 떼를 만들어 항상 사람의 시신을 먹으며, 매양 사람을 만나면 에워싸서 짖어대고 그를 무니, 홀로 경유하여 가는 자가 심히 괴롭다는 보고가 있자 정예 군사인 갑사(甲士) 10여 기(騎)에 명하여 이를 쏘게 했다.

- 태종실록 35권, 태종 18년 4월 11일 신묘 기사 1418년 명 영락(永樂) 16년

사고개 개무리를 갑사에게 쏘아 잡게 하다

남성군(南城君) 홍서(洪恕)가 아뢰기를,

"사고개(沙古介) 등지에 개들이 무리를 지어 8~9마리가 떼를 만들어 항상 사람의 시신을 먹으며, 매양 사람을 만나면 에워싸서 짖어대고 그를 무니, 홀로 경유(經由)하여 가는 자가 심히 괴로워합니다."

하니, 임금이 갑사(甲士) 10여 기(騎)에 명하여 이를 쏘게 했다.

- 【태백산사고본】 16책 35권 36장

\ 1471년 성종2년 4월 12일

임금이 타기에 적합한 말을 개인이 흥하게 만들면 장杖 1백 대에 처했다

조선시대 국가에서 사용할 말을 사육 관리하기 위해 설치한 마구간이나 목장 운영 등에 관한 제반 규정을 구목(廐牧)이라 했는데, 구목에 관한 규정은 오래 전부터 있었다. 조선시대 명문화 된 것은 성종 때 제정된 경국대전에 병전(兵典) 항목에 구목 조(條)를 제정하여 체계화했고, 이후에 경국대전을 추가 보완한 속대전(續大典), 대전통편(大典通編)등에 관련 항목을 정해져 운영관리에 철저를 기했다.

이 중에 영조 때 편찬된 속대전의 구목 조에 규정된 주요 사항은 우선, 군마를 점검하기 위해 파견하는 각 도(道)의 점마어사(點馬御史)는 문과에 급제한 관원을 골라서 파견하고, 경상도에는 특별히 사복시의 책임자인 정(正)이 추천한 사람을 골라 임명하도록 했다.

각 고을에 분양한 말이 여위거나 죽거나 또는 길들여지지 않은 경우에는 수령에게 죄를 물어 말의 수에 따라 1필부터 4필까지 차이를 두었는데, 1필이면 엄중히 추문하고, 4필이면 파직이었으며, 말이 죽은 경우에는 살아 있는 말을 추징하도록 했다.

또한 제주도에서 올라오는 공마(貢馬)가 도중에 병이 나 머무를 때 그 고을 수령이 잘 치료하지 않아서 죽거나 혹은 병이 나은 뒤 즉시 올려 보내지 않고 지체한 경우에는 분양마(分養馬)의 사고나 잃어버린 경우의 고실례(故失例)에 따라 벌하도록 했다. 또 말을 잃어버린 경우에는 10필 이상이면 감목관을 파직하고, 5필 이상이면 직급을 강등하며, 4필이면 추고(推考)하고, 3필 이하면 문제 삼지 않도록 했다.

그 외에 국마를 감수하는 자가 말을 훔친 경우에는 율문(律文)에 의거해 논죄하되, 초범(初犯)은 장 100대에 외딴 섬에 유배하고, 재범(再犯)은 외딴섬의 노비로 삼으며, 3범은 참형에 처하도록 했고, 임금이 타기에 적합한 말을 개인이 사유하고 관에 수용되는 것을 꺼려서 귀를 째고 갈기를 잘라 고의로 흉하게 만든 자는 장 100대에 말은 몰수하도록 했다.

한편, 정조 때에 편찬된 대전통편에는 궁술 시험 입상자들에게 마첩(馬帖)을 주는 대신에 본인이 원하는 대로 면포나 마포를 지급하도록 했으며, 임금이 거둥할 때 수행하거나 왕명을 받고 출장을 갈 때 규장각의 각신(閣臣)은 내사복시(內司僕寺)의 말을 탈 수 있도록 허용했다. 훈련도감·금위영·어영청 등 삼군문(三軍門)의 기마군 중 관마를 받았으나 그 말에 탈이 난 경우에는 사복시에 보고하면 각 고을에 분양한 말을 대신 주도록 한다는 규정을 새롭게 정했다.

아울러 왕실의 말을 관리하는 내사복시에서는 매월 관마(官馬)와 사마(私馬)의 훈련을 시행하게 하여 1일·11일·21일에는 관마를, 5일·10일·15일·20일·25일·30일에는 후원에서 기르는 말인 관중마(宮中馬)를 훈련하게 했고, 7일·17일·27일에는 사마를 각각 조련하되 만약 유고(有故)가 있으면 날짜를 물려서 거행하고 한 달에 12회를 실시하게 했다. 사복시의 관마 조련일은 내사복시와 같았으나 사마의 경우 5일·15일·25일에 조련하도록 했다.

548년 전 오늘의 실록에는 제도(諸道)의 절도사 영(節度使營)에는 모두 조습마(調習馬)와 사마(私馬)가 있는 까닭으로 군정(軍情)의 긴급한 일

이외에는 역마(驛馬)를 징발할 수 없어 절도사가 비록 긴급한 일이 아니더라도 모두 말을 징발하여 그 폐단이 적지 않으니, 군정(軍情)의 긴급한 일 이외에는 말을 조발할 수 없게 하고 만일 어기는 자가 있으면 임금의 교지(敎旨)나 세자(世子)의 영지(令旨)를 위반한 자를 다스리는 제서 유위율(制書有違律)로 논죄하게 했다.

• 성종실록 10권, 성종 2년 4월 12일 갑인 기사 1471년 명 성화(成化) 7년

병조에서 군정의 긴급한 일 이외에는 말을 조발할 수 없게 할 것을 청하다

병조에서 아뢰기를,

"제도(諸道)의 절도사 영(節度使營)에는 모두 조습마(調習馬)와 사마(私馬)가 있는 까닭으로 군정(軍情)의 긴급한 일 이외에는 역마(驛馬)를 조발할 수 없다. 그 법이 이미 세워졌는데도 제도의 절도사가 비록 긴급한 일이 아니더라도 모두 말을 조발하여 그 폐단이 적지 않으니, 청컨대 이제부터는 군정(軍情)의 긴급한 일 이외에는 말을 조발할 수 없게 하고, 만일 어기는 자가 있으면 제서 유위율(制書有違律)로 논죄하게 하소서."

하니 그대로 따랐다.

• 【태백산사고본】 3책 10권 6장

\ 1430년 세종12년 4월 13일

가죽을 삶는 데는 화약 재료인
염초焰硝, 염색에는 철鐵을 사용했다

조선시대 가죽을 다루는 일을 업으로 하는 장인(匠人)인 장색(匠色)으로는 털만 뽑고 무두질은 하지 않는 생피장(生皮匠)과 털 뽑기와 무두질을 하여 가죽을 부드럽게 하는 숙피장(熟皮匠)이 있었다. 이 가운데 가죽을 삶는 데는 화약을 만드는 기본 재료인 염초(焰硝)가 사용되었으며, 색깔을 내는 매염제(媒染制)로는 합금도금 등에서 쓰이는 철(鐵)의 일종인 녹반(綠礬)을 사용한 것으로 나타나 있다.

이들 생피장과 숙피장은 가죽을 일차적으로 처리하는 직무를 담당했으나 가죽의 종류 및 쓰임새에 따라 세부 장색을 나누어 말의 안장 따위에 가죽을 덮어 싸는 일을 하는 과피장(裹皮匠), 모피(毛皮)를 주로 다루는 사피장(斜皮匠), 유기(柳器)나 상자 등의 가장자리에 피혁(皮革)을 꿰매는 일을 하는 주피장(周皮匠), 염소 가죽을 주로 다루는 전피장(猠皮匠), 곰의 가죽으로 물건을 만들던 웅피장(熊皮匠) 등 다양한 장색이 관련 일을 맡아서 처리했다.

실록에 이들 피장에 관한 기록은 20여 건으로 임진왜란 전에 주요한 기사 내용을 살펴보면 다음과 같다. 세종 때에 제주 안무사(濟州安撫使)가 관장내(管掌內)의 피장을 관아 안에 48일 동안을 머물게 하며 관청 안의 사슴 가죽 2장, 노루 가죽 2장, 염소가죽 1장, 모직물의 일종인 상전(常氈)등으로 신과 말안장을 만들어 자기가 쓰고, 옥(玉)으로 만든 갓끈을 받는 등 장물(臟物)이 상당하며, 사노(私奴)에게는 함부로 형벌을 가하여 죽게 하는 등 죄가 가볍지 않아 형률에 의거하여 참형에 처한 바가 있다.

연산군 때는 숙피장과 갖옷이나 털로 된 방한용구를 만드는 모의장(毛衣匠), 신발을 만드는 화장(靴匠)을 다 부르고, 바늘에 실을 꿰어 바느질하는 시녀인 침선비(針線婢)와 두 가닥 이상의 실을 함께 꼬아 만드는 합사비(合絲婢)를 대궐로 들여보내게 전교하기도 했다.

중종 때는 선산 부사(善山府使)가 처음 부임 할 때 서신(書信)을 해당 지역 관리인 부리(府吏)에게 보내어 가마를 메는 교군(轎軍) 50명과 피장 5명을 동원하게 하여 교군으로는 담장을 수리하게 하고, 피장에게는 신을 만들게 해 행장을 차리게 했으나 오랫동안 부임하지 않아 해당 도 관찰사가 파면시키기를 청한 기록이 있다. 야인의 침입에 대비하기 위하여 설치한 군대인 정로위(定虜衛) 관료가 집에서 피장(皮匠) 두 사람과 옷을 만들었는데 값이 매우 비싸서 1자(尺) 값이 무명 1필인 반홍(半紅)으로 안을 하면서 시속(時俗)의 풍습이 이러하고 연산군 때인 폐조(廢朝)에서도 역시 그랬다는 난언(亂言)을 보고하기도 했다.

589년 전 오늘의 실록에는 한양 안 오부 및 성밑 10리 안에 죽은 소와 말을 검사하여 인정서인 입안(立案)을 준 뒤에 고기는 표를 붙이고 날가죽은 본부에 들여서 한자(漢字) 화인(火印)을 받게 하고, 시장에

팔 적에도 경시서에서 그 표가 붙었는가를 조사한 뒤에 매매를 허가했다. 또 표가 없는 가죽을 사사로이 매매하는 자에게는 마소(牛馬) 고기를 매매하는 예에 의하여 죄를 논하고, 가죽은 관가에서 몰수하며, 지방 각 도에는 그 고을 이름의 글자로 된 화인으로 표를 붙여서 시행하게 했다.

• 세종실록 48권, 세종 12년 4월 13일 계미 기사 1430년 명 선덕(宣德) 5년

한성부에서 마소의 도둑질을 막기 위한 방책을 건의하다

한성부에서 아뢰기를,

"서울 안 오부(五部) 및 성밑(城底) 10리(里) 안에 물고(物故)된 소와 말을 검사하여 입안(立案)을 준 뒤에, 고기는 표를 붙이고 가죽은 표를 붙이지 않는 까닭으로 마소를 도둑질하는 자가 항상 많으니, 청하건대 이제부터는 날가죽(生皮)은 본부(本府)에 들여서 한자(漢字) 화인(火印)을 받게 하고, 숙정(熟正)하여 시장에 팔 적에도 또 경시서(京市署)에 고하면, 경시서에서는 그 표가 붙었는가를 조사한 뒤에 그 매매를 허가하고, 그 표는 곧 거두어 불태워 없애되 만일 표가 없는 가죽을 사사로이 매매하는 자에게는 서울 안에서는 관령(管領) 및 오가(五家)의 장(長)이, 성밑 10리 안에서는 권농(勸農)과 방(方)의 별감(別監) 등이 이를 곧 본부에 보고하면, 본부는 형조에 공문을 보내어 표 없는 마소 고기를 매매하는 예(例)에 의하여 죄를 논하고, 가죽은 관가에서 몰수하며, 그것을 관가에 고하지 않는 관령·오가의 장과 권농의 별

감 등에게도 법률에 의하여 죄를 주고, 지방 각 도에는 그 고을 이름의 글자로 된 화인(火印)으로 표를 붙여서 윗 항의 예에 의하여 시행하게 하소서."

하니, 그대로 따랐다.

- 【태백산사고본】 15책 48권 7장
- 【주】 - 입안(立案) : 인정서
    - 숙정(熟正) : 다뤄서 만든 가죽

1393년 태조2년 4월 16일

농우農牛가 많지 않아 교역이 어려웠고 수소보다는 암소가 많았다

조선시대 무역은 민간이나 관아 또는 국가 간에 물건을 사고파는 행위 전체를 의미하는 용어로 사용되었으며, 전기에는 국가가 경제활동을 통제했기 때문에 크게 발달하지 않았지만 후기에는 유통경제의 발달로 무역 활동이 비교적 활발했던 것으로 나타나 있다.

이 같은 무역의 초기 형태는 조선과 만주 지역 여진인 사이에 이루어진 교역으로 여진 쪽에서는 식량, 소금, 철 등을 공급받기 위하여 그들의 특산물을 조선에 진상하면 이를 받아들이는 단순한 물자 교역의 형태에서 변경 지역에 교역을 위한 시장을 개설하는 형태로 발전했다. 태종 대에는 함경북도 경원과 경성에 정식으로 무역소를 건립하여 물자교역 창구를 마련해 주어 변방에서의 소란을 미연에 방지할 수 있었다.

당시 여진족들은 만주 지역에서 통합을 이루면서 이미 농경 생활이 많이 보급되었지만 농기구 및 농우 등 생산수단의 자급이 불가능하고 농업 노동력도 부족하여 이를 주로 명나라와의 마시무역(馬市貿易)을 통하여 해결했다. 그러나 적대 관계가 표면화되면서 경제 봉쇄를 위해 마시무역을 단절시키자 조선에 국경무역 개설을 적극 요청하게 되었다.

조선은 경제적 손실과 명과의 외교적 관계로 적극성을 띠지 않아 정묘호란 등 전쟁을 통하여 무역 확대를 강요당하기도 했다.

실록에 무역에 관한 기사는 2천여 건이 넘게 실려 있지만 그중에 북방 민족과 소(牛隻,우척) 교역에 관한 기사는 많지 않으며, 그중 임진왜란 이전 주요 기사 내용은 다음과 같다.

우선, 태조 때는 소의 교역을 희망하는 중국 진왕부(秦王府)의 사람에게 무역하기가 어려움을 말하게 하고, 임금이 신하에게 내리는 술인 내온(內醞)과 저포(苧布), 마포(麻布)등 포목을 보내주었다. 세종 때는 요동에서 우척무역(牛隻貿易)을 청한 글을 통사(通事)를 통해서 미리 입수했는데, 중국의 공식 문건인 칙유(勅諭)를 기다리지 않고 먼저 준비를 위한 임시 관청인 진헌색(進獻色)을 설치할지 여부를 놓고 논란이 있었다.

또한 이를 위한 준비 과정에서 조선에는 소가 몹시 적은데 요동에서 우척(牛隻) 교환이 인준되었으니 장차 그 수효를 충당할 수 없다고 할 것인지, 또 소가 수놈은 적고 암놈이 많은데 장차 자웅(雌雄)을 반반으로 갖추어서 할 것인지, 아니면 암소를 많이 갖추어서 교환할 것인지를 논의한 결과 당초 정해진 수의 3분의 1을 황소로 바치고 나머지는 암소를 쓰는 것으로 결정한 바가 있다.

연산군 때는 여진족 등이 조선의 우마(牛馬)와 철물(鐵物)을 이롭게 여겨 담비 가죽과 족제비 가죽을 준비하여 매매하기를 구하는데, 변방에 사는 백성들이 침략의 괴로움을 견디지 못하고 농기구와 가마솥을 가지고 오랑캐와 교역을 하였다. 또 한양 안에서 물건을 흥정하는 무리들이 바리바리 면포를 싣고 변방 진을 두루 횡행하며 철물과 우척(牛隻)을 사가지고 통역하는 통사(通事)와 결탁하여 날마다 팔아넘기기를 일삼으니 엄한 수령이라도 능히 금하지 못하였다.

이에 관문(關門)을 설치해 기계가 있는 어사(御史)를 1년에 한 차례씩 교체 파견하여 사찰을 엄하게 하고, 그 행장(行裝)과 마문(馬文) 관첩(關帖)을 고찰해서 이름을 점호하여 출입하게 하면 불법(不法)이 있을 경우에는 변방 진을 어지럽게 들어가지 못할 것이라는 함경도 관찰사의 상소가 있었다.

한편, 조선시대 초기 압록강에 이르기 까지 평안도 일대의 행정구역을 서북면(西北面)이라 칭했으며, 후에 평양과 안주의 지명에서 한 글자씩을 따서 평안도로 개칭했다. 또 감영(監營)을 평양에 두었으며 도 관찰사를 파견했는데, 평양은 대동강과 의주로가 통과하는 곳으로 육로와 수로 교통의 요지여서 역사적으로나 지역적으로 감영을 설치하기에 충분했던 것으로 나타나 있다.

626년 전 오늘의 실록에는 서북면 도순문사(都巡問使)가 중국 진왕부(秦王府)에서 사람을 보내어 소(牛)를 무역하기 위하여 의주에 도착했다고 보고하자 도승지에게 명하여 회답할 자문(咨文)을 지어 오게 했다.

- 태조실록 3권, 태조 2년 4월 16일 경인 기사 1393년 명 홍무(洪武) 26년

진왕부의 사람이 소 무역을 위해 의주에 도착하니 회답할 자문을 짓게 하다

서북면 도순문사(都巡問使) 조온(趙溫)이 보고했다.

"진왕부(秦王府)에서 사람을 보내어 소(牛)를 무역하기 위하여 의주(義州)에 도착했다."

도승지 이직(李稷)에게 명하여 도평의사사에 의논해서 진왕부에 회답할 자문(咨文)을 지어 오게 했다.

- 【태백산사고본】 1책 3권 7장

↘ 1432년 세종14년 4월 17일

여의도에 염소를 놓아길렀으나
비가 와서 모래로 덮이어 불러들였다

조선왕조실록에 염소에 대한 기록은 한자로 고(羔)라는 표현이 많이 쓰였다. 이밖에 고양(羔羊), 염우(髯牛)라고도 쓰였고, 이름과 달리 양(羊)과는 전혀 다른 종으로 주로 제례용으로 많이 길러졌다. 민간에서도 보양을 위한 가축으로 많이 사육됐으며 실록에는 임금대별 70여 건의 기사가 있다.

태종 때는 나라에 필요한 가축을 전담하는 전구서(典廐署)와 예빈시(禮賓寺)에서 기르는 염소(羔), 양(羊), 당나라 돼지인 당저(唐猪), 기러기, 오리, 닭 등을 사육하는데 쌀과 콩이 너무 많이 소요되니, 농업 및 가축 사육 지침서인 농잠집요에 의하여 사육하라고 한 바가 있다.

의정부 및 육조에서 각 도의 진언내용을 검토하여 땅이 개척되고 백성들이 조밀하여 금수(禽獸)가 드물어졌으므로 공상(供上)을 제외한 각 처의 말린 노루고기와 사슴고기인 건장록(乾獐鹿)을 바치는 것은 각 고을에서 기르는 돼지와 염소로써 대치하게 하기도 했다.

세종 때에는 중국을 다녀온 사신이 선물로 받은 염소 20마리, 말 2필을 바치며, 상왕전(上王殿)에도 함께 바친 것으로 나타나 있으며, 예조의 계(啓)에 의하여 제향에 쓸 짐승은 깨끗한 곳에서 기르기 위해 담을 쌓고 문을 달아 다른 짐승들과 섞이지 않게 하여 깨끗하고 살찌게 하도록 했다. 막상 짐승을 바칠 때에는 소에 싣기도 하고 사람이 지기도 하여 정성을 쏟고 공경을 드리는 뜻에 어긋나니, 상자가 장치된 특별 수레를 만들어 싣기 어려운 제사소(祭牛) 외에 염소나 양, 돼지 등은 실어서 바치도록 했다. 분예빈시(分禮賓寺)에 병든 닭, 돼지, 염소가 있는데, 예빈시 소속의 노예들이 모두 치료하는 방법을 전해 익혔으니 간양별감(看養別監) 2명을 없애기도 했다.

또한 공물로써 충청도·경상도에서 바치는 새끼 염소 1백 마리를 강화부의 매도에 방목하여 번식시키게도 했다. 경상도 관찰사의 관문(關文)에 의하여 각 고을의 억세고 교활한 무리들이 흔히 염소, 양, 돼지를 기르는데 놓아 먹여서 곡식을 손상하게 하므로 해가 민간 생활에 미치자, 관청이거나 민가의 가축을 놓아서 관이나 사사의 물건을 손상하거나 먹게 한 자는 태 30대에 처하고, 중한 역을 맡은 통사로 하여금 먹여 기르고 거세하는 법을 배워 익히게 했다. 또한 분예빈시(分禮賓寺) 특별직인 별좌(別坐)를 삼아서 먹여 기르는 것을 감독하게 하기도 했다.

성종 대에는 전생서(典牲署)에서 기르는 염소의 반은 지금의 한강 여의도에 놓아길렀으나 비가 많이 와서 섬 전체가 모래로 덮이어 염소에게 먹일 풀이 없자 풀이 무성할 때까지 본사에서 합치어 기르게 했다. 또 경상도 칠원현(漆原縣)의 저도(猪島)는 사면이 모두 바다로 동북쪽은 육지와의 거리가 1백 보에 불과하여 흉악한 짐승(惡獸)들이 넘어와서 방목하는 염소를 잡아먹어 피해가 적지 않으니 농사철이라도 군사를 동원하여 잡게 했으며, 고성현의 가조도가 바다 가운데에 있으므로 저도의 염소를 옮겨서 방목하고 거제현령으로 하여금 감목하게 했다.

한편, 연산군 때는 사축서제조(司畜署提調)가 소, 염소, 돼지, 오리들에게 먹이는 소금, 콩, 겨의 수량이 적어서 먹이가 넉넉하지 못해 몹시 여위어 중국 사신이 오게 되면 진공하기에 알맞지 않다고 하자 먹이를 배로 늘려 주게 했으며, 전라도 임실에서 진상하는 육포에 개고기와 염소고기를 섞어 놓은 것이 발각되어 잡아 올려 국문하게 한 바도 있다.

587년 전 오늘의 실록에는 사신을 접대하는 염소와 돼지는 먼 도(道)의 각 고을에서는 수를 채워 바치기가 쉽지 않으므로, 어떤 때는 면포 7~8필과 의복까지 겸해 주고 겨우 사서 바치게 되니 경기 좌·우도에 적당한 땅을 선택하여 양축장 4~5곳을 설치하고, 충주, 직산의 두 곳에 양축장을 설치하여 예빈시·전농시의 노비로 목자를 정하여 부지런하고 검소한 품관(品官)을 골라 감고(監考)로 임명한 뒤에 염소와 돼지를 나누어 방목하게 하고 보살펴 길러 번식하게 하여 먼 도의 폐해를 덜어 주자고 논의를 하고 있다.

• 세종실록 56권, 세종 14년 4월 17일 을사 기사 1432년 명 선덕(宣德) 7년

경상 감사가 민간의 고질적 폐단에 대해 아뢰다

경상도 감사가 민간의 고질적(痼疾的)인 폐단이 되는 조항을 아뢰기를, (중략)

1. 사신을 접대하는 염소와 돼지는 먼 도(道)의 각 고을에서는 수를 채워 바치기가 쉽지 않아서 어떤 때에는 면포 7~8필과 의복까지 겸

해 주고 겨우 사서 바치게 됩니다. 그 폐단이 적지 않사오니, 청컨대, 경기(京畿) 좌·우도에 적당한 땅을 선택하여 양축장(養畜場)을 4, 5곳 설치하고, 또 충주(忠州)·직산(稷山)의 두 곳에 양축장을 설치하여 예빈시(禮賓寺)·전농시(典農寺)의 노비(奴婢)로 목자(牧子)를 정하고, 또 부지런하고 검소한 품관(品官)을 골라서 감고(監考)로 임명한 뒤에, 염소와 돼지를 나누어 방목(放牧)하게 하고 보살펴 길러서 번식하게 하여, 먼 도의 폐해를 덜어 주게 하소서." 하니, 호조에 내려 마감(磨勘)하여 아뢰게 했다.

- 【태백산사고본】 17책 56권 8장

↘ 1437년 세종19년 4월 23일

말이 한꺼번에 망아지 두 마리를 낳았는데, 한 마리는 수컷이고 한 마리는 암컷이었다

조선왕조실록에 망아지에 관한 기록은 100여 건으로 한자로는 구(駒), 아마(兒馬) 라는 표현이 많이 쓰였으며, 그 외에 암 망아지인 빈구(牝駒), 수망아지인 웅구(雄駒), 하얀 망아지인 백구(白駒) 등의 표현이 있고, 임금대별 주요 기사내용은 다음과 같다.

정종 때에는 경상도 계림(雞林) 안강현(安康縣)에서 종이 한 번에 아들 셋을 낳았는데, 말도 한꺼번에 망아지 두 마리를 낳았으며, 이천의 민가에서 말이 네 눈을 가진 암 망아지를 낳았는데 바로 죽었다는 기록이 있다. 태종 때에는 의정부에서 축마와 관련된 보고를 올리기를 각 도에서 나누어 기르며 번식시킨 망아지와 말이 모두 194필로 왕실의 마구간인 내구(內廐)에 충용하도록 건의했으나 임금이 소(牛)도 길러서 국용(國用)에 이바지함이 마땅하니 이 말을 소로 바꾸어 기르는 것은 어떠냐는 의견을 내자 제례용과 유우(乳牛)가 떨어지면 민가에서 소를 징발해 쓰니, 소를 많이 기르는 것도 아름다운 법으로 마필 중에 양마(良馬)를 택하여 내구에 충용하고 나머지는 모두 소로 바꾸어 활용하도록 했다.

세종 때는 제주의 망아지를 의정부, 육조, 여섯 대언 및 대사헌 등에게 나누어 준 바가 있었다. 그러나 제주에서 진상한 망아지들이 모두 다 덩치가 작아 좋은 말의 씨가 없어져 가는 것은 장래가 염려스러우니 좋은 말을 찾아서 번식하게 할 조건으로 국립 목장 안에 몸이 작고 흠이 있는 말은 제주의 수령과 감목관을 시켜 가려내어 육지로 내보내게 했다. 또 목장에 담을 쌓은 후로는 물과 풀이 부족하여 말이 잘 번식되지 못하니 목장 밖의 묵은 땅 중에 적당한 곳으로 내어놓게 허락하고, 공사(公私)간 목장들에 품질 좋은 상마는 부(父)라는 낙인을 찍어서 육지로 나가는 것을 허락하지 아니했다.

육지로 나갈 때에 부(父)라는 낙인이 찍힌 놈은 본 주인에게 돌려주고, 내어보낼 때마다 각 관원이 그 털 빛깔과 말 주인의 성명을 갖추어 기록하여서 보고하게 했으며 말이 도착하는 곳의 수령으로 하여금 상고해 살피게 하고, 제주 경내에 몸체가 작은 상마는 날짜를 한정하여 관가에 보고하여 거세하고 영을 어긴 것은 관에서 몰수하게 했다.

문종 대에는 평안도 방어가 긴요하니 외적을 방어하는 준비를 위해 봄에 추려서 온 제주의 흠 있는 말 7백 필과 충청, 전라, 경상도인 하삼도 각 목장의 망아지를 가지고 건장한 말로 바꾸어 보내어 말이 없는 군사에게 주어서 전마에 대비하게 한 바가 있다. 성종 때는 황해도 철도(鐵島)의 말이 본래 140필이었으나 현재는 20필 뿐으로 전부 민간에서 나누어 기르고 있는데 그 이유가 섬에는 말꼴이 무성하지 않았기 때문이다. 또한 새끼 친 것도 망아지 2필 뿐으로 마정(馬政)은 나라의 큰일인데 헛되이 소모되고 있으니 각 도에 점마를 나누어 보내자는 건의가 있자, 점마관을 보내면 말을 모는 군사가 여러 날 동안 식량을 싸 가지고 일에 나아가 그 폐단이 적지 않으니 평안도, 황해도 두 도에만 사민 종사관을 시켜 점마하게 했다.

한편, 연산군 대에는 승정원에서 이르기를, 근일에 왕실 내정(內庭)에서 임금이 당나귀 및 망아지를 들여다본다고 하는데, "임금의 마음을 어지럽히며 침노하는 것이 많은즉 개나 말도 그렇고 장기, 바둑이나 글씨, 그림도 그리기 좋아하고 숭상함이 비록 다르나 뜻을 상실케 하기에는 매한가"라면서 제왕의 학문인 성학(聖學)에 뜻을 독실히 하고 개와 말을 좋아하지 말도록 임금에게 건의하였다. 이에 다만 한 때 구경한 것으로 다시는 하지 않을 것이라고 핑계를 대었으나 그 이후로도 망아지는 물론 망아지가 딸린 암말을 꾸준히 들이게 했고, 실록을 기록한 사신들은 임금이 비밀리에 암·수말을 후원으로 끌어들이게 하여 교접하는 것을 구경한 것으로 적고 있다.

582년 전 오늘의 실록에는 평안도 양덕현(陽德縣)에서 말이 한꺼번에 두 망아지를 낳았는데, 한 마리는 수컷이고 한 마리는 암컷이라고 기록되어 있다.

• 세종실록 77권, 세종 19년 4월 23일 임오 기사 1437년 명 정통(正統) 2년

양덕현에서 한꺼번에 두 망아지를 낳다

평안도 양덕현(陽德縣)에서 말이 한꺼번에 두 망아지를 낳았는데, 한 마리는 수컷이고 한 마리는 암컷이었다.

• 【태백산사고본】 24책 77권

＼ 1434년 세종16년 4월 24일

살곶이 목장의 마소를 도둑질하는 것에 대해 경비를 강화하다

조선왕조실록에 한양 도성 동쪽 근교(東郊)에 있던 살곶이 벌판에 관한 기사는 220여 건에 달하며 살곶이의 한자 표현인 전관 또는 전곶(箭串)에 대한 기사도 50여 건 정도가 실려 있다. 그중에 살곶이 목장

에 관한 기록은 많지 않아 40여 건에 불과하고 임금 대별 주요 기사 내용은 다음과 같다.

우선, 태종 대에는 전관(箭串) 목장을 증수하여 그 땅의 민전이 모두 500여결(약 1천5백만평)에 달한 것으로 나타나 있으며, 가뭄이 심해지자 그 원인을 12월에 얼음을 떠서 보관하는 장빙(藏氷)을 제때 하지 않고 봄에 뼈를 거두지 않기 때문으로 지적했다. 특히 살곶이 목장 안에서 소와 말이 많이 죽었으니, 해골을 주워다가 목장 밖의 외딴 곳에다 깊이 파고 묻어 주도록 한 바 있다.

세종 대에는 사복시 관리들이 말의 질병을 예방할 목적으로 말의 조상에게 제사를 지내는 마조제(馬祖祭)를 칭탁하고 살곶이에 모여서 소를 잡고 기생을 들여 방자하게 잔치를 벌였다. 또한 종이로 만든 화폐인 저화(楮貨)를 여러 섬 목자간에게 나누어 보내어 소금을 거두어 그 소금을 쌀과 바꾸어 술을 빚었으며, 담당 관리가 목장에 들풀을 베어 들여 사적으로 사용한 것이 적발되어 직첩을 환수하고 속장(贖杖) 60대에 처하게 했다.

성종 대의 살곶이 목장은 경기 여러 고을에서 나라의 큰 토목공사에 대규모로 동원되던 연호군(煙戶軍)을 시켜 매년 수축하게 했다. 사복시의 여러 관원과 근처에 사는 백성들이 목재를 훔쳐가는 일이 자주 발생하고, 새로운 목재를 운반해 오기는 어려워, 이 때 여러 관원과 근처에 사는 백성들이 도둑질한 난목 값을 배나 비싸게 판매하니 매년 봄에 한번 수축한 뒤에 사복시에서 간수하게 했다.

가뭄이 매우 심하자 사복시의 말도 수를 감하고 말 사료도 적당히 감하여 큰 말인 대마의 황두 넉 되 중에서 두 되를 감하고, 작은 말인 소마는 석 되 중에서 두 되를 감하며, 대소 전체의 말 4백필 중에서 큰 말 67필과 작은 말 33필을 살곶이 목장에 방목하게 했다.

중종 대에는 살곶이에서 기르는 말은 겨울에는 여러 곳에다 넣어서 기르고, 봄이 되면 다시 놓아기르는데, 도둑질하는 자가 많아 변상을 하도록 했다. 상등 말은 값이 면포 수백 필에 달하나 말을 잃어버린 목자에게는 무명 30필만 물려 말 한 마리만 도둑질하면 3~4마리의 값을 변상할 수 있으니, 이는 도둑질해 간 자에게 이롭게 한 것으로 관련법을 고쳐야 한다는 논의가 있었다.

이밖에 호랑이가 살곶이 목장에 들어와서 말들을 상하게 하자, 삭장(槊場)이 무너지고 빗물도 많아 잡기는 어려워도 군졸이 물러나면 다시 들어올까 염려되니 며칠 간 기일을 정해서 끝까지 추격하여 잡도록 한 바가 있다.

585년 전 오늘의 실록에는 살곶이 목장의 소 3마리와 사삿말 1필이 도둑질을 당해 죽자, 목장의 차비관원(差備官員)으로 하여금 말을 관리하는 관리인 양리마(養理馬)등을 인솔하여 밤마다 목장 안을 순행(巡行)토록 하여 잡인을 검찰하게 했다. 마소의 도둑이 3일이나 5일, 10일만에 나타나 그 시기가 일정하지 않아 여러 인원을 더 보내어 두모포(豆毛浦), 마전포(麻田浦), 광나루 강변과 아차산, 중랑포, 답심 등에서 순행하면서 붙잡게 했고, 홍인문과 동소문, 수구문에서는 호군(護軍)을 등대시켰다가 의심될 만한 짐바리의 물건을 수색하게 하여 도둑을 붙잡게 했다. 그외에도 목장 안의 농민 외에 일 없는 잡인이 함부로 다니는 것을 금하고, 목장 밖의 가까운 곳에 흩어져 사는 신백정(新白丁)은 모두 50~60리 밖으로 쫓아 내었고, 목장 안에서 공·사마(公私馬)를 기르는 양리마(養理馬) 등이 짐바리를 숨겨 두거나 훔쳐다가 방매(放賣)한 후 잃어버렸다거나 도둑맞았다고 핑계하는 일이 있는데, 모두 율문에 의하여 죄를 주고, 붙들어 고발하는 자는 상급을 내리게 했다.

• 세종실록 64권, 세종 16년 4월 24일 신미 기사 1434년 명 선덕(宣德) 9년

살곶이 목장의 마소를 도둑질하는 것에 대해 경비를 강화하다

병조에서 아뢰기를,

"살곶이 목장(箭串牧場)의 본궁의 소 3마리와 사삿말 1필을 도둑질해다가 죽였으므로, 목장의 차비 관원(差備官員)으로 하여금 양리마(養理馬)등을 인솔하고 밤마다 목장 안을 순행(巡行)토록 하여 잡인을 검찰하오나, 그러나, 그 마소의 도둑을 붙잡기란 용이하지 못하옵니다. 혹은 3일만에, 혹은 5일이나 10일만에 나타나 그 시기가 일정하지 않으므로, 여러 인원을 더 보내어, 그 관원으로 하여금 인솔하게 하여 두모포(豆毛浦)·마전포(麻田浦)·광나루 강변(廣津江邊)과 아차산(峩嵯山)·중랑포(中良浦)·답심(踏深) 등처에 뜻밖에 나타나 밤마다 순행하면서 붙잡게 하고, 또 흥인문(興仁門)과 동소문(東小門)·수구문(水口門)에

호군(護軍) 5인을 등대시켰다가, 날이 밝아지거든 의심될 만한 짐바리의 물건을 수색하게 하되, 도둑을 붙잡는 자가 있으면 중상(重賞)을 내리옵소서."

하니, 곧 사복 제조(司僕提調)와 같이 의논하여 아뢰게 하매, 모두가 "옳다." 했다. 또 미진(未盡)한 조건을 의논하되,

"1. 일정한 때가 없이 입번 진무(入番鎭撫)를 보내어 관원과 양리마(養理馬)의 순행하는 것이 부지런한가 게으른가를 검찰하게 하시고,

1. 목장 안의 농민 외에 일 없는 잡인이 함부로 다니는 것을 금하시고, 목장 밖의 가까운 곳에 흩어져 사는 신백정(新白丁)은 모두 5, 60리 밖으로 내쫓으시옵고,

1. 목장 안에서 공·사마(公私馬)를 기르는 양리마(養理馬) 등이 혹은 짐바리를 숨겨 두거나 혹은 훔쳐다가 방매(放賣)하고는, 잃어버렸다거나 도둑 맞았다고 핑계하옵는 일이 있사온데, 금후로는 훔쳐서 방매한 자와 짐바리를 숨겨 두는 자는 율문에 의하여 죄를 주시고, 붙들어 고발하는 자는 상급을 내리옵소서."

하니, 그대로 따랐다.

- 【태백산사고본】 20책 64권 15장
- 【주】양리마(養理馬) : 말을 기르는 관원(官員)

\ 1516년 중종11년 4월 27일

달걀만 한 우박이 내려 사람과 가축이 상했으며 큰 나무가 뽑히기도 했다

조선왕조실록에 우박(雨雹)에 대한 기록은 2천 5백여 건에 달하는데, 내린 일자와 지명이 비교적 잘 나타나 있으며 우박의 형상과 땅에 쌓인 높이도 관측되어 있다. 우박의 종류도 다양하여 일반적으로 내리는 우박 외에 크기가 큰 우박, 천둥이나 벼락을 동반한 우박, 지진을 동반한 우박도 기록되어 있다.

월별로는 음력 5월이 가장 많아 70%를 차지하며, 6월, 7월, 8월에 30%가 내렸고, 4월에 18%, 1월, 2월, 12월을 제외한 기타 기간에 우박이 내린 것으로 조사된 바가 있다. 이 같은 우박에 관한 기록 중 가축과 관련된 기사는 20여 건으로 중요한 기사 내용은 다음과 같다.

우선, 태종 대에는 강원도 평강현에 우박이 5치 가량 내려 큰기러기가 죽었으며, 경상도 삼기현에서 크게 천둥하고 번개하며 우박이 내렸는데 우박의 크기가 탄환만 했고, 어떤 사람이 마침 밭으로 달려가다가 맞아서 죽었으며, 꿩, 뱀, 까마귀, 참새도 죽은 것이 많았던 것으로 적고 있다. 또한 황해도 서흥군에 우박이 내렸는데 큰 것은 주먹과 같고 작은 것은 탄알 같았으며, 5~6일 동안 쌓여 있다가 녹았는데 곡식이 손상되고 날짐승도 죽었으며, 빗물로 인하여 산이 무너진 것으로 나타나 있다.

세종 대에는 경기와 철원에 큰 우박이 내려 그 크기가 주먹만 하며 우박에 맞은 오기와 기러기들이 모두 죽었다. 함길도 함흥·화주(和州)·의천(宜川)에서는 우박이 와서 이를 맞은 기러기는 다 죽었으며, 춘천·횡천·인제·양구에도 우박이 와서 벼를 상하게 했다고 기록되어 있다.

성종 대에는 평안도·영안도에 우박이 내려 사람과 가축이 많이 죽는 등 재해가 끊이질 않아 하늘의 경계(天戒)를 삼가도록 도승지가 임금에게 보고한 바가 있다. 경기도 광주에 우박이 내렸는데, 작은 것은 탄환만 하고 큰 것은 계란만 하여 보리를 망치고 벼를 죽이고 날아가던 새가 갑자기 죽었다 적고 있다.

중종 대에도 평안도 안주·숙천·순안·자산·은산·성천·개천 등지에 우박이 내렸는데 크기가 주먹만 하여 곡식에 손해가 많았고 짐승들도 죽었으며, 경상도 안동·장기·언양·울산에 우박이 내렸는데 주먹만 하기도 하고 계란만 하기도 하여 벼와 보리를 크게 해쳤고, 사람들이 밭에 있다가 우박을 맞아 죽은 자도 있었으며, 전라도 옥과, 충청도 회덕·청주·청안·목천, 강원도 홍천에 우박이 내리고 함경도 단천에 큰 비가 내려 나무와 바위가 모두 뽑히고 인가가 떠내려갔으며 사람과 가축이 깔려 죽은 것으로 기록되어 있다.

503년 전 오늘의 실록에는 충청도 아산·평택·문의·목천 등 고을에 폭풍이 불고 우박이 내렸는데 우박이 달걀만 하여 벼를 해치고, 사람과 가축이 또한 상했으며, 큰 나무가 뽑히기도 한 것으로 적고 있다.

- 중종실록 24권, 중종 11년 4월 27일 무인 기사 1516년 명 정덕(正德) 11년

충청도 아산·평택 등지에 달걀만 한 우박이 내리고 폭풍이 불다

충청도 아산(牙山)·평택(平澤)·문의(文義)·목천(木川) 등 고을에 폭풍이 불고 우박이 내렸는데, 우박이 달걀만하여 벼를 해치고, 사람과 가축이 또한 상했으며, 큰 나무가 뽑히기도 했다.

- 【태백산사고본】 12책 24권 52장

5월
/
중하
仲夏

↘ 1442년 세종24년 5월 1일

세자가 내린 육포를 먹고서 두통과 배를 앓으며 구토와 설사를 했다

조선시대 육류, 어류를 납작하게 편(片)을 만들어 햇볕에 말린 음식을 포(脯)라 했는데, 주로 소고기, 노루고기, 꿩고기, 생선 등으로 만들며, 주재료에 따라 우포(牛脯), 돼지고기로 만든 저포(猪脯), 노루고기로 만든 장포(獐脯), 사슴고기로 만든 녹포(鹿脯), 꿩고기로 만든 생치포(雉脯), 생선명을 딴 대구포, 민어포 등으로 불렀다. 실록에는 얇게 저미어서 양념을 하여 말린 고기를 뜻하는 포육(脯肉)에 관한 기사가 30여 건으로 그중 중요한 내용은 다음과 같다.

세종 때는 신하와 백성을 모아놓고 함께 실시하던 사냥 의식을 겸한 군사훈련인 강무에서 짐승을 쏠 적에 왼편에서 쏘아서 오른편 어깻죽지까지 통한 것을 첫째로 삼아 그것을 포를 만들어 제기의 일종인 두(豆)에 담는 건두(乾豆)를 하여 종묘(宗廟)에 바치게 했는데, 강무 때 잡은 노루와 사슴은 적당히 포육(脯肉)을 만들어 건두를 준비하게 했다. 사복시(司僕寺)에서 강원도로 나가서 잡은 노루와 사슴으로 포육을 만들려고 궁궐에서 고기를 다루는 별사옹(別司饔)을 먼저 가게 했는데, 만약 이 사람들이 진상한다고 빙자하여 여러 가지 물건을 함부로 요구하여 거두거나 이치에 어긋나는 일을 요구할 경우 즉시 아뢰라고 강원도 감사에게 유시하기도 했다.

또한 대체로 기쁜 경사가 있을 때마다 거의 다 벼슬을 내리거나 포육을 내렸고, 미납세를 면제하거나 논밭에 내리는 조세인 전조(田租)를 감하여 은택을 더하여 주었는데, 일부 신하가 포육을 내리는 것 시행하기 어렵고, 당상관 이상으로서 가자(加資)의 예(例)에 들지 않는 자에게만 정월 초하루인 정조(正朝)와 동지(冬至)때인 정지(正至)의 예에 의하여 잔치를 베풀어 주고, 노인에게는 술과 고기(酒肉)를 내려 주도록 건의하자 이·병조(吏兵曹)에 명하여 의논하게 하기도 했다.

세조 때는 중추부 대신의 집에 갈 때 명하여 청주(淸酒) 10병, 대구어(大口魚) 20미, 포육 5속, 젓갈(醢) 5항, 말린 꿩고기 30수, 사슴 1구를 가지고 가서 위로하게 했다. 성종 때는 평안도 절도사가 2, 3월에 도내의 군사를 모두 진발(進發)하여 나라의 제사에 쓰일 포육(脯肉)을 마련하기 위해 행하는 사냥인 제포산행(祭脯山行)이라는 명목으로 종횡(縱橫)으로 말을 달리며 밀과 보리를 짓밟아서 노루와 사슴을 잡는 것이 많으면 1천여 마리에까지 이르렀다. 이에 군졸이 수고로울 뿐만 아니라 여러 고을에서 음식물을 바치는 폐단이 적지 않아 그 폐단을 없애게 해달라는 건의를 받고, 임금이 이전에 그 도의 관찰사와 절도사를 지낸 사람에게 물어 처리하도록 한 바가 있다.

연산군 때는 전라도 임실에서 진상하는 포육에 개고기와 염소고기를 섞어 놓아 신하로서 차마 못할 바를 했다는 보고를 받고 담당관리를 잡아 올려서 국문하게 한 일도 있다. 중종 때는 세자가 회강(會講)하고 나서 음식을 내렸는데, 관원 중 포육을 먹고서 두통과 배를 앓으며 구토와 설사를 했고, 하인들 중에서도 먹은 사람들이 그러하자 궁궐의 음식을 관장하는 사옹원제조(司饔院提調)가 만일 독이 있는 포육이 아니라면 반드시 독충이 오줌을 싸서 그런 것이므로 각도에 유시하여 정결하게 말리도록 건의했다. 이에 임금이 놀라며 각 도에 유시를 내리도록 하고 어느 고을에서 공상(供上)한 것인지를 파악하도록 했으며 남은 것이 있으면 다시 하인들에게 시험해 보라고 한 바가 있다. 후에 알아본 바로는 건물(乾物)을 봉진(封進)하면 한 그릇에다 모두 섞어 두어 어느 도에서 봉진한 것인지 알 수 없고, 그 포육을 다른 사람들에게도 주어봤는데, 독이 없었다고 밝혀지기도 했다.

577년 전 오늘의 실록에는 강원도 관찰사가 사슴고기로 만든 녹포(鹿脯)를 바치니 사재감(司宰監)에 맡기고, 호조(戶曹)에 명하여 강원도의 실농(失農)한 각 고을의 상공(常貢) 포육(脯肉)을 감면해 주게 했다.

• 세종실록 96권, 세종 24년 5월 1일 경신 기사 1442년 명 정통(正統) 7년

강원도 관찰사가 녹포를 바치니 실농한 각 고을의 상공 포육을 감면해 주다

강원도 관찰사가 녹포(鹿脯)를 바치니, 명하여 사재감(司宰監)에 맡기고, 이내 호조에게 강원도의 실농(失農)한 각 고을의 상공(常貢) 포육(脯肉)을 감면해 주게 했다.

• 【태백산사고본】 31책 96권 6장

↘ 1434년 세종16년 5월 6일

조선시대 돼지는 외교부에서 길렀다?

조선시대에 돼지는 제사용·접대용 등으로 왕실에서 사육되기도 했으나 민간에서 널리 키우는 가축은 아니었으며, 돼지고기도 그다지 즐기는 육고기는 아니었다. 그러나 돼지고기는 궁중의 잔치와 외국에서 온 손님 접대, 제례 때에 빠뜨리기 어려운 물품으로 빈객의 연향(燕享)을 담당하는 관청인 예빈시(禮賓寺)에 목축에 관한 일을 맡아보던 관아인 전구서(典廐署)를 합쳐 사육을 담당하기도 했다.

584년 전 오늘의 실록에는 해당 관청에서 기르던 돼지 숫자를 일정한 마릿수로 정하자는 기록이 있다.

- 세종실록 64권, 세종 16년 5월 6일 임오기사 1434년 명 선덕(宣德) 9년

분예빈시에서 기르던 돼지의 숫자를 일정하게 정하다

예조에서 아뢰기를,

"분예빈시(分禮賓寺)에 따로 기르던 돼지 4백 마리에서 1백을 감하고, 늘 기르던 새끼 돼지 5백 80마리에서 1백 80을 감하여 합계 7백 마리를 정액(定額)으로 삼게 하옵시되, 만일 액수(額數)에 모자라게 되면 외방(外方)의 각 고을로 하여금 수(數)를 채워 상납(上納)하게 하시고, 번식시키는 수가 넘게 되면 경기의 각 고을로 하여금 나누어 기르도록 하소서."

하니, 그대로 따랐다.
- 【태백산사고본】 20책 64권 22장
- 【주】 분예빈시(分禮賓寺) : 예빈시(禮賓寺)의 분청(分廳)

1416년 태종16년 5월 7일

조선시대에도 닭, 오리, 거위의 사양 매뉴얼이 있었다

조선시대 가축 사육을 담당하는 관청에서는 소, 돼지, 양, 염소, 닭 외에 다양한 가축을 사육했는데 이들 가축의 사양에는 지침서를 활용했다. 조선 초기에는 고려 때 원나라에서 편찬한 농잠집요(農蠶輯要)를 들여와 활용했는데, 이 책에는 자축(孶畜, 가축 기르기)편이 있어 가축 사양의 지침으로 활용했다.

602년 전 오늘의 실록에는 이들 가축의 사양에 사료가 많이 드니 이 지침서에 따르라는 논의가 있었으며, 돼지도 중국산 돼지를 도입하여 기른 기록이 있다.

- 태종실록 31권, 태종 16년 5월 7일 무술기사 1416년 명 영락(永樂) 14년

전구서와 예빈시에서 기르는 가축은 《농잠집요》의 방법대로 사육하게 하다

명하여 전구서(典廐署)와 예빈시(禮賓寺)에서 기르는 염소(羔)·양(羊)·당

저(唐猪)·기러기(雁)·오리(鴨)·닭(鷄) 등을 사육하는 쌀과 콩이 너무 많으니, 이제부터 한결같이 《농잠집요(農蠶輯要)》의 법에 의하여 양사(養飼)하고, 또 당저(唐猪)는 적당히 요량하여 남겨 두어 기르고, 나머지는 외방 각 도로 보내어, 번식하는 사료인 쌀·콩은 또한 경중(京中)의 예에 의하여 양사(養飼)하라고 했다.

- 【태백산사고본】 14책 31권 33장
- 【주】당저(唐猪) : 중국산 돼지

1668년 현종9년 5월 8일

함경도에 우역과 마역이 퍼져 소, 말 1만 8천 두가 죽었다

대가축인 소와 말에 치명적인 피해를 주는 전염병인 우역(牛疫)과 마역(馬疫)은 조선왕조실록에 중종 이후 190여 건의 기사가 게재되어 있다. 발생 시기는 1월이나 2월에 집중되었으나 다른 시기에도 많이 발생했다.

우역과 마역은 치료법이 없어 당시 조정은 소 도살을 금지하는 우금(牛禁) 정책을 시행하는 등 피해를 최소화하는 데 역점을 두었으며, 여러 가축의 치료법을 일반 사람들이 이해하기 쉽도록 이두문과 한글로 적어 각 도에 보내 치료 효과를 검토하게 하기도 했다.

350년 전 오늘의 기사에는 함경도에 우역과 마역이 발생하여 피해가 크고, 평안도에 천기(天氣)도 고르지 않아 인명 피해가 있었다고 기록하고 있다.

- 현종개수실록 19권, 현종 9년 5월 8일 을사기사 1668년 청 강희(康熙) 7년

함경도에 우역과 마역이 퍼지고 평안도에 우박이 쏟아지다

함경도에 우역(牛疫)과 마역(馬疫)이 크게 퍼져 전후로 죽은 것이 1만 8천 1백여 마리나 되었다. 평안도 창성(昌城) 등 10여 고을에 바람이 크게 불고 천둥과 벼락이 쳤으며, 우박이 쏟아졌는데 크기가 거위 알 만했으며, 사람이 벼락에 맞아 죽고 초목이 남아난 것이 없었다. 감사가 아뢰었다.

- 【태백산사고본】 19책 19권 10장

1413년 태종13년 5월 9일

조선 왕실에서 쓰던 말은 서울 뚝섬 목장에서 길렀다

조선시대 왕이 거동을 하거나 왕족과 고위 관료들에게 하사품으로 줄 때 사용하던 말을 내구마(內廐馬)라고 했는데, 오늘날 서울시 광진구 뚝섬 일대에 위치해 있던 왕실 목장인 살곶이 목장에서 주로 사육하였다. 특히 왕의 어승마(御乘馬)와 수레 등을 관리하는 관청을 내사복시(內司僕寺)라고 했는데, 조선 초기에 관원으로는 정 3품인 내승

(內乘) 3명 외에 잡직(雜職)으로 마의(馬醫) 등 100여 명이 근무했고, 평상시에는 어승마 30필, 재보마(載寶馬) 15필, 주마(走馬) 15필을 관리했던 것으로 알려져 있다.

605년 전 오늘의 실록에는 내구마 수를 줄이고 소로 바꾸어 기르자는 논의가 있었다.

• 태종실록 25권, 태종 13년 5월 9일 정해 기사 1413년 명 영락(永樂) 11년

의정부에서 축마(畜馬)의 사의를 올리다

의정부에서 축마(畜馬)의 사의(事宜)를 올리고 아뢰었다.

"각 도에서 나누어 기르는 번식시킨 구마(駒馬)가 모두 194필(匹)이니, 바라건대, 내구(內廐)에 충용하게 하소서."

임금이 말했다.

"어떤 사람이 나에게 이르기를, '소(牛)도 길러서 국용(國用)에 이바지함이 마땅하다.'고 하니, 내가 이 말(馬)을 가지고 소로 바꾸어 기르고자 하는데, 그래도 좋겠는가?"

정부에서 아뢰었다.

"희생(犧牲)과 유우(乳牛)가 떨어지면 혹 민가에서 가져다 쓰는데, 많이 소를 기르는 것은 가장 아름다운 법입니다. 원컨대, 양마(良馬)를 택하여 내구에 충용하고, 나머지는 모두 소로 바꾸는 것이 편하겠다."

임금이 그대로 따랐다.

- 【태백산사고본】 11책 25권 25장
- 【주】 - 의정부(議政府) : 조선시대 모든 관리를 통솔하던 최고의 행정 관서
    - 구마(駒馬) : 망아지와 말
    - 사의(事宜) : 일이 형편에 알맞음
    - 내구(內廏) : 궁궐의 마구간

1460년 세조 6년 5월 13일

조선시대 나라의 세 가지 보배는 말馬, 소牛, ○○ 이었다

조선시대 국가 경제 운용의 가장 중요한 수단이자 재화는 말과 소였다. 말은 생산 목장에 따라 국가 목장에서 생산하는 관마(官馬) 또는 국마(國馬)가 있었고, 민간 목장에서 사육된 사마(私馬)가 있었다. 관마는 그 쓰임새에 따라 군사용인 전마(戰馬), 교통용인 역마(驛馬)·파발마(擺撥馬), 물품 운반용인 태마(駄馬)·만마(輓馬), 농경용인 농마(農馬), 무역용인 교역마(交易馬) 등으로 나뉘었고, 중국에 사절을 파견할 때 가지고 가는 진헌마(進獻馬)로도 활용되었다.

소는 농우(農牛) 또는 경우(耕牛)로 불리우며 농사에 없어서는 안 될 중요한 수단으로 밭을 가는 우경(牛耕)작업을 할 때 지역에 따라 양우(兩牛) 즉 두 마리 소를 사용하는 지역과 단우(單牛) 즉 소 한 마리를 사용하는 지역으로 나뉘었다.

또 다른 중요한 품목은 물소의 뿔인 흑각(黑角)으로 병기(兵器)인 활을

만드는데 중요한 재료로 활용되었다. 같은 물소의 뿔로 만든 활도 빛깔에 따라 검은 뿔을 붙이면 흑각궁(黑角弓), 흰색 뿔을 붙이면 백각궁(白角弓)이라고 했는데, 백각궁은 구하기가 어려워 귀하게 여겨졌다.

558년 전 오늘의 실록에는 이렇게 중요한 우마(牛馬)를 도둑질한 자는 초범(初犯)이라도 교수형에 처하며, 흑각(黑角)은 활 이외의 물건들을 만드는 것을 금하게 하고, 활도 용도에 맞게 사용하라는 기사가 실렸다.

- 세조실록 20권, 세조6년 5월 13일 무자 기사 1460년 명 천순(天順) 4년

의정부에 말·소·흑각을 중히 여기는 일에 대해 전지하다

의정부(議政府)에 전지(傳旨)하기를,

"나라의 보배에 세 가지가 있으니, 말(馬)이고 소(牛)이고 흑각(黑角)이다. 말은 여럿을 태울 수 없고, 소는 도둑에게 줄 수 없고, 흑각(黑角)은 연습으로 쓸 수가 없다. 지금부터 이후로는 비록 내가 흑각궁(黑角弓)을 사용하여 다시는 사후(射侯)하지 않겠으니, 그것을 병조(兵曹)로 하여금 중외(中外)의 장사(將士)에게 효유(曉諭)하여 이 규칙을 본받게 하라. 취재(取才)인 경우에는 이러한 범위에 들지 않는다. 또 헌부(憲府)로 하여금 흑각대 등 일체 활 이외의 물건들을 금하게 하고, 또 병조(兵曹)로 하여금 여럿을 태우는 수레(車子)를 힘써 사용하게 하라. 또 형조(刑曹)로 하여금 우마(牛馬)를 도둑질한 자는 초범(初犯)이라

도 교형(絞刑)에 처하도록 하라." 했다.

- 【태백산사고본】 7책 20권 24장
- 【주】 - 흑각(黑角) : 물소의 검은 뿔
  - 사후(射侯) : 활을 쏠 때에 과녁으로 쓰는 사방 열 자 가량의 베
  - 효유(曉諭) : 깨달아 알아듣도록 타이름
  - 취재(取才) : 재주를 시험하여 사람을 뽑음

1711년 숙종37년 5월 15일

경기도 평택에서 기형 돼지가 태어났다

조선왕조실록에 가축의 기형 출산은 비교적 상세하게 기록되어 약 200여 건에 달하고 있으며, 이 중 소가 51%, 닭이 23%, 말이 7%, 돼지가 6%로 알려져 있다.

시대별로는 숙종 때 가장 많이 기록되어 52건에 달하며, 중종 때 31건, 명종 때 23건 순이다. 이러한 기형 출산은 대부분 괴변(怪變)으로 인식되어 지역 담당관리가 직접 기형체를 확인하기도 한 것으로 기록되어 있다. 일부 학자들은 이러한 기형 출산이 기묘사화, 을사사화 등 정치적인 격변기에 발생 수가 증가했었던 것을 주목하기도 하고 있다. 307년 전 오늘의 실록에는 평택에서 기형의 새끼 돼지가 출생한 것으로 기록하고 있다.

- 숙종실록 50권, 숙종 37년 5월 15일 계묘기사 1711년 청 강희(康熙) 50년

경기 진위에서 돼지가 기형으로 생긴 새끼를 낳다

경기(京畿) 진위(振威) 땅에서 돼지가 새끼를 낳았는데, 머리가 둘, 귀가 둘, 눈이 넷, 코가 넷, 입이 둘이었다.

- 【태백산사고본】 57책 50권 25장

\ 1671년 현종12년 5월 16일
함경도 가축 돌림병으로 개와 돼지까지 죽었다

조선왕조실록에 기록된 가축 돌림병은 주로 우역(牛疫)에 대한 기록이 많으며 이로 인한 피해가 컸던 것으로 기록하고 있다. 발생 시기는 중종 때인 1541년에 처음으로 기록된 이후 17세기 전반에 집중 발생하여 조선에서 사육되던 소의 50% 가량이 감염되었고, 감염된 소의 80~90% 가량이 죽었을 것이라고 추정하는 연구도 있다.

그러나 실록에 나타난 기록에 따르면 이러한 우역 외에 탄저, 기종저, 구제역 등도 발생했던 것으로 보여지며, 이러한 질병들은 당시 청나라와 주요 교역 통로였던 함경도, 평안도를 거쳐 조선반도 전역으로 확산된 후 바다 건너 일본에도 전파되어 서일본 지역의 소를 몰살 시킨 것으로 알려져 있다. 347년 전 오늘의 기사에는 함경도 지역의 이러한 돌림병으로 말, 소는 물론 개, 돼지까지 전염되어 죽은 것으로 기록하고 있다.

- 현종개수실록 24권, 현종 12년 5월 16일 병인기사 1671년 청 강희(康熙) 10년

함경도에 마소의 돌림병이 크게 번지다

함경도 각 고을에서 마소의 돌림병이 크게 치열하여 개, 돼지까지도 전염되어 죽었다. 함흥(咸興)에서 크게 천둥과 번개가 쳐서 벼락에 맞아 죽은 사람이 있었다.

- 【태백산사고본】 24책 24권 11장

\ 1506년 세종12년 5월 19일

방울 달린 강아지를 너무 좋아했던 연산군

조선시대 역대 왕들은 다양한 종류의 동물을 기른 것으로 나타나 있다. 이러한 동물들은 외교적인 공물로 진상되었거나 왕들의 취향에 따라 애완용으로 확보되어 사육되었는데, 조선 초기에는 궁궐 내의 정원 관리 등을 주로 담당하던 상림원(上林園)에서 사육하기도 했다. 실록에 나타난 동물에는 개와 고양이 같은 일반적인 반려동물에서 코끼리, 낙타, 여우, 이리, 사슴, 노루, 원숭이, 날다람쥐 같은 야생동물, 공작새, 앵무새, 두루미, 독수리, 매와 같은 비금류(飛禽類) 까지 여러 종류의 동물들이 기록되어 있다.

역대 임금 중에는 연산군이 이러한 동물들에 대한 애착이 많아 모든

진기한 새와 기이한 짐승을 사방에 잡아 바치도록 독촉했고, 무사들을 파견하여 범·표범·곰·말곰 등을 산채로 잡아 후원에 가두어 놓고 고기를 먹이며 구경하기도 하고 직접 쏘아 죽이는 것으로 낙을 삼기도 했다.

또한 매와 사냥개를 좋아하여 임금이 거동할 때마다 군졸들이 사냥개 10마리를 좌우로 나누어 어가(御駕) 앞에 끌고 가도록 했다.

512년 전 오늘의 기사에는 이러한 연산군이 강아지에 방울을 달고 그 소리를 듣고 매우 즐겼다고 기록하고 있다.

- 연산군일기 62권, 연산 12년 5월 19일 무술기사 1506년 명 정덕(正德) 1년

내정(內庭)에 강아지를 길러 재미로 여기다

왕은 항상 내정(內庭)에 강아지 한 마리를 길렀는데, 그 턱밑에 방울을 달아 강아지가 방울 소리를 듣고 놀라 뛰면 이것을 매양 재미로 여겼다.

- 【태백산사고본】 17책 62권 13장
- 【주】내정(內廷/內庭) : 궁궐의 안

↘ 1454년 단종2년 5월 20일

조선시대 소, 말을 전문적으로 관리하는 카우보이가 있었다

조선시대 국가의 정치·군사·외교적 목적에 필요한 말을 생산하고 관리하는 정책인 마정(馬政)은 조정의 최고 정책을 수립하는 의정부·육조·승정원 등이 참여했고, 실무는 병조 예하의 사복시(司僕寺)에서 담당했다. 이 마정(馬政)의 핵심이 전국에 산재한 약 170여개의 목장을 관리하며 효율적으로 양마(良馬)를 생산·증식·공급하는 일이었는데, 각 목장에서 국가의 우마(牛馬)를 전문적으로 사육하고 관리하는 일종의 카우보이 같은 사람들을 목자라 불렀다. 이 목자들은 초기에는 1인당 말 10필을 관리하도록 규정했으나 후에는 우마 25필로 변경되었으며, 원칙적으로 16세에서부터 60세까지 종사하며 그 신분이 세습되었고, 전국적으로 한 때 5천여 명에 달한 것으로 기록되어 있다.

564년 전 오늘의 기사에는 이러한 목자들이 관리하던 부산 동래 소재 목장을 폐쇄하는 내용을 싣고 있다.

• 단종실록 11권, 단종 2년 5월 20일 경오 3번째기사 1454년 명 경태(景泰) 5년

경상도 황령산에 목장을 파하고 빈민에게 나누어 주도록 하다

의정부(議政府)에서 병조(兵曹)의 첩정(牒呈)에 의거하여 아뢰기를,

"경상도(慶尙道) 황령산(荒嶺山)에 목장을 신설했으나, 물과 풀이 부족하여 말을 기르는 데 적당하지 않으니, 청컨대 〈목장을〉 파하고 빈민에게 나누어 주소서."

하니, 그대로 따랐다.

- 【태백산사고본】 4책 11권 10장
- 【주】 황령산(荒嶺山) : 부산광역시 동래구, 남구, 부산진구에 걸쳐 있는 산

1525년 중종20년 5월 21일

함경도에 큰 비가 내려 사람과 가축이 깔려 죽었다

2019년 가을 연이은 태풍으로 많은 사상자를 내고 재산상 피해를 입혔는데, 조선시대에도 자연 재해는 끊이지 않아 태풍이나 대풍(大風)에 대한 기록은 190여 차례나 언급되어 있으며, 대수(大水) 또는 대우(大雨) 등으로 표시된 홍수(洪水)도 서울과 인근에만 공식적으로 170여 회에 달하는 것으로 알려져 있다.

조선시대 강우량 측정은 잘 알려진 대로 세종 대에 발명된 측우기가 사용되었는데, 표준으로 제작된 측우기를 천문관서인 서운관(書雲觀)과 팔도의 감영에 나누어 주고, 비가 오면 비 오고 갠 시간과 강우량을 기록하여 조정에 보고하고 그 기록을 남겨두도록 했다.

493년 전 오늘의 기록에는 전라, 충청, 강원도에 우박이 내리고, 함

경도에는 큰 비가 내려 민가가 떠내려가고 사람과 가축이 죽은 것으로 기록하고 있다.

• 중종실록 54권, 중종 20년 5월 21일 기묘기사 1525년 명 가정(嘉靖) 4년

전라·충청도 일부에 우박, 함경도 단천에 홍수가 나다

"전라도 옥과(玉果), 충청도 회덕(懷德), 청주(淸州), 청안(淸安), 목천(木川), 강원도 홍천(洪川)에 우박이 내리고, 함경도 단천(端川)에 큰 비가 내려 나무와 바위가 모두 뽑히고 인가가 떠내려갔으며 사람과 가축이 깔려 죽었다."

• 【태백산사고본】 27책 54권 31장

\ 1519년 중종14년 5월 22일

임금이 밭을 갈 때는 흑우 두 마리를 사용했다

조선시대 농업의 중요성을 인식시키고 농업을 권장하기 위해 임금이 직접 소를 이용하여 밭갈이 하는 모범을 보인 의식을 친경(親耕)이라 했다. 조정에서는 친경을 하기로 결정되면 임금이 흥인문(興仁門) 밖에 설정되어 있던 동적전(東籍田)으로 행차하여 선농단(先農壇)에 제사를 올린 후 친경을 거행했다.

이때 임금은 소가 끄는 쟁기를 직접 잡고 다섯 번에 걸쳐 밀었으며,

왕세자는 일곱 번, 행사에 참여한 관료들은 각각 아홉 번씩 밀었다. 이러한 친경행사에 쓰인 친경우(親耕牛)는 두 마리를 사용하여 쟁기를 끌었는데 황우(黃牛)가 아닌 검은 소(黑牛)를 사용한 것으로 나타나 있다.

499년 전 오늘의 기록에는 임금이 서대문 밖으로 행차하여 백성이 농사짓는 것을 관람하는 관가(觀稼) 행사를 행한 것으로 기록되어 있다.

- 중종실록 36권, 중종 14년 5월 22일 갑인 1번째 기사 1519년 명 정덕(正德) 14년

서교에 행차하여 농사일을 관람하고, 망원정에서 수전을 관람하다

서교(西郊)에 행행하여 관가(觀稼)하고, 망원정(望遠亭)에 거가(車駕)를 멈추고 수전(水戰)을 관람했다.

- 【태백산사고본】 18책 36권 11장
- 【주】 - 서교(西郊) : 서울 서대문 밖
   - 관가(觀稼) : 백성이 농사짓는 것을 임금이 관람하는 일.
   - 거가(車駕) : 임금의 수레

1455년 단종3년 5월 23일

조선시대에 목장의 사양, 번식을 전담하는 관료가 있었다

조선시대 초기 명나라와의 외교에서 마필의 수요가 급격히 증대되

자 조정에서는 전국 각지에 목장을 설치하고, 목장의 효율적인 관리를 위해 전담 관료를 운용하게 되었다. 처음에는 목장이 있는 각 고을 수령에게 관리 업무를 겸임하게 했으나 세종 대에는 본격적으로 종 6품 외관직으로 전임의 감목관(監牧官)을 두어, 마필의 사양과 번식 및 관리인인 목자의 보호에 힘쓰도록 했다.

30개월을 임기로 운용되던 이 감목관의 정원은 경기도에 가장 많아 강화, 수원, 남양, 인천, 장봉도에 5명을 배치했고, 전라도 5명, 경상도, 황해도 및 함경도에 각각 3명, 충청도, 평안도에 각 1인등 총 21명을 활용했다.

563년 전 전 오늘의 기사에는 수원의 목장 한 곳의 관리를 인근의 남양 부사(南陽府使)로 하여금 감목관(監牧官)을 겸하게 하자는 논의가 있었다.

- 단종실록 14권, 단종 3년 5월 23일 정묘기사 1455년 명 경태(景泰) 6년

강원도 수원의 양야곶이 목장을 남양 부사로 감목관을 겸하게 하다

의정부에서 병조의 정문(呈文)에 의거하여 아뢰기를,

"경기도 수원(水原)의 양야곶이(陽也串) 목장(牧場)이 남양(南陽)에 가까우니, 청컨대 이제부터 남양 부사(南陽府使)로 하여금 감목관(監牧官)을 겸하게 하소서."

하고, (중략) 하니 그대로 따랐다.

- 【태백산사고본】 5책 14권 22장

6월

계하

季夏

\ 1431년 세종13년 6월 11일

조선시대에는 국방부에서 말과 소 사육을 담당했다

조선시대에는 임금이 각 도의 목장에 소속된 말의 상태와 번식한 두수에 관한 자료를 열람할 정도로 마정(馬政)에 관심이 높았다. 이러한 마필 및 소 관리, 임금이 타는 수레와 가마, 마구 및 우유와 목장 관리를 총괄하는 관서는 지금의 국방부인 병조에 소속되어 있던 사복시(司僕寺)에서 담당했다. 사복시의 관원은 정 3품인 판사 2명 등 주로 무과 출신자들이 근무했으며 근무자는 많을 때 1천 8백여 명에 달한 것으로 기록되어 있다.

사복시 산하에는 국가에서 필요로 하는 마필을 생산·관리하기 위한 어마(御馬) 목장을 설치·운영했고, 지방에는 감목관이 관할하는 목장과 별도의 제주도 목장을 설치하여 운영했는데 그 수가 200여소에 달한 것으로 알려져 있다.

587년 전 오늘의 기사에는 사복시(司僕寺)의 건의로 전국의 섬이나 해안가 지역을 대대적으로 조사하여 말과 소를 놓아 먹일 수 있는 곳을 파악하여 활용하자는 논의가 있었다.

• 세종실록 52권, 세종 13년 6월 11일 계묘 기사 1431년 명 선덕(宣德) 6년

병조로 하여금 마·소를 놓아먹일 수 있는 곳을 조사하게 하다

사복시 제조가 아뢰기를,

"본시(本寺)는 마·소를 먹여 기르는 것을 전장(專掌)했사오나, 각 도의 섬과 곶(串)을 두루 알 수 없어 문안에 등서(謄書)되지 아니한 것은 미편하오니, 청하건대, 병조로 하여금 각 도에 이문하여 빈 섬(空閑島)과 곶으로서 사마(私馬)가 입장하는 곳을 살펴보고 보고하게 하고, 다시 위관(委官)을 임명하여 보내어 그 도의 감목관과 같이 수로의 원근과 수초의 다소와 목양의 편부(便否)를 살펴, 말을 놓아 먹일 수 있는 곳이 얼마이며, 소를 놓아 먹일 수 있는 곳이 얼마인가를, 나누어 갖추 기록하여 아뢰게 하고, 본시에서 다시 마감하여 문부를 만들어, 하나는 병조에 두고, 하나는 본시에 두고, 하나는 각 도에 두어서 뒤에 상고하는 빙거(憑據)를 삼게 하옵소서."

하니, 그대로 따랐다.

- 【태백산사고본】 16책 52권 36장

1527년 중종22년 6월 12일

조선시대에는 말의 주민등록 제도를 운용했다

조선시대에는 군사, 정치, 경제적으로 중요한 마필 생산관리를 위해 오늘날 주민등록제도와 유사한 말 등록관리 체계인 마적(馬籍) 제도를 운용했다. 당시 마적에는 말이 태어나면 관리자의 신고를 받아 말의 출생일과 색깔(馬色), 소유주 등을 기록했는데, 마적은 3년에 한 번씩 개정했으며 이를 전담하는 부서를 마적색(馬籍色)이라 하여 사복시 산하에 두고 운용했다.

마적색에는 종4품 첨정(僉正)의 지휘 아래 서리 12명 등이 실무를 담당했으며, 이처럼 마적을 만들어 보관한 것은 말의 불법 매매를 금지하고 말과 소의 도적을 방지하여 일정한 말의 수를 확보하기 위해서였던 것으로 알려져 있다.

491년 전 오늘의 실록에는 마적관리를 철저히 하여 국마(國馬)의 손실이 없도록 감독자 관리를 강화하라는 논의를 했다.

- 중종실록 59권, 중종 22년 6월 12일 정사기사 1527년 명 가정(嘉靖) 6년

사복시 제조 정광필과 조원기가 마적을 살펴바르게 하기를 아뢰다

사복시 제조(司僕寺提調) 정광필과 조원기가 아뢰기를,

"신이 마적(馬籍)을 보니, 각 고을 목장의 말이 번식하는 수가 점점 적어지고, 유실(遺失)된 수는 배나 많다. 외딴 섬 같은 데는 몰래 배를 타고 들어가 쏘아 죽이기도 하고, 목자(牧子)들 또한 도둑질하여 파는 것이 많기 때문에 이렇게 감소된 것입니다. 《대전(大典)》에 '여러 고을 목장 말의 번식에 대한 정수(定數)가 있는데, 만일 수대로 확보하지 않으면 수령을 파직시킨다.'는 것이 법입니다. (중략)

하니, 전교했다.

"마정(馬政)은 나라의 큰 일이다. 우리 나라의 말이 없는 것이 지금같이 심한 때가 없었다. 조심하여 감독하지 않는 수령은 병조(兵曹)와

함께 의논하여, 그중에 더욱 심한 자를 뽑아 내어 아뢰라. 그 죄를 다스려서 다른 사람들을 경계시키도록 하겠다. 또 행할 만한 법을 의논해서 공사(公事)로 만들어 각 도에 효유하라."

- 【태백산사고본】 30책 59권 18장

1460년 세조6년 6월 13일

조선시대에는 한우(韓牛)라는 이름은 없었다

한우(韓牛)는 유럽원우(Bos primigenius)와 인도원우(Bos indicus)의 혼혈종에서 기원하여 북부 중국·만주 등을 거쳐 한반도에 옮겨와 오늘에 이르러 중국의 황우(黃牛)와는 다르지만 일본의 화우와는 같은 계통으로 알려져 있다. 소에 대한 기록은 수소를 특(特), 암소를 고(牯)라고 했으며 송아지는 갓난 것은 독(犢), 두 살짜리는 시(㹏), 세 살짜리는 삼(犙), 네 살짜리는 사(牭)라 하고 한 가지 색으로 된 것은 전(牷)이라 표기했다. 조선왕조실록에는 '한우'라는 표기는 한 번도 쓰지 않았으나 소(牛)에 대한 기사는 500여 건, 농우(農牛) 150여 건, 경우(耕牛), 황우(黃牛), 흑우(黑牛) 등의 기사가 기록되어 있다.

일제시대 소에 대한 기록은 생우(生牛), 황우(黃牛), 황소, 조선우(朝鮮牛)라는 표현을 사용했으며, 해방 이후에는 축우(畜牛), 역우(役牛)라는 표기를 사용하다가 1950년대 말에 한우(韓牛)라는 단어를 처음 사용한 것으로 나타나 있다. 정부 공식 용어로는 1963년에 축산법이 제정되고 이듬해 2월 '종축 및 후보종축 심사기준(농림부고시 제 865호)'이 공포되면서 '한우(韓牛)'라는 명칭을 사용한 것으로 되어 있다.
558년 전 오늘의 실록에는 군역(軍役)에 응한 사람들에 대해 농우(農牛)가 없으면 국가 목장의 말을 지원하자는 논의가 있었다.

• 세조실록 20권, 세조 6년 6월 13일 무오기사 1460년 명 천순(天順) 4년

병조에서 평안·황해도에서 모집한 자들의 처치에 관해 보고 하다

병조(兵曹)에서 평안도·황해도 도순찰사(都巡察使)의 계본(啓本)에 의거하여 아뢰기를,

"1. 평안도(平安道)에서 스스로 모집(募集)에 응한 사람들이 쓰는 수철(水鐵)은 농기(農器)를 주조(鑄造)하여 만들 것이니, 청컨대 본도(本道)의 수철장(水鐵匠)의 세금을 면제하고 그 철(鐵)을 거두어서 주조(鑄造)하여 주고, 그 나머지 농기(農器)는 여러 고을로 하여금 준비하여 주게 하소서.

1. 스스로 모집(募集)에 응한 사람들 가운데 만약 농우(農牛)가 있었으나 고실(故失)한 자와, 가난하여 스스로 마련할 수 없는 자는 목장(牧場)의 아마(兒馬)를 소와 바꾸어 나누어 주소서. (중략)

하니, 그대로 따랐다.

• 【태백산사고본】 7책 20권 38장

﹨ 1483년 성종14년 6월 14일

무더위로 인한 병으로 고기 먹기를 거부한 성종

여름에 더위가 최고조에 달하는 시기인 삼복(三伏)은 세 번의 경일(庚日)에 든다 하여 삼경(三庚)이라 부르기도 하는데 복이란 금기(金氣)가 엎드려 숨어 있다는 뜻이며, 경(庚)이란 금 기운을 말하는 것으로 알려져 있다. 삼복은 24절기 중 소서와 처서 사이에 들어 조선시대 임금은 초복부터 처서까지 무더위를 이유로 정사를 돌보는 것(視事)을 정지하는 것이 전례였다. 농가에서는 비가 내리지 않아 가뭄 피해를 입는 한재에 시달리므로 노역과 경연과 공사도 잠시 미루었고, 기우제를 지내거나 농사의 풍작을 비는 의례를 행하기도 했다.

삼복에는 무더위를 이겨내고 기력을 회복하기 위해 보양식을 먹는 것이 관례였는데, 양기(陽氣)를 돕기 위해 개장(狗醬, 개고기국)을 먹거나 닭에 인삼과 대추 그리고 찹쌀을 넣은 계삼탕(鷄蔘湯), 팥을 으깨 갈아 만든 국물에 새알심을 넣어 만든 팥죽을 쑤어 먹기도 했다. 궁중에서는 병후 회복을 위하여 소고기를 가열한 뒤 짜서 먹는 보양성 국물음식인 육즙(肉汁)을 아침 수라로 올린 기록이 있다.

535년 전 오늘의 실록에는 더위로 인한 병에 시달리는 성종(成宗) 임금을 위해 고기를 들기를 권하는 대신들과 논쟁을 한 기사가 실려 있다.

• 성종실록 155권, 성종 14년 6월 14일 을해 기사 1483년 명 성화(成化) 19년

대신들이 육식과 친제의 정지를 청하니 친제만 정지하게 하다

의정부(議政府)·육조(六曹)·충훈부(忠勳府)·종친부(宗親府)에서 아뢰기를, "성상의 몸이 좋아지신 지 얼마되지 않았는데 갑자기 육즙(肉汁)을 거두었으니, 청컨대 다시 올리도록 하소서. 또한 태경전(泰慶殿)의 우제(虞祭)에 만일 병을 참으면서 몸소 행하신다면, 지금 매우 더운 때를 당하여 다른 증세가 일어날까 염려스러우니, 청컨대 멈추소서." 하니, 전교하기를,

"내가 처음 대고(大故)를 듣고서 갑자기 마음에 놀라고 인하여 먹은 것이 체하고 머리가 아픈 증세가 있었는데, 그때에 양전(兩殿)과 대신(大臣)이 억지로 육즙(肉汁)을 권하므로 내가 마지 못하여 따랐다. 지금은 내 병이 심한 데에 이르지 않았는데 어찌 차마 고기를 먹겠는가? 친제(親祭)하는 것을 병이 낫기를 기다린다면 행할 만한 때가 없을 것이다."(하략)

- 【태백산사고본】 23책 155권 7장

1447년 세종29년 6월 15일

조선시대에도 양봉통養蜂筒을 설치하여 꿀을 생산했다

조선시대 왕실과 중앙 각사에서 사용할 지방의 토산물을 조정에 바치는 제도를 공납(貢納)이라 했으며, 공납은 크게 지방의 각 관에서

준비하여 납부하는 공물(貢物)과 지방장관이 왕에게 예물(禮物)로 바치는 진상(進上)으로 나뉘었다. 이러한 공상(供上)을 담당하는 관아를 공상아문(供上衙門)이라 하여 사재감(司宰監)을 비롯한 6개 부서가 담당했는데, 이 중 각종 반찬류와 기름·꿀·밀랍 등을 조달하고 관리하는 업무를 담당한 종6품의 아문이 의영고(義盈庫) 였다.

조선에서 꿀은 식품이자 약으로 쓰였는데, 꿀 중에서도 석청(石淸)과 백청(白淸)을 더욱 귀하게 여겼다. 외국 사신에게 보내는 선물, 왕실의 각전(各殿)에 진상하거나 상례(喪禮)·수연(壽宴) 때 왕실에서 하사하는 물품으로 애용되었다. 이러한 꿀은 자연 혹은 양봉을 통해 전국적으로 생산되어 진상되었는데, 지역을 지정하여 산이 있는 고을에 양봉통(養蜂筒)을 설치하고 양봉을 하게 하여 청밀(淸蜜)과 황랍(黃蠟)의 납공을 분담시키기도 했다.

571년 전 오늘의 기사에는 더위로 인한 가뭄을 걱정하여 술과 각종 반찬류의 진상을 정지시키는 전교(傳敎)가 있었다.

• 세종실록 116권, 세종 29년 6월 15일 병자 1번째 기사 1447년 명 정통(正統) 12년

가뭄을 근심하여 술 진상과 각 도의 반찬거리 진상을 정지시키다

임금이 가뭄을 근심하여 술을 진상하지 말기를 명하고, 또 각 도에서 반찬거리 진상하는 것을 정지시키었다.

• 【태백산사고본】 37책 116권 26장

\ 1526년 중종21년 6월 18일

왕십리 살곶이 목장에 호랑이가 나타나 말을 상하게 했다

조선시대 호랑이로 인한 피해는 막심하여 건국 초기 한 해 겨울에만 경상도에서 수백 명의 인명을 앗아간 보고가 있었으며, 임금이 정사(政事)를 돌보는 한양의 근정전 뜰에 한밤중에 호랑이가 나타났다는 기록도 있다. 호랑이의 출현은 인명 피해뿐만이 아니라 소나 말 등과 같은 가축의 피해도 일으켜 조정에서는 민생안정 차원에서 적극적인 대처가 필요했고, 특히 말목장(馬場)의 피해는 군사력의 근간인 말 사육 기반을 손상시켜 특별한 대책이 필요했다.

조서에서는 호랑이와 표범을 전문적으로 잡는 임무를 부여한 특수부대인 착호군(捉虎軍)을 병조 산하에 중앙과 지방에 조직하여 활용했으며, 각 도의 목장에서는 우마를 사육하는 일을 맡고 있는 목자들로 편성된 목마군(牧馬軍)을 운영하여 외부인으로부터 목장을 보호하는 일 뿐만 아니라 호랑이 등 맹수의 공격을 막아 내는 일을 담당하게 했다. 서울의 착호군은 중앙군의 핵심 조직인 번상군(番上軍)의 갑사(甲士)들을 별도로 착호갑사(捉虎甲士)로 선발했는데, 그만큼 서울 인근의 호환(虎患)이 체제 안정을 위협한다고 판단했기 때문으로 알려져 있다.

또한 호랑이를 잡으면 포상을 하는 것을 원칙으로 수령이 1년에 열

마리 이상 잡으면 품계를 올려 주었고, 다섯 마리를 잡았는데 화살과 창으로 먼저 명중시킨 자는 2품계 이상을 올려 주었으며, 만약 향리(鄕吏)·역리(驛吏)·천인(賤人)이면 면포 60필을 주었다.

492년 전 오늘의 실록에는 왕실 목장인 왕십리 살곶이 목장에 호랑이가 나타나 말들이 상하자 군졸들을 동원해 잡도록 하는 하명(下命)이 있었다.

- 중종실록 57권, 중종 21년 6월 18일 기사 기사 1526년 명 가정(嘉靖) 5년

사복시 제조가 호랑이가 살곶이 목장에 들어와 말들을 상하게 한 것을 보고하다

사복시 제조(司僕寺提調)가 아뢰기를,

"어제 호랑이가 살곶이 목장(牧場)에 들어와서 말들을 상하게 했으니 속히 몰아내소서."

하니, 전교하기를,

"그렇게 하라. 삭장(槊場)이 무너진 데다가 빗물이 이러하니 호랑이를 잡기는 어려울 것 같다. 그러나 몰아냈다가 군졸이 물러나면 다시 들어올까 염려되니 며칠 간 기일을 정해서 끝까지 추격하여 잡도록 하라. 또 품계가 높은 재상을 대장으로 임명할 일로 병조에 말하라." 했다.

- 【태백산사고본】 29책 57권 14장

\ 1434년 세종16년 6월 19일

조선시대 우마牛馬 사고사 1위는 '벼락'

조선왕조실록에는 강우, 폭설, 천둥, 번개, 지진 등 기상재해는 물론 해, 달, 별자리 등의 변화 등 모든 천기(天氣)의 변화를 상세히 기록하고 있다. 실록 전체로는 3만 건 이상의 천기 관련 기사를 싣고 있으며, 조선 초 태조, 정조, 태종 임금 3대에만 자연재해 기록이 총 1,130회로 빈도 순위로는 큰비 303회, 천둥·번개 130회, 벼락 105회, 우박 96회, 농무(濃霧) 91회, 큰바람 90회, 가뭄과 홍수 76회, 한파 및 이상고온 현상 74회, 서리 64회, 폭설 46회, 황충 42회, 지진과 해일 13회등이 발생하여 연 평균 42회 정도가 발생한 것으로 집계한 연구도 있다.

이러한 천재지변 발생 시 임금들은 자신의 부덕의 소치로 하늘의 노여움을 산 것으로 여겨 걱정하고 두려워하여 근신했으며, 재이(災異, 재해와 괴이한 일)를 물리치기 위해 지내는 제사인 해괴제(解怪祭)를 지내거나, 바람·구름·번개·비를 각각 관장하는 신들에게는 중춘(仲春)인 2월과 중추(仲秋)인 8월에 한양 도성의 남쪽 숭례문 밖 둔지산(屯地山) 풍운뇌우단(風雲雷雨壇)에서 풍운뇌우제(風雲雷雨祭)를 지내기도 했다.

특히 자연재해 중 여름에 집중적으로 발생하는 벼락은 인명 피해는 물론 우마(牛馬) 살상을 불러 일으켜 전쟁과 질병을 제외한 사고사(事故死) 1위의 원인으로도 지목받고 있다.

492년 전 오늘의 기사에는 국마(國馬) 수백 필을 놓아먹이던 경기도 임진현(臨津縣) 호관(壺串) 목장 말이 벼락을 맞아 죽었다는 기록이 있다.

- 세종실록 64권, 세종 16년 6월 19일 갑자 기사 1434년 명 선덕(宣德) 9년

호관 목장(壺串牧場)의 말 2필이 벼락 맞아 죽었다.

- 【태백산사고본】 20책 64권 42장

1477년 성종8년 6월 20일

허가 없이 소를 잡으면 온 가족이 외딴 섬으로 쫓겨났다

전형적인 농업 국가였던 조선시대에는 소(牛)는 농업의 가장 중요한 생산수단으로 소가 없을 경우 농지에서 그루갈이를 깊게 할 수 없어 소출량이 크게 줄어, 농민의 이탈이나 농촌 사회의 불안정이 야기되는 주요 원인이 되었다. 따라서 조정에서는 가뭄이나 홍수 등 자연재해 대비와 함께 소의 안정적인 확보를 농사의 중요한 정책으로 여겨 소의 도살을 금지하는 법령인 우금(牛禁) 제도를 지속적으로 실시했다. 실록에는 우금령(牛禁令)에 대해 기사가 전 임금 대에 걸쳐 20여 차례 언급되어 있으며, 특히 전염병인 우역(牛疫)이 발생했을 때는 강력한 우금(牛禁) 정책이 추진되었다.

그러나 이러한 우금령에도 불구하고 소를 밀도살을 하는 이들이 많

아 다양한 처벌제도가 도입되었는데 그중에 하나가 전 가족을 변방으로 멀리 이주시키는 전가사변(全家徙邊) 이었다. 이외에도 태형(笞刑)에 처하거나 재산을 몰수하기도 했으며, 관료인 경우 파직을 시키고 추방을 시키기도 했다.

541년 전 오늘의 기사에는 우금을 어긴 사람은 그 가족 전원을 외딴섬인 절해고도(絶海孤島)에 이주 시키자는 논의를 했다.

- 성종실록 81권, 성종 8년 6월 20일 을묘 기사 1477년 명 성화(成化) 13년

마소를 잡은 사실이 알려진 자는 온 가족을 절도에 옮기게 하다

형조(刑曹)에서 아뢰기를,

"마소를 잡는 것을 금하는 법이 엄하지 않다고 할 수 없으나, 적발하기가 매우 어려워서 징계할 길이 없으니, 외지부(外知部)의 예(例)에 의하여 뭇 사람이 다 아는, 소를 잡은 자는 온 가족을 절도(絶島)에 옮기도록 하소서." 하니, 그대로 따랐다.

- 【태백산사고본】 12책 81권 12장

1427년 세종9년 6월 21일

왕실에 전담으로 우유를 공급하는 관청이 있었다

조선시대 우유(牛乳)는 임금도 마음대로 먹을 수 없는 귀한 음식으로

지금처럼 음용우유로 활용하기 보다는 찹쌀이나 쌀과 함께 끓인 타락죽(駝酪粥) 형태로 이용했다. 이러한 우유를 왕실에 공급하기 위해 조선 초기에 설치한 관아(官衙)가 유우소(乳牛所)로 종사 인원이 많을 때는 200여 명에 이르렀다. 세종 때에는 이름을 타락색(駝酪色)으로 바꾸고 소 기르는 목장을 지금의 서울 동대문에서 동소문에 걸치는 동산 일대로 옮겨 이곳이 타락산(駝酪山) 또는 낙산(酪山)이라 불리게 되었다.

그러나 당시 왕실 목장에서 기르던 소들은 지금의 젖소와는 다른 것으로, 분만한 농우(農牛)를 경기 지역 민가에서 색출하여 사용한 경우가 많아 암소와 송아지가 함께 상해 원성이 많았다. 영조 실록에는 "다섯 주발의 타락죽을 위하여 열여덟 마리의 송아지가 젖을 굶게 하는 것은 인정이 아니다"라는 임금의 지적이 있기도 했다. 이에 따라 소 두수를 줄이거나 우유의 진상을 중지하라는 하교(下敎)가 종종 있었다.

591년 전 오늘의 기사에는 우유 짜는 젖소 두수를 줄이라는 하명(嘏命)이 있었다.

- 세종실록 36권, 세종 9년 6월 21일 무인 기사 1427년 명 선덕(宣德) 2년

젖소를 줄이도록 명하다

우유 짜는 젖소를 줄이도록 명했다.

- 【태백산사고본】 12책 36권 26장

1451년 문종1년 6월 22일

모든 제사에 사용하는 가축은 별도의 사육기간이 있었다

조선시대 국가에서 거행하는 제사는 대사(大祀)·중사(中祀)·소사(小祀)와 속제(俗祭)로 구분할 수 있는데 대사·중사·소사에는 반드시 산 짐승인 희생을 사용한 반면 단오나 추석, 설 등에 지내는 속제에는 희생을 바치지 않았다. 희생으로 사용하는 가축은 소, 양, 돼지 세 가지였다.

제사의 크기에 따라 희생의 수를 달리하여 소, 양, 돼지를 모두 사용하는 태뢰(太牢)인 경우 종묘와 사직 등에 지내는 대사에 올렸으며, 그보다 한 등급 낮은 제사인 중사에서는 양과 돼지를 올리는 소뢰(小牢)를 사용했고, 그 외 소사에서는 돼지 한 마리를 사용했다.

희생에 사용하는 가축은 우리에서 기른 것을 사용했는데 대사는 90일, 중사는 30일, 소사는 10일 기른 것을 사용했으며, 나라에서 특별히 기원할 것이 있어 임시로 시행되는 기고제(祈告祭)의 경우에는 기르지 않은 것을 사용하기도 했다. 또한 모든 희생은 매질 등으로 손상시켜서는 안 되고, 죽으면 다른 용도로 사용하지 않고 반드시 묻어 주도록 했다.

567년 전 오늘의 실록에는 배나무에 나타난 기이한 현상을 달래기 위한 소사(小祀)인 해괴제에 관한 전지(傳旨)가 있었다.

- 문종실록 8권, 문종 1년 6월 22일 기축 기사 1451년 명 경태(景泰) 2년

해괴제에 내직원 별감을 파견하라 명하다

예조(禮曹)에 전지(傳旨)하기를,

"전에는 해괴제(解怪祭)에 서운관(書雲觀)의 관원을 차견(差遣)하여 행하게 했으나, 이제부터는 마땅히 내직원 별감(內直院別監)을 보내어 그 도의 관찰사(觀察使)에게 향축(香祝)을 전해 주어 소재관(所在官)의 수령으로 하여금 제사를 행하게 하라."

했다. 3월 이래로 배나무의 잎에 찬란한 무늬가 생기고 누렇게 말랐는데, 지난달부터 흙비가 열흘 동안 내려서 그 잎이 다 떨어지더니, 이달에 이르러 잎이 다시 살아나고 꽃도 봄처럼 피었다.

• 【태백산사고본】 4책 8권 24장

\ 1447년 세종29년 6월 26일

원숭이를 이용하여 말馬의 병을 예방했다

조선왕조실록에 나타나는 다양한 동물 중 원숭이에 대한 기록은 80여 차례로 비유적으로 쓰일 때는 '조급하게 움직이고 허망(虛妄)하게 행동하며 교활하다'와 같이 부정적인 의미로 쓰일 때 많이 인용되었다.

실물 원숭이에 대한 기록은 일본에서 진상(進上)한 것이 대부분으로 여러 마리를 잇달아 보내자 각진(各鎭)에 까지 나누어 준 것으로 나타나 있다. 특히 세종 때에는 제주도에서 원숭이를 풀어 놓고 기르게 했으며, 나중에 제주안무사(安撫使)가 사육한 원숭이를 임금에게 진상한 것으로도 기록되어 있다. 고고학적으로는 우리나라 석기 시대 유적지에서 원숭이 뼈가 발견되어 한반도에도 약 20~30만 년 전 원숭이가 서식했다는 것이 정설로 알려져 있다.

조선 초기 왕실에는 궁궐 내 정원을 관리하고 화초나 과일을 담당하는 상림원이 있었는데 비둘기, 노루와 사슴 같은 관상용 동물은 물론 진상된 검은 여우, 공작새, 원숭이까지도 이곳에서 기른 것으로 나타나 있다.

571년 전 오늘의 실록에는 '원숭이가 있는 곳에서 말을 키우면 말이 병들지 않는다'라는 흥미로운 기록이 있는데 실제로 일본 에도막부(江戶幕府) 시대 초대 쇼군인 도쿠가와 이에야스(德川家康)의 사당인 도쇼구(東照宮) 마구간에는 말의 병을 막기 위해 8마리의 원숭이 조각상이 설치된 것으로 알려져 있다.

• 세종실록 116권, 세종 29년 6월 26일 정해 기사 1447년 명 정통(正統) 12년

세자가 왜인이 가져온 원숭이 자웅값을 모두 치르도록 하다

세자(世子)가 승정원(承政院)에 이르기를,

"사복 제조(司僕提調) 김종서(金宗瑞)가 아뢰기를, '원숭이가 있는 곳에서는 말이 병들지 않는다.' 했는데, 윤인보(尹仁甫)도 말하기를, '일본(日本)에서 원숭이를 기르는 것은 오로지 이 때문이므로, 말을 기르는

자에게 원숭이가 만일 없다면 반드시 그림이라도 그려서 벽에 붙여서 예방한다.'고 한다. 우리 나라로 말하면 내승(內乘)에는 원숭이가 있어서 말이 병들지 않지만, 외승(外乘)에는 원숭이가 없어서 말이 자주 죽는 것이 그 증험이다. 내승(內乘)에 원숭이가 수컷만 있고 암컷이 없으매, 이제 왜인(倭人)이 자웅(雌雄)을 가지고 우리 나라에 왔다가 수컷이 죽었는데, 예조(禮曹)에서 다만 암컷 원숭이 값만 준 것은 잘못인즉, 수컷 값도 모두 주게 하라." (중략) 했다.

- 【태백산사고본】 37책 116권 28장
- 【주】내승(內乘) : 왕궁에서 필요로 하는 마필을 관장하는 관부(官府)

1403년 태종3년 6월 27일

소 한 마리가 송아지 다섯 마리를 낳았다

조선왕조실록에는 송아지에 대한 언급이 200여 차례 나타나 있으며, 주로 기형 송아지 출산이나 두 마리 이상 다태 쌍둥이 출산에 대한 기록이 주류를 이루고 있다. 다태 출산 송아지에 대한 기록은 25회로 2마리 송아지 출산이 9회, 3마리 출산이 가장 많아 11회, 4마리 출산도 4회 보고되어 있으며, 중종 때는 경상도에서 소 한 마리가 송아지 5마리를 낳은 것으로 기록되어 있다.
이러한 송아지 다태 분만에 대해서 조정에서는 재변(災變)으로 여겨 임금은 물론 신하들까지도 근신한 것으로 나타나 있으며, 특히 중종 때 송아지 5마리가 낳은 것이 2차례 보고가 되었을 때는 임금도 크게 놀라 하늘의 뜻으로 알고 반성을 하고 아래로는 인사가 잘못되어 천변이 생긴 것으로 기록하고 있다.

반면에 실록에는 일반 평민들이 쌍둥이를 출산한 기록도 5여회 나타나 있는데 조정에서는 크게 경하(慶賀)할 일로 여겨 세쌍둥이인 경우 종9품 관리가 1년간 받는 급료에 해당되는 쌀과 콩 10석씩을 하사하기도 했다.

615년 전 오늘의 실록에는 한양 도성 내에서 소가 한 번에 송아지 2마리를 낳았다고 전하고 있다.

- 태종실록 5권, 태종3년 6월 27일 계유 기사 1403년 명 영락(永樂) 1년

도성 안의 소가 한 번에 암수 두 마리를 낳다

도성(都城) 안의 소가 한 번에 두 마리의 송아지를 낳았는데, 하나는 암놈이고, 하나는 수놈이었다.

- 【태백산사고본】 2책 5권 32장

\ 1469년 예종1년 6월 29일

국가기관에서 기르는 돼지는 사료를 익혀 먹였다

조선시대에는 크게 3개 국가기관에서 가축을 기르는 일을 담당했는데, 오늘날 국방부에 해당하는 병조 산하 사복시에서는 수레, 말, 마구는 물론 우마 등에 관한 전국적인 목축 및 목장에 관한 일을 관장했으며, 예조 산하 전생서(典牲署)에서는 국가의 제사에 쓰이는 희생 제물로 사용할 가축을 기르는 일을 담당했다. 또한 이조 산하 사축소(司畜所)에서는 궁중의 잔치나 행사 등에 쓰일 중소가축인 돼지, 양, 염소, 거위, 오리 등을 사육했다.

이러한 국가기관에서 사육하는 가축들은 농후사료로는 쌀, 콩, 피(稗) 등 곡류는 물론 농산물 부산물인 지게미·쌀겨, 밀기울 등을 급여한 것으로 기록되어 있다. 또 조사료의 경우는 경기 일원에서 여름에는 청초를 거두고 겨울에는 볏짚 위주인 곡초(穀草)를 관에서 거두어 들여 사육한 것으로 나타나 있다. 특히 이러한 사료의 급여 시 익혀서 주기위한 참나무 장작인 소목(燒木)을 징발하여 백성들의 폐해가 많았던 것으로 알려져 있다.

549년 전 오늘의 실록에는 돼지 한 마리를 사육하는데 들어가는 데 소요되는 땔나무의 양이 250근(150kg)에 달한다고 적고 있다.

- 예종실록 6권, 예종 1년 6월 29일 신사 기사 1469년 명 성화(成化) 5년

국정 전반에 관한 공조 판서 양성지의 상소

공조 판서(工曹判書) 양성지(梁誠之)가 상서했는데, 그 상서는 이러했다. (중략)

전일 방납(防納) 할 때에 방납하게 했더니 백성에게서 많이 취한 것이 소목(燒木)만큼 심한 것이 없었다. 만약 사축서(司畜署)에서 돼지 수백 구(口)를 기른다면, 돼지 한 마리당 사료를 불때는 데 드는 소목(燒木)이 1일에 11냥(兩)이고, 1두(斗)의 사료에는 나무 1근(斤)을 불때게 되니, 10두(斗)의 사료라면 10근의 나무를 쓰게 될 것입니다. 그러나 실제로 1석(石)을 합하여 불때게 되면 1,2근을 더하는 데 불과할 뿐입니다. 1년에 돼지를 기르는 데에 사료를 불때는 나무가 250근이니, 그 값을 쌀로 계산하면 23두(斗)이고, 그 사료인 콩도 72두이며, 밀기울(麥麩)은 반이 됩니다. 그러나 돼지 한 마리에 1년에 드는 비용이 가히 10여 필(匹)인데, 하물며 돼지의 본래 가격도 또한 각기 10여 필이겠습니까? 양(羊)도 진실로 이러한 유(類)이고 닭은 또한 더욱 심합니다. (중략)

임금이 신숙주(申叔舟)·한명회(韓明澮)에게 전교하기를,

"상서(上書)한 일 가운데 행할 만한 것에 부표(付標)하여 아뢰도록 하라." 했다.

- 【태백산사고본】 3책 6권 21장

7월

/

맹추

孟秋

\ 1449년 세종31년 7월 3일

가뭄이 심하면 사직단에서 돼지를 희생으로 제(祭)를 올렸다

조선시대에는 태조 때부터 토지를 관장하는 사신(社神)과 곡식을 주관하는 직신(稷神)을 모시는 사직단(社稷壇)을 세워 음력 2월인 중춘(仲春)과 음력 8월인 중추(仲秋) 첫 술일(戌日)에 춘추대제(春秋大祭), 동지(冬至) 뒤 세 번째 미일(未日)에는 납일제(臘日祭)를 지냈다.

이러한 정기 제사 외에 국가의 중대사를 사직신(社稷神)에게 고하는 고유제(告由祭)나 가뭄이 들었거나 비가 너무 많이 왔을 때 지내는 기우제(祈雨祭)·기청제(祈晴祭) 등의 부정기적인 제사들도 사직단에서 시행했는데, 이를 기고사직의(祈告社稷儀)라 했다.

기고제(祈告祭)의 절차는 희생(犧牲)으로 쓰이는 짐승의 털과 피를 묻는 의식인 예모혈(瘞毛血), 신을 맞이하는 의식인 영신(迎神), 신에게 폐백을 드리는 의식인 전폐(奠幣), 술잔을 올리는 의식인 작헌(酌獻), 제사에 쓴 제기를 거두는 의식인 철변두(徹籩豆), 신을 보내는 의식인 송신(送神), 축판과 폐백을 예감(瘞坎)에 묻는 의식인 망예(望瘞)의 순으로 진행되었는데, 희생으로 쓰이는 가축은 소사(小祀)의 규정에 따라 돼지 한 마리를 사용했으나 돼지 2마리를 쓰기도 했다.

569년 전 오늘의 기사에는 가뭄이 극심하여 기우제(祈雨祭)를 지내고 그래도 비가 오지 않으면 왕세자인 동궁(東宮)이 직접 사직제(社稷祭)를 행하는 것을 논의했다.

• 세종실록 125권, 세종 31년 7월 3일 신사 기사 1449년 명 정통(正統) 14년

북교·사직·종묘 등에 기우제를 행하도록 하다

임금이 말하기를,

"한재(旱災)가 몹시 심하니 기우(祈雨)를 늦출 수 없다. 이제 각처에서 기우(祈雨)를 일시에 함께 하고자 하는데, 사직(社稷)은 동궁(東宮)으로 하여금 친히 행하게 하는 것이 어떻겠는가."

하니, 예조에서 아뢰기를,

"이번 7월 초 6일에 북교(北郊)·사직(社稷)·종묘(宗廟)·우사(雩祀)·풍운뢰우(風雲雷雨)·삼각(三角)·목멱(木覓)·한강(漢江)에 모두 기우하여도 비가 오지 아니하면, 동궁이 사직제(社稷祭)를 친히 행하게 하소서." 하니, 그대로 따랐다.

• 【태백산사고본】 39책 125권 1장

1452년 단종 즉위년 7월 4일

도살을 금지하고 짐승의 뼈를 묻는 조선의 가뭄 10가지 대책

조선왕조실록에 가뭄에 대한 기록은 3천 4백여 건에 달할 정도로 가장 큰 천재(天災)중에 하나로 다양한 대책이 강구되었다. 가뭄에 대한 대책은 시대별로 차이가 있으나 태종 때 예조에서 올린 사의(事宜)

를 기준으로 보면 가뭄이 들면 우선 ①산천(山川)으로 구름과 비를 일으킬 수 있는 곳에서 제사하며, 또 사직과 종묘에서 7일마다 한 번씩 빌고, 그래도 비가 오지 않으면 다시 기우(祈雨)하기를 처음과 같이 행하는 것으로 나타나 있다.

또한 그래도 가뭄이 심하면 우제(雩祭)를 지내는데, 처음에 빈 뒤 10일이 되어도 비가 안오면 ②상인들이 물건을 파는 저자(시장)를 옮기고, ③도살을 금하며, ④임금이 쓰던 햇볕을 가리는 산선(傘扇)을 끊고, 또 가뭄이 있으면 ⑤원통한 옥사(獄事)를 심리(審理)하고, ⑥궁하고 가난한 사람을 구제하며, ⑦뼈를 덮고 썩은 고기를 묻으며, ⑧도랑(溝洫)을 치고 밭둑길인 척맥(阡陌)을 깨끗이 치우는 것으로 적고 있다.

이외에도 임금은 근신한다는 의미에서 ⑨술을 끊는 철주(輟酒)와 수랏상의 반찬을 줄이는 감선(減膳) ⑩산이나 들에서 짐승을 잡는 전렵(田獵)을 금한 것으로 나타나 있다.

특히 농사철에 가뭄이 심하면 장터를 옮기는 사시(徙市)는 장안에서는 점포를 닫고 거리로 나오는 항시(巷市)를 하지만, 지방에서는 시장을 강가 또는 평소 물에 잠겨 있는 곳으로 옮겨 시끄럽게 하여 잠자는 용을 깨워 비를 내리게 하려는 주술적인 의미가 있었던 것으로 알려져 있다.

566년 전 오늘의 실록에는 가뭄에 대비하여 전답(田畓) 사이에 도랑을 깨끗이 치우고, 드러난 뼈를 덮어 주고 짐승의 뼈를 묻어주자는 논의를 했다.

- 단종실록 2권, 단종 즉위년 7월 4일 을미 기사 1452년 명 경태(景泰) 3년

전답 사이의 도랑을 수리하고 밭둑길을 깨끗이 하게 하는 등 가뭄에 대비하게 하다

의정부에서 아뢰기를,

"이제 화곡(禾穀)의 이삭이 피어날 때를 당하여 비가 흡족하지 못하여 매우 염려가 되니, 청컨대 구혁(溝洫)을 수리하고, 천맥(阡陌)을 깨끗이하며 원통한 옥사(獄事)를 심리하고 궁핍한 사람들을 진휼하고 드러난 뼈를 덮어 주고 짐승의 뼈를 묻어 주소서."

하니, 그대로 따랐다.

- 【태백산사고본】 1책 2권 1장
- 【주】 - 구혁(溝洫) : 전답의 사이에 있는 도랑
    - 천맥(阡陌) : 밭둑길. 동서가 맥(陌), 남북이 천(阡)

1453년 단종1년 7월 6일

500년 전 경기도 안성에 젖소를 기르는 국가 목장이 있었다

조선왕조실록에 젖소에 대한 최초의 기록은 태종 때 설치된 유우소(乳牛所)에 관한 것으로 당시 경기(京畿) 지역에서 진상품으로 실어다가 바치던 곡초(穀草)를 농사가 바쁜 때는 피했다가 추수가 끝난 후에

하라는 상소(上疏) 내용이었다.

우유(牛乳)에 대한 표현은 유락(乳酪)이라고도 했으며, 소나 말의 젖을 뜻하는 종락(湩酪), 유즙(乳汁)이라고도 적고 있다. 또한 우유의 지방을 이용하여 만드는 오늘날 버터의 일종인 수유(酥油)는 왕실에서 약으로 사용했으며, 갈증과 기침을 그치게 하고, 모발을 윤택하게 하며 폐 기능이 위축되는 것과 심장의 열증을 제거하고, 피를 토하는 증상을 치료하는 효능이 있어 늙고 병든 신하에게 주는 귀중한 하사품 중 하나였다. 이 수유에 칡뿌리 가루(葛粉, 갈분)를 넣어 쑨 죽인 제호(醍醐)는 팔다리가 저리고 아픈 증상을 치료하며, 골수를 보해 주는 효능이 있는 것으로 알려져 있다.

또한 젖을 끓여서 버터인 소(酥)를 제거한 다음 발효시켜 만든 일종의 발효유인 타락(駝酪)은 보양식으로 활용했는데 소의 젖으로 만든 것은 우락(牛酪), 양의 젖으로 만든 것은 양락(羊酪)이라 했다. 이외에 유부(乳腐)라는 표현도 이와 같은 타락(駝酪)의 일종으로 지금의 요거트(youghurt)와 흡사하여, 왕실 내의원(內醫院)에서 제조하여 진상했고, 70세 이상의 은퇴한 대신들이 머무는 기로소(耆老所)에서 공양하기도 했다.

565년 전 오늘의 실록에는 이러한 우유를 생산하는 젖소를 경기(京畿)의 민가에서 색출(索出)하지 말고 안성에 있던 국가 목장에서 길러 민폐(民弊)를 덜게 하자는 논의가 있었다.

- 단종실록 7권, 단종 1년 7월 6일 신유 기사 1453년 명 경태(景泰) 4년

의정부에서 매를 부려 사냥을 하던 사복시의 관원 수를 늘려 주기를 청하다

(상략) 병조의 정문에 의거하여 아뢰기를,

"황해도(黃海道) 여러 고을에 소 205두(頭)를 나누어 기르고 있으나, 젖소(乳牛)는 없고 또 희생(犧牲)으로도 합당하지 않으니 꼴과 콩만 헛되게 소비하고 있다. 청컨대 추등(秋等)의 점마 별감(點馬別監)으로 하여금 살찌고 튼튼하여 수레를 끌 만한 것은 뽑아 사복시(司僕寺)에 보내고 나머지는 모두 관찰사에게 주어서 빈민(貧民)으로 농우(農牛)가 없는 자에게 균급(均給)하게 하소서. 사복시의 젖소는 모두 경기(京畿)의 민호(民戶)에서 색출(索出)한 것이나, 모두 오래지 아니하여 병으로 죽고 혹은 젖(乳汁)이 나지 않는 까닭에 다시 민간에서 구하니, 그 폐단이 무궁(無窮)합니다. 청컨대 여러 목장의 어린 말(兒馬)로써 암소 60우와 황소 10두를 사서 경기(京畿) 양성(陽城)의 괴태 길곶이(槐台吉串) 목장에 놓아 기르고, 젖소를 골라 본사에서 길러 민폐(民弊)를 덜게 하소서."

하니, 모두 그대로 따랐다.

- 【태백산사고본】 3책 7권 3장
- 【주】 - 추등(秋等) : 가을철
  - 점마 별감(點馬別監) : 각 목장(牧場)의 말을 점검하기 위하여 파견하던 사복시(司僕寺)의 별감(別監)
  - 괴태 길곶 : 곶 이름. 지금의 경기도 안성군(安城郡) 양성면(陽城面) 지역에 있었다.

\ 1506년 연산12년 7월 7일

왕실마 1천여 필에 기녀를 싣고 야외 유희를 즐긴 연산군

조선시대 왕실에서 쓰는 말인 내구마(內廐馬)는 병조 예하의 내사복시(內司僕寺)에서 관리했는데, 내사복시에서는 임금이 사용하는 수레와 궁궐의 마구간인 내구를 관리하는 일도 담당했다. 내사복시의 관원으로는 내승 3명이 있었으며, 그중 1명은 사복시 정(正)이 겸직하며 실무를 집행했다. 나머지 2명도 종2품 이하의 관원이 겸임하며 1명은 내사복시에, 1명은 왕실 목장인 뚝섬 일대 살곶이 목장에 배치되어 내구마의 관리를 맡아보았다.

살곶이 목장에서 사육되던 말들은 국왕이 사용하는 어승마를 비롯해 왕실의 수요에 맞추어 공급되었으며, 도성 방어에 필요한 전마(戰馬)로 공급되기도 했고, 왕족과 고위 관료에게 주던 하사품으로 쓰이기도 했다.

실록에 연산군의 기행(奇行)은 여러 가지가 있는데 조선 팔도에 채홍사(採紅使), 채청사(採靑使)를 파견하여 아름다운 처녀와 건강한 말을 뽑아 각 고을에서 관리하게 하고, 이 중에 여기(女妓)들을 뽑아 운평(運平), 계평(繼平), 속홍(續紅) 등으로 칭하며, 미모가 출중한 이들을 흥청(興淸)이라 하고 궁궐을 출입시켰다. 이들은 처음에는 100여 명 정도였으나 후에 1천여 명에 달한 것으로 알려져 있다.

512년 전 오늘의 실록에는 이러한 흥청들을 왕실마 1천여 필에 태우고 삼각산 아래 창의문 밖에서 야외 유희(遊戱)를 즐긴 것으로 기록하고 있다.

- 연산군일기 63권, 연산 12년 7월 7일 갑신 기사 1506년 명 정덕(正德) 1년

대비에게 잔치를 들이고, 나인과 길가에서 음행을 하다

왕이 미행으로 경복궁에 이르러 대비에게 잔치를 드리고, 잔치가 파하자 내구마(內廐馬) 1천여 필을 들이게 하여 흥청(興淸)을 싣고 탕춘대에 가, 나인(內人)과 길가에서 간음했다.

- 【태백산사고본】 17책 63권 2장
- 【주】 - 내구마(內廐馬) : 조선시대에 내사복시에서 기르던 왕실용 말
  - 흥청(興淸) : 연산군 때 궁중에 출입하던 여기(女妓)
  - 탕춘대(蕩春臺) : 삼각산 아래 창의문 밖 장의동(藏義洞)에 있던 연회(宴會) 터, 주변에 흐르는 물 위에 장주초석을 세워 세웠던 정자가 탕춘정(蕩春亭)이다.

\ 1426년 세종8년 7월 17일

조선시대에는 말馬을 전담 거세하는 관리가 있었다

조선시대에 말을 사육하고 관리하는 책임을 맡은 관리는 병조 산하 사복시에 소속된 종6품 양마(養馬)라는 관직으로, 이들이 맡은 일은 말을 생산하는 일(生馬)과 수말을 거세해 선마(騸馬)를 만드는 일이었다. 선마는 전투마(戰鬪馬) 등으로 적합했으므로 까다로운 절차를 거

쳐 신중히 행했으며, 중국에 공헌(貢獻)하거나 사신에게 선물로 사용 되었고, 제주도에서는 재주와 용모가 빼어난 좋은 말을 골라 거세하고 조련시킨 뒤 진상하여 임금이 타기도 했다.

말의 모진 성질을 순하게 하기 위해 하는 선마는 힘줄을 불로 지지는 화선(火騙)과 힘줄을 지지지 않는 수선(水騙)이라는 방식을 사용했는데, 기운과 몸이 센 말은 수선으로 하고, 그렇지 않은 경우 화선으로 한 것으로 알려져 있다. 또한 거세를 행하는 날은 맑은 날을 가려서 고르는데, 바람이 불거나 비가 오는 날, 흐리고 추운 날은 피하고, 혈지일(血支日)과 혈기일(血忌日), 본명일(本命日)과 도침일(刀砧日)도 피한 것으로 기록되어 있다.

양마는 관리하는 말이나 거세한 말이 죽게 되면 법에 따라 처벌했는데 선마가 37일 이내에 죽으면 거세를 행한 자를 논죄했으며, 그 외에 관리를 소홀히 하여 소나 말이 죽었을 경우에는 3필당 1필을 추징하여 가축을 돌보는 데 진력하도록 했다.

592년 전 오늘의 실록에는 이러한 수말의 거세가 너무 많아 좋은 말을 구할 수 없어 거세를 금한다는 논의가 있었다.

- 세종실록 33권, 세종 8년 7월 17일 무신 기사 1426년 명 선덕(宣德) 1년

정사를 보다

정사를 보았다. 임금이 말하기를,

"수말(雄馬)은 모두 거세(騙)하기 때문에 근년에 좋은 말이 없고, 또

거세를 금지하는 법령이 육전(六典)에 실려 있으니, 이제부터 말의 거세를 엄금하는 것이 어떠한가."

하니, 예조 판서 신상(申商)이 대답하기를,

"우리 나라 사람들은 쓸 만한 말만 있으면, 대소를 불문하고 거세해 버리므로, 말의 질이 좋지 않은 것이 바로 이 때문이오니, 이 법을 거듭 밝히는 것이 실로 온당하고 유익할 것입니다."

(중략) 하니, 임금이 즉시 명하여 입법(立法)하도록 했다.

- 【태백산사고본】 11책 33권 5장

1413년 태종13년 7월 18일

퇴임한 고위 관리에게 매월 주는 것은 고기와 술이었다

조선시대 조정에서는 관리가 70세가 되면 관직에서 물러나는 것이 일반적으로 이를 치사(致仕)라 했다. 왕조실록에는 하급 관원의 치사는 거론되지 않고 정2품 이상 대신의 치사가 주로 거론되어 600여 건의 기록이 나타나 있다. 또한 70세 이상 연로한 고위 문신들의 예우를 위해 기로소(耆老所)라는 관서를 설치하여 특별히 맡은 일이 없더라도 동일한 직함으로 왕에게 국정에 대해 건의하기도 했으며, 청사를 한성부 징청방(澄淸坊, 현 종로 1가 일대)에 설치했다. 태조는 이 기구의 운영을 위해 토지와 노비, 염분, 어전(漁箭) 등을 하사하기도 했다.

이러한 치사제도는 모든 관료가 70세가 되면 정년이 되어 모두 관직을 물러나는 것은 아니었으며, '국가의 중요한 임무를 맡은 자'나 임금의 '특지(特旨)'가 있으면 치사되지 않고 계속 관직을 유지할 수 있었다. 치사한 대신들에 대한 예우는 일부는 규정에 따라 녹봉을 받기도 했으며, 부역이 면제되었고, 국가에서 특별한 경사 때에 모든 관원에게 품계를 올려주는 가자(加資)를 하는 경우 치사한 대신들에게도 똑같이 시행했다.

특히 예조에서는 정 3품 이상 당상관(堂上官)으로 치사하는 경우 매달 고기와 술을 급여했으며, 국가의 중대한 정사로 인하여 치사하지 못한 70세 이상 된 1품관에게는 앉는 자리에 검은 가죽으로 싼 의자인 궤(几)와 비둘기를 새기고 주칠(朱漆, 누린빛이 섞인 붉은 빛깔의 칠)을 한 지팡이를 하사했다.

605년 전 오늘의 실록에는 임금이 교명(教命)과 국사(國史) 등의 일을 관장하는 예문관에 술과 고기를 내려주고 창(唱)을 하며 즐기라고 했다.

- 태종실록 26권, 태종 13년 7월 18일 을미 기사 1413년 명 영락(永樂) 11년

예문관에 술과 고기를 하사하다

주육(酒肉)을 예문관(藝文館)에 내려 주었으니, 관관(館官)이 잣(松子)을 바쳤기 때문이다. 임금이 주육을 내려 주고 이어서 명했다.

"너희들이 한림별곡(翰林別曲)을 창(唱)하면서 즐기라."

- 【태백산사고본】 11책 26권 5장
- 【주】한림별곡(翰林別曲) : 고려 고종(高宗) 때 지은 경기체가(景幾體歌)의 하나. 한림(翰林)의 문사(文士)들이 합작한 노래로서 풍류가(風流歌)임

1429년 세종11년 7월 19일

중국에서 가장 좋아했던 조선의 동물 중 하나는 사냥개

조선왕조실록에 개에 관한 기록 중 가장 많이 언급된 것은 사냥개인 전견 또는 엽견(獵犬)으로 100여 건의 기록이 있다.

사냥개에 대한 기록은 조선시대 임금이 신하와 백성을 모아놓고 대규모로 함께 실시하던 사냥 의식을 겸한 군사훈련인 강무(講武)와 수행 군사들과 함께 하루나 이삼일의 단기 일정으로 소규모로 하던 사냥인 타위(打圍)와도 관련이 있다. 실제로 강무에는 임금을 비롯해 대군·왕자 및 의정부 이하 문무관 등이 참석하여 기본적으로 적게는 수천 명에서 많게는 수만 명의 군사들을 동원하는 종합적인 군사훈련의 성격을 띠고 있었으며, 강무 활동 중에 사냥은 짐승 몰이를 바탕으로 활을 이용하는 사렵(射獵), 매와 사냥개를 활용한 응렵(鷹獵)과 견렵(犬獵) 등의 형식이 있었다.

이 같은 대규모 사냥 훈련인 강무는 조선 초기인 태조 대부터 시작되어 태종, 세종, 세조대에 매우 활발하게 시행되었으나 이후에는

군사 훈련이라는 본래의 기능이 점차 약화되어 제물(祭物)이나 어찬 마련이라는 명분으로 변질되면서 타위가 많이 이루어져 세조 대에는 타위법(打圍法)이 정해지기도 했다. 이 타위법에는 호랑이, 스라소니, 멧돼지, 사슴 등을 보고 여러 위(衛)에서 다투어 잡다가 만약 황룡기(黃龍旗)와 교룡기(交龍旗)를 세우면 본소로 돌아가며 초요기(招搖旗)를 세우면 장수가 와서 교룡기 아래에 서면서 여러 장수가 모두 오게 하는 것으로 정해져 있었다.

이러한 사냥에 쓰인 조선의 사냥개는 중국 황실이나 사신들이 애호하던 동물로 589년 전 오늘의 실록에는 중국에 보내는 진헌(進獻) 품목 중에 큰개 40여 마리가 포함되어 있다.

• 세종실록 45권, 세종 11년 7월 19일 계해 기사 1429년 명 선덕(宣德) 4년

임금이 왕세자와 백관을 거느리고 서토를 축하하는 표·전문을 배송하다

(상략) 아뢰기를, "선덕 4년 5월 초2일, 흠차 태감 창성(昌盛)·윤봉 등의 관원이 우리 나라에 와서 공손히 선유를 전하기를, '네가 조선국에 가서 국왕(國王)에게 알도록 설명하고 개(狗)와 매(鷹)를 구하여 가지고 오라.'고 했다. 공손히 이 뜻을 받들어 이제 여러가지 새매와 큰 개를 배신 좌군 동지총제 권도를 보내어 관리하여 북경에 가서 진헌하게 합니다. 아골(鴉鶻) 30연(連), 황응(黃鷹) 10연, 조응(皂鷹) 4연, 큰 개 40마리입니다." 했다.

- 【태백산사고본】 14책 45권 6장
- 【주】아골(鴉鶻) : 수컷 매

1509년 중종4년 7월 20일

활을 만들기 위해 각지에 물소를 70마리나 길렀다

조선시대 활은 물소뿔(水牛角)로 주로 만들었으며, 물소뿔인 수우각은 궁각(弓角)·흑각(黑角)이라고도 하며 수우각을 원료로 만든 활은 각궁(角弓)·흑각궁이라 불렀다. 그러나 이런 수우각은 우리나라에서 생산되지 않아 주로 중국을 통해 수입되었으며 동남아시아산이 일본을 통해 수입되기도 했다.

또한 제조비용이 높고 안정적인 공급이 어려운 물소뿔 대신 국산 황소 뿔을 사용한 각궁도 제작했는데 이런 활을 향각궁(鄕角弓)이라고 불렀다. 또 국산 황소 뿔은 물소 뿔에 비해 짧기 때문에 활 하나를 만들기 위해선 황소 뿔 세 개가 필요하여 삼각궁이라고 부르기도 했다. 조선시대 이러한 활을 포함한 병기의 제조 등을 관장하던 관청은 군기감(軍器監)으로 정 3품 판사가 관장했으며, 특별히 궁중에서 사용하던 활이나 화살을 만들어 보관하는 궁내의 관아는 내궁방(內弓房)으로 활과 화살을 만드는 공장들이 있었다. 이들을 내궁인(內弓人)·궁장(弓匠)·궁공(弓工)·내시인(內矢人)·시장(矢匠)·시공(矢工)이라 불렀고, 군기감 소속의 궁장들이 내궁방의 일을 돕기도 했다.

이러한 활을 제조하는데 쓰이는 뿔을 확보하고 보통 황소에 비해 밭을 가는 능력이 2배인 물소의 확보·번식을 위해 세종 때부터 많은 노력이 있었다. 세조 때에는 일본 유구국(琉球國, 지금의 오키나와 등에 있던 왕국)에서 2마리를 도입하여 경상도 웅천(지금의 진해 일대)에서 기르게 하여, 성종 때에는 70여 마리에 이르기도 했다.

509년 전 오늘의 기사에는 이렇게 번식된 물소를 섬으로 추방하지 말고 민간에 나누어 주어 경종(耕種)에 쓰도록 하자는 논의가 있었다.

• 중종실록 8권, 중종 4년 7월 20일 경술 기사 1509년 명 정덕(正德) 4년

병조 겸판서 유순정·판서 김응기가 북도인이 야인에게 사람을 파는 일을 아뢰다

병조 겸판서 유순정·판서 김응기가 아뢰기를,

"(중략) 그리고 조종조에서, 물소가 비록 우리 땅의 소산이 아니지만 각 고을에 나누어 기르게 한 것은, 자식(孳息) 시켜서 우리나라 인민으로 하여금 경종(耕種)에 쓰도록 하고자 하여서였다. 그런데 근자에 소용이 없다 하여 해도(海島)로 추방했으니, 필시 주리고 얼어서 모두 죽었을 것입니다. 이는 선조의 뜻이 아니니, 청컨대 민간에 나누어 주고, 만약 물고(物故)하더라도 그 치사(致死)케 한 죄를 다스리지 말면, 재산이 있는 백성은 혹 능히 길러서 점차 경종을 익혀 백성이 그 이익을 입을 것입니다."

하니, 전교하기를,

"사람 파는 일은 아뢴 대로 하유하고, 물소 일은 의논하는 것이 옳다." 했다.

- 【태백산사고본】 4책 8권 66장
- 【주】자식(孳息) : 새끼를 쳐서 번식하는 것

1438년 세종20년 7월 21일

각 도各道 고을로 돼지 사육 두수를 늘린 세종대왕

조선시대 사신의 접대를 주 업무로 하면서 동시에 고위 관원들의 식사 및 제향 때 이를 집행하는 집사들의 식사를 제공하는 역할을 담당하는 예조 산하 관청은 예빈시(禮賓寺)였다. 이 예빈시에 목축에 관한 일을 맡아보던 관아인 전구서(典廐署)를 합쳐 일을 나누어 맡아보던 분사(分司)를 분예빈시(分禮賓寺)라 일컬었다. 태종 때는 분예빈시와 사련소(司臠所)를 합쳐 사축서(司畜署)라 부르기도 했고, 별좌(別坐) 3명과 별감(別監) 6명을 두었으며, 세조 때는 여러 가축을 기르는 일을 맡은 종6품 관원은 영(令) 1명, 승(丞) 1명, 사리(司吏) 2명을 두었다. 예빈시에서는 각종 음식물 등의 조달을 위해 전구서 등과 같이 염소나 양·돼지·오리·기러기·닭 등을 사육하기도 했고, 공물로 찹쌀의 일종인 점미(粘米)·메밀인 목맥미(木麥米)·참기름인 진유(眞油) 등을 공물로 징수하거나 별도로 준비하여 구비했다.

예빈시의 관사는 초기에는 의정부 남쪽에 두었다가 뒤에 서부 양생

방(養生坊, 지금의 서소문 일대)으로 이전했으며, 다시 남부 회현방(會賢坊) 남별궁(南別宮, 지금의 소공동에 있던 궁궐) 안으로 옮긴 것으로 기록되어 있다.

580년 전 오늘의 실록에는 분예빈시에서 기르는 돼지 마리수가 충분치 못하니 전국적으로 각 도별로 사육 두수를 나누어 늘려 기르자는 논의가 있었다.

• 세종실록 82권, 세종 20년 7월 21일 계묘 기사 1438년 명 정통(正統) 3년

의정부에서 객인을 접대할 돼지를 지방에서 상납받는 규정을 지을 것을 아뢰다

의정부에서 예조의 정문에 의하여 아뢰기를,

"분예빈시(分禮賓寺)에서 따로 기르는 돼지 1백 마리와, 상시 기르는 돼지 150마리로는 중국 사신과 인국(隣國) 객인(客人)의 공대(供待)가 넉넉지 못할 것 같사오니, 각 도 각 고을로 하여금 상정(詳定)에 사육하는 수효 내에서, 목관(牧官) 이상은 15두, 지관(知官) 이상은 10두, 현관(縣官)은 5두로 정하되, 경기의 경우는 목관은 8두, 지관은 4두, 현관은 3두로 수효를 정하고, 따로 길러서 적당하게 상납하여 사객을 공대하게 하고, 그 돼지를 사육하는 근만(勤慢)에 대하여는, 그 계수관(界首官)으로 하여금 이를 규찰(糾察)하게 하옵소서."

하니, 그대로 따랐다.

• 【태백산사고본】 26책 82권 11장

\ 1554년 명종9년 7월 24일

남대문로 근처에 소와 말의 거래 시장이 있었다

조선시대 초기 한양과 중요 도시에 조성된 상설 점포나 어용상전(御用商廛)을 시전(市廛)이라했는데, 태종 때 네 차례에 걸쳐 건설되었다. 1차는 혜정교에서 창덕궁에 이르는 양편 길에 800여 칸의 행랑이 완성되었고, 2차로는 대궐문에서 정선방 입구에 이르는 길에 420여 칸의 행랑이 지어졌으며, 3차로는 종루부터 경복궁에 이르는 길, 창덕궁에서 종묘에 이르는 길, 종루에서 남대문까지 총 1,360여 칸을 만들었다. 그리고 마지막으로 종묘에서 동대문에 이르는 길에 시전 건물이 들어섰다.

조정에서는 이 시전을 일정한 상인들에게 빌려주고 그 대가로 공랑세(公廊稅)를 받았는데, 상인들은 건물 1칸마다 봄·가을에 각각 저화(楮貨) 20장씩을 납부하도록 규정했다. 이들은 이후 점차 국역(國役)을 부담하게 됐고, 시전은 어용상전인 '육의전(六矣廛)'으로 발전하게 되었다.

이런 시전에서는 구역별로 나누어 규모가 큰 시장인 대시(大市)는 지금의 남대문로, 관철동 일원인 장통방(長通坊) 윗쪽, 미곡(米穀)·잡물(雜物)은 연화 동구(蓮花洞口, 연지동), 훈도방(薰陶坊, 을지로 2가), 혜정교(惠政橋, 종로1가), 안국방(安國坊, 안국동), 광통교(廣通橋)로 정했으며, 소와 말(牛馬) 거래는 장통방(長通坊) 아래 천변(川邊)으로 정하여 시행되도록 했다.

464년 전 오늘의 실록에는 장차 농사지을 소가 다 없어질 것을 염려하여 소 매매를 금지하도록 전교했다.

• 명종실록 17권, 명종 9년 7월 24일 임술 기사 1554년 명 가정(嘉靖) 33년

농사지을 소가 모두 없어질 것을 염려하다

"평안도 어사 이언경의 서계에 '황해도 노상에서 서너 마리나 두세 마리의 소를 끌고 오는 사람을 보았는데, 어디서 오는가 물어보니 모두 평안도에서 온다고만 하고, 거주하는 고을은 숨기고 말하지 않았다. 이로 본다면 농사짓는 소를 매매하는 사람이 더러 있는 것이다.' 했다. 이는 비록 굶주림 때문이기는 하지만 금지하지 않는다면 농사지을 소가 장차 다 없어질 것이니, 전라도에서 금지한 사례대로 평안 감사에게 신칙하여 엄금할 일로 하서하도록 하라."

• 【태백산사고본】 12책 17권 15장

\ 1470년 성종1년 7월 25일

임금이 타는 말에는 쌀, 일반 말에는 피^稗를 먹였다

조선시대 가축을 사육하는 중앙관청인 사복시·사축서·전생서(典牲署) 등에서는 고려시대에 정비된 일종의 가축 사양 표준인 축마료식

(畜馬料式)을 일부 수정하여 가축의 사료를 급여했다.

특히 대가축인 우마(牛馬)는 주된 사료인 풀의 성장기에 맞추어 1년을 청초절(靑草節)인 5~9월과 황초절(黃草節)인 10~4월로 구분하여, 가축의 용도에 따라 각각 달리 사료를 지급하도록 했다.

사료는 조사료인 생곡초(生穀草)와 농후사료인 곡류로 나눌 수 있는데, 생곡초중에 곡초(穀草)는 농산물 수확후 볏짚을 위주로 양민들에게 거두어 사용했으며, 생초(生草)는 별도로 경기도를 중심으로 한 지역에서 수납하여 활용했다. 이외에 목초로는 자골초·모애초·갈근·토끼풀·서숙대·어욱 등을 활용했으며, 곡류로는 쌀·콩·보리·조·녹두·보릿겨 등을 사용했다.

축마료식에 따른 축종별 사료급여량을 보면 역마나 암말인 경우 황초절 기준 1일 곡물인 피(稗) 1말, 콩2되, 잘게 쪼갠 콩(末豆) 3되를 주도록 했고, 전투용 말인 전마(戰馬)의 경우 피와 콩은 같은 량을 주되 쪼갠 콩은 4되를 주도록 규정했다. 특히 임금이 타는 어마(御馬)인 경우 하루에 쌀(田米) 3되, 껍질 깐 콩(實豆) 3되, 쪼갠 콩 3되를 주도록 했고, 농사일을 하는 일소인 역우(役牛)인 경우는 피 6되, 콩 2되, 송아지인 경우 피 4되, 콩 2되를 급여하도록 했다.

548년 전 오늘의 실록에서는 말에게 급여하는 곡초가 가뭄으로 부족하여 피, 기장이나 조와 같은 서속류의 짚인 속초(粟草)를 활용하자는 논의를 했다.

• 성종실록 6권, 성종 1년 7월 25일 신축 기사 1470년 명 성화(成化) 6년

호조에서 피·기장·속초를 거두어 사복시의 말을 먹여 기르게 할 것을 청하다

호조(戶曹)에서 아뢰기를,

"사복시(司僕寺)의 말(馬) 6백 필(匹)을 먹여 기를 곡초(穀草)는 금년 10월부터 명년 4월에 이르기까지 총계 2만 8천 646동(同)인데, 금년의 가뭄으로 인하여 수전(水田)이 부실(不實)하고 곡초가 희귀하니, 청컨대 피·기장·속초(粟草)를 아울러 바치게 하여서 민간의 폐단을 없애게 하소서." 하니 그대로 따랐다.

- 【태백산사고본】 2책 6권 31장

1411년 태종11년 7월 27일

제주도에서 6백여 두의 말馬이 매년 육지로 공출되었다

조선시대 제주도 목장에서 길러 조정에 바치던 말을 제주공마(濟州貢馬)라 했는데, 연례적으로 바치는 말을 세공마(歲貢馬), 설날·동짓날이나 왕의 탄신일에 바치는 삼명일 진상마(三名日進上馬), 연례 진상마(年例進上馬) 등과 같은 연례공마(年例貢馬)와 3년마다 바치는 식년공마(式年貢馬) 등이 포함되어 있다. 이외에도 수령이 교체되었을 때 국왕에게 바치는 말인 체임마(遞任馬), 임금이 타는 어승별마(御乘別馬), 헌마(獻馬), 교역마(交易馬) 등 제주 공마의 규모는 연간 600여 두에 이른 것으로 알려져 있다.

제주도에서는 말을 실은 공마선(貢馬船)이 출항하기 전에 관할 목사 주관으로 선원과 배의 안전한 항해를 위해 정성껏 제수를 마련하여 공손한 마음으로 기원하는 해신제를 지냈다. 이때 도 내 3개 읍의 수령들이 윤번으로 차원(差員)을 정하고 다른 배와는 달리 말을 실은 배가 육지에 빨리 도착할 수 있도록 강한 바람이 있은 연후에 비로소 배를 출발시켰다. 공마봉선의 해로는 공마선이 조천관, 별도포, 어등포, 도근천(외도), 애월포에서 정남풍(正南風)에 출항하여 화탈섬(火脫島, 관탈섬), 사서도(斜鼠島), 보길도(甫吉島)를 거쳐 영암(靈巖)에 도착하거나, 보길도에서 강진(康津)이나 관두량 완도(莞島)를 거쳐 해남(海南)에 도착하여 내린 것으로 기록되어 있다.

이 같은 해로를 건너는 소요시간은 풍랑에 따라 순풍에는 12~24시간이 소요되나 일반적으로 2~4일, 그렇지 못했을 때는 5~10일이 걸렸으며, 육지에 도착한 공마수송은 각 읍에서 징발된 견마군(牽馬軍)에 의해 나주·공주를 거쳐 한양에 도착했다. 결국 제주마가 육지에 도착하기까지는 약 1~2개월이 걸렸으며 바다에서의 조난 등으로 수송비용이 컸던 것으로 알려져 있다.

공마선(貢馬船)은 봄부터 여름에 걸쳐 평년에는 10여 척이 왕래했는데 영선천호(領船千戶) 1인, 압령천호(押領千戶) 1인, 선장 1인, 사관 1인, 노를 젓는 격군은 대선(大船)인 경우 43명, 중선이 37명, 소선이 34명이 승선하여 노를 저었다.

607년 전 오늘의 기사에는 제주 주둔병사의 군량 자급을 위하여 지급한 둔전(屯田) 당 조정에 바치는 말의 수를 조정하자는 논의가 있었다.

- 태종실록 22권, 태종 11년 7월 27일 병술 기사 1411년 명 영락(永樂) 9년

말의 양축에 관한 사의를 제주 목사가 상언하니 그대로 채택하다

제주 목사(濟州牧使) 김정준(金廷雋)이 그 지방의 사의(事宜)를 올리었다. 상언(上言)은 이러했다.

"제주(濟州)에 동서(東西) 두 도(道)가 있는데, 말을 기르는 자가 모두 둔(屯)을 지어서, 매둔(每屯)에서 해마다 말 1필을 바치는 것이 예(例)니다. 지금 보건대, 토성(土性)이 푸석하고 들떠서, 곡식을 파종하는 자가 반드시 말과 소를 모아 그 땅을 밟아서 땅이 반드시 단단하여진 뒤에 종자를 뿌리니, 공사(公私)의 소와 말이 이 때문에 곤피(困疲)하여 집니다. 공가(公家)에서 비록 금령(禁令)이 있으나, 몰래 목자(牧子)와 짜고서 말을 병들게 합니다. 이제부터는 매 1둔(屯)마다 상마(雄) 1필에 피마(雌) 9필을 남기고, 그 나머지 거세(去勢)한 말은 모두 조정에 바치는 것으로 해마다 상례(常例)를 삼으소서."

임금이 그대로 따랐다.

- 【태백산사고본】 9책 22권 13장

8월

/

중추

仲秋

\ 1452년 단종 즉위년 8월 1일

임금이 탔던 말은 요리에 사용하지 못하도록 했다

조선시대 궁중잔치인 연향(宴享)은 정초, 단오, 동지 등 절기와 국왕의 즉위 기념일, 국왕과 대비의 생신, 왕세자 책봉 등 국가적인 경사에 거행된 잔치로, 왕실의 안정과 군신화합, 노인공경, 국가의 안녕을 기원하며 거행된 국가의례의 중요한 과정이었다.

연향에서는 주로 악기연주에 맞추어 노래를 부르고 춤을 추는 공연인 정재(呈才)를 연행했고, 반주음악에는 보허자(步虛子), 여민락(與民樂), 영산회상(靈山會相)등의 당악(唐樂)과 향악(鄕樂)을 사용했다.

현재까지 남아있는 연향 관련 의궤(儀軌)의 표제에는 대개 진풍정(進豊呈)·진연(進宴)·진찬(進饌)·진작(進爵) 등의 용어가 사용되고 있는데, 이 용어들은 같은 시기에 공존한 것이 아니었으며 개념 또한 항상 일정한 것은 아니었다.

조선 건국 초에는 '잔칫상을 올리다'라는 뜻으로 '진풍정'을 많이 사용했고, 그 이후에 진연은 진풍정보다는 초대 손님 규모가 작을 때, 진찬은 진연보다는 규모가 작을 때, 진작은 진연이나 진찬보다 규모가 작고 의식 절차가 간소한 연향 때 주로 사용한 것으로 알려져 있다.

한편, 실록에서 말고기에 대한 기록은 주로 제주에서 말린 말고기(乾馬肉) 공물에 대한 내용이 많으나, 세종 대에는 마육(馬肉)의 매매를 우육(牛肉) 매매의 예에 의하여 관청의 명문(明文)을 받아야만 비로소 매매를 허용하도록 한 것으로 보아 식용으로 널리 활용된 것으로 나타나 있다.

566년 전 오늘의 기사에는 왕실에서 임금이 타던 내구마(內廐馬)를 연향에 쓰지 못하도록 하는 논의가 있었다.

• 단종실록 2권, 단종 즉위년 8월 1일 신유 기사 1452년 명 경태(景泰) 3년

연향에는 내구마 대신 사람들이 바치는 말들을 모집하여 사용하게 하다

의정부에서 병조의 정문(呈文)에 의거하여 아뢰기를,

"《예기(禮記)》에 이르기를, '예전에 헌 장막을 버리지 아니하는 것은 말을 묻기 위한 것이다.' 했고, 전국(戰國) 시대에 전자방(田子方)이 말을 파는 자를 보고 물으니, 대답하기를, '공가(公家)의 가축이다.' 하니, 전자방이 말하기를, '말이 젊어서는 그 힘을 다하고 늙어서는 그 몸을 버리니, 어진 자는 이런 짓을 하지 않는다.' 하고 속백(束帛)으로 이를 속(贖)했다.

또 본조에서도 타던 말이 죽으면 이를 묻어 주었다. 무릇 죽은 말도 오히려 묻어 주고, 파는 말도 오히려 속(贖)해 주어서 차마 하지 못하는 어짐(不忍之仁)을 다했는데, 이제 내구마(內廐馬)를 골라서 연향에 쓰는 것은 참으로 미편합니다. 청컨대 이제부터 연향에 공용(供用)하는 말은 사련소(司臠所) 제조와 분예빈시(分禮賓寺)로 하여금 같이 의논

하게 하여, 사람들이 바치는 말들을 모집하되, 종자마(種子馬)를 진헌하는 예에 의하여 1필마다 목장(牧場) 아마(兒馬) 3필씩을 주게 하소서." 하니, 그대로 따랐다.

- 【태백산사고본】 1책 2권 12장
- 【주】 - 속백(束帛) : 묶은 비단
    - 내구마(內廐馬) : 임금의 거둥에 사용하기 위하여 내사복시(內司僕寺)에서 기르던 말
    - 사련소(司臠所) : 제사에 쓰는 희생(犧牲)이나 궁중에서 사용하는 육류를 장만하는 일을 맡아 보던 관아
    - 아마(兒馬) : 길들지 않은 작은 말

1423년 세종5년 8월 2일

중국과의 말 중계 무역으로 10배의 수익을 남겼다

조선시대 중국에 대하여 감사와 복종의 표시로 토산물을 공물(貢物)로 바치던 외교 의례를 조공(朝貢)이라 했다. 이러한 조공은 공물을 받으면 중국에서 사여품(賜與品)을 돌려주어 일종의 무역 형태로 이루어졌는데, 조선 초기에는 외교적 목적 외에 경제적 이득과 선진문화 수용에 대한 욕구가 있어 명나라는 3년에 한 번씩 올 것을 요구했으나 조선은 1년에 세 번씩의 조공을 주장하기도 했다.

정기적인 조공 사신들을 공사(貢使)라고 불렀는데, 하정사(賀正使)·성절사(聖節使)·천추사(千秋使) 등이 그것이며 그 외에도 사은사(謝恩使)·주청사(奏請使)·진하사(進賀使)·진위사(陳慰使)·진향사(進香使)·주문사(奏

聞使) 등의 이름을 붙여 비정기적인 사행을 보내 1년에 6~7회에 이르는 경우도 있었다.

이러한 조공에는 표(表)·전(箋)이라는 외교문서와 함께 방물(方物, 禮物)이 수반되었는데, 초기에 명나라에 보낸 정규 조공 물품들은 대개 금, 은, 그릇, 나전칠기, 명주, 모시, 백지, 화문석, 초피(貂皮, 담비 가죽), 수달피(水獺皮), 인삼, 말 등이었으며, 회사품은 주로 은, 장복(章服), 사라능단(紗羅綾緞) 등의 비단, 자기, 서책 등으로 조선에 없는 값진 것들이어서 국가적인 수요가 많았던 것으로 알려져 있다.

특히 말의 경우 조선 초기에 여러 차례에 걸쳐 약 6만여 두가 중국으로 보내진 것으로 나타나 있는데 일부 말은 야인(野人,여진족)들로부터 확보하여 중계 무역 형태로 거래되었으며, 상등마(上等馬)를 기준해 야인들에게는 면포(綿布) 45 필을 주고 중국에는 쌀 300석에 해당하는 상오승포(常五升布) 500 필을 받아 10배 이상의 수익을 남기기도 했다.

566년 전 오늘의 기록에는 중국에서 요구하는 1만 필의 말을 5천 필로 줄여서 보내자는 논의가 있었다.

- 세종실록 21권, 세종 5년 8월 2일 경술 1번째기사 1423년 명 영락(永樂) 21년

병조 판서 조말생이 중국측이 요구한 말 1만 필을 5천 필로 줄이도록 건의하다

정사를 보았다. 여러 재상(宰相)들이 모두 나갔으나, 이조 판서 허조

(許稠)·병조 판서 조말생은 그대로 남았다. 허조가 아뢰기를,

"양목탑올(楊木塔兀)은 얼굴은 사람이나 마음은 짐승과 다름이 없으며, 사납고 용맹스러움이 비할 데가 없으니, 한번 격노(激怒)하면 이를 제어하기가 심히 어려울 것입니다. 하물며 우리 나라에서는 흉년이 겹쳐서 창고가 텅 비었으니, 혹시 뜻밖의 변이 있으면 장차 어찌 하겠습니까. 신의 어리석은 소견으로서는, 지금의 안전을 위해서는 잠정적으로 주보(奏報)를 정지하고 운반에 관한 일은 견제(牽制)하여 봄이 옳겠사오며, 비록 주문(奏聞)하지 않더라도 우리 편에는 실수가 없을 것입니다."

라고 하니, 임금이 말하기를,

"그렇지 않다. 지금 이 주문(奏聞)은 늦출 수 없는 것이다."

라고 했다. 허조는 또 아뢰기를,

"중국에서 지난해에 말을 1만 필을 청구하고 지금 또 1만 필을 청구하니, 본국(本國)의 말은 예전에 비하여 감소되고, 또 강장(强壯)하지도 못합니다. 지난날에는 사대부(士大夫)집에는 말이 두서너 필 이상이 있었고, 서민(庶民)들도 모두 충실한 말이 있었으나, 지금은 사인(士人)의 집에도 한 필에 지나지 못하고, 또한 모두 피약(疲弱)한데, 하물며 서민(庶民)이겠습니까. 군정(軍政)은 말보다 급한 것이 없는데, 충실한 말 2만필을 골라 바치게 되면, 이는 2만의 기병(騎兵)을 감소시키는 결과가 됩니다. 이 일 때문에 신은 밤중에도 자지 않고 걱정하는 것입니다. 우리 태조께서, 고황제(高皇帝) 때에 말을 3, 4천 필을

바친 적이 없었으니, 신은 반을 감하기를 주청(奏請)하여, 다만 5천 필만 바치는 것이 편할 것입니다. 부득이하여 다 바치게 된다면, 내년을 기다려 바치는 것이 옳겠다. 지금 황제의 모든 하는 일이 도리가 아닌 일이 많사온데, 북적(北狄)이 크게 소란하여, 전쟁이 그치지 않게 되면, 편소한 우리 나라로서 어떻게 그 한정 없는 요구에 응하겠습니까. 만일에 천명이 이미 다하여, 이 무리(北狄)들이 뜻대로 된다면, 끝까지 〈명나라에게〉 신하의 절개를 지킬 수 없사오니, 이를 계승한 나라도 반드시 이 수효로써 청구하기를 마지 않을 것입니다. 신의 어리석은 생각으로서는, 지금 주청(奏請)하여 감하지 않으면 만세의 걱정이 될 것입니다."

라고 했다. 말생도 또한 이 뜻으로써 아뢰었다. 〈이들이〉 이미 나가자, 임금이 육대언(六代言)과 더불어 이를 의논하니, 모두 아뢰기를,

"허조의 말은 깊이 생각하고 먼 앞일을 헤아린 계책이라 할 수 있다. 더구나, 전일에 말을 바칠 때에 의주(義州)가 피곤했었는데, 지금 또 흉년이 들어 사료 콩이 모자랄 형편이므로, 평안도 한 도가 폐해를 받음이 적지 않을 것입니다. 그러나, 전하께서 왕위에 오른 지 오래되지 않았는데, 황제의 총은(寵恩)이 이미 지극하니 〈그 명령에〉 따르지 않을 수 없을 것입니다."

라고 했다.

- 【태백산사고본】 7책 21권 7장

1494년 성종25년 8월 3일

인왕산에 표범이 나타나 가축에게 피해를 입혔다

조선왕조실록에 표범에 대한 언급은 200여 건으로 주로 출현한 기사와 가죽에 대한 기록이 많으며, 조선시대 한반도에 서식한 대형 맹수 중에 호랑이 보다 더 많이 서식했던 것으로 알려져 있다.

또한 왕실에서는 호랑이 가죽보다 표범 가죽이 더 부드럽고 고급스럽다하여 신하들에게 하사하는 물품으로 사용했다. 실제로 권위 있는 문신이나 무신들의 초상화에는 호피(虎皮) 보다는 표피(豹皮)를 깔고 앉은 그림이 더 많이 나타나 있다.

이러한 수요를 감안하여 조선시대 중기까지만 해도 전국 대부분의 군현에서는 호피 혹은 표피를 매년 3장씩 진상하도록 하여 조정이 해마다 거두는 호피와 표피는 1천여 장에 달한 것으로 추정되었다. 이러한 물량을 두고 당시 최대 6천여 두의 호랑이와 표범이 살았다는 연구보고도 있다.

그러나 이러한 호피와 표피를 바치는 제도는 급격한 개체 수 감소로 영조(英祖) 대에 폐지되었는데, 당시 호랑이와 표범을 사냥하는 전문 군사인 '착호갑사(捉虎甲士)'가 성종(成宗)대 400여 명에서 숙종(肅宗)대에는 1만 1천여 명으로 늘어난 기록만으로도 포획의 규모를 알 수 있다.

524년 전 오늘의 실록에는 인왕산에 표범이 들어와 가축에 피해를 주었으나 잡지 못했다고 기록되어 있다.

- 성종실록 293권, 성종 25년 8월 3일 기미 1번째기사 1494년 명 홍치(弘治) 7년

인왕산에 들어와 사람과 가축을 해치는 표범을 잡게 하다

표범이 있어 인왕산(仁王山)으로 들어와 사람과 가축(家畜)을 해치니, 이를 잡도록 명했으나, 잡지 못했다.

- 【태백산사고본】 47책 293권 1장

1464년 세조10년 8월 4일

우마(牛馬) 도축의 장인을 거골장(去骨匠)이라 했다

조선시대 소와 말을 도축하여 뼈를 골라내거나 가죽을 벗겨 가죽신을 비롯한 가죽제품을 제작한 노비신문의 장인을 거골장(去骨匠)이라 했다. 이들은 고려시대 때부터 마소를 도축하는 일을 생업으로 했던 화척(禾尺), 조선시대에 호적에 편입시켜 부른 백정(白丁), 마소의 가죽을 벗겨내는 일을 하던 피장(皮匠) 혹은 속칭 갖바치를 모두 포함하는 말이다.

백정이 북방이나 남방에서 조선으로 귀화한 외래 거주민으로서 천시된 반면, 거골장은 양인이나 천인을 가리지 않고 사사로이 마소를 도축하여 형벌을 받아 노비로 전락한 사람이어서 일반 백정과 구분

하여 신백정(新白丁)이라고도 했다.

조선시대 이들 거골장들의 임무는 크게 네 가지로 구분할 수 있는데, 우선 사대부 가문에서는 혼인이나 제사를 지낼 때 사련소(司臠所)에 청해서 소를 잡았지만 거골장은 사사로이 가축을 도축했다. 그러나 관가에 신고하지 않고 자기 소유나 타인 소유의 마소를 도축하거나 병에 들어 죽은 소나 말을 신고하지 않고 죽이면 형벌을 받았다. 또한 거골장은 가축을 죽인 후 짐승의 뼈를 골라내고 나머지 고기를 판매할 수 있었다. 그리고 마소의 가죽을 벗기기도 했는데, 특별히 마소의 가죽으로 가죽신이나 가죽옷 등을 만드는 천인들을 거골장과 구분하여 피장이라 했으며, 이들이 생산한 가죽은 북이나 장구 등의 악기를 만드는 데에도 사용되었다.

마지막으로 거골장들은 고기의 지방으로 불을 밝힐 때 쓰는 납촉(蠟燭)을 만든 것으로도 기록되어도 있다.

554년 전 오늘의 실록에는 이들 거골장들에 대해 수시로 고발·체포하라는 전지가 있었다.

- 세조실록 34권, 세조 10년 8월 4일 을유 3번째기사 1464년 명 천순(天順) 8년

형조에 우마를 도살하는 자는 수시로 체포할 것을 명하다

형조(刑曹)에 전지(傳旨)하기를,

"서울 도성 안에서 우마(牛馬)를 도살(屠殺)하는 것을 업(業)으로 삼아 거골장(去骨匠)이라고 부르는 자를, 5부(部) 관령(管領)과 방리인(坊里人)

으로 하여금 밀봉(密封)하여 고발하게 하고, 무시(無時)로 수색(搜索) 체포(逮捕)하라. 또 도적(盜賊)도 또한 이와 같은 예(例)에 의하여 수색 체포하라." 했다.

- 【태백산사고본】 12책 34권 8장
- 【주】거골장(去骨匠) : 짐승의 뼈를 골라내는 일을 업(業)으로 삼는 사람을 일컫는 말임

1459년 세조5년 8년 5일

닭과 개를 훔쳐 죽인 사람은 몸에 문신을 새겨 넣었다

조선시대 보통법으로 활용된 형율서(刑律書)는 명나라의 기본 법전인 대명율(大明律)을 사용했는데, 대명율은 당나라의 율서인 당율(唐律)과 대동소이하나, 당율의 형벌체계가 오형(五刑) 체계로 우선 태(笞)라는 작은 형장으로 때리는 태(笞)와 태보다 큰 형장인 장(杖)으로 치는 형벌인 장(杖), 일종의 징역형과 유사한 도(徒) 그리고 먼 지방으로 귀양 보내어 죽을 때까지 살게 하는 유(流), 마지막으로 죄인의 목을 매는 교(絞)와 목을 베는 참(斬)으로 시행되는 사(死)의 체계인 반면 대명율은 여기에 자자(刺字)의 형을 추가했다. 사형에도 능지처사(凌遲處死)와 같은 극형을 새로 넣는 등 엄격한 성격을 보여주고 있다.

경형(黥刑) 또는 묵형(墨刑)이라고 불리는 자자형(刺字刑)은 대개 도둑질한 자들에게 가했던 형벌로 얼굴이나 팔뚝에 죄명을 먹물로 새겨

넣는 벌인데 지금도 쓰이는 '경을 칠 사람'이라는 말은 죄를 지어 평생 얼굴에 문신을 새긴 채 살아가라는 뜻이기도 하다.

대명율에서는 물건을 훔치는 절도 초범은 오른팔에 절도(盜)라는 두 글자를 새기고, 재범은 왼팔에 새기며, 삼범은 교수형에 처한다는 규정이 있어 조선에서도 절도범에 대해 자자(刺字)를 시행했다. 특별히 죄가 중하면 도둑질한 자의 양쪽 뺨에 글자를 새겨 넣는 경면(黥面)을 하여 주변으로 부터 격리를 시키기도 했다.

그러나 이처럼 얼굴에 자자하는 것이 너무 가혹하다고 하여 잠시 금지된 적이 있었지만 사라지지 않고 성종, 연산군 때에 자주 시행되었다가 영조 때에 폐지된 것으로 기록되어 있다.

559년 전 오늘의 실록에는 닭과 개를 훔친 사람에게 자자형을 시행하자는 논의가 있었다.

• 세조실록 17권, 세조 5년 8월 5일 갑인 2번째 기사 1459년 명 천순(天順) 3년

사헌부에서 금령을 시행할 만한 조건을 아뢰다

사헌부(司憲府)에서 금령(禁令)을 시행할 만한 조건(條件)을 아뢰기를,
(중략) 1. 닭과 개를 훔쳐 죽인 사람은 형률(刑律)에 의거하여 자자(刺字)한 후에 속전(贖錢)을 거두고, 그중에 도당(徒黨)을 만든 사람은 양인(良人)은 외방(外方)에 충군(充軍)시키고, 공천(公賤)·사천(私賤)은 잔폐(殘弊)한 참역(站驛)의 전운노(轉運奴)로 영속(永屬)시키소서. 능히 잡아서 고발하는 사람이 있으면 군사에게는 절도(竊盜)를 잡아서 고발하

는 예(例)에 의거하여 도(到)를 주고, 나머지 사람은 범인(犯人)에게서 거둔 속전(贖錢)을 가지고 상품(賞品)에 충당하도록 하소서. (중략)

하니, 그대로 따랐다

- 【태백산사고본】 6책 17권 10장
- 【주】 1) 도(到) : 도숙법(到宿法)에 의하여 거관(去官)하던 하급 관리(下級官吏)나 군인(軍人)들에게 근무 일수에 따라 주던 분수(分數). 실제 근무하지 않았으나 상(賞)으로 주기도 했음
  2) 전운노(轉運奴) : 물건을 수송하는 노복

1456년 세조2년 8월 9일

80세 노인에게는 벼슬을 주고 술과 고기로 향응했다

조선시대에는 유교사상에 입각하여 노인을 공경한다는 의미로 80세 이상의 노인에게는 양민과 천민 구분 없이 일정한 직무가 없고 관명만 부여하는 일종의 명예직인 노인직(老人職)을 제수했다.

노직(老職) 혹은 수직(壽職)이라고 칭해지기도 했던 노인직은 한성부와 각 도 관찰사가 해당자를 조사하여 왕에게 보고하면 매년 정월 2일에 왕이 재가하여 제수했는데, 원래 품계를 가진 사람에게는 한 품계를 더 주었으며 당상관인 경우 임금의 교지에 따라 수여했다.

또한 양인과 천인에게는 병역이나 부역 따위를 면하는 면역(免役)의 특전이 부여되었고, 관직이 당하관으로서 더 이상 오를 수 없는 가

장 높은 품계인 정3품 아래 품계인 경우에는 그의 아들이나 사위, 조카 등이 품계를 받을 수 있는 대가(代加)를 허락했다. 특히 100세 이상인 경우에는 응자노인(應資老人)이라 하여 특별히 연말에 중앙과 지방의 관청에서 그 명단을 국왕에게 보고하여 1~2월 사이에 품계를 제수하도록 했다.

이들 노인들에 대한 대우는 문관 정2품 이상의 70세 이상인 경우에는 기로사(耆老社)에 입사하도록 하여 매년 봄과 가을에 국왕과 연(宴)을 가졌으며, 세종대 이래 100세 이상의 노인에게는 연초에 쌀을 주고 매월 술과 고기를 내려주었고 90세 이상의 노인에게는 매년 술·고기와 작(酌, 술잔의 일종)을, 80세 이상의 노인에게는 지방관으로 하여금 향응하게 했다.

또한 형율에 있어서도 사형 또는 징역이나 유배를 보내는 도류형(徒流刑) 대상자에게도 노부모 또는 조부모가 있어 달리 부양할 자가 없을 때에는 감형 또는 환형의 처분으로 봉양의 의무를 다하게 했다. 562년 전 오늘의 실록에는 70세 이상의 노인에게 잔치를 내려줄 것을 전교했다.

- 세조실록 5권, 세조 2년 8월 9일 병오 기사 1456년 명 경태(景泰) 7년

승정원에 강무 뒤에 70세 이상의 노인에게 잔치를 내려줄 것 등을 명하다

승정원(承政院)에 전교하기를,

"이번 추등(秋等)의 강무(講武) 뒤에 70세 이상 노인에게 잔치를 내려주고, 독질(篤疾)·폐질(廢疾)이 있는 사람도 또한 소재관(所在官)으로 하여금 먹이게 하라." 했다.

- 【태백산사고본】 2책 5권 1장
- 【주】 - 강무(講武) : 조선조 때 1년 두 번 봄철과 가을철에 행하던 행사의 하나. 지정한 장소에 장수 와 군사와 백성들을 모아 임금이 주장하여 사냥하며 아울러 무예(武藝)를 연습하던 일
  - 독질(篤疾) : 매우 위독한 병

1431년 세종13년 8월 10일

왕실 제향에는 원래 멧돼지 7개 부위를 사용했다

조선시대 국가에서 거행하는 제사는 그 규모에 따라 대사(大祀), 중사(中祀), 소사(小祀)와 속제(俗祭)로 구분할 수 있는데 이 때 희생(犧牲)으로 사용하는 가축을 생뢰(牲牢)라 했다.

생뢰는 단오나 추석, 설 등에 지내는 속제에는 사용하지 않는 반면에 대사, 중사, 소사에는 반드시 희생을 올렸으며, 희생으로 사용하는 고기는 주로 소, 양, 돼지로 제사의 크기에 따라 희생의 수를 달리했다.

통상 소, 양, 돼지를 모두 생뢰로 사용하는 경우를 태뢰(太牢)라 하고 소를 제외하고 양과 돼지로 지내는 제사를 소뢰(小牢)라 했는데 종묘

(宗廟)와 사직(社稷) 등에 지내는 대사에서는 태뢰를 올렸고, 그보다 한 등급 낮은 제사인 중사에서는 소뢰를 올렸으며, 그 외 소사에서는 돼지 한 마리를 사용했다.

이같이 왕실이 주관하는 종묘, 사직, 선농단(先農壇) 등에서 거행하는 제향에 제물로 올리는 돼지는 원래 멧돼지로 시(豕)라고 표현했으며, 다른 이름으로 산저(山猪), 야저(野猪)라고도 적고 있다.

멧돼지 고기를 제물로 사용할 때는 날고기 일곱 부위로 나누어 도마처럼 생긴 사각의 제기인 조(俎)에 담아 올렸는데 이를 시성칠체(豕腥七體)라 했고, 등심부위인 척(脊) 1개, 어깨부위인 견(肩) 2개, 갈비부위인 박(拍) 2개, 넓적다리인 비(髀) 2개 부위를 각각 사용했다.

이러한 멧돼지 확보를 위해 제향을 앞두고 관원들이 멧돼지를 잡는 데 동원되기도 했으며, 정조 때는 여름 바쁜 농사철을 감안하여 백성들을 동원하지 못하도록 멧돼지 봉진을 하지 못하도록 하기도 했다.

587년 전 오늘의 실록에는 멧돼지로 인한 곡식의 피해를 감안하여 사냥을 하도록 하는 전교가 있었다.

• 세종실록 53권, 세종 13년 8월 10일 임인 기사 1431년 명 선덕(宣德) 6년

회양부 남곡 등지에 멧돼지 사냥 금지령을 풀다

병조에서 강원도 감사의 첩정(牒呈)에 의거하여 아뢰기를,

"회양부(淮陽府)의 남곡(嵐谷) 등지는 강무장(講武場)과 가까우므로 사냥

을 금했기 때문에, 멧돼지가 번식하여 곡식을 해침이 더욱 심하오니 금했던 사냥을 풀어 주소서."

하니, 지금부터 멧돼지 잡는 것을 금하지 말라고 명했다.

- 【태백산사고본】 16책 53권 14장

1424년 세종6년 8월 11일

조선시대 처음으로 돼지나 양을 거세토록 한 세종世宗

조선왕조실록에서 거세(去勢)에 관한 기록은 30여 건으로 그중 가축에 관한 기록은 10여 건에 불과하고 나머지는 주로 사람의 육형(肉刑)에 해당하는 궁형(宮刑)에 대한 기록이다.

반면에 원래 말을 거세한다는 의미인 작선(作騸)이라는 단어는 모두 가축에 대한 내용으로 10여 건의 기록이 남아 있으며 주로 말에 대한 내용으로 기록되어 있다.

가축별로 거세에 대한 기록을 살펴보면, 말에 대해서는 좋은 말을 기르기 위해 거세하여 생식 기능을 없앤 말을 선마(騸馬)라 했으며, 병조 예하의 사복시에 소속된 종6품의 관리인 양마(養馬)가 직접 거행한 것으로 나타나 있다.

소에 대한 거세 기록은 성종 때에 선농단(先農壇)에서 제사를 올릴 때 기록한 사(詞)에 '임금이 몸소 밭갈 적에 거세한 소에 멍에를 씌웠다

(王乃躬耕, 葱犠縹軛)'는 내용이 유일한 기록으로 여기서 쓰인 '개(犗)'라는 한자가 '거세한 소'를 표현하고 있다.

돼지의 경우 분시(豶豕)라 하여 '거세한 돼지'에 대한 기록이 몇 차례 있고, 특히 중국이 조선 임금이 사망(昇遐)했을 때 행한 사제(賜祭, 임금이 신하가 죽었을 때, 칙사를 보내어 죽은 신하에게 제사를 지내 주던 일)의 경우 예조 도장이 찍힌 제문을 든 사신과 제물 및 제찬을 준비할 두목(頭目)을 조선에 파견하여 제찬을 직접 준비하고 길일을 선택하여 제사를 행했는데, 이 때 제물 중에서 희생은 반드시 거세한 양과 돼지를 쓴 것으로 기록되어 있다.

594년 전 오늘의 실록에는 처음으로 제향에 쓰는 양이나 돼지는 거세한 것을 미리 길러 사용하라는 계(啓)가 있었다.

• 세종실록 25권, 세종 6년 8월 11일 계축 기사 1424년 명 영락(永樂) 22년

제향에 쓰는 양이나 돼지는 거세한 것을 미리 기르도록 예조에서 계하다

예조에서 계하기를,

"지난 경자년에 사신으로 온 예부 낭중 조양(趙亮)이 받들어 가지고 온 공정 대왕(恭靖大王)의 사제 희생(賜祭犧牲)과 계묘년에 예부 낭중 양선(楊善)이 받들어 가지고 온 태종 공정 대왕(太宗恭定大王)의 사제 희생은 모두 거세(去勢)한 양과 돼지를 썼으므로, 그들을 접대하던 의정부 참찬 황희(黃喜)가 묻기를, '희생을 어찌하여 거세한 것을 쓰느냐.'고

하니, 양선이 대답하기를, '숫 짐승은 비리기도 하고 살지고 크지도 않으므로, 무릇 원구단(圓丘壇)이나 종사(宗社)의 제사에는 우생(牛牲) 외에는 모두 거세한 것을 쓴다.' 하고, 겸하여 희생을 선택하여 미리 기르는 법을 더 자세하게 말했고, 그 후에 판서 신상(申商)이 사신으로 갔을 때에 예부에 질문하기를, '제사에 거세한 희생을 쓰는 것이 「몸뚱이가 완전한 것을 전(牷)이라」고 한다는 뜻에 어긋나지 아니한가.' 하니,

주사(主事) 진준(陳俊)이 대답하기를, '지체(支體)에 갖추지 못한 것이 있으면 전(牷)이 아니라고 할 수도 있겠지만, 정결하고 살지고 기름지게 하려고 거세하는데 무엇이 완전하지 않다고 혐의할 수 있겠는가. 숫놈 같은 것은 비단 제향이나 어선(御膳)에 쓰지 아니할 뿐 아니라, 보통 사람도 역시 먹지 아니한다.' 하오니, 중조(中朝)의 제도에 따라, 크고 작은 제향에 쓰는 양이나 돼지는 모두 다 거세한 것을 미리 기르게 하고, 그 거세한 불알은 《문공가례(文公家禮)》의 양복(楊復)의 주석에 '무릇 제사지내는 고기에 오려 내고 그 나머지는 가죽이나 털 같은 것까지도 밟아 더럽혀서 부정하게 하지 말라.'는 제도에 따라 즉시 묻어버리게 하소서."

하니, 그대로 따랐다.

• 【태백산사고본】 8책 25권 15장

◦ 1480년 성종11년 8월 12일

살곶이 목장은 1천 필의 말을 기른 조선시대 최대 목장이었다

조선시대 태조(太祖) 대에 도성 동쪽 근교 살곶이벌 일대에 왕실 목장으로 설치한 목장이 '살곶이 목장'으로 한자로는 전곶 목장(箭串牧場)으로 적고 있다.

이 목장에는 임금이 타는 어마를 비롯해 왕실에서 사용할 말과, 도성 및 국토를 방위하는 데 쓰는 전마(戰馬), 중국에 보낼 진헌마(進獻馬) 등을 사육하고 관리하는 일을 맡아보았는데, 병조 예하의 내사복시에서 관할했다.

내사복시에는 내승(內乘) 3명이 배치되었는데, 그 가운데 1명은 사복시 정(正)이 겸임하며 실무를 집행했고, 나머지 2명도 종2품에서 9품까지의 관원이 겸임하여 1명은 내사복시에서, 다른 1명은 전곶 목장에서 관리를 담당했다.

내사복시에는 그밖에 주로 말의 조련이나 보양(保養) 등을 총괄하는 종6품 안기(安驥)를 비롯하여 말의 훈련이나 치료를 직접 맡아본 종7품 조기(調驥), 종8품 이기(理驥), 정6품~종9품 마의(馬醫) 등이 배치되어 임금이 타는 수레와 말과 마구간에서 말을 기르는 일 및 목장에 관한 일을 맡아보았다.

조선시대 초기 전곶 목장의 경계는 아차산 마루에서 망우동, 중량

포, 답십리를 거쳐 살곶이에 이르고, 한강을 경계로 하여 뚝섬, 신천(新川), 광장리(廣壯里) 등을 포함하며, 광나루에서 다시 아차산에 이르러 오늘날 서울시 성동구, 광진구, 중랑구, 동대문구 일부와 송파구 잠실동 등을 아우르는 총 둘레 약 30~40리로, 1천 필의 말을 사육하며 1만 필의 새끼를 기를 수 있는 최대 목장이었다.

한편, 살곶이 목장에서는 말의 수호신인 마조(馬祖)에게 제사를 거행하던 제단인 마조단(馬祖壇)을 비롯하여 선목단(先牧壇), 마보단(馬步壇), 마사단(馬社壇)을 설치하여 말의 무병과 번식을 기원했으며, 왕이 친히 수렵과 열무(閱武) 및 강무(講武)를 검열하는 장소로 사용되기도 했다.

538년 전 오늘의 실록에는 임금이 살곶이 목장에 가서 사냥하는 것을 친람(親覽)한 것으로 기록되어 있다.

- 성종실록 120권, 성종 11년 8월 12일 기미 기사 1480년 명 성화(成化) 16년

살곶이에 가서 사냥하는 것을 보다

임금이 살곶이(箭串)에 가서 사냥하는 것을 보았다.

- 【태백산사고본】 18책 120권 6장

╲ 1519년 중종14년 8월 18일

귀화한 외국인에게 임금이 타는 말을 관리하게 했다

조선시대 외국인이 조선에 귀화해 사는 것을 귀복(歸服), 귀부(歸附), 귀조(歸朝),내귀(來歸), 내복(來服), 내부(來附), 내투(來投), 투화(投化), 내항(來降) 등이라 했다.

조선시대 귀화인은 대개 건국 때부터 임진왜란과 병자호란 직후까지 조선으로 들어와서 사는 사람들이 많았으며, 주로 이 가운데 한족(漢族), 북방의 여진족, 남방의 왜구 등 이었다. 이 가운데 한족은 임진왜란 때 명나라 지원군으로 조선에 왔던 장병의 후손이거나 반청복명을 위해 조선으로 건너온 사람들, 혹은 명의 멸망 후 요동 지역 등으로 유입된 유민 등이 대부분이었다.

조선 왕실에서는 이들을 향화인(向化人)과 황조인(皇朝人)으로 구분했는데, 대개 향화인은 북방 여진족, 남방 왜, 소수의 아랍계 등이고 황조인은 한족에 해당했다. 또한 조선 초기 조정의 왜구 대책과 일본 내 토지나 식량 부족으로 투항한 왜구들 위주로 귀화한 사람들은 특별히 향화왜인(向化倭人)으로 불리었는데, 이들은 한때 경상도에 나누어 거주하며 그 인원수가 많을 때는 2,000여 명에 달했던 것으로 알려져 있다.

이들에 대한 대우는 출신에 따라 차이가 있었는데, 황조인은 명나라 관직자의 후손이거나 임진왜란 때 공을 세운 사람의 후손에 대하여 특별히 관직을 제수하거나 증직(贈職)하여 관리했고, 별도 장부(華人錄)를 만들어 군역을 면제해 주고, 쌀 등을 지급하거나 상을 내리고 혼수까지 마련해 주기도 했다.

또한 향화인, 왜인들 중에 특별히 재능이 있는 사람들은 당시 양반은 물론 서얼, 양민에 이르기까지 신분에 구애되지 않고 무재가 뛰어난 사람들로 선발하여 운용하던 궁궐 호위 군사인 내사복에 편입시켜 임금이 타는 어승마의 관리는 물론 궁궐 입직(入直)과 시위(侍衛)까지도 담당케했다.

499년 전 오늘의 실록에는 귀화한 사람들을 가려서 사복(司僕)에 임명하는 일에 관한 논의가 있었다.

• 중종실록 36권, 중종 14년 8월 18일 기묘 기사 1519년 명 정덕(正德) 14년

귀화한 사람들을 가려서 사복으로 임명하는 일을 정부에 의논하도록 명하다

귀화한 사람들을 가려서 사복(司僕)으로 임명하는 일을 정부에 의논하도록 명하여 분부하기를,

"이장곤·최한홍(崔漢洪)의 묶어두자는 말이 옳은 듯하나, 나의 생각에는 이류(異類)들을 서울에 많이 있게 함은 불가하다고 여긴다. 진(晉)나라 때의 폐단을 경계삼아야 하니, 묶어놓자는 것이 가한 듯하지만 퍼지게 된다면 반드시 후환이 있을 것이다. 또 한홍이 말한 말 값을 주자는 일은 지당하니, 비록 한때에 다 주지는 못하더라도 말

로 주든지 면포(綿布)로 주든지 충당해 줌이 가할 듯하다. 제도(諸道)의 목장에 말이 적지 않아 늙어서 죽게 되거나 쓸데없는 것이 또한 적지 않은데, 만일 군졸들에게 나누어준다면 스스로 숙마(熟馬)를 만들어 쓰게 될 것이니 편리한지를 병조에 물으라." 했다.

- 【태백산사고본】 18책 36권 62장
- 【주】 이류(異類) : 귀화한 사람들을 말함

1478년 성종9년 8월 19일

왕실 회의에서 논란이 된 발이 일곱 개 달린 송아지

조선왕조실록에 나타난 가축 기형에 관한 기록 중 소에 관한 기록은 100여 건으로 이 중 가장 많은 유형은 결합쌍생체로 머리가 둘인 이두기형체(Dicephalus)가 60여 건에 달하고, 다리가 정상 보다 많게 태어나는 다지증(Polymelia)이 그 다음으로 20여 건이 기록되어 있다.

조선 시대 이러한 가축의 기형 출산은 대부분 괴변(怪變)으로 인식되어 임금이 근신(謹愼)했고, 나라에 괴이한 현상이 발생했을 때 이를 물리치기 위하여 지내는 제사인 해괴제(解怪祭)를 지내기도 했다.

특히 해괴제는 조선 초기에는 별들에 나타난 이상 현상인 성변(星變) 시에 지냈으나 그 후에는 종소리가 나는 것, 산이 붕괴되는 것, 돌이 움직인 것, 지진, 해수의 적조, 들짐승의 출현 등에도 지냈으며, 세종 대에는 한양 궁궐에 부엉이, 올빼미 등의 야조(野鳥)가 자주 출몰하자 지내기도 했다.

해괴제는 천문학, 지리학(地理學), 역수(曆數, 책력), 측후(測候)등의 업무를 담당하던 관청인 서운관(書雲觀) 관원들이 거행했는데, 지방의 해괴제는 중앙에서 향축을 내려보내 해당 지역 지방관으로 하여금 거행하게 하다가 점차 축소되었는데, 나중에는 해괴제의 기양(祈禳) 대상이 지진(地震)으로 축소된 것으로 나타나 있다.

540년 전 오늘의 실록에는 경상도 울산군(蔚山郡)의 민가에서 소가 송아지 한 마리를 낳았는데 등에 세 발이 더 달려 있어 임금이 의정부(議政府)에 전지(傳旨)하여 해결책 강구를 지시했으며, 왕실회의에서는 처리방안에 대한 논란이 있었던 것으로 기록되어 있다.

· 성종실록 95권, 성종 9년 8월 19일 무신 1478년 명 성화(成化) 14년

요괴한 물건의 처리를 논하다

도승지(都承旨) 손순효(孫舜孝)와 좌승지(左承旨) 박숙진(朴叔蓁)이 아뢰기를,

"이번의 발이 일곱 개 달린 소는 바로 부정(不正)한 물건인데, 부정한 물건은 천지(天地) 사이에 함께 기를 수 없으니, 신 등의 생각으로는 마땅히 땅에 묻어서 그 모양을 눈으로 보지 못하게 해야 할 것이라고 여깁니다."

하니, 우승지(右承旨) 홍귀달(洪貴達)·좌부승지(左副承旨) 김승경(金升卿)·우부승지(右副承旨) 이경동(李瓊仝)·동부승지(同副承旨) 김계창(金季昌)이 아뢰기를,

"만약 이제 땅에 묻는다면 반드시 감사(監司)와 수령에게 치서(馳書)해야 할 것입니다. 이처럼 요괴(妖怪)한 물건은 기록에 올릴 수 없으며, 또 그 모양을 친히 볼 수 없다. 신 등의 생각으로는, 예로부터 요물(妖物)은 오래 살지 못하니 그대로 두는 것이 좋을 듯합니다."

했는데, 전교하기를,

"내가 이른바 그 모양을 친히 본다는 것은 다른 뜻이 있는 것이 아니라, 사관(史官)이 기록하자면 반드시 상세히 하여야 할 것인데, 군수(郡守)가 그린 것이 자세하지 못할 듯하므로 말한 것뿐이다." 했다.

의정부에 괴변은 사람의 잘못이 초래한 것이라고 하고 중외의 직책을 성실히 할 것을 명하다

의정부(議政府)에 전지(傳旨)하기를,

"요물(妖物)은 함부로 나타나는 것이 아니고 오직 사람의 잘못으로 초래하게 하는 것이다. 이번에 경상도 울산군(蔚山郡)의 민가에서 소가 송아지 한마리를 낳았는데 등에 세 발이 있으니, 사물이 이치에 어긋나는 것이 이와 같은데도 어찌 감응(感應)됨이 없이 이러하겠는가? 예전 기록에 혹은 발이 다섯 개인 송아지가 있다고 하고, 혹은 소가 말을 낳았는데 그 발이 여덟이라고 했으니, 요컨대 모두 당시

에 도(道)를 잃은 것에 대한 감응이다. 이제 이 이변(異變)은 허물이 진실로 내게 있으니, 내가 진실로 놀라고 두려워하여 깊은 못과 골짜기에 떨어진 듯하므로, 하늘을 공경하고 백성을 위하여 부지런히 일해서 재앙을 없애고 근심을 막고자 한다. 경 등은 직책이 음양(陰陽)을 조화(調和)하는 데에 있으므로 의(義)가 한 몸과 같으니, 서로 다스림을 잘하여 나의 미치지 못함을 바로잡고, 중외(中外)에 유시(諭示)하여 각각 그 직책에 공경하고 부지런하여 하늘의 경계에 답하도록 하라." 했다.

- 【태백산사고본】 15책 95권 15장

1425년 세종7년 8월 22일

국가기관에서 제향을 위해 황우보다 흑우를 9배 더 길렀다

고려 때부터 조선 초까지 제사에 희생 제물로 사용할 가축을 기르는 일을 담당하던 관서를 전구서(典廐署)라 했다. 태조가 처음으로 전구서를 설치했을 때에는 종7품의 영(令) 1명, 종8품의 승(丞) 2명과 사리(司吏) 2명을 두었으며, 이들은 거위, 오리, 양, 돼지 등의 희생물을 기르면서 민간으로부터 사료용 곡식과 개초(蓋草)를 거두기도 했다. 전구서는 세조 때 전생서(典牲署)로 개칭되어 국가적인 각종 제사 때 희생물을 올리는 역할을 했는데, 이러한 대제(大祭)에 사용할 희생물들은 예조의 당상관과 전생서의 제조(提調)가 함께 품질 검사를 했다. 이렇게 품질 검사가 이루어진 소나 양, 돼지 등을 희생물로 올릴 때는 제사의 격에 따라 수량에 차이가 있었는데, 1월에 행해지는 사직(社稷) 기곡대제(祈穀大祭) 때에는 흑우(黑牛) 1마리와 양 1마리, 돼지 5마리를 올렸으며, 왕이 직접 참석하는 경우에는 여기에 양 3마리가 추가되었다. 또한 종묘 춘향(春享) 때에는 흑우 5마리, 양 7마리, 돼지 22마리를 올렸는데, 왕이 참석하는 경우에는 양 11마리와 돼지 9마리가 추가되었다. 이 밖에 성단(星壇)의 경우에는 새끼 돼지 1마리를, 삼각산이나 목멱산, 한강 등에 제사 지낼 때는 돼지 각 각 1마리를 올렸다.

이러한 희생물 준비를 위해 전생서에서는 양, 염소, 돼지와 같은 중소가축 외에 대가축인 소를 길렀는데, 황우는 3두인 반면 흑우는 9배인 28두를 상시 길렀던 것으로 기록되어 있다.

593년 전 오늘의 실록에는 전구서에 기르는 가축을 위해 사료를 생산하는 농장 인근의 고을 백성이 입는 민폐를 줄이는 방안을 논의했다.

• 세종실록 29권, 세종 7년 8월 22일 무자 기사 1425년 명 홍희(洪熙) 1년

호조에서 올린 경기도에서의 민폐를 구제할 조건

호조에서 계하기를,

"삼가 전지를 받드옵고 경기도에 민폐를 구제할 조건을 다음과 같이 갖추어 기록합니다. (중략)

1. 전구서(典廐署)·예빈시(禮賓寺)에서 양(羊)과 돼지 사료(飼料) 때문에 고양현(高陽縣)에다가 농장(農場)을 설치했다. 그러나 그곳에 소용되는 종자와 인부들의 식량 때문에 비용은 많이 들면서 수확은 오히려 적다. 또 수확한 것은 모두 고을 백성을 시켜 운반하게 하는데, 운반한 것이 모자라면 곧 추징(追徵)합니다. 이런 것은 딴 고을에는 없는 일이며, 본 고을만이 폐를 받으오니, 이제부터는 고을 백성이 운반하는 것은 면제하고, 두 관청 노자(奴子)를 시켜 운반하기를 청합니다. (중략)"

하니, 모두 계한 대로 하도록 명했다.

- 【태백산사고본】 10책 29권 21장

1415년 태종15년 8월 23일

왕실 우유를 전담 공급하는 전문직 관리가 있었다

조선시대 초기 왕실에 우유를 공급하기 위해 설치한 공상(供上) 전담 기관은 지금의 국방부에 해당하는 병조(兵曹) 산하 유우소(乳牛所)였다. 이 유우소에서는 우유와 말린 연유 일종인 낙소(酪酥)를 만들어 공급하여 왕실에서는 약으로 쓰기도 하고, 신하들에게 하사하기도 했다.

그러나 태종 대에 설치된 유우소는 세종 때에 폐지되어 기르던 유우 중 상왕전(上王殿)에 지공(支供)하는 유우는 세자의 교육을 담당하던 인수부(人壽府)에 소속시키고, 주상전(主上殿)에 지공하는 유우는 예빈시(禮賓寺)에 소속시켰다.

이후 같은 병조 산하 사복시에 타락색(駝酪色)이라는 부서에서 우유에 대한 관리를 담당하게 되었는데, 지금의 동대문에서 동소문에 걸쳐있는 낙산 일대에 왕실 직영 목장이 있어 타락산(駝酪山)으로도 불리게 되었으며, 특히 실무는 오늘날 낙농 담당 공무원에 해당하는 타락직(駝酪直)이라는 전담 관리가 담당했다. 다만, 생우유를 짜는 일은 왕과 왕족의 치료를 담당하며 궁중에서 쓰이는 어약(御藥)을 조제하던 정3품 관청인 내의원 의관들이 맡았던 것으로 알려져 있다.

603년 전 오늘의 실록에는 유우소에서 관리하던 소(牛)중에 수레를 끄는 소인 거우(車牛)의 수를 반으로 줄였다고 기록하고 있다.

- 태종실록 30권, 태종 15년 8월 23일 정해 기사 1415년 명 영락(永樂) 13년

유우소의 거우의 반을 감하다

유우소(乳牛所)의 거우(車牛)의 반을 감했다.

- 【태백산사고본】 13책 30권 20장
- 【주】거우(車牛) : 달구지를 끄는 소

↘ 1430년 세종12년 8월 25일

공자(孔子)에게 제사를 지낼 때는 붉은 소를 사용했다

조선시대 유학 교육을 맡아보던 최고의 기관인 성균관(成均館)의 문묘(文廟)에서 공자(孔子)를 비롯한 선성선현(先聖先賢)에게 제사하는 의식을 석전(釋奠)이라 했다. 석전은 본래 산천(山川)과 묘사(廟社)에서 거행하는 제사였으나 후대로 내려오면서 학교에서 거행하는 제사 의식을 석전이라고 부르게 되었다.

문묘에서의 석전은 매년 음력 2월과 8월 상정일(上丁日)에 거행되었으며, 문묘에 봉안된 신위는 정전(正殿)인 대성전에는 공자를 비롯한 4성(四聖), 10철과 송조(宋朝)의 6현(六賢) 등 유학에서 성인과 철인, 현인으로 받드는 인물 21위가 봉안되었고, 동무(東廡)와 서무(西廡)에는 국내의 명현(名賢) 18위와 중국의 유현(儒賢) 94위 등 모두 112위가 봉안되었다. 지방의 향교에서도 성균관과 마찬가지로 봄·가을로 1년에 두 차례씩 석전을 올렸다.

조선시대 국가 제사에서는 정성스럽게 기른 가축을 잡아 제물을 올렸는데, 석전에서는 붉은 소인 성우(騂牛)를 사용하도록 되어 있으나 구하기가 쉽지 않아 실제로는 황우를 사용했고, 종묘나 사직 등의 제향에 사용하는 소는 검은 소인 흑우를 사용했다.

특히 대사(大祀)인 종묘와 사직 등에 지내는 제사에 올려지는 희생 제물은 털과 피인 모혈(毛血)과 구운 간인 간료(肝膋), 생살코기인 생체

(生體), 삶은 고기인 숙육(熟肉) 등으로 분리하여 제상에 올렸다. 588년 전 오늘의 실록에는 석전에 쓰이고 남은 고기가 충분치 않아 음복에 부족하니 그 수효와 보내는 곳을 상고해 보라는 임금의 하교(下敎)가 있었다.

- 세종실록 49권, 세종 12년 8월 25일 계사 기사 1430년 명 선덕(宣德) 5년

석전에서의 희생의 수효와 번육을 보내는 곳 등을 아뢰도록 명하다

임금이 대언들에게 이르기를,

"석전(釋奠)에 희생(犧牲)을 소 한 마리와 돼지 한 마리 반만 쓰기 때문에, 배위(配位)와 좌·우무(左右廡)에 조금씩 나누어서 쓰므로 풍결(豐潔)하지 않을 것 같고, 또 번육(膰肉)을 삼전(三殿)에 바치고, 대언사·의정부·예조에도 보내므로, 나머지가 극히 적어서 문신과 생도들이 음복(飮福)할 때에 고루 얻어 먹지 못하니 역시 불가한 일이다. 석전이란 온 천하가 다 같이 지내는 제사이다. 그 희생의 수효와 번육을 보내는 곳 등을 옛 문헌을 상고하여 아뢰도록 하라." 했다.

- 【태백산사고본】 15책 49권 27장
- 【주】 번육(膰肉) : 제사를 지낼 때 쓰고 난 고기

1429년 세종11년 8월 26일

제주도에서는 제경법蹄耕法을 이용하여 곡식을 생산했다

조선시대 우마(牛馬)를 기르기 위해 일정한 설비를 갖춘 목장에는 국가에서 운영하는 국마 목장(國馬牧場)과 민간에서 운영하는 사마 목장(私馬牧場)이 있었는데 조선 초기에는 국마 목장에서 말을 관리하는 것이 일반적이었다. 임진왜란 이후에는 사마 목장에서 국가에 말을 공급하기도 했으며 특히 제주도에는 국마 목장 외에 개인이 운영하는 최대 사마 목장이 있어 관민이 합동으로 운영한 산마장(山馬場)도 설치되어 많을 때는 2~3만두, 적을 때에도 1~2만두의 말이 사육된 것으로 나타나 있다.

한편, 제주도에서 사육되던 소(牛)들은 제주도 토양의 특성을 감안한 농법을 많이 활용한 것으로 보이는데, 대부분 화산회토인 데다 공극률이 높고 기반암에 절리가 발달해 있어 며칠만 강수가 없어도 쉽게 가뭄피해를 입기 때문에 토양에 씨앗을 파종한 뒤 말(馬)이나 소 떼로 경지를 단단히 밟게 하는 제경법(蹄耕法)이 주로 활용되었다.

제주 말로 '밧립' 또는 '바령'이라는 이 제경법은 고온에 강우량이 많아 유기질 성분이 쉽게 용탈되는 토양에 우마의 분뇨로 비옥도를 증진시키는 효과도 거둘 수 있었는데 이 '바령' 농법을 한자로 팔양(八陽) 또는 팔장(八場)으로 표기한 것으로 알려져 있다.

제주도에서는 하계 곡물인 조(粟)나 피(稗) 등의 파종에 이러한 농법을 사용했으며 우마(牛馬)가 부족한 경우에는 2~3년에 한 번씩 휴경하여 지력을 증진시키기도 했다.

589년 전 오늘의 실록에는 제주도 농부들은 밭 안에 팔장(八場)을 만들어서 소를 기르고, 소똥을 채취하여 파종을 한 후 소들로 하여금 밭을 밟게 해야(踏田) 농사를 지을 수 있는데, 소를 육지로 내보내라는 명령 때문에 농사짓는데 지장을 초래한다는 논의가 있었다.

• 세종실록 45권, 세종 11년 8월 26일 경자 기사 1429년 명 선덕(宣德) 4년

병조에서 제주도의 방목과 도민 관리책에 대해 아뢰니 그대로 따르다

병조에서 아뢰기를,

"(중략) 제주는 토성(土性)이 메마르므로 농부들은 밭 가운데에 반드시 팔장(八場)이란 것을 만들어서 소를 기르고, 쇠똥을 채취(採取)하여 종자를 뿌린 뒤에는 반드시 소들을 모아다가 밭을 밟게 하여야 싹이 살 수 있다. 그런데 지금의 수교(受敎) 안에 소를 죄다 육지로 내보내라고 하여 본주(本州)의 백성들이 경농(耕農)을 할 수 없다. 또 소를 번식시키고 있는 민호(民戶)는 본래 많지 않으며, 낮에는 사람의 집 근처에 방목(放牧)하고 밤에는 팔장(八場)에 들어가 있게 하기 때문에, 목장(牧場)의 말과는 전연 서로 섞이지 않으니, 소를 육지로 내보내라는 명령을 정지(停止)시켜 백성들의 소망을 위안하게 하소서" 했다.

〈이 상언(上言)을〉 본조(本曹)에 내리시어 처리하라고 명령했던 바, 이제 자세히 계품합니다. 한라산 아래에 목장(牧場)을 쌓아 말을 먹이는

것과, 하륙하는 초입에 관소(館所)를 설치하는 일은 상언(上言)한 바에 따라 시행하게 하고, 관승(館丞)은 따로 임명하지 말고 그 도(道)의 역승(驛丞)으로 겸임하게 하며, 소를 육지로 내보내라는 명령은 선덕(宣德) 3년의 수교(受敎)에 의하여 3년에 한 번씩 관에서 그 값을 주고 자원(自願)에 따라 매매(賣買)하여 육지로 내보내게 하소서." 하니, 그대로 따랐다. (하략)

- 【태백산사고본】 14책 45권 17장

\ 1405년 태종5년 8월 29일

봄에 파종하는 밀, 보리의 최고 비료는 우마분牛馬糞이었다

조선시대 작물 재배에 사용했던 비료(肥料)에는 자연에서 채취한 초목, 객토에 활용하는 흙, 인분, 가축의 분뇨인 축분과 같은 자연비료 또는 생분(生糞)과 자연이나 인간에서 채취했지만 상당한 시간과 노동력을 투하하여 만든 비료인 인공비료(人工肥料) 또는 숙분(熟糞)으로 나눌 수 있다.

인공비료에는 초목을 불태워 얻은 초목회(草木灰), 오줌과 초목회를 섞은 요회(尿灰), 인분뇨나 우마분뇨 등과 초목 태운 재, 초목 등을 섞어 잘 부숙시킨 숙분(熟糞), 숙분과 요회를 섞은 분회(糞灰), 우마(牛馬)

의 우리에 초목을 넣어 주고 우마가 잘 밟게 하는 동시에 우마의 분뇨(糞尿)와 섞이게 하여 만든 구분(廏糞), 녹두(菉豆), 소두(小豆)와 같은 두과작물을 파종하여 자라게 한 다음 자체를 시비재료로 활용하는 작물비(作物肥) 등이 있었다.

비료를 주는 대상 작물은 논(水田)에서 경작하는 벼와 밭에서 재배하는 여러 가지 잡곡이 모두 시비 대상이었는데, 시비 시기는 모든 작물의 경우 처음으로 밭을 갈고(初耕) 난 후 비료를 주고 파종 하는 것을 원칙으로 했다.

특히 가뭄 등으로 논에 파종할 수 없을 때 건답(乾畓)을 만들어 종자를 직파(直播)하던 건경(乾耕)에서는 늦은 볍씨 종자를 숙분과 요회(尿灰)와 함께 묻는 방식이 효과가 좋았으며, 봄에 파종하는 보리, 밀 생육에는 분회, 초목회, 사토(沙土)와 함께 소와 말의 배설물인 우마분(牛馬糞)을 기경 후 파종 전 또는 파종 시에 시비재료로 넣어주면 생육에 효과가 뛰어났던 것으로 알려져 있다.

613년 전 오늘의 실록에는 함경도에서 충해(蟲害)를 입은 밭에 우마(牛馬)를 풀어놓은 백성들의 우마를 관가(官家)에서 몰수할 것인지 여부를 놓고 논란이 있었다.

- 태종실록 10권, 태종 5년 8월 29일 임진 기사 1405년 명 영락(永樂) 3년

동북면 도순문사 여칭이 방목을 금하자고 청하니 의정부에서 의논케 하다

동북면 도순문사(東北面都巡問使) 여칭(呂稱)이 밭에 우마(牛馬)를 풀어놓은 자는 〈그 우마를〉 관가(官家)에 몰수하자고 청하여 아뢰기를,

"황충(蝗蟲)이 화곡(禾穀)을 해치므로 이미 잡아서 묻었으나, 화곡이 손실되어 결실(結實)이 되지 못하여, 백성들의 먹을 것이 부족할까 염려되는데, 무식한 무리들이 많이 우마(牛馬)를 방목하오니, 원컨대, 이제부터 우마를 밭에 풀어놓는 자는 〈그 우마를〉 관가(官家)에 몰입(沒入)하소서."

하니, 임금이 말했다.

"동북면(東北面)은 5월부터 8월까지 황충이 곡식을 해치어, 함주(咸州)·정주(定州)·청주(靑州) 세 고을이 더욱 심한데, 칭(稱)이 지금 방목(放牧)을 금하자는 것을 인하여 자기가 능히 황충을 잡은 것을 자랑하고, 황충이 곡식을 해치는 것을 일찍이 보고하지 않았으니, 이것은 사실대로 아뢰지 않은 것이다. 또 방목을 금하는 것은 순문사(巡問使)가 전체(專制)할 수 있으니, 청(請)하는 것을 기다릴 것이 없다. 그 우마를 몰수하면 동북(東北)의 백성들이 어떻게 살겠는가? 정부(政府)에 내려서 상량(商量)하고 의논하여 시행하라."

• 【태백산사고본】 4책 10권 8장

9월
/
계추
季秋

↘ 1497년 연산3년 9월 2일

임금이 사냥할 때 계절별로 사냥하는 짐승이 달랐다

조선시대 초기 왕실에서는 군사를 동원하여 사냥하는 것을 적극 권장했는데, 이는 사냥에 참여한 군사들이 일정한 명령체계를 유지하며 무기를 사용함으로써 자연스럽게 군사 훈련을 하는 효과가 있었기 때문이다.

사냥에는 임금이 대규모 군사를 동원하여 일정 지역에 출동하여 행하는 강무(講武)와 한성에 주둔하는 군사나 임금의 행차를 수행하는 군사들의 훈련을 목적으로 이루어진 타위(打圍)가 있었다.

특별히 임금이 사냥에 나서는 수수(蒐狩)는 기병(騎兵)을 중심으로 한 군사훈련으로 춘하추동(春夏秋冬) 사시(四時)의 계절에 따라 사냥 목적과 규정이 정해져 있었고, 이를 봄에 하는 춘수(春蒐), 여름의 하묘(夏苗), 가을의 추선(秋獮), 겨울의 동수(冬狩)라고 칭했다.

조선 개국 1등 공신인 정도전이 군사훈련을 목적으로 저술한 병법서인 사시수수도(四時蒐狩圖)에 따르면 봄에 하는 사냥인 춘수는 새끼를 배지 않은 짐승만을 잡았고, 하묘는 여름에 하는 사냥으로 농사에 방해되는 짐승을 잡아 농가의 피해를 줄이기 위한 목적으로 실시했다.

또한 추선은 가을에 가축들의 보호를 위해 날짐승과 들짐승을 사냥했고, 동수는 사냥터를 포위하고 그 안에 있는 모든 짐승을 사냥하는 방식으로 겨울잠을 자는 동물들을 보호하기 위한 목적이었다. 이러한 모든 사냥은 농번기를 피해 농한기에만 실시되었으며 이러한 사냥을 통한 훈련은 나라를 지키는 방법으로 여겨졌다.

521년 전 오늘의 실록에는 사냥을 좋아한 연산군이 승정원의 건의에도 불구하고 9월 이후 네 차례 사냥을 하겠다고 전교한 기록이 있다.

• 연산군일기 27권, 연산 3년 9월 2일 경자 기사 1497년 명 홍치(弘治) 10년

왕이 사냥하기를 원하여 9월 이후에 네 번 하기로 하다

전교하기를,

"옛날에는 봄에 수(蒐)하고, 여름에 묘(苗)하고, 가을에 선(獮)하고, 겨울에 수(狩)를 했다고 했으니, 나도 또한 사냥을 하고 싶다."

하내, 승정원이 아뢰기를,

"만약 그러시면 9월에 한 번 하시고, 10월 이후에 한 번 하시는 것이 어떻습니까?"

하니, 전교하기를,

"9월 이후에 4번을 하겠다." 했다.

• 【태백산사고본】 8책 27권 1장

\ 1461년 세조7년 9월 3일

조선시대 송파나루는 우마牛馬 집결지로 목장이 있었다

조선시대 삼전도(三田渡)는 지금의 서울 송파구 삼전동 근처에 있던 나루로 삼밭나루로도 불리었으며, 세종 때 한강에 설치된 최초의 나루터로 한양과 부리도(浮里島, 현재 잠실지역)를 연결하는 중요한 교통 기능을 담당했다.

삼전도는 특히 경기도 광주의 남한산성을 거쳐 영남로(嶺南路)로 연결되는 교통의 요지로 상인들이 많이 이용했으며, 이에 따라 삼남지방(三南地方)에서 올라오던 환전 품목들을 조세로 호조(戶曹)에 공납하던 곳이기도 했다. 이에 따라 외방의 상품이 한양으로 진입하는 길목 역할을 하여 일찍부터 장사가 발달했으며, 특히 포목과 우마를 사고파는 주요 거래처였다.

삼전도의 관리는 처음은 도승이 배치되었으나 나중에 별장(別將)으로 고쳤고 임금을 호위하던 군영인 어영청의 관할이었다. 성종 때 기록을 보면 임금을 보위하는 정예병으로 중앙군의 중추적 군사력을 이루는 군사인 갑사(甲士)중에서 말을 타는 기갑사(騎甲士)들을 위한 목장이 운영되었던 것으로도 나타나있다.

한편, 이런 목장이나 마장은 말을 사육하는 곳이어서 많은 초지가 형성되어 다른 농작물을 재배하기가 비교적 쉬워 농민들이나 토호(土豪)들은 관리가 허술한 틈을 타서 함부로 경작을 했는데 이를 모경

(冒耕)이라 했다. 왕실에서는 이와 같은 행위가 발각되었을 때는 원래의 모습으로 돌리는 환진(還陳)을 명하고 모경한 자들을 처벌했다. 557년 전 오늘의 실록에는 삼전도 목장 터에 불법적인 개간을 일체 금하고 강력하게 처벌하는 방안이 논의되었다.

- 세조실록 25권, 세조 7년 9월 3일 경자 기사 1461년 명 천순(天順) 5년

병조에서 삼전도의 개간을 금하도록 아뢰다

병조(兵曹)에서 아뢰기를,

"삼전도(三田渡)의 옛 목장(牧場)에 땔나무와 꼴을 도하(都下) 사람이 채취하여 쓰는데, 지금 잡인(雜人)들이 서로 잇따라 개간(開墾)하여 초목(草木)이 무성하여지지 못하니, 청컨대 이 앞서 하사를 받았거나 관첩(官牒)을 받아 오래 경작(耕作)한 자 외에는 일체 금하되, 어기는 자는 제서유위율(制書有違律) 로 논하게 하소서."

하니, 그대로 따랐다.

- 【태백산사고본】 9책 25권 23장
- 【주】 - 도하(都下) : 서울 지방
    - 제서유위율(制書有違律) : 임금의 교지(敎旨)와 세자(世子)의 영지(令旨)를 위반하는 자를 다스리는 율.《대명률(大明律)》제서유위(制書有違) 조에, "무릇 제서(制書)를 받들어 시행하는 데 위반한 자는 장(杖) 1백 대에 처하고, 황태자(皇太子)의 영지(令旨)를 위반하는 자도 이와 같다." 했음

\ 1506년 중종1년 9월 4일

모든 연향(宴饗)에 소고기를 자유롭게 쓰게 한 연산군

조선시대 소고기는 궁중의 제례(祭禮)와 연향(宴饗)에 반드시 올린 물목으로 황육(黃肉)이라고도 했는데, 일반적으로 고려초기에는 불교를 숭상했기 때문에 임금이 스스로 육식을 절제하고, 인(仁)으로 정치를 행하며 도살을 삼간 것으로 알려져 있으며, 임금이나 재상이 아니면 양고기나 돼지고기를 먹지 않았다. 다만, 외국 사신이 왔을 때를 대비하여 미리 양과 돼지를 기른 것으로 나타나 있다.

그러나 조선시대로 바뀌어 유교를 숭상하며 육식이 자유로워지면서 소의 도살이 늘어나자 초기 왕실에서는 우금령(牛禁令)을 내렸고, 이를 단속하는 관청인 금살도감(禁殺都監)을 설치해 운영했으며, 우마(牛馬)를 도살하는 백정을 조사·색출하여 도성 밖으로 옮겨 놓기도 했다.

그러나 이러한 정책들은 연산군 즉위 이후 급변한 것으로 모든 연향(宴享) 때 소고기를 자유롭게 쓰라고 전교하여 여느 때의 연회는 물론 왕명으로 모집한 기녀(妓女)인 흥청(興淸)을 공궤하는 데에도 소고기를 쓰면서, 날마다 10여 두의 소를 잡아 수레로 실어 나른 것으로 기록되어 있다.

또한 일반 노상에서 수레를 끌거나 물건을 실은 소까지도 다 빼앗아 잡게 하니 백성들이 다 부르짖어 곡했고, 각 지방 군현으로 하여금 소고기를 바치게 하면서 가까운 지역에서는 날고기로, 먼 도에서는 포를 만들게 했다. 이때부터 궁궐 내에서는 소고기를 거리낌 없이 쓰고, 나인(內人)들이 사사로이 잔치를 마련하는 데에도 한꺼번에 8~9두의 소를 잡았던 것으로 나타나 있다.

여기에 더해 연산군 자신도 소고기를 좋아하여 생고기를 먹기도 하고, 송아지 고기찜을 먹었으며, 태(胎)를 즐겨 먹어 새끼를 낳은 배부른 소는 태가 없을지라도 잡히지 않은 것이 없었다. 또한 대내에서는 잔치할 때 불시에 소고기를 올리라 하여 여러 가축을 기르는 일을 맡은 관청인 사축서에서 소를 기르게 했는데, 때를 맞추지 못할 경우 담당 관원을 가두고 국문하기도 했다.

512년 전 오늘의 실록에는 폐위된 연산군의 대를 이은 중종 임금이 각 도에서 상공(上貢)하던 소고기의 봉진(封進)을 금했다.

• 중종실록 1권, 중종 1년 9월 4일 경진 기사 1506년 명 정덕(正德) 1년

소고기 봉진을 금하다

팔도에 글을 내려서 소고기를 봉진하지 말게 했다. 【폐왕 말년에 각 도의 상공(上貢)하는 물건이 오히려 입에 맞지 않는다 하여, 각 도에 글을 내려서 소고기를 봉진하게 했는데, 각 지방의 수령들이 죄를 받을까 두려워서 하루에 아홉 마리의 소를 잡는 자가 있었기 때문이다.】

• 【태백산사고본】 1책 1권 6장

\ 1457년 세조3년 9월 7일

중국에 보내는 세공마(歲貢馬) 크기는 175cm 이상이었다

조선시대 말은 삼국시대 이래 생태적으로 '키가 3척(90.9cm)정도밖에 되지 않아 말을 타고서도 능히 과실나무 밑을 지나갈 수 있다'는 데서 유래된 과하마(果下馬)와 같은 작은 말이 주를 이루었으나, 중국이나 몽골 등 다른 지역에서 큰 말들이 전해지면서 이전보다 다소 체격이 큰 중형마들도 생산되기 시작했다.

특히 몽골의 영향이 컸던 고려 후기에는 몽골 계통의 말이 적지 않게 전래된 것으로 알려져 있으며, 조선 초기에는 명나라의 요구에 따라 우수한 전마(戰馬)들이 많이 보내진 것으로 기록되어 있다. 또한 이 시기에 중국에서 이른바 호마(胡馬)라 불리는 큰 체격의 우수한 말들이 다량으로 수입되어 기존 조선말과의 교배로 우수한 말들이 생산되기도 했다.

조선에서 명나라로 가는 말은 정기적으로 보내는 세공마(歲貢馬)와 사행(使行)시 보내지는 별마(別馬)로 나눌 수 있는데, 진헌하는 말은 색과 크기를 종류마다 지정하여 시행했다. 세공마는 측량에 사용되었던 주척(周尺)을 이용해 5척 7촌 이하 5척 4촌 이상으로 했고, 별마는 더 커서 6척 이하, 5척 8촌(175.5cm) 이상이었던 것으로 기록되어 있다.

561년 전 오늘의 기록에는 강화도 목장에서 번식된 호마(胡馬) 중에 양마를 골라 다른 목장에 옮겨 마적에 등록·관리하자는 논의가 있었다.

- 세조실록 9권, 세조 3년 9월 7일 무진 3번째기사 1457년 명 천순(天順) 1년

사복시 제조의 건의로 강화 장봉도 목장에서 방목한 호마를 마적에 등록하다

사복시 제조(司僕寺提調)가 아뢰기를,

"경기 강화(江華)의 장봉도 목장(長峯島牧場)에 일찍부터 호마(胡馬)를 방목(放牧)하여 따로 번식(蕃息)을 시키고 있다. 현재 건장한 아마(兒馬)와 수말(雄馬)이 아울러 46필(匹) 있사온데, 청컨대 5세(歲) 이하의 양마(良馬) 10필을 가려내어 서울로 보내고, 그 나머지 수말 36필 속에서 북일(北一)·진강(鎭江) 두 목장에 각각 8필씩 보내어, 감목관(監牧官)으로 하여금 그 방목을 감독하게 하고, 모치(毛齒)를 본사(本司)에 보고하여 마적(馬籍)에 등록하게 하소서."

하니, 그대로 따랐다.

- 【태백산사고본】 4책 9권 3장
- 【주】모치(毛齒) : 털 빛깔과 치아

↘ 1422년 세종4년 9월 8일

소와 말을 방목하여 피해를 입히면 우마(牛馬)를 몰수했다

조선시대 토지의 면적을 나타내는 용어는 중국에서 오래전부터 사용하던 면적 단위법인 경무법(頃畝法)과 결부법(結負法)을 적용했는데, 경무법은 전한(前漢) 시대에는 주척(周尺)으로 6자 평방을 1보(步), 100보를 1무(畝), 100무를 1경(頃) 또는 1부(夫)라 했고, 한나라 이후에는 주척 5자 평방을 1보, 240보를 1무, 100무를 1경으로 했다.

또한 결부법은 화곡(禾穀)을 손으로 한 움큼 쥐는 1악(握)을 1파(把), 10파를 1속(束), 10속을 1부(負), 100부를 1결(結)이라 하고, 1결을 생산해 낼 수 있는 전지의 면적을 표시했다.

결부법이 세금 부과를 위주로 한 데 반하여 경무법은 주로 토지를 파악하는 데 그 목적을 둔 것으로, 일부 학자들은 결부법이 고정된 지적의 표시 단위가 아니라 수확의 표준·수세의 표준을 나타내는 단위로 농간의 여지가 많다며 경무법 채택을 주장하기도 했다.

이 같은 일반 토지 외에 화전(火田)과 같이 크기나 형태가 불규칙하여 계량이 어려운 토지에는 하루 동안 갈 수 있는 면적을 기준으로 하는 일경(日耕)이 쓰이기도 했으며, 조선시대 중기 이후에는 논, 밭의 면적을 나타내는 단위로 두락(斗落)이라는 표기도 사용하여 오늘날 쓰이는 '마지기'라는 표현의 시초가 되기 시작했다.

통상 1두락은 한 말(斗)의 종자를 파종할 만한 면적을 뜻하는 것으로 대략 200~300평 사이였으며, 같은 면적 표시 단위로는 1석(石)을 파종할만한 면적인 섬지기와 1승(升)을 파종할 수 있는 되지기도 있었다.

576년 전 오늘의 실록에는 세력 있는 집에서 소와 말을 풀어 놓아 남의 밭곡식을 심은 토지를 밟아 손해 보게 한 자는 그 주인의 성명을 물을 것 없이 우마(牛馬)를 몰수하게 했다.

• 세종실록 17권, 세종 4년 9월 8일 임술 기사 1422년 명 영락(永樂) 20년

소와 말을 함부로 방목하지 못하도록 하다

임금이 세력 있는 집에서 소와 말을 놓아 남의 밭곡식에 피해 끼치는 것을 염려하여, 사복 관리(司僕官吏)를 보내어 전야(田野)를 살펴보면서 소와 말을 놓아서 화곡(禾穀)을 밟아 손해보게 한 자는 그 주인의 성명을 물을 것없이 병조로 하여금 여러 역(驛)에 나누어 주게 했다.

• 【태백산사고본】 6책 17권 24장

\ 1484년 성종15년 9월 10일

돼지고기를 가공하여 말려서 보관하는 관청이 있었다

조선시대 궁중에서 사용하는 어물(魚物), 육류 등을 관할하던 호조 소속의 아문을 사재감(司宰監)이라 했다. 사재감에서는 궁중에서 쓰는

땔감(燒木), 소금 등에 관한 일도 담당했는데, 어물을 담당하면서 전국의 어장 등을 관리했고, 궁중에 쓰이는 횃불을 공급하는 업무도 담당했다.

사재감은 조선 초기에는 정3품 아문이었으나 그 후에 정3품 정, 종3품 부정, 종9품 참봉이 폐지되었고, 종8품 봉사(奉事) 1명이 증원되면서 책임자를 첨정이 맡아 정3품 아문에서 종4품 아문으로 격이 낮아졌다.

사재감의 역할 중 재미있는 기록은 왕실에서 사용하는 땔나무와 횃불을 만들기 위한 싸리나무를 지방 관청 향리 중 '기인(其人)'으로 불리는 경역리(京役吏)에게서 징수했는데 전국 기인 332명 중 233명이 사재감에 소속되었으며, 이들은 한 명당 하루에 땔나무 57근, 이틀에 싸리나무로 만든 횃불(杻炬) 10근을 바치도록 했다.

한편, 조선시대에 어류나 육류를 장기간 저장하거나 원거리 유통이 가능하도록 가공하는 방식은 말려서 포(脯)를 만드는 것으로, 포 중에서도 뼈가 있는 것(有骨者)을 석(腊)이라 했다. 또한 재료에 따라 육포를 의미하는 경우에는 '석육(腊肉)', 어포를 의미하는 경우에는 '어석(魚腊)'이라고 했으나 나중에는 같은 의미로도 사용되었다.

통상 석의 재료로는 소, 돼지, 노루, 사슴, 꿩, 닭 등의 육류와 생선을 사용했는데, 왕실의 제사에 쓰이는 커다란 편포(片脯)인 조포(條脯)는 제례를 관장하는 봉상시(奉常寺)에서 만들었으며, 일반적인 포는 사재감에서도 만들었고, 민간에서는 어육포로 중포(中脯)를 만들어 제사에 쓰기도 했다.

포를 만들 때는 고기가 연하고 기름이 없고 심줄이 없는 부위를 사용했는데, 소고기인 경우 우둔이나 도가니 살, 대접살이 좋고 홍두깨살은 빛이 희어 못 쓴 것으로 알려져 있으며, 간을 맞추기 위하여 맛 좋고 빛이 검은 장(醬)을 사용했으나 소금도 많이 쓴 것으로 나타나 있다. 또한 말릴 때에는 포 옆에다가 숯덩이나 나뭇가지를 놓아서 날짐승이 쪼아가지 않도록 했고, 편포를 먹을 때는 조각조각 썰어 돼지기름을 발라 구워 먹거나 참기름을 발라 구워 먹어도 좋은 것으로 알려져 있다.

534년 전 오늘의 실록에는 돼지 사육 두수가 많아 사재감(司宰監)에 회부하여 도살(宰殺)해서 말리기를 청했으나 임금이 반대한 기록이 있다.

• 성종실록 170권, 성종 15년 9월 10일 갑오 기사 1484년 명 성화(成化) 20년

사축서에서 가축의 감축을 청하자 돼지 3백 마리를 종실·재상에게 나눠주다

이에 앞서 사축서(司畜署)의 사료 준비가 많은 것 때문에 호조(戶曹)로 하여금 가축을 요량하여 감하도록 명했었는데, 본조(本曹)에서 돼지 3백여 마리를 감하여 아뢰고, 이어 사재감(司宰監)에 회부하여 도살(宰殺)해서 말리게 하기를 청하니, 전교하기를,

"3백 마리를 일시에 도살하는 것은 실로 마음에 차마 못할 일이니,

종실(宗室)과 재상들에게 나누어 주라." 했다.

- 【태백산사고본】 26책 170권 4장

1422년 세종4년 9월 14일

목장 산지山地를 불법으로 점유한 경우는 징역 3년에 처해졌다

조선시대에 말을 사육하고 관리하는 책임을 맡은 관리를 양마(養馬)라 했으며, 병조 산하 사복시에 소속된 종6품 관직으로 이들은 주로 말을 거세하는 선마(騸馬)와 말을 생산하는 일(生馬)을 담당했다.

또한 조정에서는 국가에서 필요한 말(馬)을 사육하기 위해 운영하는 마사(馬舍)와 목장 등을 관리하는 제반 규정을 정해 시행했는데 이를 구목(廐牧)이라 했다. 이 또한 병조에서 총괄했고, 실무는 예하의 사복시에서 맡아보았다.

구목의 주요 내용은 성종 때의 '경국대전(經國大典)' 중 '병전(兵典)'의 구목 조에 상세히 기록되어 있는데, 우선 사복시의 녹관(祿官), 겸관(兼官) 및 마의(馬醫), 양마(養馬) 등 말 사육과 관리를 담당한 관원 및 이속(吏屬)등이 말과 소를 죽게 하거나 잃어버렸을 경우 ▲사육을 소홀히 해서 죽인 경우에는 제사에 사용할 희생(犧牲)을 사육하다 죽인 것보다 한 등급 더해서 논죄하도록 했으며 ▲소나 말이 죽었을 경우에는 3필당 1필을 추징했고 ▲잃어버렸을 때는 그 마리 수대로 추징했다.

그리고 군두(群頭), 군부(群副), 목자(牧子) 등이 말이나 소 1필을 잃어버리면 태 50대로 처벌했다. 이러한 관리 규정은 후대에 더욱 강화되어 시행되었으며, 특히 지방의 토호가 목장 소속의 전지(田地)나 산지(山地)를 불법으로 점유한 경우에는 장 100대, 노역형인 도(徒) 3년에 처하도록 했다.

593년 전 오늘의 실록에는 여러 목장의 양마하는 자들이 여기저기 말들을 풀어놓아 화곡(禾穀)을 손상시킬까 염려하여 특별히 감찰하라는 하교(下敎)가 있었다.

• 세종실록 17권, 세종 4년 9월 14일 무진 기사 1422년 명 영락(永樂) 20년

목장의 말을 기르는 자들에게 화곡을 손상시키지 말도록 검찰하다

이원(李原)이 사인(舍人) 정여(鄭旅)를 보내어 계하기를,

"전관 목장(箭串牧場)의 양마(養馬)하는 자가 밤이면 서울에 들어오게 되는데, 그 말을 곡식 밭에 놓아 먹입니다."

하거늘, 임금이 양마하는 자를 옥에 가두라 명하고, 또 여러 목장의 양마하는 자들이 목양(牧養)하는 것을 조심하지 아니하여, 여기저기 풀어놓아 화곡(禾穀)을 손상시킬까 염려하여, 병조(兵曹)의 관원을 금천(衿川)·유후사(留後司)·강화(江華)에 보내어 검찰하여 아뢰도록 했다.

• 【태백산사고본】 6책 17권 24장

\\ 1489년 성종20년 9월 15일

조선시대 짐승의 가죽은 중요한 외교 거래 품목이었다

조선시대 대외 외교의 기본 형식은 중국에 대해 조공(朝貢)을 하고 책봉(冊封)을 받아 정통성을 부여 받고 왕권을 강화하는 형식이었다.

조선시대 사신들이 중국에 가지고 가는 조공에는 표(表)·전(箋)이라는 외교문서와 함께 방물이 수반되었는데 은기명(金銀器皿), 나전소함(螺鈿梳函), 백면주(白綿紬), 각색 저포(苧布), 용문염석(龍紋簾席), 각색 세화석(細花席)과 같은 그릇, 나전칠기, 명주, 화문석류와 황모필(黃毛筆), 백면지(白綿紙)와 같은 지필류, 인삼, 종마, 매와 같은 토산품 외에 반드시 담비의 가죽인 초피(貂皮)와 수달피와 같은 짐승의 가죽이 포함되었다.

삼국시대 이래 한반도의 짐승의 가죽은 주요한 대외 교역 품으로 발해(渤海)는 초피, 호랑이 가죽인 대충피(大蟲皮) 등을 일본에 보내 그 값의 몇 십 배나 되는 면(綿),포(布) 등을 돌려받은 기록이 있으며, 고려시대에는 이리, 오소리, 고양이, 고라니, 담비, 수달피, 호랑이, 표범, 곰 ,염소 가죽 등을 수출하고, 표범, 소, 담비, 수달피, 호랑이, 쥐 가죽 등을 수입한 것으로 알려져 있다.

한편, 조선시대 일본과의 외교에서도 국서(國書)와 서계(書契)라는 두 종류의 문서가 교환되었는데, 국서는 조선 임금과 일본 막부장군, 서계는 외교 실무 부서인 조선의 예조, 동래부사, 부산첨사와 일본의 대마도주, 이정암(以酊庵), 만송원(萬松院) 등의 사이에 교환된 문서이다.

이러한 외교문서에 딸린 예물의 종류와 수량을 적은 물품 목록이 별폭(別幅)으로 일본에서는 호초(胡椒), 명반(明礬), 단목(丹木), 대화(大和) 진주, 문지(紋紙) 같은 방물을 보내왔고, 조선에서는 백면주(白綿紬), 백목면(白木綿), 백저포(白紵布), 흑마포(黑麻布) 및 황모필(黃毛筆), 화문석, 진묵(眞墨), 인삼, 매 외에 호피와 표피(豹皮) 등 가죽류를 보낸 것으로 기록되어 있다.

529년 전 오늘의 실록에는 일본 국왕의 사신이 조선 임금에게 수달피(獺子皮)를 바친 것으로 기록되어 있다.

- 성종실록 232권, 성종 20년 9월 15일 경오 기사 1489년 명 홍치(弘治) 2년

일본 국왕의 사신 편강 등이 수달피를 바치니 면포를 하사하다

일본 국왕(日本國王)의 사신(使臣) 편강(片剛) 등이 수달피(獺子皮) 25장(張)을 바치니, 면포(綿布) 288필을 하사했다.

- 【태백산사고본】 36책 232권 7장

◥ 1507년 중종2년 9월 17일

나라에 공을 세운 공신(功臣)들은 임금과 함께 가축의 피를 마셨다

조선시대 국가나 왕실을 위하여 공을 세운 사람을 공신(功臣)이라 했는데, 이들은 개국 이외에도 반정 또는 군사반란 진압, 역모사건 평정 등 커다란 정치적, 군사적 사태 후에 많이 책봉되었다.

실록에는 총 28차례에 걸쳐 공신을 책봉한 것으로 기록되어 있는데, 정치·군사적으로 큰 사건 해결에 공을 세운 공신들은 훈봉공신(勳封功臣)이라 했으며, 이들은 정식으로 공신호(功臣號)를 받고 등급을 받은 정공신(正功臣)과 공신호만을 받은 원종공신(原從功臣)도 있었다. 또한 훈봉공신 이외에 당대의 정치와 유학을 대표하는 종묘배향(宗廟配享) 공신과 문묘배향(文廟配享)공신도 공신으로 불리었다.

이들 공신들에게는 국왕이 공훈의 내용, 포상 및 훈계의 내용 등을 적은 비단 바탕의 두루마리로 만들어진 공신교서를 내려 주었으며, 교서 외에도 공신의 충절을 영원히 기리며 기억하기 위해 비단 바탕에 채색 초상화를 그려 나누어 주었다.

한편, 공신들은 상호 간에 배신하지 않겠다고 천지신명 앞에서 맹서하는 의식을 임금과 함께 시행했는데 이를 공신회맹제(功臣會盟祭)라 했다. 경복궁 북쪽에 정사각형의 단을 쌓은 제단인 북단(北壇)에서 천지신명을 상징하는 신주를 모셔서 지낸 것으로 나타나 있다.

특히 회맹세를 지내기 하루 전에는 희생으로 쓰일 가축인 소, 양, 돼지를 끌고 와 재인(宰人)이 잡아 제사의 고기를 준비했으며, 당일에는 의식이 시작되기 3각(刻, 45분)전에 소, 닭, 돼지를 직접 잡아서 모래가 담긴 그릇인 혈반(血盤)에 피를 받았다.

이 혈반에 담긴 피는 임금이 술잔을 천지신명의 신주 앞에 올리고 절을 한 후에 공신들과 함께 모두 꿇어앉아 임금을 필두로 공신들이 차례로 피를 마시는 의식인 삽혈(歃血)의식을 행했는데, 실제 피를 마시는 것은 아니고 입 주위에 피를 발라 마시는 시늉만 한 것으로 알려져 있다.

삽혈을 마치면 독서문관(讀誓文官)이 맹서문을 읽었고, 맹서문을 회맹단 북쪽에 파 놓았던 구덩이에 희생물과 함께 묻은 후 절을 하고 퇴장하는 절차로 회맹제를 진행했다.

511년 전 오늘의 실록에는 회맹제(會盟祭)와 중국에 대해 지내던 망궐례(望闕禮) 시행에 대한 논의가 있었다.

• 중종실록 4권, 중종 2년 9월 17일 정사 기사 1507년 명 정덕(正德) 2년

대간이 합사하여 회맹제를 행하도록 청하다

대간이 합사하여 아뢰기를,

"직에 나아가라고 명하셨으나 아뢴 바의 일이 심히 중대하니, 반드시 청(請)을 얻은 후에야 직에 나아가겠다. 만약 청을 얻지 못하고서 직에 나아가면 언로(言路)에 방해될까 염려됩니다. 또 25일 회맹제(會

盟祭) 때문에 망궐례(望闕禮)를 정지하는 것에 있어서는, 전에는 배릉(拜陵)·알성(謁聖)하는 예절도 오히려 다 정지했는데, 이 회맹제만은 행하는 것이 그 사체(事體)에 어떻겠습니까? 더구나 성절 망궐례(聖節望闕禮)는 1년에 한 번 지내는 제일가는 일인데, 그것을 경솔히 폐지해서야 되겠습니까? 대체로, 귀신을 믿는 것은 《춘추(春秋)》에도 그르다고 했는데, 회맹제 때문에 이 대례(大禮)를 폐지하겠습니까?"

하니, 전교하기를,

"근일 아뢴 바의 일들은 다 들어 주지 못하겠다. 또 이미 공신이 있으면 회맹제는 예에 따라 마땅히 거행하는 것이 옳다. 더구나 예조에서 전례에 의하여 계청한 것인데 말해 무엇하겠는가. 이런 까닭으로 윤허하지 않는다."

하매, 대간은 드디어 사직하고 물러났다.

- 【태백산사고본】 2책 4권 16장
- 【주】 - 회맹제(會盟祭) : 짐승을 잡아 천제(天祭)를 지내고 그 피를 나누어 마시며 맹세하던 일
  - 망궐례(望闕禮) : 정조(正朝),동지(冬至)등 절일(節日)이나 성절(聖節)·천추절(千秋節)등 경일(慶日)에 우리 나라 임금이 중국조정을 향하여 절하던 예식

↘ 1421년 세종3년 9월 21일

중국에 보낼 진헌마進獻馬 확보를 위해
무당巫堂도 말을 내었다

조선시대에는 중국에 정기, 비정기적으로 사절을 파견했는데, 신년에는 하정사(賀正使), 황제의 생일에는 성절사(聖節使), 황태자의 생일에는 천추사(千秋使)를 정기적으로 파견했다. 그 후 겨울에는 동지사(冬至使)를 한 번 더 보냈다.

이외에도 계품사(啓稟使), 사은사(謝恩使), 주청사(奏請使), 진하사(進賀使), 진위사(陳慰使), 변무사(辨誣使) 등의 명목으로 수시로 사신을 파견했으며, 이때마다 정기 사행(使行)에는 진헌방물(進獻方物)을 가져갔다. 비정기 사행에도 세공방물수목(歲貢方物數目)에 준하여 진헌물목수(進獻物目數)가 제정되었다.

조선에서 중국으로 보낸 중요 진헌물에는 인삼, 가죽, 직물, 돗자리 외에 항상 빠지지 않는 것이 말이었다. 통상 정기 사행에 진헌하는 말은 50필 정도였으며, 비정기 사행에는 별마(別馬)라 하여 중국에서 말을 요구하는 경우가 많았다.

특히 태조 때는 1만두의 군마(軍馬) 진헌을 요구하기도 했으며, 명나라의 사신이 칙서를 가지고 와서 민간인 소유의 말을 시가로 바꾸려고 한 기록이 있다. 세종 때는 말 가격을 상등(上等) 1필에 면포 50필, 중등(中等)은 45필로 가격을 정한 기록도 있다.

한편, 이러한 마필의 점고(點考) 및 진헌(進獻), 목장 부지의 선정 등을 담당하며, 각 도의 목장에서 기르는 말을 봄, 가을에 점검하던 사복시 소속 관리를 점마별감(點馬別監)이라 했다. 그러나 이러한 점마별감들의 부정행위가 빈발하면서 지방 재정에 상당한 부담이 되어 파견에 대한 논란이 끊이지 않았다. 또 물론 무속인인 무녀(巫女)나 장례를 담당하는 장사(葬師)에 까지 말(馬)을 내게 했다.

• 세종실록 13권, 세종 3년 9월 21일 신사 기사 1421년 명 영락(永樂) 19년

진헌관 마색을 설치하게 하다

진헌관 마색(進獻官馬色)을 설치하는데, 찬성사(贊成事) 조연(趙涓)·칠원군(漆原君) 윤자당(尹子當)·병조 판서 조말생·판한성부사 조비형으로 제조(提調)를 삼고, 또 관속 15인을 두어 말의 마릿수를 나누어 정하여 일정한 기한 내에 바치기를 독촉하는데, 서울이나 외지에 있는 문무 관원과 아래로 권무(權務)나, 염장(鹽場)이나, 역승(驛丞)이나, 도승(渡丞)에까지 관품에 따라 말을 내게 하여, 차등이 있게 하고, 무녀(巫女)나 장사(葬師)에게도 또한 말을 내게 했으니, 서울에서 2천 47필이고, 개성 유후사(開城留後司)가 240필이고, 경기가 660필, 충청도가 1천 203필, 전라도가 1천 808필, 경상도가 2천 172필, 황해도가 894필, 함길도가 546필, 평안도가 856필, 강원도 1천 42필이다. 여러 도의 마필(馬匹)을 만약 도내에 있는 품관에게 분정(分定)했다가 부족하게 되면, 군(軍)이나 민호(民戶)에까지 적당하게 나누어 정하게

했다.

- 【태백산사고본】 5책 13권 17장
- 【주】 진헌 관마색(進獻官馬色) : 명나라에 말을 바치는 것을 맡은 자

1487년 성종18년 9월 22일

사슴, 송골매, 원숭이, 낙타, 고니 등 모든 동물을 사랑한 성종成宗

조선시대 역대 임금 중에 동물과 관련한 가장 많은 기록을 가진 임금은 성종으로 알려져 있다. 실제로 성종 때는 다양한 동물이 등장하는데 사슴에 관한 기록 51건, 노루에 관한 기록 31건, 송골매에 관한 기록은 25건, 물소 23건, 고양이 15건, 원숭이 13건, 사냥개 11건, 고니 7건, 공작새 4건, 낙타 3건, 앵무새 2건 등이 있다.
성종의 동물에 대한 애착은 특히 비금류(飛禽類)에 관해 많이 나타나 송골매를 후원에서 기르며 관상(觀賞)했으며, 영안도(永安道)에서 해청(海靑)을 얻어 진상하기도 했다. 또한 경상도 관찰사에게 글을 내려 "지금 올린 각종의 수조(水鳥)는 이 뒤부터 다시 올리지 말고, 다만 붉은 부리(舟觜)의 고니(天鵝)만 산채로 잡아 올리도록 하라"고 했다.
성종은 또한 외국에서 보내온 동물에 대해서도 각별한 애정을 보였는데 일본에서 보내온 원숭이가 겨울을 맞이하여 추워 얼어 죽을 것

을 염려하여 흙집인 토우(土宇)를 짓고 옷 대신 사슴 가죽인 녹비(鹿皮)를 입히려고 하다가 대신들과 논란을 벌인 기록이 있다. 또한 흑마포(黑麻布) 60필(匹)을 보내어 중국에서 낙타를 사려고 하다가 흑마포 60필이면 정포로 6백 필이며, 콩으로 치면 6천 두이고 석으로 하면 4백석으로 쓸데없는 짐승을 사려고 전세(田稅) 4백 석의 콩을 쓴다는 대신들의 반대에 뜻을 거두어 드린 적도 있다.

또한 성종 때에는 70여 마리까지 늘어난 물소를 잘 번식시키는 수령에게는 직급을 올려주는 가자(加資)를 실시하게 했으며, 중신들에게 물소 암수 각 1두씩을 내려 주고 잘 기르라고 하기도 했다.

그러나 이러한 성종의 동물 사랑도 항상 조정 대신들의 반대에 부딪혀 경기관찰사가 해청(海靑)을 올린 것을 내응방(內鷹房)에 속하도록 한 것을 두고 "물건을 취미로 두고 구경하면 마음을 버린다"고 유의할 것을 건의하자 "매는 내가 취미로 기르는 것이 아니고, 대비(大妃)를 위하여 잡은 것이다"라고 했다. 해청(조류 매목 맷과에 속한 새)을 놓아버려 온 나라 신민(臣民)들이 성상의 숭상하는 바가 외물(外物)에 있지 아니함을 분명히 알도록 하시라는 대신들의 뜻에 실제로 해청을 놓아 보내기도 했다.

531년 전 오늘의 실록에는 여러 가지 새를 깃털을 갖추고 암수를 갖추어 잡아 바칠 것을 여러 도(道)에 하서(下書)하게 했다.

• 성종실록 207권, 성종 18년 9월 22일 무오 기사 1487년 명 성화(成化) 23년

승정원에 여러가지 모양의 새를 잡아 바칠 것을 전교하다

승정원(承政院)에 전교하기를,

"여러 가지 새를 깃털을 갖추고 암수를 갖추어 잡아 바칠 것을 여러 도(道)에 하서(下書)하라."

하자, 승정원에서 함께 아뢰기를,

"모든 새를 빠짐 없이 잡아 바치게 하면, 민간이 소요하여 폐단이 적지 않을 것입니다."

하니, 전교하기를,

"완상(玩賞)하려는 것이 아니다. 근래 화법(畵法)이 참다운 모양을 잃어 매우 서로 같지 않았으므로 본떠 그리려는 것이다. 폐단이 있을 것이 염려되면, 다만 잡는 대로 바치게 하고, 잡기 어려운 것은 굳이 바칠 것 없다." 했다.

- 【태백산사고본】 31책 207권 8장

1423년 세종5년 9월 23일

조선 초 60년간 중국에 보내진 마필 수가 6만 6천 두에 달했다

조선시대 중국에 보내지던 사행(使行) 중 주로 말(馬)을 조공(朝貢)할 때 파송되는 사절을 관압사(管押使)라 했다. 이들 관압사는 원칙적으로 해(亥), 묘(卯), 미(未)에 속하는 연도 즉 4년에 한 번 정조사(正朝使) 또는 동지사(冬至使)와 함께 보내졌는데, 조선에서 피로(被擄)된 중국인이나 일본인, 그리고 외교 사건의 연루자 또는 범죄자를 중국으로 압송할 때 파견되는 관송사(管送使)와 혼용하여 사용하기도 했다.

이들 관압사는 정3품 이상의 문관 출신이 주로 선임되어 파견되었으나, 외교적 현안을 다루지 않을 때에는 무관(武官) 출신이거나 역학(譯學) 출신자 중에서도 선정되었다. 처음에는 다른 사행과는 별도로 중국에 파견했으나, 사신의 잦은 왕래로 사행하는 길 주변의 백성에게 끼치는 폐해가 커서 정조사와 함께 출행하는 것으로 바뀌었다.

한편, 조선시대 초기 중국은 조선 왕실을 압박하여 말의 조공(朝貢)을 요구했는데, 그때마다 조정에서는 말을 모집하고, 말을 바친 자에게 포상하는 정책인 납마(納馬) 제도를 실시했다. 납마제도는 후에 '납마사목(納馬事目)'이 제정되어 말을 모집하고, 자진하여 납부하는 사람에게 신분이나 말의 수에 따라 포상하는 규정으로 정비되었다.

조선 개국 이후 중국에 조공으로 보내진 말의 수는 기록에 따라 집계두수가 차이가 있으나 태조(太祖)대에 6천여 필, 태종(太宗)대에 2만 5천여 필, 세종(世宗) 대에 가장 많은 3만 5천여 필이 중국으로 보내진 것으로 집계되어 이 시기 60여 년간 6만 6천여 필의 말이 중국에 보내진 것으로 추정되고 있다.

595년 전 오늘의 실록에는 세종(世宗) 대에 6차분 말 1천 필을 감독하여 요동(遼東)으로 보낸 것으로 기록되어 있다.

- 세종실록 21권, 세종 5년 9월 23일 신축 기사 1423년 명 영락(永樂) 21년

좌군 사직으로 하여금 말 1천필을 요동으로 보내다

좌군 사직(左軍司直) 고기충(高奇忠)을 보내어 여섯 번째의 운(運)으로 말 1천 필을 감독하여 요동(遼東)으로 가게 했다.

- 【태백산사고본】 7책 21권 18장

1455년 세조1년 9월 24일

볏짚은 기와를 만들고 얼음을 보관하는 관청에서도 사용했다

조선시대 경기(京畿) 지방의 농민들이 과전법(科田法) 시행에 따른 사전(私田)의 밭주인 인 전주(田主)에게는 물론 조정의 해당 관청에 바친 볏짚 위주의 곡초(穀草)와 가축에게 직접 베어 먹이는 생초(生草)를 함께 일컬어 생곡초(生穀草)라 했다.

이러한 생곡초는 과전을 지배하던 전주들이 밭을 임대하여 경작하는 전객(佃客)들에게 토지세인 전조(田租)와 함께 부담을 하게 했으며, 가축 사육을 담당하는 중앙 관청인 사복시(司僕寺), 사축서(司畜署), 전생서(典牲署)는 물론 기와를 만드는 와서(瓦署), 얼음을 보관하는 빙고(氷庫), 왕실용 채소를 재배하는 사포서(司圃署) 등에서도 요구하여 농

가들의 부담에 어려움이 컸었다.

특히 곡초는 곡물 생산과정에서 얻어지는 부산물인 짚을 납부하는 것이었으나, 생초는 바쁜 농번기에 별도의 노동력을 투입하여 거두어 들여야 해서 농민들의 부담이 더 컸던 것으로 알려지고 있다.

이렇게 거두어 드리는 곡초의 총량은 태종 때 3만 9천 5백동(同), 성종 때는 3만 8천 809동으로 알려져 있으며, 세조 때는 농민들의 부담을 줄이기 위해 각 군현에서 윤번으로 돌아가며 부담하는 방식을 취했고, 성종 때는 생초 수납 규정을 만들어 논 1결당 110근의 생초를 부담하게 했다.

한편, 우마 사양관리 기준인 축마료식(畜馬料式)에 따르면 사료는 목초와 곡초로 구분하여 목초로는 곡초외에 자골초, 모애초, 갈근, 토끼풀, 서숙대, 어욱 등을 활용했으며, 곡류로는 쌀, 콩, 보리, 조, 녹두, 보릿겨 등을 사용한 것으로 기록되어 있다.

563년 전 오늘의 실록에는 말 먹이용으로 여러 고을에 가을마다 마른 풀을 베어 준비하도록 하는 논의가 있었다.

- 세조실록 2권, 세조 1년 9월 24일 병신 기사 1455년 명 경태(景泰) 6년

병조에서 말먹이를 비축할 것을 청하다

병조(兵曹)에서 아뢰기를,

"무릇 군사를 쓰고 군중을 동원하려면 말먹이가 가장 시급합니다. 이제 거진(巨鎭)을 설치하고 습진(習陣)하는 군사가 왕래하게 되면, 말

먹이기가 어려울 것이니, 청컨대 여러 고을로 하여금 가을마다 추교(芻藁)를 많이 베어 쌓아 놓고 비가 새지 않게 하여, 말먹이의 수요에 대비하도록 하소서."

하니, 그대로 따랐다.

- 【태백산사고본】 1책 2권 27장
- 【주】추교(芻藁) : 마른 꼴

1424년 세종6년 9월 25일

조선시대 백정白丁의 원조는 몽골의 달단韃靼족이었다

중국 대륙에서 1368년 원나라 멸망 후 북원(北元) 세력의 잔존 세력과 나머지 몽골인 집단 및 변두리에서 기회를 엿보던 몽골인 유력자들 간에 주도권을 둘러싸고 치열한 쟁탈전을 벌여 몽골고원 동쪽과 요동 지역에서 패권을 차지한 부족이 몽골어 타타르(塔塔爾, Tatar)의 한자어 표기인 달단(韃靼), 또는 달달(達達)로 알려져 있다.

이후 오랫동안 중국에서는 몽골의 호칭으로 달달을 쓰게 되었는데 그 영향으로 조선에서도 몽골인을 달달인 또는 달자(達子), 달적(達賊) 등으로 불렀으며, 몽골의 개는 달달구자(達達狗子), 몽골의 말은 달달마(達達馬), 몽골의 병사는 달달병(達達兵)이라고 했다.

이러한 명칭은 대체로 그 대상이 몽골이었지만 어떤 경우에는 여진족이 포함되기도 했다. 후대에 이르면서 서달(西達), 즉 서쪽 달단 등으로 구별하게 되는데 이는 일정한 종족이나 부족을 가리키는 것이 아니라 방향만 가지고 일컫는 말이었다.

원래 유목 민족이었던 이들 달단인은 원나라 말기, 즉 고려말기에 전란을 피하여 고려로 들어오면서 조선에서도 수렵을 위주로 생계를 이어가며 정착하게 되는데, 이들이 가축을 도살하거나 가죽제품을 제조하면서 화척(禾尺), 수척(水尺), 무자리라고 불리게 되었고, 이들은 다시 조선 초에 백정(白丁)으로 바꿔 불리게 된 것으로 알려져 있다.

화척들은 도살업, 유기(柳器) 및 피물(皮物) 제조업, 수렵, 육류 판매업 등을 주된 생활 수단으로 삼고 유리걸식하며 도적질을 하거나, 집단적으로 생활하면서 위험한 집단이 되었기 때문에 일반 양인들은 이들과의 혼인이나 거주를 꺼렸고, 조선 조정의 단속을 받았던 것으로 기록되어 있다.

594년 전 오늘의 실록에는 달단 말의 종자를 바꾸려고 곡식이나 소나 말을 민간에게 사서 교환하자는 논의가 있었다.

• 세종실록 25권, 세종 6년 9월 25일 정유 1424년 명 영락(永樂) 22년

함길도 감사가 달단 말의 종자 바꾸는 것에 대해 아뢰다

함길도 감사가 계하기를,

"지난번에 내리신 전지(傳旨)에 따라 달단 말(馬)의 종자를 바꾸려고

경원(慶源)·경성(鏡城)에 사는 백성을 시켜서 물으니, 저들 중에 말이 있는 자가 곡식이나 소나 말과 교환할 것을 요구하는데, 곡식과 소와 말은 감영 중에는 없는 것 이온즉, 곡식은 각 고을의 국고에 저장된 것으로 소나 말은 포목과 그 외의 물건으로 민간에서 사서 종마(種馬)를 바꾸게 하소서."

하니, 그대로 따랐다.

• 【태백산사고본】 8책 25권 31장

↘ 1413년 태종13년 9월 28일

목장에서 말몰이를 전담하는 군사들도 있었다

조선시대에 봄·가을에 전국의 군사를 동원하여 야외에서 사냥을 겸해 실시하는 군사훈련을 강무(講武)라 했는데, 임금이 친림(親臨)하는 행사로 이를 위해 전국의 군사들이 동원되어 실시되었다.

강무는 주로 경기도, 강원도, 황해도, 충청도, 전라도, 평안도 등을 순행하며 진행되었으며, 지역을 위로하고 전국의 감사들에게 문안을 하게 함으로써 왕 중심의 집권 체제를 안정화하는 효과도 거둘 수 있었다.

강무는 사냥을 통한 실전 연습으로 짧게는 5일에서 길게는 13일 정도 시행되었고, 적게는 수천 명에서 많게는 수만 명에 이르는 군사들이 동원되는 종합적인 군사훈련의 성격을 띠고 있었다.

이러한 강무에는 대군(大君), 왕자(王子) 및 의정부 이하 문무관 등이 참석했다. 임금도 직접 말을 타고 대기했다가 몰이꾼들이 3마리 이상의 짐승을 세 차례 이상 몰아 임금이 있는 곳으로 가게하면 활을 쏘아 3마리의 짐승을 먼저 사냥했고, 이어 왕자들과 공신, 장수, 군사들이 차례로 활을 쏘았다.

이러한 사냥에서 짐승 몰이를 한 몰이꾼들을 구군(驅軍)이라 했는데, 군인이 동원되기도 했지만 주로 주변 농민들이 많이 징발되었다. 징발기간에는 각자 필요한 식량을 준비해야 했고 추위와 굶주림으로 죽는 일이 있는 등 힘든 노역이었다.

또한 이들 구군은 목장에서 말몰이(牧場 驅馬)를 할 때도 징발되었는데, 징발 기준이 성종 때는 경작지 8결당 1명씩을 선발하도록 하여 당시 백성들이 부담하여야 하는 대표적인 요역(徭役) 12가지 중에 하나였다.

605년 전 오늘의 실록에는 사람과 말이 모두 피곤하니 경상도와 충청도의 구군(驅軍)을 모두 놓아주라는 전지(傳旨)가 있었다.

• 태종실록 26권, 태종 13년 9월 28일 갑진 기사 1413년 명 영락(永樂) 11년

경상도·충청도의 몰이꾼을 돌려 보내다

경상도·충청도의 구군(驅軍)을 놓아주라고 명했다. 전지(傳旨)했다.

"순제(蓴堤)를 두루 보는 것이 처음의 뜻이었다. 이제 사람과 말이 모

두 피곤하니, 곧은 길을 따라서 서울로 돌아가고 싶다. 숙차(宿次)할 곳을 의당 고쳐서 분치(分置)하라. 만약 순제(蓴堤)의 일이라면 오는 봄을 기다려도 늦지 않을 것이다. 마땅히 그 역사를 파하도록 하라."

- 【태백산사고본】 11책 26권 28장
- 【주】 - 순제(蓴堤) : 충청도 태안군의 서쪽 산마루에 있던 둑방으로 안흥량(安興梁)이라고도 함. 전라도의 조운선이 이곳에서 침몰되는 일이 잦자 운하(運河)를 파 수로(水路)를 열고자 했으나 그 지세가 암반으로 되어 있어 결국 실패했음
  - 숙차(宿次) : 유숙(留宿)하기 위하여 어가가 머무르는 것

↘ 1401년 태종1년 9월 29일

일본 대마도에서 말 60여 두를 조공했다

조선시대 연해안을 침입하여 약탈을 자행하던 일본의 해적 집단을 왜구(倭寇)라 했는데, 이들은 조선 건국 전 40~50여 년 동안 가장 많아 500여척의 대선단(大船團)을 이끌며 그 규모가 수만 명에 달하는 경우가 있던 것으로 알려져 있다. 특히 이들의 근거지는 일본의 서해도 일대와 규슈(九州)지역으로 대마도(對馬島), 일기도(一岐島), 송포(松浦)에 집중되었다.

세종 때는 이들 대마도 사람들이 왜구로 돌변하여 약탈을 자행하자 당시 상왕(上王)으로 있던 태종은 대마도를 정벌하게 했는데, 병선 227척과 병력 1만 7천 285명이 동원되어 100여 척의 적선을 소

각하고 1천 939채의 가옥을 불태웠으며 114명의 왜적을 참수하고 131명의 중국인 포로를 색출해 오는 전과를 올렸다.

이후 왜구의 노략질은 거의 소멸되었으나 생존 모색을 위해 불법적인 어업, 밀무역 대신에 합법적인 교린(交隣) 체제를 통하여 살 길을 찾기 위해 자주 사신을 보내 조공하면서 교역을 요청했다. 기록에 따르면 세종 21년 한 해에만 대마도, 일기주(一岐州), 일향주(日向州) 등의 일본 여러 섬 지역에서 자주 왜사(倭使)가 찾아와 그 숫자가 1천 3백 명에 달했으며, 사신 접대에 어려움이 있어 조선의 임금을 찾아와 인사하는 절차인 왜사숙배절차(倭使肅拜節次)를 정할 정도였다.

한편, 이들 사신들은 주로 조선에 토산물을 예물로 바치고 쌀이나 콩과 같은 곡물이나 인삼 흑마포(黑麻布), 백저포(白苧布)등 포물(布物)을 답례품으로 받아갔는데, 특히 대마도에서는 정종 때에 32두, 태종 때 21두, 세종 때 6두, 성종 때 2두 등 10여 차례에 걸쳐 60여두의 말을 조공하기도 했다.

617년 전 오늘의 실록에는 일본 대마도 태수(太守) 등이 말 10두와 석고, 백반을 바친 것으로 기록되어 있다.

• 태종실록 2권, 태종 1년 9월 29일 을묘 기사 1401년 명 건문(建文) 3년

일본의 대마도 임시 태수 종정무 등이 말·석고·백반을 바치다

일본국(日本國) 권 대마도태수(權對馬島太守) 종정무(宗貞茂)가 사자(使者)를 보내어 말 6필을 바치고, 대마 주수(對馬州守) 사미 영감(沙彌靈鑑)이

사자를 보내어 말 4필을 바치고, 박다(博多)의 자운 주지(慈雲住持) 천진(天眞)이 석고(石膏) 5근과 백반(白礬) 30근을 바쳤다.

- 【태백산사고본】 1책 2권 12장

1464년 세조10년 9월 30일

왕실 마구간 내구(內廐)에 마필 4백 두를 길렀다

조선시대 임금의 말과 수레, 궁궐의 마구간인 내구(內廐)를 관리하던 관청은 병조 예하의 내사복시로 이 내사복시에서 관리하던 말을 내구마(內廐馬) 또는 내구 유양마(內廐留養馬)라 했다. 이 내구마는 주로 임금이 거동할 때 사용되었으며, 왕족과 고위 관료에게 하사품으로 쓰이기도 했다.

내사복시에 소속된 마필은 임금이 타는 어승마 30필, 재보마(載寶馬) 15필, 주마(走馬) 15필 등으로 알려져 있으나, 중종 때의 우의정 유순정 등이 임금에게 보고하기를 "내구 유양마는 겨울철에는 4백 필, 여름철에는 3백 필이 구례(舊例)이나, 그 수가 지나치게 많아서 국가의 비용이 적지 않으니, 겨울, 여름에 각각 백 필을 덜고 여자(驢子, 당나귀) 4구(口)를 모두 더소서"라고 보고한 기록으로 보면 한창 때 왕실에서 관리하던 마필 수는 4백여 두에 이른 것으로 알 수 있다.

한편, 내사복시의 마필을 사육하는 데 필요한 사료(飼料)는 군수 물자의 비축을 담당하던 정3품 아문인 군자감의 분감(分監)인 세곡창고(稅穀倉庫)나 본감(本監)인 광흥창(廣興倉)에서 가져다 썼으며, 경기, 충청도에서 국가가 백성들에게 세금으로 거두어들이는 현물인 공세(貢稅)에 포함시켜 사복시에서 수납한 것을 지급받아 사용했다.

554년 전 오늘의 실록에는 왕실 대군(大君)들에게 내구마 1필씩을 각각 내준 것으로 기록되어 있다.

- 세조실록 34권, 세조 10년 9월 30일 경진 기사 1464년 명 천순(天順) 8년

월산군 정·자을산군에게 내구마를 1필씩 주다

월산군(月山君) 이정(李婷)과 자을산군(者乙山君)【금상(今上)의 휘(諱)이다】에게 내구마(內廐馬) 각각 1필(匹)씩을 내려 주었다.

- 【태백산사고본】 12책 34권 29장
- 【주】 금상(今上) : 성종

10월

맹동

孟冬

◟ 1425년 세종7년 10월 1일

사냥한 짐승은 왼쪽 어깨 또는 넓적다리를
관통한 것이 상품上品이었다

조선시대 임금이 신하와 백성을 모아놓고 함께 실시하던 사냥 의식을 겸한 군사훈련인 강무를 마치면, 잡은 짐승은 병조에서 꽂은 기 밑에 모아 평가한 후 상품을 제외하고 왼쪽 귀를 베어 낸 후 활용했다.

이때 평가 방식은 사냥한 짐승을 관통한 화살의 방향에 따라 상중하로 나누었는데, 왼쪽 어깨 또는 넓적다리 앞에서 반대 방향으로 관통한 것을 상품으로 평가했고, 오른쪽 귀 부근으로 관통한 것이 중품, 왼쪽 넓적다리에서 어깨 방향으로 관통한 것이 하품이었다. 이같이 평가한 짐승 중에 상품은 종묘에 올리고, 중품은 빈객에게 접대했으며, 하품은 주방에 내려 사용했다.

특히 임금이 강무에 나서 사냥한 짐승을 종묘에 천신(薦新)하는 일을 천금의(薦禽儀)라 했는데, 제사에 올리는 날이 삭망일(朔望日)이면 겸하여 천신을 하고, 그렇지 않으면 따로 날을 고르지 않고 즉시 천신하여 잔(盞)을 한번 올리는 일작(一爵)의 예를 행하도록 했다.

천금의 제물로는 사냥하여 잡은 노루, 사슴, 꿩을 썼는데, 각각 두(豆)라는 제기(祭器)에 담아서 진설했으며, 종묘에 천신할 짐승은 귀가 잘리면 천신할 수 없었기 때문에 짐승을 잡은 사람이 멋대로 귀를 자르지 않도록 각별히 주의를 시키기도 했다.

593년 전 오늘의 실록에는 광주(廣州) 지역에서 강무(講武)하면서 잡은 사슴 한 마리를 포(胞)로 만들어 두(豆)에 담기 위하여 종묘제례 등 왕실 제사를 주관하는 봉상시(奉常寺)에 보낸 것으로 기록되어 있다.

- 세종실록 30권, 세종 7년 10월 1일 병인 기사 1425년 명 홍희(洪熙) 1년

건두로 쓸 사슴 한 마리를 봉상시에 보내다

건두(乾豆)로 쓸 사슴 한 마리를 봉상시에 보냈다.

- 【태백산사고본】 10책 30권 1장
- 【주】 건두(乾豆) : 말린 제물(祭物)

1457년 세조3년 10월 2일

조선시대 10가지 양마良馬 요령

조선시대 좋은 말(良馬)을 확보하기 위해 제정한 목양법(牧養法)을 양마(養馬)라 했다. 양마를 확보하기 위한 정책적인 규정들은 성종 때 시행된 경국대전(經國大典) 구목(廐牧) 조(條)에 자세히 규정되어 있다. 정종 때 권중화(權仲和) 등이 편찬한 집성마의방(集成馬醫方), 명종 때 어숙권(魚叔權)이 엮은 고사촬요(攷事撮要), 인조 때 이서(李曙)가 편찬한 마경(馬經) 및 마경언해(馬經諺解) 등이 발간·보급되었다.

그중에 어숙권이 지은 '고사촬요'에서는 좋은 말을 알아보는 방법과 말 치료법 등을 수록했는데 10가지 양마 요령은 다음과 같다.

①말을 기를 때 겨울에는 마구간을 따뜻하게 하고, 여름에는 우리를 서늘하게 한다. ②머리가 수평이 되도록 고삐를 매되, 서로 널찍하게 떼어 놓는다. ③구유는 청결하게 하고 새 풀을 선택한다. ④좁쌀 콩은 키질을 하되, 만약 삶게 되면 물에 담가 식게 내버려 두었다가 먹여야 한다. ⑤물은 때를 지켜 반드시 새 물을 먹이되, 밤에는 먹이지 않는다. ⑥겨울에는 물을 준 뒤 끌고 나다녀야 말이 상하지 않는다. ⑦언 재료, 언 풀, 모래, 자갈, 재, 흙, 거미줄 또는 모발 같은 것이 섞인 것을 먹이면 곧 여위어 병이 난다.

⑧혹 소금물을 먹이되 많이 주어서는 안 된다. 많으면 허리나 배 부위를 상하여 혹 신장이 냉하게 되고, 신장이 냉하면 새끼를 잃는다. 날마다 똥오줌을 살피되, 오줌이 맑고 똥이 눅으면 병이 없다. ⑨먹이에는 세 가지 꼴이 있으니, 첫째는 좋은 꼴, 둘째는 중간 꼴, 셋째는 나쁜 꼴이다. 좋은 꼴은 배고플 때 주는 것이고 나쁜 꼴은 배부를 때 주는 것이니, 좋은 꼴을 잘 먹여 항시 배부르게 하면 살찌지 않는 것이 없다. 풀을 거칠게 썰면 비록 곡식을 섞어 주어도 살찌지 않고, 가늘게 썰어 마디가 없게 걸러 내어 먹이면 살찌지 않는 말이 없다. ⑩물을 주는 데도 세 때가 있으니, 아침에는 조금 마시게 하고, 낮에는 물이 가슴까지 차게 하고, 저녁에는 극히 적게 준다.

561년 전 오늘의 실록에는 여러 지역(諸道)에 있는 목장(牧場)들을

4~5년 혹은 2~3년을 서로 묵혀가며 풀이 무성하기를 기다려 다시 방사(放飼)하여 말을 기르도록 논의한 내용이 기록되어 있다.

- 세조실록 9권, 세조 3년 10월 2일 임진 기사 1457년 명 천순(天順) 1년

사복시 제조의 건의로 홍주 대산곶이 등의 말은 다른 곳에 방사하고 진황토록 하다

사복시 제조가 아뢰기를,

"제도(諸道) 목장(牧場)에 말이 떼를 지어 다니며 여러 해 동안을 밟고 짓이겨서, 이로 인해 잡초가 무성하지 않고, 번식해 낳은 아마(兒馬)까지도 또한 지극히 잔열(孱劣)합니다. 이러한 까닭으로 일찍이 법을 세워 이르기를, '무릇 목장은 혹은 4~5년, 혹은 2~3년을 서로 묵혀 가며 풀이 무성하기를 기다려서 다시 방사(放飼)한다.'고 했는데, 근년 이래 중지되고 이를 거행하지 않아서, 폐단이 다시 전과 같다. 홍주(洪州) 대산곶이(大山串), 순천(順天) 백야곶이(白也串), 진도(珍島) 일소(一所), 해주 연평도(延坪島), 진주 흥선도(興善島) 등의 목장의 말은, 후년의 점마(點馬)할 때, 모조리 몰아내어 다른 곳에 나누어 방사하도록 하고, 수년을 한하여 진황(陳荒)하며 채취를 금하고, 만약 법을 어기고 함부로 경작하는 자가 있으면, 아울러 수령도 죄주게 하소서."

했다. 사복시 제조(司僕寺提調)가 또 아뢰기를,

"충청도 서산(瑞山) 안면곶이(安眠串) 목장은, 물과 풀이 다같이 풍족하기 때문에, 양마(良馬)만을 가려서 방목하고, 또 조선(造船)의 재목이

모두 여기에서 나오는데, 염부(鹽夫)와 한잡인(閑雜人)이 들어가 거처하며, 나머지 소나무를 베어내고, 또 사가(私家)의 가축을 놓아서 관마(官馬)와 더불어 섞여 있다. 청컨대 안면곶이에 거주하는 백성을 조사 색출하여, 이를 태안(泰安) 독진곶이(禿津串)로 옮기게 하고, 독진곶이에 놓아 기르던 말은, 안면곶이와 기타 물과 풀이 함께 풍족한 목장으로 옮겨 방목하게 하소서."

하니, 모두 그대로 따랐다.

- 【태백산사고본】 4책 9권 15장

1509년 중종4년 10월 5일

임금이 밭을 가는 친경親耕시에는 소가 파란색 쟁기를 끌었다

조선시대에는 경칩이 지난 뒤 해일(亥日) 중에서 길한 날을 가려서 동대문 밖 교외에 설치한 선농단(先農壇)에 나아가 제사를 지냈다.

이 제사에 임금이 참석하는 경우에는 제사가 끝난 뒤 농사짓는 것을 권장하는 의미로 선농단 옆에 있던 적전(籍田)에서 임금과 신하들이 몸소 쟁기를 밀며 밭을 가는 친경례(親耕禮)를 거행했는데, 임금과 신하들은 단(壇) 아래에 배치한 악대인 헌가(軒架)의 반주에 따라 임금은 소가 끄는 쟁기를 5번 미는 오추지례(五推之禮), 종친(宗親)과 재신들은

7번 미는 칠추지례, 이조판서를 비롯한 대사헌(大司憲)과 대간(臺諫) 등은 9번 미는 구추지례를 행했다.

특히 이 같은 친경례 시에 소가 끄는 쟁기는 의례용으로 농사를 지을 때 사용하는 실제 쟁기보다 가볍게 만들었으며 파란색으로 칠을 했는데 이를 '뇌사(耒耜)'라 했다.

뇌사는 중국 고대 전설상의 농업의 신인 신농씨(神農氏)가 만들었다고 전해지는데, 나무를 깎아 땅을 일구는 '사(耜)'를 만들고, 나무를 휘어 '사'의 손잡이인 '뇌(耒)'를 만들었으며, 오행(五行)의 원리에 따라 봄과 동쪽을 상징하는 청색 칠을 했다. 뇌사는 철(鐵)이 사용되면서 땅에 닿는 사의 날은 철로 씌워 사용했다.

509년 전 오늘의 실록에는 임금에게 농민들을 몸소 이끌어 근본에 힘쓰는 뜻을 보여 주는 친경(親耕)하는 것을 의계하자 거행하라는 전교가 있었다.

• 중종실록 9권, 중종 4년 10월 5일 계사 기사 1509년 명 정덕(正德) 4년

박원종·유순정 등이 친경을 아뢰다

박원종·유순정·성희안 등이 의계하기를,

"즉위(卽位)하신 뒤에 문묘(文廟)·종묘(宗廟)·사직단에는 벌써 이미 친제(親祭)하셨고 여러 능(陵) 역시 거의 다 전알(展謁)하셨으니 바라건대, 친경(親耕)도 하시는 것이 어떠하리까? 이는 종묘의 자성(粢盛)을 마련하는 일이며, 또한 농민들을 몸소 이끌어 근본에 힘쓰는 뜻을

보여 주는 것으로 임금의 훌륭한 일이니 거행하지 않을 수 없다."
하니, 전교하기를,

"나의 뜻 역시 그렇게 여기나, 다만 능에 참배하는 일이 끝나지 않았기 때문에 하지 못하고 있는 것이다. 한 문제(漢文帝)는 즉위초에 거행했으니, 경들의 아뢰는 말이 지당하다. 내가 마땅히 거행하기로 하겠다." 했다.

- 【태백산사고본】 5책 9권 49장
- 【주】자성(粢盛) : 대제에 쓰는 기장과 피(黍稷)

1532년 중종27년 10월 6일

벌꿀을 가장 많이 공물貢物로 바친 지역은 경상도였다

조선시대 각 군현에 분정(粉定)된 공물은 그 지방에서 나는 토산물을 부과하는 것을 원칙으로 했는데 이를 임토작공(任土作貢)이라 했다.
세종 때 펴낸 세종지리지에 따르면 전라, 경상, 황해도에는 과실류가 많이 분정되어 있으며, 충청, 강원, 황해도에는 목재, 전라, 경상도에는 해산물 등이 다른 지역에 비해 많이 배정되어 있다.
또한 각 지역의 대표적인 공물로는 충청, 전라, 경상도의 면포, 평안, 황해도의 명주, 함경, 강원도의 상포(常布), 양계 지방의 담비 가죽, 강원도의 목재, 황해도의 철물, 전주, 남원의 두꺼운 종이, 임천, 한산 등지의 생모시, 안동의 돗자리, 제주도의 말 등이 있었다.

이러한 공물 중에 꿀은 자연 혹은 양봉을 통해 전국적으로 생산되어 진상되었는데, 태종 때는 산이 있는 고을에 양봉통을 설치하여 청밀(淸蜜)과 황랍(黃蠟)의 납공을 분담시켰고, 봉진하던 청밀을 항아리에 담아 옮기다가 운반하는 도중에 깨지기도 했다.

세종 때 기준으로 꿀을 공물로 바치던 전국 군현은 모두 148개소로 경기도 4개소, 충청도 17개소, 경상도가 가장 많아 47개소, 전라도 31개소, 황해도 9개소, 강원도 18개소, 평안도 22개소 등이다.

이런 지역에서 수집된 꿀은 외국이나 외국의 사신에게 보내는 선물, 왕실의 각전(各殿)에 진상하거나 상례(喪禮)나 수연(壽宴) 때 하사하는 물품으로 사용되었다.

486년 전 오늘의 실록에는 조정에 남는 면포와 유밀(油密) 같은 물건을 거두어들여서 백성들에게 쌀로 바꾸게 하는 일이 백성들의 곤궁을 더욱 가중시키니 하지 말자는 논의가 있었다.

• 중종실록 73권, 중종 27년 10월 6일 경진 기사 1532년 명 가정(嘉靖) 11년

영의정 정광필 등이 사직하니 전교하다

영의정 정광필, 좌의정 장순손, 우의정 한효원, 좌참찬 홍언필, 우참찬 손주 등이 아뢰기를,

"요즘 천변 때문에 이미 사면했는데, 또 지난밤에 번개와 뇌성이 여름철과 같았다. 이처럼 시령(時令)이 어긋나니 매우 경악스럽고 두렵다. 신들이 지금 와서 아뢰려니 실로 아랫사람 대하기가 부끄럽다.

때문에 직에 있기가 미안하여 감히 사직합니다."

하니, 전교하기를,

"혜성과 겨울 우레가 잇따라 변으로 나타나고 있는데 이것은 사람의 일에 반드시 불러들인 이유가 있을 것이니, 상하가 마땅히 경계하고 반성해야 한다. 어찌 꼭 정부의 관원을 모두 체직하여야 재변에 응하는 것이 되겠는가. 사면하지 말라." 했다.

광필 등이 또 아뢰기를,

"들으니, 호조가 지금 국가의 비용(費用)이 부족하기 때문에 제사(諸司)에게 좀 남는 면포(綿布)와 유밀(油蜜)같은 물건을 거두어들여서 백성들에게 쌀로 바꾸게 하여 예빈시(禮賓寺)와 광흥창(廣興倉)에 올리게 했는데, 그 수는 2만 석으로 내년 백관의 봉록(俸祿)에 모자라는 부분을 보충하려는 것이라고 합니다. 신들은 민간이 기근에 허덕이는 이때에 이런 것으로 하여 더욱 곤궁이 가중될까 두렵다. 자원하는 자가 있더라도 하지 말도록 하는 것이 마땅할 듯합니다.

그리고 신들의 뜻은, 성종조 때는 흉년이 들면 봉록을 재감(裁減)하되 어떤 때는 1석을 감하고 어떤 때는 2석을 감했다. 지금 종친(宗親)이 6백여 인이니 1석씩 감한다 해도 곧 6백여 석인데, 게다가 조사(朝士)로서 녹을 먹는 자가 매우 많으니, 이 사람들에게서 각각 1석씩만 감해도 1등 직에서 감한 것이 1천여 석이나 되고, 연하여 2~3등 직을 재감한다면 나라에 남아도는 쌀이 2~3천 석이 됩니다. 이것을 계산하여 실농(失農)된 각 고을의 전세(田稅)를 낮추고 수령에게 전세를 벼로 받아들이게 하여 종자로 지급하게도 하고 구황(救荒)하게도 하는 것이 어떻겠습니까? 봉록을 감하자는 것은 야박하고 인색한 듯하나 이것은 부득이한 조처입니다. 호조에서 금방 이것으로 공사(公事)를 마련했으나 아직 계품하지 못하고 있는데, 호조에 하문하는 것이 어떻겠습니까?"

하니, 전교했다.

"반정(反正)한 뒤로는 흉년이 들면 조관(朝官)의 봉록을 삭감하기를 의논하여 감하려고 했다가도 감하지 못한 사례가 여러번 있었다. 호조로 하여금 봉록을 감한 전례를 상고하여 아뢰게 하라."

• 【태백산사고본】 37책 73권 30장

\ 1486년 성종17년 10월 7일
군사용으로 낙타 한 마리를 2억 원에 사려고 했다

조선왕조실록에 낙타에 대한 기록은 모두 30여 차례로 모두 몽고 등 북방 민족과의 거래에 자주 언급되고 있다.

역사적으로는 고려시대 태조 왕건이 거란족 사신과 화해를 맺기 위해 낙타 50여필을 가지고 오자 발해를 멸망시킨 반감으로 낙타를 모두 굶어 죽게 한 사건이 유명하다. 또한 고려 의종 때에 정한 가축 사양표준인 축마료식(畜馬料式)에는 1년을 청초절(靑草節)인 5~9월과 황초절(黃草節)인 10~4월로 낙타 1두당 피(稗) 2두(斗) - 5두, 콩 9승 - 2두(升), 소금 3합(合) - 5합을 급여하도록 하고 있어 일정 수의 낙타가 사육된 것으로 추정되고 있다.

조선시대 낙타 사육을 본격적으로 검토한 임금은 성종으로 "낙타는 무거운 짐을 싣고 멀리 갈 수 있으니, 군사를 일으킬 때에 양식을 나를 만하여 베 60필을 보내어 사오도록 하라"고 전교한 바가 있다.

그러나 532년 전 오늘의 실록에서는 사헌부 대사헌 등이 차자(箚子)를 올려 개와 말 등은 본디 그 땅에서 나는 토성(土性)이 아니거든 기르지 말고, 진기한 새와 짐승을 나라에서 기르지 말도록 되어 있다고 건의했다. 낙타의 값도 흑마포로 60 필인데 정포(正布)로 계산하면 6백 필이며, 콩으로 치면 6천 두(斗)이고 석(碩)으로 하면 4백으로 쓸데없는 짐승을 사는데 경비가 과하다는 건의를 받고 임금이 뜻을 철회했다.

당시 콩 6천 두의 가격을 지금의 값으로 환산하면 대략 2억 1천만 원(콩 1두 7kg 환산, kg당 5천 원 환산)에 해당하는 가격이다.

한편, 조선 후기 청나라와의 교역을 위해 함경도 회령에 매년 개설을 허가한 시장인 회령개시(會寧開市)에서는 교역 참가 인원을 350명으로 하고 거래되는 가축을 말, 소 외에 낙타를 포함하여 640두로 결정한 기록도 있다.

- 성종실록 196권, 성종 17년 10월 7일 무인 기사 1486년 명 성화(成化) 22년

대사헌 이경동 등이 차자를 올려 중국에서 낙타를 사들이지 말라고 청하다

사헌부 대사헌(司憲府大司憲) 이경동(李瓊仝) 등이 차자(箚子)를 올려 아뢰기를,

"신(臣)들이 듣건대, 이제 흑마포(黑麻布) 60필(匹)을 보내어 중국에서 낙타(橐駝)를 산다 합니다. 이것이 작은 일 같기는 하나 실은 대체(大體)에 관계되는 것이므로, 그 옳지 않은 것 세 가지를 삼가 조목별로 나누어 아룁니다. 삼가 상고하건대 주(周)나라 무왕(武王)이 상(商)나라를 이겨 사이 팔만(四夷八蠻)에 길을 트자 서려(西旅)에서 개(獒)를 바쳤는데, 태보(太保) 소공석(召公奭)이 글을 지어 경계하는 말을 아뢰기를, '무익한 일을 하여 유익한 것을 해치지 않으면 공(功)이 이루어지며, 기이한 물건을 귀하여 여기고 소용되는 물건을 천하게 여기지 않으면 백성이 넉넉합니다.

개와 말이 토성(土性)이 아니거든 기르지 말고, 진기한 새와 짐승을 나라에서 기르지 말도록 하소서. 조그마한 행위를 삼가지 않으면 마침내 큰 덕(德)에 누를 끼쳐, 아홉 길(仞)의 산을 만드는 데 한 삼태기의 흙이 모자라기 때문에 공이 이지러집니다.' 했다. 낙타는 먼 지방의 기이한 동물인데, 비싼 값으로 중국에서 구하여 사는 것은, 기이한 물건을 귀하게 여기지 않는 것이라 하겠으며, 토성(土性)이 아니면 기르지 않는 것이라 하겠습니까? 장차 중국의 식견 있는 자가 듣는다면, 전하께서 조그마한 행위를 삼가지 않아 성덕(盛德)의 누가 된다

고 하지 않겠습니까? 그 옳지 않은 것의 첫 번째입니다.

고려 태조(高麗太祖)는 삼한(三韓)을 통합하여 어진 임금으로 일컬어집니다. 거란(契丹)에서 낙타를 보내어 오니, 태조가 다리 밑에 매어 두라고 명하여 굶어 죽었는데, 이제현(李齊賢)이 이것을 논하여 이르기를, '태조께서 이렇게 한 까닭은 융인(戎人)의 간사한 계책을 꺾고 또한 후세의 사치하는 마음을 막으려는 것이었다.' 했다. 전하께서는 성성(聖性)이 고명(高明)하여 백왕(百王)에서 뛰어나신데, 낙타의 한 가지 일에 도리어 고려 태조의 근엄(謹嚴)한 것만도 못하시겠습니까? 그 옳지 않은 것의 두 번째입니다.

우리 나라는 해마다 가뭄으로 흉년이 들어서 공사(公私)가 다 궁핍하여 조세(租稅)로 거두어 들이는 것이 매우 적다. 흑마포(黑麻布) 1필의 값은 정포(正布) 10필인데, 흑마포는 저자에서 나오므로 장사하는 집에서는 실로 쉽게 장만되나, 정포는 농부의 전세(田稅)에서 나오므로 1필을 콩 10두(斗)로 칩니다. 이제 낙타의 값은 흑마포 60필인데 정포로 계산하면 6백 필이며, 콩으로 치면 6천 두이고 석(碩)으로 하면 4백입니다. 이 쓸데없는 짐승을 사려고 전세(田稅) 4백 석의 콩을 쓰니, 그 경비에 있어서 어떠하겠습니까? 그 옳지 않은 것의 세 번째입니다.

삼가 바라건대 전하께서는 검소한 덕(德)을 숭상하고 낭비를 절약하며 먼 지방의 물건을 보배롭게 여기지 마시어 끝까지 처음처럼 삼가소서. 그러면 매우 다행하겠다."

하니, 전교(傳敎)하기를,

"이제 올린 차자(箚子)를 보니 매우 기쁘다. 내 당초의 마음은 이 짐승을 귀하게 여긴 것이 아니다. 중국에서 출정(出征)할 때에 쓴다고 하므로, 내가 사서 한 번 시험하려고 했을 따름이니, 물건을 애완하는 것이 아니다. 이제 바른 의논을 들었으니, 즐거이 따른다."

했다.

- 【태백산사고본】 30책 196권 3장
- 【주】 토성(土性) : 본래 그 땅에서 나는 것

1423년 세종5년 10월 8일

화척禾尺에게 백정白丁이라는 호칭을 처음으로 사용하게 했다

조선시대 백정(白丁)의 기원은 후삼국시대까지 거슬러 올라가야 한다. 당시 변방에 주로 살며 사냥이나 도축, 버드나무를 재료로 만든 고리를 뜻하는 유기(柳器) 제조를 생업으로 삼던 유랑민인 양수척(楊水尺)이 백정의 기원으로 알려져 있다.

이들은 주로 유목민족인 달단(韃靼)의 후예로 고려 후기에 화척(禾尺)으로 명명되었다. 고려 무신집권 시절에는 공물을 과다하게 징수하자 반발한 기록이 있으며, 몽골에 멸망당한 요나라 거란 왕족이 고려에 침입할 때 길잡이 노릇을 했다.

고려시대 이래 이들은 국가에 신공(身貢)을 바친 것으로 되어 있고, 조선시대 태종 때는 닥나무 껍질로 만든 지폐인 저화(楮貨) 30장을 내자시(內資寺)에 납부하도록 하기도 했다.

이들이 주로 종사하는 유기 제조업, 도살업 등은 천한 일이라 여겨 일반 양인들은 이들과의 혼인이나 거주를 꺼렸으며, 이들 또한 자기들끼리의 집단생활을 도모해 여러 지역을 옮겨 다니며 일시 거주하는 유랑 생활을 지속했다.

따라서 화척은 전국적으로 존재했으나 평안도와 황해도 지방에 특히 많았고, 집단적인 유랑 생활에서 걸식, 강도, 방화는 물론 살인 등을 자행했다. 또 왜구(倭寇)를 가장해 민가를 약탈하기도 하여 조정의 강력한 단속을 받기도 했다.

595년 전 오늘의 기록에는 이들 화척의 호칭을 처음으로 백정(白丁)으로 고치고, 평민과 서로 혼인하고 섞여 살게 하며, 공물을 면제하고 무술에 재주가 있는 자는 군사(軍士)로 활용하자는 논의가 있었다.

• 세종실록 22권, 세종 5년 10월 8일 을묘 기사 1423년 명 영락(永樂) 21년

재인과 화척의 칭호를 백정으로 개명하게 하다

병조에서 계하기를,

"재인과 화척(禾尺)은 본시 양인으로서, 업이 천하고 칭호가 특수하여, 백성들이 다 다른 종류의 사람으로 보고 그와 혼인하기를 부끄

러워하니, 진실로 불쌍하고 민망합니다. 비옵건대, 칭호를 백정(白丁)이라고 고쳐서 평민과 서로 혼인하고 섞여서 살게 하며, 그 호구를 적에 올리고, 경작하지 않는 밭과 묵은 땅을 많이 점령한 사람의 밭을 나누어 주어서 농사를 본업으로 하게 하고, 사냥하는 부역과 버들그릇(柳器)과 피물(皮物)과 말갈기와 말총, 힘줄(筋)과 뿔 등의 공물을 면제하여 그 생활을 안접하게 하고, 그 가계가 풍족하고 무재가 있는 자는 시위패(侍衛牌)로 삼고, 그 다음은 수성군(守城軍)을 삼으며, 그 가운데에도 무재가 특이한 자는 도절제사로 하여금 재능을 시험하여 본조에 통보하여 다시 시험케 한 후 갑사직(甲士職)에 서용하고, 만약 그대로 옛 업을 가지고서 농상(農桑)에 종사하지 않고 이리저리 유이하는 자는 법률에 의하여 죄를 논단하고, 인하여 호적을 상고하여 즉시 본거지로 돌아가게 하며, 그 가운데 사가의 노비로 있는 자는 본주(本主)의 의견을 들어 처리하도록 하소서."
하니, 그대로 따랐다.

- 【태백산사고본】 7책 22권 3장

> 1444년 세종26년 10월 9일

소牛를 도둑질한 자는 곤장 1백 대에 '도우盜牛'라는 글자를 새겼다

조선시대 도적은 개별적인 절도, 강도에서부터 대규모로 집단화된 산적, 수적(水賊), 해적(海賊)은 물론 횃불을 들고 떼를 지어 다니며 도둑질을 일삼던 화적을 일컫는 명화적(明火賊)까지 다양한 형태를 띠고 있었다. 이들 도적을 단속하고 근절하기 위해 마련한 규정을 치도사목(治盜事目)이라 했다.

조선의 지배층들은 국가 체제와 사회 질서를 이탈해 도발하는 모든 저항 행위를 도적 혹은 적(賊)으로 간주했으며, 이를 다스리기 위한 치도책(治盜策)은 단순한 도적에 대한 근절의 의미일 뿐 아니라 아니라 체제와 사회 질서를 안정시키는 치안책의 일환으로 이해되었다. 따라서 포도사목(捕盜事目), 포도절목(捕盜節目), 금도절목(禁盜節目) 등 다양한 사목(事目)과 절목(節目)을 제정해 안정을 도모하는데 주력했다.

이러한 도적 중 우마(牛馬) 절도범들은 소인 경우에는 농가에서 소를 도둑맞으면 논밭을 깊게 갈 수가 없어 농업을 망치게 되고, 말을 도둑맞으면 군사력 유실이 커서 국가 차원의 다양한 제도와 규칙에 대한 논의가 있었다.

이러한 우마도둑에 대한 논의가 세종 때만 10여 차례 있었던 것으로 미루어 당시 조정에서도 여러 절도(竊盜) 행위 중 가장 엄중하게 다루어진 것으로 볼 수 있다. 특히 세종 29년 형조에서 보낸 공문에 따르면 우마 도둑이 국가의 큰 걱정으로 ▲처음으로 소나 말을 도둑질하여 죽인 자는 결장(決杖) 1백을 하고 오른팔 아랫마디에 '도살우'나 '도살마'라는 세 글자를 문신으로 새겨 동거하는 처자와 함께 섬으로 쫓아내게 했다.

▲재범한 자는 교형(絞刑)에 처하게 하며 ▲처음으로 소나 말을 도둑질하되 죽이지 아니한 자는 결장(決杖) 1백을 하고 오른팔 아랫마디에 '도마(盜馬)'나 '도우(盜牛)'라는 두 글자를 문신 하고 ▲재범한 자는 결장(決杖) 1백을 하고 왼팔 아랫마디에 문신을 하고 동거하는 처자와 함께 섬으로 쫓아내기로 하여 임금의 내락을 받은 것으로 기록되어 있다.

특히 이러한 도둑 중 주범이나 단순히 가담한 종범(從犯)을 구별하지 않으며, 사전(赦前)이나 사후(赦後)임을 물론하고 시행하도록 하여 엄격하게 다루었음을 보여주고 있다.

574년 전 오늘의 실록에는 20여 호가 되는 한 마을에 도둑들이 소를 도둑질해 2~3년 안에 농우(農牛)가 거의 없게 되었다고 임금에게 보고하며 대비책을 논의하는 내용이 실렸다.

• 세종실록 106권, 세종 26년 10월 9일 갑인 기사 1444년 명 정통(正統) 9년

도둑 없애는 방책을 의논하다

정사를 보았다. 임금이 좌우에게 이르기를,

"지금 도적이 많이 다닌다 하니, 이것은 내가 백성의 살림살이를 마련해 주지 못해서, 그들이 살 곳을 잃은 때문이니 내 심히 부끄럽게 여기노라. (중략)"

했다. 우참찬(右參贊) 권제(權踶)가 아뢰기를,

"신의 농장이 금천현(衿川縣)에 있사온 바, 그 마을에 사는 사람이 한 20여 호가 되옵는데, 도둑놈이 마을 사람의 소를 도둑질해 가므로 2, 3년 안에 농우(農牛)가 거의 없게 되었다 합니다. 신이 또 들으니, 충청도 충주(忠州)에는 어떤 집에 부부(夫婦)만이 살고 있는데, 밤에 도둑놈이 소를 도둑질해 가는 것을 그 집에서 알고서도, 그 놈한테 피해당할까도 무섭고, 또 뒷날의 후환도 염려가 되어서 그만 아무 소리도 못하고, 또한 관에 고소하지도 못했다 합니다. (중략)"

형조 참판 황치신(黃致身)이 아뢰기를,

"지금 갇혀 있는 도둑놈 하나가 한 달 동안에 말 3필과 소 2마리를 도둑질하여 죽였다 하오니, 이것으로 미루어 보면 민간의 말과 소가 장차 거의 없어질까가 매우 걱정됩니다. 도둑놈은 비록 발꿈치를 베어 버려도 뒤에 또 도적질을 계속하여 두려워하지 아니하고, 아침에 은사를 받고도 저녁이면 또 도둑질해서 조금도 징계하여 고치지 아니합니다."

하니, 임금이 말하기를,

"발꿈치를 베인 자도 과연 또 계속하는 자가 있는가. 그렇다면, 우리 나라 사람들은 발꿈치 베는 법을 모르는 것이 아닌가. 옛날에 극북으로 쫓아낸다(投畀有北)는 말이 있으니, 옛날에도 죄가 무거운 자는 먼 지방으로 쫓아내었던 것이다. 지금 남의 물건을 도둑질한 자에게도 장물을 계산하여 장물의 많고 적음으로서 죄의 경중을 정해서, 장(杖) 1백과 유(流) 3천 리까지로 함이 어떠할까."

하니, 권제가 또 아뢰기를,

"비록 3천 리 밖으로 귀양보낸다 해도 얼마 안 가서 또 도망쳐 돌아와서 전처럼 도둑질할 것이니, 먼 곳에 보내 보아도 도둑이 적어지는 데는 유익이 없다."

하매, 임금이 말하기를,

"비록 도망해 돌아온다 해도 그 왕래하는 동안에 역시 이미 고생과 고난을 겪은 것이 된다."

하니, 권제가 말하기를,

"우리 나라 땅으로는 가장 먼 것이 함경도·평안도 두 도의 국경이온데, 국경은 오랑캐 지역과 연접되어 있고, 오랑캐들은 다 불량한 무리이니 거기에 가서 살게 하는 것은 또한 두려운 일이다."

하고, 호조 판서 정분(鄭笨)도 아뢰기를,

"오랑캐 땅과는 강 하나 사이어서, 만약 강을 건너가서 오랑캐에게 붙어 버리면 작은 일이 아닙니다."

하니, 임금이 말하기를,

"제주(濟州)는 사방이 바다에 둘러싸여서 어디로 갈 데가 없으니, 제주로 귀양보냄이 어떠할까."

한즉, 분이 대답하기를,

"제주는 말이 많이 나는 곳으로서 우리 나라 좋은 말은 다 여기서 납니다. 만약 도둑들이 여기 모여 살게 되면 소와 말을 도둑질하여 죽일 것인즉 그것도 불가합니다."

하고, 대사헌 이견기(李堅基)는 아뢰기를,

"옛날에는 가죽신 신는 자가 드물더니, 요사이 사람들이 다 가죽신을 신기 때문에 가죽 값이 사뭇 치솟아 올라가매, 소와 말을 도둑질하는 자가 더욱 많아졌다."

하니, 임금이 말하기를,

"부득이하여 가죽을 쓰면 실로 말릴 수도 없을 것이다."

하고, 임금이 또 말하기를,

"내 도둑에게 경면(黥面)하는 법을 생각해보니, 가난한 백성이 어쩌다 한번 절도질을 했다가 경면을 당하면, 자기 자취를 어디에 용납할 수가 없어서 더욱 가난하고 궁하게 될 것이므로, 내 심히 안타까워서 이 법을 정지시키고자 하는데 어떠할까."

하니, 권제가 대답하기를,

"도둑이 반드시 가난한 자가 아니고, 모두 호화롭고 부유하고 억세고 용맹한 자들이니 조금도 안타까울 것이 없다."

하고, 분(笨)은 아뢰기를,

"신의 집 앞에 부자가 있는데, 근일에 형조에 걸리어 그 가산을 압수하게 되었는데, 신의 집 하인들이 가서 본즉, 도둑질할 때에 쓰던 기구와 기계가 이루 셀 수가 없더라 하옵니다."

하니, 임금이 말하기를,

"마땅히 도둑 없애는 방책을 다시 생각하려니와, 경들도 의정부 및 육조와 함께 충분히 의논하여 아뢰라." (하략)

- 【태백산사고본】 34책 106권 9장
- 【주】 경면(黥面) : 죄인의 낯에 자자(刺字)함

↘ 1525년 중종20년 10월 13일

소와 말의 전염병 치료에는
작설차雀舌茶를 물에 풀어먹였다

조선시대 민간 전염병을 통틀어 여역(癘疫)이라 불렀는데, '여(癘)'는 악질이나 악창과 함께 나병(癩病)을 뜻하는 의미로도 쓰였으며, '역(疫)'은 '민개병야(民皆病也)'로 민간에 널린 퍼진 질병이나 유행병으로, 여귀(癘鬼)와 같은 말에서 비롯된 것으로 알려져 있다.

실록에서는 창진(瘡疹)이나 두창(痘瘡), 홍역 등 구체적으로 병명을 기록할 수 있는 질병이 아닐 때에는 역질, 염질(染疾), 여질(癘疾) 등으로 쓰고 있으며 다른 용어들과 함께 여역(癘疫)이란 단어가 많이 쓰인 것으로 나타나 있다.

조선시대 여역은 명종 때까지는 평안도와 황해도 지역에 온역(瘟疫)

과 창진(瘡疹)이 많이 발생했는데, 특히 황해도와 개성일대에서는 '악병(惡病)'이라 하여 병명조차 명확하지 않은 풍토병이 자주 발생한 것으로 나타나 있다. 또한 인조 때 크게 유행한 홍역은 영·정조(英正祖)대에 여역의 하나로 두드러지게 나타났으며, 천연두인 두창은 현종 이후 오늘날 콜레라인 호열자는 고종, 순종 재위 연도에 창궐한 것으로 기록되어 있다.

한편, 가축 전염병중 가장 대표적인 질병은 우역(牛疫)으로 여역과 함께 발생하는 경우가 많았는데, 시기적으로는 중종 이후 극심해져 가축의 치료를 위한 우마양저염역병치료방(牛馬羊猪染疫病治療方)이 이때에 처음 간행되었으며, 인조 때 다시 간행한 것으로 나타나 있다.

이 책에 수록된 가축의 치료 방법 중 소와 말, 돼지의 간단한 치료법은 다음과 같다. ▲소와 말의 전염병을 고치려거든 콩을 묽게 삶아 입에 부어라 ▲좋은 작설차(雀舌茶) 2량을 갈아서 물에 풀어 다섯 되를 입에 부어라 ▲돼지가 병에 걸리면 꼬리 끝을 베어 피가 나오게 하면 곧 좋아진다.

493년 전 오늘의 실록에는 평안도 관찰사가 여역으로 많은 사람이 죽었음을 장계(狀啓)로 보고하고 있다.

- 중종실록 54권, 중종 20년 6월 26일 갑인 8번째기사 1525년 명 가정(嘉靖) 4년

평안도 관찰사가 여역으로 사망한 각 지방의 수를 장계하다

평안도 관찰사가 장계했다.

"7~8월 이후에 여역(癘疫)으로 사망한 사람이 숙천(肅川) 23명, 함종(咸從) 16명, 양덕(陽德) 17명, 가산(嘉山) 3명입니다."

• 【태백산사고본】 28책 55권 38장

\ 1525년 중종20년 10월 14일

왕실 주방에는 고기를 전문적으로 굽는 전담 인력이 있었다

조선시대 임금의 식사와 대궐 안의 식사 공급에 관한 일을 관장한 관아를 사옹원(司饔院)이라 했는데, 주원(廚院), 상식사(尙食司)라고도 했다. 이는 임금과 왕비의 의복 등을 담당하기 위해 설치한 상의원(尙衣院)과 더불어 왕실의 의식주를 위한 필수적인 조직이었다.

사옹이라는 말 중에 옹(饔)의 본래 뜻은 음식물을 잘 익힌다는 할팽전화(割烹煎和)의 의미로 고기를 베어 썰고 삶고 조리고 간을 맞추어 맛있는 음식을 다룬다는 의미를 함축하고 있다.

사옹원은 태조 때 임금에게 올리는 음식인 어선(御膳)과 궐내 귀한 손님을 접대하는 일을 맡았고, 철에 따라 생산되는 과일, 생선 등을 신위(神位)에 올리는 절물(節物) 천신(薦新)과 진상(進上) 물선(物膳)을 관장하기 위해 설치됐다. 사옹방(司饔房)이 원래 이름으로 세조 때에 사옹원(司饔院)으로 개편했으며, 태조의 비(妃)를 모신 사당인 문소전(文昭

殿)의 천신도 관장했다.

사옹원에 소속된 관원은 정(正, 정3품) 1명, 첨정(僉正, 종4품) 1명, 판관(判官, 종5품) 1명, 주부(注簿, 종6품) 1명, 직장(直長, 종7품) 2명, 봉사(奉事, 종8품) 3명, 참봉(參奉, 종9품) 2명을 두었으며, 여기에 녹봉 없이 전지(田地)만 지급받는 관원인 무록관(無祿官) 도제조 1명, 제조 4명, 부제조 5명 등 제조 10명과 제거(提擧, 정.종3품) 2명, 제검(提檢, 정.종4품) 2명이 소속되어 많은 관원이 관리 감독을 맡았다.

특히 이러한 관리들 외에 실제로 주방에서는 많은 인원들이 조리에 관여했는데, 총 주방장 종6품 재부(宰夫), 식사 담당관 종7품 선부(膳夫), 조리사 종8품 조부(調夫), 불을 다루는 정9품 임부(飪夫), 삶기 담당 식관 종9품 팽부(烹夫) 등 숙수(熟手) 12명 내외와 물 끓이는 업무를 담당한 탕수색(湯水色), 상차리기 담당 상배색(床排色), 밥 짓기 담당 반공(飯工)등 400여 명의 차비(差備)들이 참여했다.

이 중에 육류 조리 담당인 별사옹(別司饔)은 30여 명이 관여했고, 고기 굽기 담당인 적색(炙色)은 20여 명이 종사한 것으로 기록되어 있다.

493년 전 오늘의 실록에는 사옹원에서 세자에게 올린 음식을 먹은 사람들이 모두 병이 나 관련 관리들을 추문하도록 전교한 내용이 기록되어 있다.

- 중종실록 55권, 중종 20년 10월 14일 기해 기사 1525년 명 가정(嘉靖) 4년

간원이 세자궁의 포육 사건에 대해 담당 관원들을 죄 주도록 건의하다

대간이 전의 일을 아뢰고, 간원이 아뢰기를,

"세자(世子)께서 물린 음식을 먹은 사람들이 모두 병났다고 하므로 놀라움을 견디지 못하겠으니, 정결하게 말려서 봉진(封進)하도록 할 것을 【편포(片脯)에 관한 일이다.】 팔도에 유시해야 합니다. 그러나 이와 같이 중대한 일을 어찌 이렇게 하고 말 수 있겠습니까? 사옹원(司饔院)으로 하여금 어느 도에서 봉진한 것인지를 고찰하도록 하여, 그 도 관찰사의 죄를 다스려야 마땅합니다. 또 감선 제조(監膳提調)와 내관(內官)은 잘 살피지 않았고 담당 선부(膳夫)도 조심하지 않았으니, 그들의 죄를 무겁게 다스리기 바랍니다."

하니, 전교하기를,

"세자궁(世子宮)의 포육(脯肉) 사건은 사옹원 제조가 이미 아뢰었는데, 위에서도 놀랍기에 즉시 설리(薛里)를 불러서 물어보니 '건물(乾物)을 봉진(封進)하면 한 그릇에다 섞어서 두므로 어느 도에서 봉진한 것인지 알 수 없다.' 했고, 승정원으로 하여금 그 포육을 사람들에게 주어보도록 했었는데, 독이 없었다고 했다. 그러나 마땅히 사옹원으로 하여금 가져온 데를 추고(推考)하도록 하겠고, 감선 제조와 내관 및 선부도 마땅히 추문하도록 하겠다. 나머지는 모두 윤허하지 않는다." 했다.

• 【태백산사고본】 28책 55권 38장

\ 1459년 세조5년 10월 15일

명품 모피를 얻기 위해 야인野人들에게
소와 말을 주고 교환했다

조선시대 두만강과 압록강 이북에 살았던 퉁구스계의 동북만주 원주민인 여진족을 '야인(野人)'이라고 통칭했는데, 이 중에서 두만강 연안의 여진족인 우디케(兀狄哈, 올적합), 중국 동북부 모련위(毛憐衛)의 오랑케(兀良哈, 올량합), 남만주 일대인 건주좌위(建州左衛)의 오도리(斡朶里, 알타리) 등은 실록에도 여러 번 언급되는 등 밀접한 관계를 맺은 것으로 알려져 있다.

이들은 성종 이전에는 사냥이나 유목생활을 주로 했으나 이후 점차 농경 사회로 발전하면서 농작물 재배 기술에 도움이 절실해 틈만 나면 농사에 익숙한 요동 지방의 한인이나 압록강, 두만강 유역에 정착하고 있는 조선 농민들을 납치해 강제로 농경에 투입하기도 한 것으로 기록되어 있다.

이들 야인 사회의 농경이 발전할수록 그에 소용되는 소(牛)의 수요는 늘어났지만 우마(牛馬) 교역이 공식적으로 금지되어 있어 이들이 취할 수 있는 방법은 약탈을 통해 우마를 훔쳐 가거나 아니면 몰래 밀무역을 하는 것이었다.

당시 조선사회는 안정화 시기에 접어들면서 사치 풍조가 크게 유행하여 지배층 사이에서는 야인 지역의 모피에 대한 수요가 점차 증가했고, 이렇게 조선이 원하는 모피를 야인이 원하는 우마(牛馬)와 교환하는 모피 교역이 점차 빈번해지게 되었다.

이렇게 되자 야인들은 우마와 철물을 제시할 때만 모피와 교환해 주었고, 조선에서는 사치가 일상이 되면서 점점 값비싸고 품질 좋은 모피에 대한 수요가 늘어나게 되었다. 특히 담비의 가죽인 초피(貂皮)는 원래 당상관(堂上官) 이상만 사용할 수 있었으나 나이 젊은 부녀자들도 모두 초구(貂裘)를 입어 수십 명이 참석한 모임에 이를 입지 않은 자가 한 사람도 없어 초구가 없으면 부끄럽게 여길 정도로 유행한 것으로 기록되어 있다.

이러한 초피 교역이 활성화되면서 조선의 우마와 철물은 야인사회로 급속도로 유출되었고 야인 사회는 더욱 빠른 속도로 농경화를 이루어 경제력을 향상시킬 수 있었다. 조선에서는 모피를 마련하라고 독촉하는 변방 수령의 횡포를 감당하지 못한 평안도와 함경도 일대 백성들이 자발적으로 야인들의 땅으로 도망가기도 했다.

특히 야인들은 교역을 통해 필요한 물품을 충당할 수 있게 되자 조선에 협조할 필요가 없게 되면서 조선은 그들을 통제할 수 없게 되었고 북방 군사력은 약화된 것으로 평가되고 있다.

559년 전 오늘의 실록에는 관사(館舍)에 머물고 있던 이들 야인들에게 술과 고기를 내려주라는 전교가 있었다.

- 세조실록 18권, 세조 5년 10월 15일 계해 기사 1459년 명 천순(天順) 3년

풍양 이궁에 이르러 왜인·야인·좌상 대장·우상 대장 등에게 술과 고기를 내리다

어가(御駕)가 풍양(豊壤)의 이궁(離宮)에 이르러, 관사(館舍)에 머물고 있는 왜인(倭人)에게 돼지 1구(口), 술 10병을, 야인(野人)에게는 돼지·사슴 각 1구(口)와 술 20병을 내려 주었다. 또 좌상 대장(左廂大將)·우상 대장(右廂大將)에게 술과 고기를 내려 주었다.

• 【태백산사고본】 7책 18권 3장

＼ 1427년 세종9년 10월 16일

가죽을 전문적으로 다루는 장인(丈人) 3백여 명이 관청에서 일을 했다

조선시대 수공으로 기물(器物)을 만드는 것을 업으로 하는 장인(匠人)을 공장(工匠)이라 했는데, 이 중에 짐승의 가죽으로 물건을 만드는 일을 맡아 하던 장인을 특별히 피장(皮匠)이라 했다.

이들 공장들은 관청에 소속된 관장(官匠)과 개인적으로 작업하는 사장(私匠)으로 나뉘었고, 관장은 다시 서울의 관아에 소속된 경공장(京工匠)과 지방의 군현에 소속된 외공장(外工匠)으로 구분되었다. 경국대전에 의하면 서울의 장인은 공조(工曹) 이하 29개 관사에 총 130여개 직종의 2,800여 명의 장인들이 소속되어 병장기의 제작

또는 왕실이나 양반 관료의 생활용품 및 장식품의 제조에 종사했다. 지방의 관청에 소속되어 있던 외공장은 27개 직종으로 그 총수는 대략 3,500여 명에 달했던 것으로 알려져 있다.

특히 가죽을 다루는 피장은 그 직무에 따라 세부 장색(匠色)으로 구분되어 업무를 담당했는데, 경공장으로 말의 안장 따위에 가죽을 덮어 싸는 일을 하는 장인인 과피장(裹皮匠)은 본조(本曹)에 2명, 상의원(尙衣院)에 4명, 가죽에서 털 뽑기와 무두질을 하여 가죽을 부드럽게 하는 숙피장(熟皮匠)은 본조에 10명, 상의원에 8명, 제용감(濟用監)에 2명, 모피(毛皮) 특히 초피(貂皮)를 주로 다스리는 장인인 사피장(斜皮匠)은 본조에 4명, 상의원에 4명 등 모두 50여 명의 공장이 가죽 관련 일을 했다.

이 외에 외공장(外工匠)으로 지방에는 경기도에 5명, 충청도에 56명, 경상도에 60여 명 등 각 도에 290여 명의 피장이 지방에서 가죽관련 일을 하여 전국적으로 340여 명의 장인들이 가죽과 관련한 일을 한 것으로 나타나 있다.

591년 전 오늘의 실록에는 수레나 가마를 덮는 우비에까지 가죽을 사용하여 가죽 값이 등귀하자 소(牛)를 몰래 잡는 자를 금(禁)할 수 있는 대책을 강구하도록 하고 있다.

• 세종실록 38권, 세종 9년 10월 16일 경오 기사 1427년 명 선덕(宣德) 2년

노비 결안의 송사를 잘못 처리한 형조 좌랑 유지함의 논죄와 화척의 금살하는 법, 상복 등의 문제를 논의하다

조회를 받고 정사를 보았다. (중략)

임금이 말하기를,

"소 잡는 것을 금하여 전조(前朝)에서는 금살(禁殺)하는 관원을 두었고, 본조에서도 지난 해에 역시 법을 세우고 굳이 금하여 소를 잡는 자가 거의 없었더니, 지금 들으니 민간에서 다시 일어나고 있다고 한다. 전자엔 유정현(柳廷顯)이 말하기를, '명나라 사신을 대접하는 잔치 외에는 비록 큰 잔치일지라도 소 잡는 일을 없애자.' 했거니와 나도 생각하건대, 본국 군신(君臣)이 명나라 사신과 함께 잔치할 때 외에는 소를 잡지 말아서 백성에게 그 중함을 보이는 것이 가할 것이다."

하니, 찬성 권진(權軫)과 판서 허조 등이 대답하기를,

"우리 나라에서 소 잡는 잔치는 1년에 두세 번에 불과하니 어찌 다시 없애겠습니까. 신들은 생각하건대, 화척(禾尺)들은 본시 소를 잡는 것으로 생업을 삼고 있어, 비록 평민과 함께 섞여 살게 하여 몰래 소를 잡을 수는 없으나, 저들은 구석진 곳에 도망해 숨어서 항상 소 잡는 것을 일삼고 있사오니 모름지기 감시하는 법을 세워 무시로 사람을 보내어 순찰하고 체포하여 법으로 통렬(痛烈)히 징계하여야 할 것입니다. 또 근래 대소인원(大小人員)의 안롱에 모두 마소의 가죽을 쓰므로, 이로 인하여 가죽을 쓰는 길이 옛날의 배가 되어 가죽 값이 등

귀하고, 그 이익이 몇 곱절이나 되므로 몰래 잡는 자가 날로 늘어납니다."

하니, 임금이 말하기를,

"전날에 피물(皮物)에 대한 금령(禁令)이 이미 의논되어 행하다가 한재 때문에 드디어 정지했으니, 승정원은 다시 상고하여 아뢰라. 화척의 금살(禁殺)하는 법은 형조에서 또한 잘 의논하여 아뢰라."

했다. (하략)

- 【태백산사고본】 12책 38권 4장
- 【주】 - 화척(禾尺) : 백정
  - 기년(期年) : 만1년
  - 안롱(鞍籠) : 수레나 가마 등(等)을 덮는 우비의 한 가지. 한쪽에 사자를 그린 두꺼운 유지(油紙)로 만들었음

\ 1450년 문종 즉위년 10월 19일

역마^{驛馬} 중에 푸른 털에 백마^{白馬}인 청총^{靑驄}이 있었다

조선시대에는 왕명과 공문서의 전달, 사신 왕래에 따른 영송(迎送)과 접대, 공공 물자의 운송, 통행인의 규찰 등을 위해 설치한 교통기관이 역참이었다. 역참은 우역(郵驛)이라고도 하는데, '걸어서 전달하는 것은 우(郵)이고, 말(馬)로써 전달하는 것은 역(驛)'이라고 알려져 있다. 이 역참은 명나라의 척관법(尺貫法)에 따라 주척(周尺) 6척을 1보로,

360보를 1리로 삼아 10리마다 소후(小堠)를, 30리마다 대후(大堠)를 세우고, 약 30리마다 역(驛)을 설치했는데, 조선시대 초기에는 고려시대의 역로 조직을 계승하면서도 북방 지역에 위치한 역참을 개편했다.

특히 평안도와 함경도 지역의 압록강과 두만강 변을 방어하기 위해 4군 6진을 설치했는데 이들 지역에 왕래하는 사신들을 접대하고 마필을 제공하기 위하여 임시적 성격의 우역촌(郵驛村) 또는 체마소(遞馬所)를 운영했고 이를 합배(合排)라고 했다.

이러한 합배에는 주로 평안도 지역을 중심으로 종6품 외관직인 찰방(察訪)을 파견하여 대략 27개 가량의 합배를 순행하면서 관리하게 했다. 합배는 고유한 업무인 사신 접대 외에도 국방 관련 일도 담당하게 했으며, 세조 때 역로 개편을 거쳐 성종 때 반포된 경국대전에 평안도 지역의 합배들은 찰방도인 어천도(魚川道)와 대동도(大同道)의 속역으로 규정 되었다.

각 역에는 역로의 크기에 따라 상, 중, 하등의 3등급으로 나뉜 역마(驛馬)가 배치되었는데, 역마의 종류는 그 빛깔에 따라 여러 가지였으나 검은 갈기의 누런 말인 고라(古羅), 푸른 털과 흰 털이 뒤섞인 흰말(白馬)인 청총(靑驄) 등이 대표적인 것으로 알려져 있다.

568년 전 오늘의 실록에는 평안도 합배 지역에 목장마 30필을 내려주라는 어명(御命)이 있었다.

• 문종실록 4권, 문종 즉위년 10월 19일 기축 기사 1450년 명 경태(景泰) 1년

목장마 30필을 평안도 합배에 내려주다

목장마(牧場馬) 30필(匹)을 평안도 합배(合排)에 내려 주었다.

- 【태백산사고본】 2책 4권 27장
- 【주】 합배(合排) : 조선 초기에 함길도나 평안도의 군사적인 요충지에 특별히 설치한 우역촌(郵驛村). 매 합배마다 15호(戶)를 붙였음

\ 1502년 연산8년 10월 20일

타는 말馬의 털 색깔毛色에 대한 집착이 강했던 연산군燕山君

조선시대 왕이나 왕실에서 사용하는 수레와 말을 여마(輿馬)라 했으며, 이와 관련된 일은 병조 예하의 사복시에서 담당했다. 궁궐 안에는 따로 내사복시가 있어 임금이 타는 말인 어승마와 궁궐 안의 마구간인 내구(內廐)를 담당했다.

임금이 타는 말에 관한 가장 많은 기록을 남긴 임금은 연산군으로 실록에는 재위 기간인 12년간 90여 건의 말에 관한 기사를 남기고 있다.

특히 좋은 말을 진상하게 하는 어서(御書)를 여러 차례 내렸으며, 그 중에서도 말의 색깔에 대해 특별히 취향이 있어 온 몸에 털빛이 검푸른 오류마(烏騮馬)를 요구하기도 했다. 사복시가 진상한 말이 털빛이 아름답지 않고 길들여지지 않아서 사신이 타기에 적합하지 않으니 다시 조양(調養)하게 하기도 했다.

또한 흰 말 중에 갈기와 꼬리가 모두 검은 것을 널리 찾아서 궁궐에 들이게 했고, 자색(紫色) 노새가 몇 필인지 묻기도 했다. 총(驄)과 갈기는 검은색이지만 흰 바탕의 말을 구하라는 어명에 민폐가 있을 것이라는 대신의 간언이 있자 "모든 일이 어찌 폐해가 없는 것이 있겠느냐? 채소·과일 같은 것도 구하려면 모두 폐해가 있는 것이다. 그리고도 대간(臺諫)의 소임을 감당할 수 있겠는가?"라고 핀잔을 주기도 했다.

특히 백마(白馬)에 관한 집착이 강해 잘 달리는 백마 10필을 새벽에 진상하게 하기도 했으며, 변경(邊境) 지역 관리들에게는 호마(胡馬)는 성질이 말을 잘들어 탈 만하니 야인(野人)이 좋은 말을 진상하려고 하면 잘 골라서 진상하게 하기도 했다.

말 관리에 대한 관심도 특별하여 내사복시 관리인 내승(內乘)을 불러 "어승총마(御乘驄馬)가 지금 병이 있는데, 이것은 반드시 말을 씻길 때 조심하여 보호하지 않아서 그럴 것이다"라며 사헌부에 명하여 국문(鞠問)하게 하기도 했다.

516년 전 오늘의 실록에는 말을 고를 때 날래고 좋은가는 분간하지 않고 빛깔이 좋지 못하여 뽑아 들이지 않는 것은 잘못되었다며 빛깔이 좋지 않는 것도 모두 뽑으라는 간언에 답을 주지 않는 내용이 실려 있다.

- 연산군일기 46권, 연산 8년 10월 20일 기미 기사 1502년 명 홍치(弘治) 15년

대사간 민휘가 빛깔에 관계없이 좋은 말을 뽑아들이기를 건의하다

대사간 민휘(閔暉)가 아뢰기를,

"신이 일찍이 제주 목사(濟州牧使)가 되었을 때, 말을 점검하는 관원이 말이 날래고 좋은가는 분간하지 않고서 만약 빛깔이 좋지 못하면 뽑아들이지 않는 것을 보았는데, 〈빛깔이 좋지 않는 것도〉 모두 뽑아들이게 하소서."

했으나, 답하지 않았다.

- 【태백산사고본】 12책 46권 20장

\ 1422년 세종4년 10월 22일

젖 짜는 소를 사서 날마다 형님에게 우유를 먹이도록 한 세종世宗

조선시대 3대 임금인 태종의 장남으로 태어나 왕세자로 책봉되었다가 14년 만에 폐위된 인물이 양녕대군 이제(李禔)이다. 어머니 원경왕후는 여흥 민씨(驪興閔氏) 민제(閔霽)의 딸로 밑에 동생으로는 효령대군 이보(李補), 후에 세종이 된 충녕대군, 성녕대군을 두었다. 양녕대군의 졸기(卒記)에 따르면 이제는 성품이 곧으며 살림을 다스리지 아니하고 활쏘기와 사냥으로 오락을 삼았던 것으로 나타나 엄격한 궁중생활에는 잘 적응하지 못한 것으로 알려져 있다. 그러나 이런 양녕대군에 대한 세종의 우애는 지극하여 조정의 탄핵 요청을 여러 차례 거절했고, 대신들의 반대에도 불구하고 가끔 사저(私邸)에 형 양녕대군을 불러서 위로를 해준 것으로 나타나 있다.

또한 양녕대군이 강봉(降封)되어 광주나 이천, 과천 등으로 나가서 살 때에는 수시로 술과 고기는 물론 생선, 조기, 연어를 내려 준 것으로 나타나 있으며, 가축으로는 말을 포함해서 중국 돼지, 기러기, 오리, 매(鷹), 산 노루 등도 보내 준 것으로 기록되어 있다.

특히 양녕대군이 청주에 옮겨 살 때는 충청도 감사에게 "국고(國庫)의 묵은 쌀과 콩으로 젖 짜는 소를 사서 날마다 우유를 받아 양녕대군에게 공급하라"고 명하기도 했다.

이런 양녕대군은 광산군 김한로(金漢老)의 딸과 혼인해 3남 4녀를 낳았으며, 측실(側室)에서 6남 10녀를 두었고, 69세로 세상을 떠났다. 시호(諡號)는 굳세고 과감(果敢)한 것을 뜻하는 강(剛)과 너그럽고 즐거워하며 제 명(命)대로 편안히 살다 죽은 것을 뜻하는 정(靖)을 합하여 강정(剛靖)으로 내려졌다.

596년 전 오늘의 실록에는 양녕대군이 남의 집에 좋은 개가 있다는 말을 듣고, 사람을 시켜 몰래 가져오게 했다고 기록되어 있다.

• 세종실록 18권, 세종 4년 10월 22일 병오 5번째기사 1422년 명 영락(永樂) 20년

양녕 대군이 박득중 집에 좋은 개가 있다는 말을 듣고 몰래 가져오게 하다

양녕 대군 이제가 천령(川寧) 사람 박득중(朴得中)의 집에 좋은 개가 있다는 말을 듣고, 사람을 시켜 몰래 가져오게 했다.

• 【태백산사고본】 6책 18권 9장

\ 1425년 세종7년 10월 23일

임금이 타는 말御馬의 재갈이 벗겨지면
담당 관리는 파면이었다

조선시대 임금이나 왕실에서 사용한 수레와 말을 다루는 여마(輿馬) 업무와 국가의 말을 사육하는 마구간과 목장 관리를 총괄하는 병조 직속의 사복시에 소속되어 직접 임금이나 문무관 등이 탄 말(馬)이나 당나귀를 끈 마부(馬夫)를 견마배(牽馬陪)라 했다.

이들은 말구종(馬驅從) 또는 배종(陪從)이라고도 불리웠으며, 주로 임금, 세자, 왕자 등의 경마를 잡았는데, 경마란 남이 탄 말의 고삐를 잡고 말을 모는 일로 견마(牽馬)는 이 경마의 음을 딴 것으로 알려져 있다.

사복시의 관원은 여마와 구목에 관한 일뿐 아니라, 임금이 궁궐 밖으로 거둥할 때 좌우에서 시위하던 보패(步牌) 밖에서 임금을 수행하며 호위할 정도로 중요한 역할을 했다. 소속 관원은 경관직(京官職)으로 정2품 제조(提調) 2명, 정3품 당하(堂下) 정(正) 1명, 종3품 부정(副

正) 1명, 종4품 첨정(僉正) 1명, 종5품 판관(判官) 1명, 종6품 주부 2명을 두었고, 이들 중 판관 이상의 관원 2명은 한 관직에 오래 머무는 구임관(久任官) 이었다.

또한 하급 이속(吏屬)으로는 서리(書吏) 15명, 제원(諸員) 600명, 차비노(差備奴) 14명, 근수노(跟隨奴) 8명, 이마(理馬) 4명, 견마배(牽馬陪) 11명, 고직(庫直) 4명, 대청직(大廳直) 1명, 사령(使令) 11명, 군사(軍士) 2명이 배정되었고, 이 중 견마배는 체아직(遞兒職)이나 대장직(隊長職)을 받기도 했으나 후에는 잡직(雜職) 종7품을 받았다.

견마배는 사신의 수행원으로서 일하기도 하고, 임금의 사냥 훈련인 강무를 행할 때나 지방으로 거둥할 때 마필을 끌면서 어가를 호위했는데, 견마는 원칙적으로 임금과 문무관에게만 허용되었다. 후에는 민간에서도 성행하여 조선시대 말기에는 양반이 출입할 때는 반드시 과하마(果下馬)라도 타고 견마를 잡혀야 체면치레가 되었다고 알려져 있다.

견마배의 근무 강도는 임금이 말을 타고 갈 때 어마의 재갈이 벗겨져 말이 멈추면 죄를 묻는 추고(推考)를 당할 정도로 강했는데, 실제로 593년 전 오늘의 실록에는 어마(御馬)에 재갈을 먹이지 않아 담당 관리인 판사복시사(判司僕寺事)를 파면한 것으로 나타나 있다.

• 세종실록 30권, 세종 7년 10월 23일 무자 기사 1425년 명 홍희(洪熙) 1년

어마를 재갈먹이지 않은 판사복시사 이열, 행 사직 황전 등의 직을

파면하다

판사복시사(判司僕寺事) 이열(李烈)·행 사직(行司直) 황전(黃琠) 등의 직을 파면하니, 어마(御馬)를 재갈 먹이지 않았기 때문이었다.

- 【태백산사고본】 10책 30권 7장
- 【주】 판사복시사(判司僕寺事) : 임금이 타는 마필, 궁중의 가마 등을 관장한 관청의 벼슬

1509년 중종4년 10월 26일
왕실의 말먹이馬料를 훔친 사람은 참형斬刑에 처했다

조선시대 왕실의 재화를 간수하는 창고로 경복궁(景福宮), 창덕궁(昌德宮) 내에 설치한 공간을 내장(內藏), 내고(內庫) 혹은 줄여서 내탕(內帑)이라고 했는데 장소를 이르지 않고 임금이 사유한 재산이라는 뜻으로도 쓰였다.

내탕에서 내(內)는 '궁궐 안'이란 의미이고 탕(帑)은 '창고'란 의미로 좁은 의미의 대표적인 곳으로는 왕실의 의대(衣襨), 복식(服飾)은 물론 궐내의 재화, 금보(金寶) 등의 물품을 관장하는 상의원을 들 수 있다. 또 임금의 사유재산을 지칭하는 대표적인 기관으로는 왕실에서 필요로 하는 양곡과 포(布), 잡물 및 노비 등의 관리를 맡은 내수사(內需司)가 있었다.

이러한 내탕에 필요한 물품은 임금이 환관을 통해 승정원에 알리고 승정원이 상의원에 전달하여 조달하게 했는데, 초기에는 호조에서

받은 공납품으로 재원을 마련했지만 후기에는 균역청(均役廳), 상평청(常平廳), 진휼청(賑恤廳), 선혜청(宣惠廳) 등에서 받은 공납품으로 재원을 마련한 것으로 나타나 있다.

490년 전 오늘의 실록에는 이러한 내고(內庫)에서 준비한 마료(馬料)를 약탈한 사람들에 대한 처리방안을 논의하고 있는데, 당시 기록에 따르면 왕실의 말먹이를 훔친 사람은 참형(斬刑)에 처하되 시기를 기다려 집행하는 참대시(斬待時)를 내렸다.

조선시대 형벌로 사형(死刑)은 죽이는 방법에 따라 목을 매어 죽이는 교형(絞刑)과 죄가 좀 더 중하여 목을 베어 죽이는 참형으로 나누었다. 통상 집행은 추분(秋分) 후 춘분(春分) 전에 시행하는 것이 상례로 이때에 집행하는 것을 대시(待時)라 했고, 죄가 극악하여 이때를 기다리지 않고 곧 집행하는 것을 부대시(不待時)라 했다.

• 중종실록 8권, 중종 4년 5월 28일 기미 6번째 기사 1509년 명 정덕(正德) 4년

사복시의 마료 등을 감량하고 말은 관원이 풀을 베어 먹이게 하라고 전교하다

호조에 전교하기를, "근래 나라의 저축이 넉넉하지 못하니, 사복시의 마료 및 사축서, 전생서의 축료를 마련하여 감량하고, 사복시의 말은 제원(諸員)이 전관(箭串)의 풀을 베어 먹이게 하고, 각관의 생초(生草)를 적절히 감하게 하라." 했다.

• 【태백산사고본】 4책 8권 46장

╲ 1509년 중종4년 10월 27일

조선시대 임금들은 아끼는 신하가 죽으면 고기를 먹지 않았다

조선시대 왕실에서 준비하는 생선이나 고기가 들어가지 않은 음식이나 그러한 음식으로 차린 상차림을 소선(素膳)이라 했다. 소선은 고기붙이로 만든 반찬인 육찬(肉饌)으로 차린 수라(水刺)를 뜻하는 육선(肉膳)과 대비되는 말로, 나라에 국상이 났거나 재앙이 들면 임금은 근신하기 위하여 육선을 들지 않았는데 이를 철선(撤膳)이라 했다.

소선의 상차림에 대해서는 자세히 알려져 있지 않으나, 채소국과 나물 그리고 침채(沈菜) 위주의 상차림이었을 것으로 추정되고 있다. 왕실에서 선왕(先王)이나 종친 등이 상을 당할 때는 물론 제사를 올리기 전에 재궁(齋宮)이나 향소(享所)에서 행하던 재계(齋戒)를 하는 치재(致齋) 기간에도 소선을 했다.

특히 많은 임금들이 아끼는 신하가 죽으면 소선을 차리도록 명했는데, 조정의 대신들은 왕실의 제삿날과 같은 국기일(國忌日)이 되면 모두 소선을 했다.

그러나 이러한 소선만으로 식사를 하면 건강을 해칠 것을 우려하여 실록에는 임금에게 육선이나 육즙을 먹기 시작하는 개소(開素) 또는 해소(解素)를 할 것을 상소하는 기록이 여러 차례 나타나고 있다.

또한 반대로 임금이 공을 세운 신하나 병이 난 신하에게 육선을 하사한 기록이 많이 보이는데, 이때는 소고기인 황육(黃肉)은 물론 양고기, 말린 노루고기인 건장(乾獐), 생노루고기인 생장(生獐), 말린 사슴고기인 녹포(鹿脯) 등 다양한 고기를 내려 보냈다.

509년 전 오늘의 실록에는 임금의 외할머니인 연안 부부인(延安府夫人)의 기일(忌日)을 맞아 고기반찬을 드시지 않는다는 전교(傳敎)가 있었다.

- 중종실록 9권, 중종 4년 10월 27일 을묘 1번째 기사 1509년 명 정덕(正德) 4년

정원에서 고기 반찬 드시기를 청하니 윤허치 않다

정원이 고기 반찬 드시기를 계청하니, 전교하기를,

"연안 부부인(延安府夫人)의 기일(忌日)이며 또 완원군이 죽은 지가 얼마 안되므로 차마 못하는 것이다." 했다.

- 【태백산사고본】 5책 9권 61장
- 【주】 연안부부인 전씨 : 영원부원군(鈴原府院君) 윤호(尹壕)의 아내로서 성종의 계비인 정현왕후(貞顯王后)의 어머니이고 중종의 외할머니

1461년 세조7년 10월 29일

국가에서 관리하는 마필에는 '주周'자 낙인烙印을 찍었다

조선시대 말을 관리하는 목장은 국가에서 관리하던 국마 목장과 일반 개인이 관리하던 사마 목장이 있었는데, 그중 국마 목장에서 생

산 관리된 말을 관마(官馬) 또는 국마(國馬)라 했다.

이러한 국마를 관리하기 위한 주요한 수단이 바로 말의 몸체에 불로 달구어진 쇠붙이로 표식을 하는 낙인(烙印)이었다. 낙인은 소유주를 쉽게 알아볼 수 있도록 마필은 물론 호패, 군기 물자, 선박 및 각종 부신(符信) 등에도 소속이나 인적 사항을 표시하기 위해 사용되었다.

낙인은 관청에서 목장마나 교역마를 확인할 때 반드시 마필의 낙인 유무를 확인했는데, 태종 때는 여진족에게 무분별한 우마 방매를 방지하기 위해 민간인들이 소유한 마필에 낙인을 찍어 장부로 관리했고, 제주마의 경우에는 거세 방지 및 육지 판매 시 일반 마필과 구분되도록 낙인을 찍었다.

또한 국마 목장의 망아지를 백성들에게 분양할 때나 왕실 목장인 살곶이 목장 마필의 추적을 위해 낙인을 찍은 목패(木牌)를 발급하기도 했으며, 한성부에서는 교역 허가의 증표로 삼기위해 낙인을 찍은 것으로 나타나 있다.

관마에 찍는 낙인은 일반적으로 한자로 '산(山)'자를 찍어 관리했으나, 산(山)자가 찍힌 말이 민간에 분양되거나 관마를 사마와 교환하는 경우에 혼동되는 경우가 많이 발생하자, 세종 때는 별도로 '산(山)'자 낙인 위에 '주(周)'자를 찍도록 하는 주자낙인(周字火印)을 활용하도록 했다.

이러한 주자 낙인은 한성부에서는 사복시로 하여금 관리하게 했고, 지방에서는 각 도의 목장에서 기르는 말을 확인하기 위해 봄, 가을에 임시로 파견된 사복시의 관원인 점마별감((點馬別監)이나 감사(監司)가 찍어 관리하게 했다.

557년 전 오늘의 실록에는 전라도 점마 별감의 건의로 모든 목장의 유실(遺失)된 말은 암수나 힘이 세고 약한 것을 분간하여 서로 비기는 말로 징납(徵納)하도록 하고 있다.

• 세조실록 26권, 세조 7년 10월 29일 을미 기사 1461년 명 천순(天順) 5년

병조에서 목장의 말에 관하여 아뢰다

병조에서 전라좌도 점마 별감(全羅左道點馬別監) 송춘림(宋春琳)의 계본(啓本)에 의거하여 아뢰기를,

"모든 목장(牧場)에서 유실(遺失)한 말은 암수나 힘세고 약한 것을 분간하지 않고 대개 체구가 작은 암말로써 징수하기 때문에 목자(牧子)들이 도둑질하여 팔아서 거의 다했으므로 참으로 염려되니, 지금부터 유실(遺失)한 말은 청컨대, 암수나 힘이 세고 약한 것을 분간하여 서로 비기는 말을 징납(徵納)하도록 하고, 아울러 다른 도(道)에도 유시하소서."

하니, 그대로 따랐다.

• 【태백산사고본】 9책 26권 10장

11월
/
중동
仲冬

> 1424년 세종6년 11월 1일

임금들이 직접 말을 타고 공을 치며 즐긴
로얄 스포츠 격구^{擊毬}

조선시대 말을 달리며 채 막대기로 공을 쳐 골대(毬門)에 넣는 경기이자 무예(武藝)를 격구라 했다. 격구는 서양 귀족 스포츠인 폴로(polo)와 비슷하지만 공을 치는 막대기인 장시(杖匙)의 끝이 둥근 원통 나무로 치는 것이 아니라 소 코뚜레와 같은 형태로 공을 떠 돌리거나 던져 구문에 넣는 것이 차이가 있다.

격구는 원래 페르시아에서 시작하여 북방민족을 통해 전해진 것으로 알려져 있으며, 고려시대에는 개경(開京)에 격구장이 별도로 만들어 질 정도로 인기가 높아 매년 단오(端午)날에는 임금이하 관리와 일반 백성, 부녀자들까지 격구를 관람할 정도로 크게 발전한 것으로 나타나 있다.

실록에 격구에 관한 기록은 200여 건이 나타나 있으며 주로 조선 초기 세종 때까지 많은 기사가 실려 있다. 실제로 기사 중에는 임금들이 직접 격구를 직접 즐긴 것이 나타나 있는데, 임금별로는 태종(太宗)이 가장 많은 30여 차례 이상 경기를 했고, 세종도 10여 차례 직접 격구를 했다. 고려시대부터 격구로 명성을 얻은 대표적인 무인인 태조 이성계는 63세의 고령에도 격구를 한 것으로 나타나 있다.

격구에 가장 애착을 많이 보인 임금은 2대 정종으로 재임기간 2년 동안 10여 차례 격구를 했으며 대신들이 격구를 말리자 "병이 있어 수족이 저리고 아프니 때때로 격구를 하여 몸에 기운을 통하게 하려고 한다"고 핑계를 대기도 하고, 사관에게 "격구하는 일 같은 것도 또한 사책에 쓰는가?"고 핀잔을 주기도 한 것으로 기록되어 있다.

이러한 격구는 세종 때에 단순한 놀이가 아닌 마상에서 무예를 연마하기 가장 좋은 과목이라 하여 과거 무과시험으로 채택되었으나 조선 후기에는 총포류의 발달에 따라 제외되기도 했다.

594년 전 오늘의 실록에는 임금이 내정(內庭)에서 종친(宗親)들과 격구(擊毬)하고 작은 연회를 베푼 것으로 기록되어 있다.

- 세종실록 26권, 세종 6년 11월 1일 임신 기사 1424년 명 영락(永樂) 22년

내정에서 격구를 하고 연회를 베풀다

내정(內庭)에서 격구(擊毬)하고 작은 연회를 베풀었는데, 효령 대군(孝寧大君) 이보(李)·경녕군(敬寧君) 이비(李)·공녕군(恭寧君) 이인(李䄄) 등과 종친·부마·청평 부원군(淸平府院君) 이백강(李伯剛)·평양 부원군(平壤府院君) 조대림(趙大臨)이 입시했다. 백강(伯剛)에게 내구마(內廐馬) 한 필을 주었으니, 격구(擊毬)에 이겼기 때문이었다.

- 【태백산사고본】 9책 26권 20장

↘ 1457년 세조3년 11월 5일

서울에서 30간(間)이상 집에 돼지 10마리를 기르면 세금이 면제되었다

조선왕조실록에 목축에 관한 기록은 60여 건으로 주로 세종과 중종 때 기록이 많이 나타나 있으나 실제로 목축에 깊은 관심을 갖고 적극적인 시책을 추진한 시기는 세조때로 보여진다.

세조는 이미 집권 초기에 '나라에 보배가 세 가지가 있으니 말(馬)과 소(牛)와 물소의 검은 뿔인 흑각(黑角)' 이라고 강조하며, 적극적인 보호책을 주문했다. 지금의 대통령 비서실장에 해당하는 도승지나 각 도의 관찰사에게 '축목(畜牧)은 물론 농업이나 누에를 치는 농상(農桑) 등의 일에 한 가지라도 능한 자가 있으면 직접 기용하여 벼슬을 준다'라고 유시하기도 했다.

또한 농상이나 축목 등의 일을 가지고 여러 신하들에게 명령하여 차례로 책을 편찬하여 올리도록 하기도 했고, 특히 우마(牛馬)와 같은 대가축 외에 돼지, 닭, 양, 개 등 육축 번식을 위해 구체적인 대책을 논의한 기록이 나타나 있다.

그중에 주요한 내용을 살펴보면 한양 관내에 사는 가옥 40간(間) 이상의 대호(大戶)는 돼지(猪) 15마리, 소(牛) 7두, 말(馬) 5필 이상을 기르면 요역(徭役)과 전세(田稅) 외에 각종 잡부금을 면제하여 주었고, 가옥 30간 이상인 중호(中戶)는 돼지(猪) 10마리, 소(牛) 5두, 말(馬) 4

필, 가옥 10간 이상의 소호(小戶)는 돼지(猪) 5마리, 소(牛) 3두, 말(馬) 2필을 각각 기르면 똑같은 면세 혜택을 주었다.

한양 이외 지역에서는 돼지 사육 마릿수는 한양과 같으나 토지가 50결(結, 약15만평) 이상인 대호는 소 10두, 말 8필, 토지가 20결 이상인 중호는 소 7두, 말 6필, 토지 10결 이상인 소호는 소 4두, 말 3필 이상을 각각 기르면 같은 세금 감면 조치를 했다.

특히 왕실 종친이나 재상들인 재추(宰樞), 세가자제(世家子弟)는 이러한 가축을 기르지 않는 자는 죄를 물을 정도로 강력한 축산 진흥책을 실시하도록 한 바가 있다.

561년 전 오늘의 실록에는 농상(農桑)과 축목(畜牧)은 민생의 큰일로 이 같은 일에 한 가지라도 능한 자가 있으면 반드시 발탁해 쓰겠다고 유시하고 있다.

• 세조실록 10권, 세조 3년 11월 5일 을축 기사 1457년 명 천순(天順) 1년

각 도 관찰사에게 농상·목축·제언 등에 능한 자를 찾아 보고토록 하다

각 도의 관찰사에게 유시(諭示)하기를,

"농상(農桑)과 축목(畜牧)은 민생의 큰일이다. 부지런하면 이익이 있고, 게으르면 다만 효과가 없을 뿐 아니라 죽거나 떠돌아다니는 근원이 되는 것이다. 감사(監司)와 수령이 나의 마음쓰는 바를 몸받지 않는 것이 아닌데, 무지한 백성들이 목전의 편안한 것만 일삼고 원대한 계획을 세우고 미리 힘을 쓰려고 하지 않아서 날로 가난하고

궁핍해지는 것이다. 사람마다 다 그러하니, 농상이나 축목이나 제언(堤堰) 같은 일에 대하여 한 가지라도 이에 능한 자가 있으면, 이 사람은 반드시 천만인(千萬人) 중에 뛰어난 자로서 내가 얻어 쓰려고 하는 자이다. 경(卿)은 그 성명과 공적(功績)의 사례를 갖추어 기록하여 계문(啓聞)하라. 내 반드시 발탁해 쓰겠다." 했다.

· 【태백산사고본】 4책 10권 1장

1509년 중종4년 11월 6일

조선 최초의 수입 외래 종 물소(水牛)는 어떻게 적응에 실패했나?

조선왕조실록에 물소(水牛)에 관한 기록은 60여 건으로 주로 활의 원료로 쓰이는 물소뿔(水牛角)에 관한 내용이며 물소뿔은 궁각(弓角), 흑각(黑角)이라고도 표기되어 있다.

이러한 물소를 가축으로 처음 활용 방안을 논의한 것은 세종(世宗)대로 당시 임금이 '물소(水牛)는 힘이 세고 밭 가는 데 사용할 수 있다고 하니, 중국에 주청(奏請)하여 바꿔 오고자 한다'라고 기록되어 있다.
그러나 당시에도 조선의 자연 조건이 중국 남쪽 지방과 같지 않아서 물소가 번성하지 못할 수 있어 걱정이라고 적고 있으며, 문종 때는 중국 사신에게 활 제조를 위해 물소(水牛) 암수(雌雄) 20두를 섬에 놓아기르고자 한다고 주청(奏請)했으나, 확보에 실패한 것으로 나타나 있다.

이러한 물소는 세조 때 이르러 일본 유구국(琉球國, 오키나와 등지에 있던 왕국)에서 처음으로 2마리를 바치면서 사육하게 되었는데, 이듬해 이들 물소를 창덕궁 후원으로 옮겨 기르게 하면서 사복시 관원은 물론 의생(醫生)으로 하여금 양우법(養牛法)을 초록(抄錄)하여 사양법을 익히도록 하기도 했다.

이렇게 도입된 물소는 17년이 지난 성종 때에 70두까지 늘어나 잘 번식시키는 지방 수령은 직급을 올려주는 것을 논의하기도 했으나, 14년 후에 수원(水原)과 남양(南陽)에서 기르는 물소가 사람을 받아서 상해를 입히자 아침저녁으로 특별히 훈련시켜 길들이게 하라는 하서(下書)를 내려 보내기에 이른다.

이후 연산군 대에는 물소가 밭갈이에 익숙하지 못하니 각 고을에서 농구(農具)를 갖추어 할 수 있는지 없는지를 파악하여 보고하도록 했다. 결국 중종 때 이르러 나라에 이익이 없고 백성에게 해만 있으니 마땅히 버려야 한다는 건의가 잇따르자 외딴 섬에 추방 했다가 백성이 원하는 대로 주어 기르게 하는 것이 합당하다라는 논의를 끝으로 실록에서 기록이 나타나지 않고 있다.

509년 전 오늘의 실록에 바로 이러한 물소를 민원(民願)에 따라 백성에게 나누어 주고 죽거나 잃어버리더라도 죄를 다스리지 말게 하라고 유시하고 있다.

- 중종실록 10권, 중종 4년 11월 6일 갑자 기사 1509년 명 정덕(正德) 4년

물소를 백성의 청원에 따라 나누어 주게 하다

병조가 아뢰기를,

"김수동(金壽童) 등의 의논이, 물소(水牛)를 민원(民願)에 따라 제급(題給)하는 것이 마땅하다고 합니다. 각 고을에서 나누어 기르는 물소를 백성의 청원에 따라 나누어 주어서 밭을 갈게 하되, 혹 죽거나 잃어 버리더라도 죄를 다스리지 말게 하소서."

하니, 그대로 윤허했다.

- 【태백산사고본】 5책 10권 3장
- 【주】제급(題給) : 소장(訴狀)·원서(願書) 등에 대하여 처리하는 내용의 제사(題辭)를 써서 내어 주는 것

1420년 세종2년 11월 7일

화척禾尺과 예능인인 재인才人은 같은 북방 유민 출신이었다

조선시대 한양과 지방에서 잡희(雜戱)를 공연하기도 하고 국가에서 하는 사냥이나 군사에 동원되기도 한 곡예(曲藝), 가무(歌舞) 등을 업으로 한 집단을 재인(才人)이라 했는데, 광대, 우인(優人), 배우(俳優), 정재인(呈才人), 영인(伶人), 희자(戱子), 창부(倡夫), 창부(唱夫) 등 다양한

이름으로도 불리었다.

이들은 나라에서 특별한 직무가 있는 것은 아니었으나 외국 사신들을 위해 일시적으로 나례도감(儺禮都監)을 설치하고, 공연을 할 때나 궁중에서 섣달그믐 밤에 악귀를 쫓기 위해 베푸는 나례(儺禮)를 행할 때, 임금이 종묘 제사 후 환궁할 때, 지방관아에서 잔치할 때, 과거 급제자가 유가(遊街)할 때 등 각종 행사에 동원되어 재능을 펼쳤다.

이들이 한 공연에는 줄타기, 땅재주, 재주넘기, 불 토하기, 탈춤 등과 같은 잡희(雜戱)는 물론 노래, 춤, 연기, 재담 등을 망라했으며, 사당패, 걸립패, 무동패, 탈 놀음패, 인형극패들과 함께 곡예와 가무(歌舞)로 푼돈을 받아가며 생활했다.

이들 재인들은 원래 우마(牛馬)를 도살하는 화척과 같이 삼국시대 이래 북방민족의 유민으로 알려져 있는데, 일정한 호적이나 부역도 없이 집단적으로 유랑하며 걸식이나 도적질 등을 일삼아 조정에서는 일반 양인과 함께 거주하면서 정착하도록 권장했고, 세종 시절에는 화척과 함께 백정이라는 호칭을 사용하게도 했다.

이후에도 호적에 편입하여 정착시켰던 화척과 재인을 함께 일컬어 양색백정(兩色白丁)이라고 했으며, 조선 중기에는 재인과 백정을 통칭하여 재백정(才白丁)이라고 불렀던 기록도 나타나고 있다.

598년 전 오늘의 실록에는 화척과 재인들이 농업에는 종사하지 아니하고 활 쏘고 말 타는 것을 일삼고 우마를 도살하여 양민에게 손해를 끼치니, 각 지방에 나누어 두어서 평민과 혼인도 하고 안착하게 하되 버릇을 고치지 않으면 축산을 몰수하라고 예조(禮曹)에서 계(啓)하고 있다.

• 세종실록 10권, 세종 2년 11월 7일 신미 기사 1420년 명 영락(永樂) 18년

예조에서 《원·속육전》에 실린 판지를 관리들이 받들어 시행할 것을 아뢰다

예조에서 계하기를,

"《원(元)·속육전(續六典)》 안에 실려 있는 여러 해 동안 내린 판지(判旨)를 서울에서나 지방 관리들이 받들어 시행하지 아니하니, 그 받들어 시행하지 않는 조건을 삼가 기록하여 올리오니, 청컨대 지금부터 더욱 명백히 거행하도록 하고, 이에 어긴 자는 논죄하소서.

1. 홍무(洪武) 25년에 사헌부에서 수판(受判)된 일인데, 무식한 사람이 농우(農牛)를 갖다가 달단(韃靼)이나 화척(禾尺)에게 팔았으나, 판 자나 사는 자를 모두 소를 몰래 잡아 먹는 죄에 처할 것이고,

1. 영락 17년에 의정부에서 수판(受判)한 것인데, 화척(禾尺)이나 재인(才人)들이 농업에는 종사하지 아니하고 활쏘고 말타는 것으로 일을 삼아서, 양민(良民)과는 혼인도 하지 아니하고 저희끼리 한 떼를 이루어서 모였다 흩어졌다 하기를 한결같지 아니하며, 소나 말을 도살하여 양민(良民)에게 손해를 끼치게 하니, 청컨대, 이들을 각 지방에 나누어 두어서 평민과 혼인도 하게 하여 그들로 하여금 직업에 안착하여 살도록 하고, 그래도 옛날 버릇을 고치지 않는 자는 그가 기르는

축산을 몰수하고 아울러 이정(里正)·장(長)까지 죄를 주라 했고, (중략) 했다. 이상 30가지 조목을 다 그대로 따랐다.

- 【태백산사고본】 4책 10권 12장

1431년 세종13년 11월 8일

어마御馬가 날뛰고 길들여지지 않아 다리를 저는 말을 탔던 세종

조선시대 궁궐의 마구간인 내구(內廏)에서 관리하던 말을 내구마(內廏馬) 또는 내구유양마(內廏留養馬)라 했다. 이 중에 임금이 궁궐 밖으로 행차할 때나 군사 훈련을 할 때 능에 행차를 할 때와 같이 직접 말을 탈 때 제공되는 말을 어마(御馬) 또는 어승마((御乘馬)라 했다.

왕조실록에 내구마에 대한 기록은 300여 건으로 주로 사신이나 신하들에게 하사한 기록이 대부분이며, 임금별로는 세조(世祖) 다음으로 세종(世宗)대에 내구마에 대한 다양한 기록을 남기고 있다.

통상 내구마는 평상시에 내사복시에서 훈련시키고 관리했는데, 세종 때는 사복시의 관원들이나 양마하는 자들이 생마(生馬)를 길들인다고 내구마를 함부로 타고 다니자 제조(提調) 외에는 특별한 교지가 아니면 타지 못하게 했으며, 갑자기 수일 동안 내구마 40여 필이 죽자 다른 지역에서 말을 조련하게도 했다.

특히 내구마가 훈련이 되지 않아 다리를 저는 말을 타고 나가니 그나마 길든 말이기 때문으로 제대로 훈련하지 않은 죄인을 심문하고 탄핵하기도 했다.

또한 대군 중에 하나가 말을 달려서 사슴을 쫓는데 다른 사슴이 와서 받으면서 말에서 떨어지자 그 말은 발광하며 휙 도는 버릇이 있는 말인데 이러한 악한 버릇이 있는 말을 기른 사복 관리를 추문하라고 역정을 내기도 했다.

그러나 사냥을 위해 산을 감시하는데 큰 멧돼지가 화살에 맞고도 포위망을 뚫고 나와서 내구마를 들이받아 죽게 하자 해당 관원들의 죄를 다스리자는 대신들의 건의에 "뜻밖에 생긴 일이니 그 일은 거론하지 말라"고 타이르기도 했으며, "내구마 사양을 위해 경기의 백성들이 생곡초(生穀草)를 수납하는 데 고생한다"는 건의를 듣고 내구마의 사육 두수를 절반으로 줄이기도 했다.

587년 전 오늘의 실록에는 내구마 1백 필을 감하게 하여 각 고을에서 바치는 고초(藁草)를 줄이도록 전지(傳旨)하고 있다.

• 세종실록 54권, 세종 13년 11월 8일 기사 기사 1431년 명 선덕(宣德) 6년

내구마 일백 필을 감하게 하다

명하여 내구마 1백 필을 감하게 하고, 이내 각 고을에서 바치는 고초를 감하게 했다.

• 【태백산사고본】 17책 54권 22장

↘ 1504년 연산10년 11월 11일

범, 표범, 곰 등을 산 채로 잡아다 친히 쏘아 죽인 연산군

조선왕조실록에서 짐승에 관한 기록은 1,500여 건으로 이 중에는 야인(野人)들의 품성(稟性) 등을 표현할 때와 같이 비유적인 기사에도 쓰여 실제로 동물로서 짐승에 관한 기록은 그에 미치지 못하는 것으로 파악되고 있다.

임금별로는 동물을 좋아했던 성종, 재위 기간이 길었던 세종, 중종 즉위 시절 많은 기사가 실려 있으나 실제로 재위 기간에 비해 짐승에 관한 많은 기록을 남긴 임금은 연산군이었다.

연산군은 즉위 초기부터 짐승을 잡기 위해 수시로 사냥을 즐겨 대신들의 만류가 끊이지 않았고, 매를 기르는 응방(鷹坊)을 대궐 안에 설치하여 진기한 새나 기이한 짐승을 가까이 하고 이를 반대하는 대신들의 건의를 듣지 않았다.

또한 임금이 후원에 짐승을 가두어 두고 말을 달리면서 사냥을 하는데 군졸들이 엿보는 것을 싫어하여 군영을 다른 데로 옮기게 했으며, 도성 사방에 백 리를 한계로 모두 금표를 세워 그 안의 주현과 군읍을 폐지하고 주민을 이주시켜 비운 뒤 사냥터로 삼고, 몰이꾼으로는 군사들은 물론 향교의 유생이나 사찰의 중들까지도 동원하여 백성들이 고달파 거의 다 흩어져 달아난 것으로 기록되어 있다.

또한 살아있는 짐승에 대한 애착이 강해 토끼, 노루, 돼지 등은 물론 스라소니, 승냥이, 담비 등을 사로잡아 바치도록 했으며, 산 짐승을 잡아 보냈으나 제대로 올려 보내지 않은 지방 수령들을 밀위청(密威廳)에 가두게 했다. 뿐만아니라 생포한 짐승을 실어 나르는 전문 기구를 경기의 각관에게 명하여 설치하게 했다.

이외에도 왕실 응방(鷹坊)에는 전담 관리를 배치했는데, 기르는 매와 개(犬) 마릿수가 몇 만(萬)을 헤아렸다. 진기한 새는 물론 거위, 오리 등의 식료를 다 맡아 보도록 했으며, 새와 짐승을 조심해서 간수하지 못하여 죽든가 잃어버렸을 때는 내관과 담당하는 사람을 죄를 묻게 했다.

514년 전 오늘의 기사에는 임금이 무사(武士)들을 파견하여 범, 표범, 곰, 말곰 등속을 산채로 잡아 다 후원에 가두어 놓고 구경하기도 하고 혹은 친히 쏘아 죽이는 것을 낙으로 삼았다고 사신이 논(論)하고 있다.

- 연산군일기 56권, 연산 10년 11월 11일 정유 기사 1504년 명 홍치(弘治) 17년

사복시로 하여금 여우 등을 잡는 그물 105벌을 준비하게 하다

전교하기를,

"사복시로 하여금 여우·토끼·날담비(蜜狗) 잡는 그물 1백 5벌을 미리 준비하게 하라." 했다.

사신은 논한다. 왕의 미치광이 같은 방탕이 이미 극도에 달하여 모든 진기한 새와 기이한 짐승을 사방에 잡아 바치도록 독촉하고, 사

신을 보내어 공헌(貢獻)하도록 하기에 이르렀다. 이에 산이나 바다의 기괴한 족속을 새장이나 우리에 메고 길을 이었으며, 무사(武士)들을 파견하여 범·표범·곰·말곰 등속을 산채로 잡아 다 후원에 가두어 놓고, 혹은 고기를 먹이며 구경하기도 하고 혹은 친히 쏘아 죽이는 것을 낙으로 삼았으며, 돼지·노루 같은 유는 산속에 놓아두고 준마(駿馬)를 타고 달리며 쫓아 비탈과 골짜기의 밀림 속을 드나들기를 조금도 차질이 없이 하여, 비록 수렵(狩獵)으로 늙은 자라 할지라도 더 나을 수 없었으며, 날로 공·사의 준마를 징발하여 용구(龍廐)540) 에 모으므로, 민간이나 역로에 이름난 말이 하나도 없게 되었다.

- 【태백산사고본】 15책 56권 16장

1484년 성종15년 11월 12일

재래마를 개량시킨 최초의 외래마는 호마胡馬였다.

조선시대 말은 삼국시대 이래 생태적으로 '키가 3척(90.9cm)정도밖에 되지 않아 말을 타고서도 능히 과실나무 밑을 지나갈 수 있다'는 데서 유래된 과하마(果下馬)와 같은 작은 말이 주종으로, 이 말 들은 북마(北馬)로도 불리며 많은 짐을 지고 멀리 갈 수 있는 장점이 있어 북방민족과의 교역에서 주요한 품목이기도 했다.

그러나 이같은 말들은 임금이 타는 어승마나 군사용 전마로는 한계가 있어 일찍부터 중국과 여진족과 같은 야인(野人)들과의 교류를 통하여 우수한 품종의 말들을 도입해, 활용한 것으로 나타나고 있다. 이 중에 대표적인 품종이 키가 크고 날렵하게 생긴 것으로 알려진 호마(胡馬)를 활용한 것으로 왕조실록에 호마에 대한 최초의 기록은 태종 재위 당시 중국 황제가 내려 준 호마 1필에 대한 기사로 당시 임금은 이를 바친 사신에게 구마(廐馬) 1필과 저화(楮貨) 3백 장을 내려 준 것으로 기록되어 있다.

이후 세종 대에는 함길도는 본디 호마가 생산되는 땅으로 태조께서 타시던 팔준마(八駿馬)도 거기서 났다. 밤색 말과 옥비흑마(玉鼻黑馬)의 경우 몸이 크고 건장하여 임금이 직접 탔었는데, 민간에서 매매하는 야인의 말이나 그곳에서 생산한 말 가운데 값을 넉넉하게 주고 암말과 수컷 말 열 필을 보내라고 한 것으로 보아 호마가 이미 조선에 유입된 것으로 보여지는 대목이다.

이러한 호마는 세조 때 이미 경기 강화의 장봉도 목장에서 본격적으로 방목되어 번식을 시켜 건장한 아마(兒馬)와 수말(雄馬)이 총 46필에 달했으며, 이 중에 5세 이하의 좋은말 10필을 가려내어 한양으로 보내고 털 빛깔과 치아를 뜻하는 모치(毛齒)를 사복시에 보내 마적(馬籍)에 등록하여 관리하게도 했다.

이같이 호마의 수요가 늘자 호인(胡人)들은 조선의 마소 7~8두를 주어야 호마 1필을 바꾸어 주는 횡포를 부려 조정에서는 단속을 엄하게 하기도 했으나, 이후에 만주에서 말의 번식이 활성화되면서 북방의 말과 조선의 소가 교환되는 우마교역(牛馬交易)의 형태로 안정을 이루었다.

534년 전 오늘의 기사에는 야인(野人)들이 기근(飢饉)으로 인하여 호마를 가지고 곡식과 바꾸기를 청하는데 이를 허락할 것인지를 논의하며 호마는 길들이기 좋으니 많이 사면 쓰기에 유익할 것이라고 적고 있다.

• 성종실록 172권, 성종 15년 11월 12일 을미 기사 1484년 명 성화(成化) 20년

야인이 흉년을 당해 말을 팔아 곡식을 사려는 것의 득실을 대신들과 의논하다

평안도 절도사(平安道節度使) 정난종(鄭蘭宗)이 치계(馳啓)하기를,

"야인(野人)들이 기근(飢饉)으로 인하여 만포(滿浦)에 나와서 그 말(馬)을 가지고 곡식과 바꾸기를 청하는데, 절제사(節制使) 이섬(李暹)이, '흉년이므로 곡식을 팔아서 말을 사는 자가 없다.'고 대답했다." 했는데, 병조(兵曹)에서 이에 의거하여 아뢰기를, "변장(邊將)의 응답(應答)이 마땅함을 잃지 아니했으니, 뒤에 만약 이같은 일이 있거든, 또한 이로써 답하게 하는 것이 어떻겠습니까?"

하니, 명하여 영돈녕(領敦寧) 이상에게 의논하게 했다. 정창손(鄭昌孫)·한명회(韓明澮)·심회(沈澮)·윤필상(尹弼商)·홍응(洪應)·윤호(尹壕)는 의논하기를, "아뢴 바에 의하여 시행하소서." 하고, 이극배(李克培)는 의논하기를,

"평안도 한 도(道)는 목장(牧場)이 많지 아니하여 민간에 말이 적으므로, 국가에서 이따금 하삼도(下三道) 목장의 말을 들여보내어 군호(軍戶)에 나누어 주었으나, 얻는 자가 10분(分)의 1일 뿐입니다. 야인으로 말을 파는 자가 있으면 백성들에게 무역(貿易)하도록 허락하는 것이 무방할 듯합니다. 다만 민간에 베(布)를 가진 자가 많지 아니하니, 관포(官布)로 매매하는 것이 어떻겠습니까?"

하고, 노사신(盧思愼)은 의논하기를, "아뢴 바에 의하는 것이 편합니다. 다만 군국(軍國)의 용품은 말이 가장 긴요한 것인데, 저들이 흉년으로 먹을 것이 없어서 말을 팔아 흉년을 구제하려고 하니, 그 값이 몹시 비싸지는 아니할 것입니다. 군인이 사고자 하는 것을 들어주면 우리에게 유리할 것입니다."

했는데, 승정원(承政院)에 전교하기를, "광릉(廣陵)과 선성(宣城)의 의논이 옳다. 호마(胡馬)는 길들이기가 좋으니, 많이 사면 쓰기에 유익할 것이다. 그 적당한지의 여부를 의논해 아뢰라." 하니, 승지(承旨)들이 아뢰기를, "말(馬)이라는 것은 군국(軍國)의 수요에 지극히 긴요한 것이므로, 매매하기를 허락하는 것이 적당합니다." 했다.

병조(兵曹)에 전교하기를, "호마(胡馬)를 수매(收買)하는 일은 광릉(廣陵)의 의논에 의하여 시행하라." 하니, 판서(判書) 손순효(孫舜孝)가 와서 아뢰기를,

"말을 매수(買收)하는 일을 신은 적당하지 못하다고 생각합니다. 절도사가 계달한 본의는 야인이 기근으로 인하여 마필(馬匹)로써 곡식

을 바꾸고자 하는 것을 이르는 것인데, 의논하는 이는 관포(官布)로써 말을 사고자 하며, 본도(本道)에 관포가 있고 없음을 알 수도 없다. 만약 민간의 미곡(米穀)을 만포(滿浦)에 운반하여 말을 사게 하면 또한 운반하는 폐단이 있다. 또 야인이 매매(賣買)로 인하여 오래 변경에 머물면 역시 지대(支待)하는 폐단이 있을 것입니다."

했다. 전교하기를,

"나는 이 일에 폐단이 없다고 생각한다. 말이 쓸 만한가의 여부와 만포에 곡식이 있고 없는 것을 보아서 살 만하면 사는 것인데, 무슨 폐단이 있겠는가? 민간에서 매매하는 것은 하고 싶으면 하고, 하고 싶지 않으면 안하는 것인데, 또한 어찌 해로움이 있겠는가? 오래 머물러 지대(支待)하는 폐단은 변장(邊將)이 적당하게 처리하는 데 있으니, 또한 반드시 폐단이 없을 것이다." 했다.

- 【태백산사고본】 26책 172권 4장
- 【주】 - 광릉(廣陵) : 이극배(李克培)
  - 선성(宣城) : 노사신(盧思愼)
  - 호마(胡馬) : 만주나 중국 북방에서 나던 말
  - 본도(本道) : 평안도

ㆍ 1445년 세종27년 11월 13일

왕실 육류 조리사 파오치(波吾赤)는 몽골어에서 유래되었다

조선시대 나라에 경사가 있을 때 이를 축하하기 위해 왕실 등에서 음식을 바치는 잔치 의식을 풍정(豊呈)이라 했다. 초기에는 격식에 구애를 받지 않고 올리는 조촐한 잔칫상 정도의 의미였으나, 이후에 성대한 연향을 지칭하는 말로 쓰이기 시작하여 나중에는 웃어른에게 올리는 성대한 연향이라는 의미로 확립되었고, 특히 주로 대비전에 올리는 연향을 가리키는 말로 사용되었다.

이러한 풍정은 조선시대 후기에는 검약이 강조됨에 따라 연향을 성대하게 벌이는 것을 경계하여 진풍정(進豊呈)보다는 규모가 작은 진연(進宴), 그보다 작은 진찬(進饌), 진작(進爵)등이 시행되었다.

통상 임금에게 음식을 올리는 일과 대궐 안의 손님에게 음식을 대접하는 일을 맡아보던 관아는 사옹원으로 사옹원 내에는 정1품의 도제조(都提調)외 문반 관원들이 관리를 맡았으며, 주방에서 실제로 조리에 종사했던 자들은 총 책임 주방장, 식사 담당관, 조리사 등 일반 관원 외에 천인 신분의 관속 노비들이 참여하여 일을 했다.

이 같은 관속 중에 특별히 연향이나 제사 음식 중 가장 귀한 육류로 만든 음식을 만드는 일을 담당한 천인들을 별사옹이라 했는데, 별사옹이란 명칭은 몽골어로 궁중요리사를 뜻하는 바우르치(ba'urchi)에서 유래된 파오치(波吾赤)가 개명되어 사용된 것으로 궁중에서 고기

베는 일을 담당하며 주로 육류 조리에 관한 일을 담당했다.

별사옹은 조리할 때 조부(調夫) 등 숙수(熟手)에게 관리·감독을 받으며 좌우 번으로 나누어 교대로 근무했는데, 태조와 신의왕후 한씨의 신주를 모시는 문소전의 주방에 4명, 왕이 거처하는 대전의 주방에 14명, 왕비전의 주방에 6명, 세자궁의 주방에 4명 등 총 28명이 육류 조리만을 전적으로 담당했다.

573년 전 오늘의 기사에는 풍정(豐呈)을 베풀고 종친(宗親)이 시연(侍宴)했으며, 왜인(倭人)과 야인(野人)에게도 경복궁(景福宮) 남쪽에서 잔치를 내려 준 것으로 기록되어 있다.

- 세종실록 110권, 세종 27년 11월 13일 갑신 기사 1445년 명 정통(正統) 10년

풍정을 베풀고 종친이 시연하다

풍정(豐呈)을 베풀고 종친(宗親)이 시연(侍宴)했다. 2품 이상은 의정부(議政府)에서 잔치를 내려 주고, 집현전(集賢殿) 부제학(副提學) 이상은 예조(禮曹)에서 잔치를 내려 주었다. 또 왜인(倭人)과 야인(野人)을 경복궁(景福宮) 남쪽 낭무(廊廡)에서 먹였다.

- 【태백산사고본】 35책 110권 11장

↘ 1422년 세종4년 11월 14일

중국에 보내는 진헌마(進獻馬)는 털색에 따라 21종류가 있었다

조선시대 중국에 정기적이나 비정기적으로 사절을 파견하는 사행(使行)시 세공방물(歲貢方物)로 보내는 말을 진헌마(進獻馬)라 했다. 진헌마는 색과 크기, 마필 수까지 지정해 운용했는데, 정기적인 진헌에는 50필 이하를 보냈으나 역환마는 1만필 이상을 요구하기도 했다. 세종 때는 점마별감(點馬別監)이 도절제사와 같이 상정(詳定)한 척수(尺數)에 의해 3세의 길들여지지 않은 어린 말 2필을 훈련된 장대한 말 1필과 교환하여 이를 각 고을에 분배해 기르게 하고, 경기도 각 목장에 있는 어린 말은 모두 사복시로 집합시켜 교환한 뒤 각 고을에서 나누어 기르다가 바치게도 했다.

한편, 이러한 진헌마를 사육·관리하기 위하여 한양 동교(東郊) 일대에 위치한 왕실 목장인 살곶이 목장을 활용하기도 했는데, 조선 후기에 발간된 진헌마정색도(進獻馬正色圖)에 따르면 진헌마는 각기 특색 있는 털색으로 21종류가 있었는데 다음과 같다.

①철청총마(鐵青驄馬) ②자류마(紫騮馬) ③연전총마(連錢驄馬) ④백송고라마(白松古羅馬) ⑤적자불마(赤者佛馬) ⑥백가리온마(白加里溫馬), ⑦연설아마(烟雪阿馬) ⑧오명마(五明馬) ⑨청가라마(青加羅馬) ⑩구랑마(仇郎馬) ⑪적다간자마(赤多看者馬) ⑫황고라마(黃古羅馬) ⑬유거흘마(騮巨割

馬) ⑭포도자불마(葡萄者佛馬) ⑮공골마(公骨馬) ⑯오류마(烏騮馬) ⑰담가라마(淡加羅馬) ⑱표적다태성마(表赤多台星馬) ⑲적부로마(赤夫老馬) ⑳유총마(楡驄馬) ㉑추마(騅馬)

596년 전 오늘의 기사에는 임금이 직접 편전(便殿)에서 중국에 보낼 말을 고른 것으로 기록되어 있다.

- 세종실록 18권, 세종 4년 11월 14일 정묘 기사 1422년 명 영락(永樂) 20년

편전에서 중국에 보낼 말을 고르다

임금이 편전(便殿)에서 〈중국에〉 보낼 말을 골랐다.

- 【태백산사고본】 6책 18권 12장

1431년 세종13년 11월 15일

읍邑과 역驛에 배치된 화물수레는 소 두 마리가 끄는 대차大車였다

조선시대 국가적인 주요 토목공사와 건축물 건설을 담당하던 관서는 공조 산하의 선공감(繕工監)으로 건축물의 조성과 영선은 물론 왕실에 필요한 관의 제작과 함께 조정의 각 기관에 필요한 땔감 등을 조달하는 업무를 담당했다. 이밖에 전국에 설치된 역(驛)의 잡물을 수송하는 일과 이에 필요한 수레를 제작·공급하는 일도 맡아서 처리했다.

이러한 선공감에 소속되어 전문적으로 수레 제작과 보수, 개조 등을 맡던 장인을 거장(車匠)이라 했다. 이들은 경공장(京工匠)으로 선공감(繕工監)에만 10여 명이 근무하면서 사(紗), 나(羅), 능(綾), 단(段) 등 각종 비단과 포목, 그리고 왕실에서 소비하는 가죽, 포화(布貨)를 주관하는 관청인 제용감(濟用監)으로부터 정기적으로 면포와 정포(正布) 등을 월급으로 지급 받았다.

조선의 각종 제도와 법률을 망라한 경국대전에 따르면 지금의 군사 조직 편제 중 대대와 비슷한 규모의 부대 단위인 모든 사(司)와 지방의 조직인 읍(邑), 역(驛)에는 각종 수레를 배치하여 물자 수송을 원활하게 하도록 정해져 있는데, 손으로 끄는 작은 수레인 편차에서 앞에는 작은 바퀴를 달고 뒤에는 큰 바퀴를 달아서 쉽게 방향을 돌릴 수 있게 만든 수레인 곡차, 중앙의 대(臺) 위에 짐을 얹고 두 사람이 앞뒤에서 메게 하여 주로 귀중품을 운반하는데 쓰는 강주(杠輈)를 함께 배치해 활용했다.

이러한 수레 외에 보통 짐수레보다 커서 대형 화물을 운반하는데 쓰인 수레를 대차(大車)라 했는데, 이 대차는 반드시 소 두 마리가 끌도록 하여 효율성을 높였다.

거장들은 이러한 수레 외에도 두 개의 큰 바퀴를 달고 몸체는 나무로 짜되, 네 귀퉁이에 기둥을 세워 삼면을 가리고 뒤쪽만 트이게 만든 전쟁에서 사용하는 수레로 병거(兵車)인 융로(戎輅), 건축 현장에서 도르래를 설치하여 석재와 같은 무거운 건축 재료를 들어 올리는 데 사용되었던 녹로거(轆轤車), 임금이 몸소 농사를 짓는 친경례(親耕禮)를 행하기 위해 동적전(東籍田) 행차시 여러 농기구를 싣고 나르는 데 사용하던 수레인 경근거(耕根車)의 제작에도 관여 했다.

특히 국장 때에 상여를 메는 군사인 담배군들이 궁궐 밖에서 영악전까지 임금의 옥체를 싣고 운구할 때 쓰이는 수레인 유거(柳車)를 비롯한 각종 수레들도 이들을 통해서 제작된 것으로 나타나 있다.

587년 전 오늘의 기사에는 수레는 구르는 물건이므로 지방 역참(驛站)에서는 쓰이지마는 혹시 산이 높아서 통행하지 못하는 경우는 소와 말로 운반하는 것이 폐해가 없게 될 것이라는 논의가 있었다.

• 세종실록 54권, 세종 13년 11월 15일 병자 기사 1431년 명 선덕(宣德) 6년

평안도·황해도 각 참의 수레와 소에 대한 일을 의논하다

병조에서 아뢰기를,

"지금 평안도·황해도의 각 참의 수레와 소에 대한 일을 정부와 여러 관청에 의논하니, 황희(黃喜) 등은 '옳다.'고 말하고, 맹사성 등은, '수레는 구르는 물건이므로 황해도 7참에서는 되지마는, 혹시 산이 높아서 통행하지 못하는 경우는 소와 말로 운반하는 것이 폐해가 없게 될 것이니, 그 편리하고 편리하지 않은 것은 두 도에 물어 본 후에 다시 의논할 것입니다.'고 말하고, 이맹균 등은, '수레로 싣는 일은 이미 그전에 시험했는데, 오래되면 계속될 수가 없으니 시행할 수가 없다.'고 말했다."

하니, 맹사성 등의 의논을 따랐다.

- 【태백산사고본】 17책 54권 26장
- 【주】두 도 : 평안도(平安道) 황해도(黃海道)

\ 1461년 세조7년 11월 18일

목장을 지키고 맹수를 물리치는 특수부대는 목마군牧馬軍이 있었다

조선시대 호적 조사를 통해 파악된 인정(人丁)을 대상으로 몸으로 치르는 노역인 국역(國役)을 부과했는데, 신분에 따라 양인 신분이 부담하는 양역과 천인이 부담하는 천역으로 구분되었다.

천인 신분의 대다수는 노비였기에 천역은 일반적으로 국가가 공적 소유권을 가진 공노비(公奴婢)가 부담하는 경우가 많았는데, 공노비는 16~59세까지 중앙 각 관서 및 지방 각 관아, 병영, 역원, 향교 등에 배속되어 국역을 부담했다.

이 같은 천역 중 '칠반천역(七般賤役)'이라 하여 가장 천대받았던 7가지의 국역 종사자가 있었는데 다음의 내용과 같다. ①중앙 관서나 종친·관리에게 배속되어 수종을 들거나·호위·심부름 등을 수행하는 조례(皁隷) ②중앙의 사정업무 또는 형사 업무를 담당하는 관서에 소속되어 경찰이나 옥지기의 일을 하는 나장(羅將) ③지방의 각 관아나 역원에서 손님을 맞이하거나, 건물을 짓거나 관둔전(官屯田), 역전(驛田)을 경작하는 일을 맡았던 일수(日守) ④세곡의 운반, 파선(破船)의 수리, 소금 생산, 선박의 간수 등을 맡은 조군(漕軍) ⑤해상으로 침입하는 외적을 격퇴하기 위하여 선상(船上)에서 근무하며, 둔전 경작, 어염이나 기타 해산물 채취, 병선 수리, 축성 등의 잡역에 종사하는 수군(水軍) ⑥적의 침입에 대비하여 설치한 봉수대에서 밤낮으로 횃불과 연기를 올리고 경계하는 일을 맡은 봉군(烽軍) ⑦전국 각 처의 역(驛)에 소속되어 사신의 생활용품을 대어 주거나, 공문서 전달, 역마(驛馬)의 사육과 관리, 역전(驛田)의 경작 등 잡다한 업무를 수행하는 역보(驛保) 등 이었다.

이들은 신분은 양인이나 노비와 같은 천역을 지고 있었기에 신분상 양인과 천인의 중간 계층인 '신량역천(身良役賤)' 층으로 불리기도 했다.

이 같은 신량역층 계층으로 각 지역의 목장을 보호하고 맹수를 물리치고 국토방위 등을 담당하며 우마 생산에 종사한 목자들로 편성한 군대를 목마군(牧馬軍)이라 했는데, 이들은 목장을 관리하면서 우마 도적을 방비하고 목장에 출몰하는 호랑이와 표범 같은 맹수를 포획하는 등의 임무를 수행했다.

또 전국 목장에 배치되어 조선 후기에는 경기도 874명, 충청도 705명, 경상도 166명, 전라도 1,006명, 황해도 421명, 평안도 176명, 함경도 444명, 제주목 754명, 정의현 365명, 대정현 126명, 제주 별

목장 141명 등 강원도를 제외한 7도에 총 5,178명에 달하기도 했다. 557년 전 오늘의 기사에는 경기(京畿) 장단(長湍) 호곶이(壺串) 목장(牧場)에 목마군(牧馬軍)이 없어서 마필관리에 어려움이 있으니, 다른 목장의 예(例)에 의하여 목마군(牧馬軍)을 두게 하자는 논의가 있었다.

- 세조실록 26권, 세조 7년 11월 18일 갑인 기사 1461년 명 천순(天順) 5년

사복시 제조가 경기도 장단의 목장에 대해 아뢰다

사복시 제조(司僕寺提調)가 아뢰기를,

"경기(京畿) 장단(長湍) 호곶이(壺串) 목장(牧場)에는 본래 목마군(牧馬軍)이 없어서 본시(本寺)의 양마(養馬) 6명으로 서 자주 바꾸어 가면서 살펴보고 길렀기 때문에 둔명(屯名)과 자호(字號) 및 털빛과 나이를 자세히 알지 못하니, 청컨대 다른 목장의 예(例)에 의하여 목마군(牧馬軍)을 두게 하소서."

하니, 그대로 따랐다.

- 【태백산사고본】 9책 26권 17장
- 【주】양마(養馬) : 말을 먹여 키우던 사복시의 관원

↘ 1484년 성종15년 11월 20일

엄격한 소 도살 금지 정책에도
사대부 집의 수색을 꺼린 성종

조선시대 소의 도살은 국가 경제의 가장 주요한 기반인 농업 생산과 직결되는 사안으로 유일한 축력인 소가 부족해지면 논, 밭의 그루갈이를 깊게 하지 못하여 농업생산성이 떨어지고, 소출이 줄면서 농민들의 이탈이 증가하며, 세수를 어렵게 하고 사회 불안정이 야기되어 조정에서는 소의 안정적인 확보를 위한 소 도살 금지 정책을 최우선 시책으로 추진했다.

조선 초기 임금대별 소 도살에 대한 주요 금지 대책으로는 이미 태조 즉위 교서로 사사로이 소와 말을 도살하는 것은 마땅히 금령이 되어야 한다고 기록되어 있으며, 뒤이은 정종도 사사로이 도살하는 것은 관사(官司)에서 엄하게 다스리라는 하교(下敎)가 있었다.

태종 때는 북방 유민 후손들인 달단(韃靼) 화척(禾尺)에게 소와 말을 잡는 것을 금하도록 했다. 소(牛)의 도살(屠殺)이 심하니, 이를 붙잡아 고발하는 자가 있으면 그 범인의 가산을 상으로 주고, 소고기를 먹지 못하게 하며 이를 어기면 논죄하도록 했다.

세종 때는 그 처벌이 더욱 강화되어 소나 말을 매매하여 도살한 자는 장 1백 대에 처하고, 가산은 관에서 몰수하며, 몸은 수군에 보충시키고, 소와 말을 도적질하여 도살한 자는 같은 형벌에 몸에 문신까지 하게 했다. 게다가 우마(牛馬)가 저절로 죽은 것도 한성부에서 검사를 받게 했고 외방에서는 그 고을에서 검사한 공문을 받은 뒤에야 비로소 매매를 허락하게 했다.

또한 제주도에서 평안도로 옮길 우마를 도살한 자를 대대적으로 단속하여 연루된 650명에 대해 죄명을 명기하여 계달하게도 했다.

이러한 조치에도 불구하고 경기도 백성들 중에 논밭을 가는 데 소를 사용하는 자가 열에 한 둘도 못되어 깊게 갈 수가 없게 되자, 처음으로 소나 말을 도둑질하여 죽인 자는 결장 1백 대에 오른팔에 '도살우(盜殺牛)'나 '도살마(盜殺馬)'라는 세 글자를 문신하고 동거하는 처자와 함께 섬으로 쫓아냈다. 또한 재범의 경우 교형(絞刑)에 처하게 하되 수범(首犯)이나 종범(從犯)을 구별하지 않고 시행하도록 했다.

세조 때는 소를 잡는 것을 고발한 자는 그 재산으로 상을 주되, 벼슬 받기를 자원하는 자는 3자급(資級)을 뛰어 주고, 잡은 자를 용납하여 머물게 한 집은 관에서 몰수했다. 양반이면 영구적으로 벼슬을 하지 못하도록 하고, 상인이면 온 집안을 변방으로 옮기도록 했으며, 이웃집이나 정상을 알고도 고기를 먹은 자는 각각 장 1백 대씩을 때리도록 했다.

534년 전 오늘의 기사에는 성종 임금이 형조에서 불법으로 소를 잡는 자들이 사대부 집안의 행랑에서 많이 나와 의심스러운 곳이 있으면 사대부 집이라도 수색하여야 한다는 보고에, 사대부의 집을 수색하면 대우하는 체면이 없으니 수색하지 말고 소문이 확실하면 계문하여 추고(推考)하겠다고 전지(傳旨)하고 있다.

- 성종실록 172권, 성종 15년 11월 20일 계묘 기사 1484년 명 성화(成化) 20년

형조에서 불법으로 소를 잡는 사대부 하인들의 체포를 위해 집 수색

을 청하다

형조 판서(刑曹判書) 어세겸(魚世謙) 등이 와서 아뢰기를,

"지난번 간악(奸惡)한 자를 적발하여 들일 때에 범금자(犯禁者)가 많았던 것은 진실로 신 등이 검찰(檢察)하지 못한 데에 말미암은 것입니다. 그러나 요즈음 소를 잡은 자를 체포했는데, 사대부(士大夫) 집안의 행랑(行廊)에서 많이 나왔다. 사대부 집은 내사(內使)가 아니면 수색하기가 매우 어려우니, 청컨대 이제부터는 비록 사대부의 집안일지라도 의심스러운 곳이 있으면 수색하게 하소서."

하니, 전교하기를,

"행랑은 종이 거처하는 곳이므로 그들의 하는 바를 주인이 반드시 알지 못할 것이며, 종이 범한 것으로 그 주인을 아울러 처벌할 수 없으니, 사대부 집안을 수색하는 것은 어려울 듯하다. 경(卿) 등은 의논하여 아뢰라."

했다. 어세겸 등이 아뢰기를,

"만일 의심스러운 곳이 있을 때 아뢴 뒤에 수색하면 일이 모두 누설되어 적발하기 어렵다. 무릇 사대부 집 행랑은 내실(內室)과 막혔으니, 수색하더라도 무엇이 방해되겠습니까?"

하니, 전교하기를,

"이것을 영돈녕(領敦寧) 이상과 의정부(議政府)·육조 판서(六曹判書)에게 의논하라."

했다. 정창손(鄭昌孫)은 의논하기를,

"만약 드러난 자취가 있으면 비록 조사(朝士)나 재상(宰相)의 집 행랑이라 하더라도 수색하는 것이 가합니다. 그렇지 아니하면 아마도 대체(大體)에 손상될 듯합니다."
하고, 한명회(韓明澮)는 의논하기를,
"재인(才人)과 백정(白丁)은 소를 잡는 것으로 직업을 삼아, 서울 안에 와서 있는 자가 많은데, 조사(朝士)가 만약 허접(許接)하여 그 하는 바를 함부로 하게 하면 진실로 중하게 논함이 마땅합니다. 그러니 부녀(婦女)가 있는 곳 외에는 수색하는 것이 어떻겠습니까?"
하고, 심회(沈澮)는 의논하기를,
"대저 집을 수색하는 것은 큰 일을 당하여 부득이해서 하는 것입니다. 드러난 자취가 없는데 수색하기를 허락하면 아마도 분요(紛擾)를 일으킬 것이니, 반드시 드러난 자취가 있기를 기다려서 수색하는 것이 어떻겠습니까?"
하고, 윤필상(尹弼商)은 의논하기를,
"종재(宗宰)와 조사(朝士)의 집을 일체 수색하면 대체에 방해가 될 듯하나 법을 범하는 집이 때로는 더러 있으니, 이 폐단을 구제(救濟)하려고 하면 이처럼 하지 않을 수 없다."
하고, 홍응(洪應)은 의논하기를,
"사대부의 집을 수색하는 것은, 신의 생각으로는 뒤에 장차 폐단이 있을 듯합니다. 원한을 가진 자가 말하기를, '아무개의 집에 도둑의 장물(贓物)이 있다.'고 하여 어지럽게 와서 고하면 해당 관사(官司)에서는 지위의 높고 낮은 것을 논하지 아니하고 마구잡이로 들어와서 수색을 할 것이고 〈그렇게 되면〉 상하가 허둥지둥하여 자못 재물을 잃을 것이니, 수색할 수 없다."

하고, 노사신(盧思愼)·윤호(尹壕)는 의논하기를,

"형조(刑曹)에서 계달한 바에 의하여 시행하는 것이 어떻겠습니까?"

하고, 이극배(李克培)는 의논하기를,

"다만 마땅히 소를 잡은 자를 추쇄(推刷)하여 조치할 뿐인데 재상과 조사(朝士)의 집을 어찌 수색하게 할 수 있겠습니까? 만약 의심스러운 곳이 있으면 전례(前例)에 의해서 계달하고 수색하여 잡게 하는 것이 어떻겠습니까? 형조에서 아뢴 것은 비록 한때 개운하겠으나 아마도 사체(事體)에 손상될 듯합니다."

하고, 서거정(徐居正)은 의논하기를,

"지금 조사(朝士)로서 행실을 삼가지 아니하는 자와 의관 자제(衣冠子弟)의 무뢰자(無賴者)가 과부로 집을 주관하는 이가 없는 자와 소를 잡는 사람과 서로 안팎이 되어 법을 범하는 자가 자주 있으니, 이는 마땅히 크게 징계해야 할 것입니다. 그러나 이제 수색하는 데 있어서 다만 양반이라고만 일컫고 절목(節目)을 세분(細分)하지 아니했으니, 신은 그윽이 의심스럽다. 신은 생각하건대 소소하고 계급이 낮은 조사(朝士)·유음 자제(有蔭子弟)·군사(軍士)·과부(寡婦)의 집은 비록 양반이라고 부르기는 하지만, 국가에서 존경하는 자가 아니니, 형조에서 아뢴 바대로 수색하여 체포하는 것도 해로움이 없을 듯합니다. 종재

(宗宰)나 대부(大夫)의 집은 갑자기 수색할 수는 없지마는, 범한 것이 있으면 엄하게 징계를 가하는 것이 어떻겠습니까?"

하고, 허종(許琮)은 의논하기를,

"비록 양반의 집이라 하더라도 범금(犯禁)하는 사람이 없다고 할 수는 없으나, 형적이 없는데 갑자기 수색하게 하면 국가에서 사인(士人)을 대우하는 체면이 아닙니다. 만약 사련자(辭連者)가 있으면 형조(刑曹)에서 아뢴 바에 의하여 시행하는 것이 어떻겠습니까?"

하고, 어세공(魚世恭)은 의논하기를,

"양반의 집은 모두 사족(士族)이므로 비록 행랑(行廊)이라고 하더라도 역시 한 집안의 안인데, 만약 관차(官差)가 사연이 없이 뛰어들어와서 수색하면 사족(士族)을 대우하는 체통에 어긋남이 있을 것입니다. 더구나 사실이 없는데도 수색을 당하면 남이 보고 듣는 데에 부끄러움이 있을 것이니, 옳지 못할 듯합니다. 만약 드러나게 의심스러울 만한 원인이 있거나 또는 다른 사람을 통해서 지적하여 고한 것이라면 수색하지 않을 수 없다."

하고, 손순효(孫舜孝)는 의논하기를,

"이제 소를 잡는 것으로 직업을 삼는 자가 외방에서는 발을 붙이지 못하여 모두 도성(都城) 안에 들어와서 불의(不義)한 집에 기탁하고 있거나, 혹은 빈집에 머물면서 방자하게 행하고 꺼림이 없으니, 청컨대 도둑을 잡는 영(令)을 더욱 엄하게 하고, 또 포도장(捕盜將)으로 하여금 군사를 거느리고 잡게 하면 거의 막을 수 있다."

하고, 권찬(權攢)은 의논하기를,

"소와 말을 잡는 것을 금하는 것은 법을 세운 것이 엄한데, 도살(宰殺)하는 것이 어찌 도리를 아는 양반의 소위이겠습니까? 만약 양반의 집에서 사실을 알고 금하는 법을 범했으면 '사범 재살법(四犯宰殺法)'으로 논단(論斷)하는 것이 어떻겠습니까? 도리를 아는 조사(朝士)는 결단코 이같은 일은 하지 아니할 것이므로 비록 행랑 안이라 하더라도 수색해서 체포하게 할 수 없다."

하며, 이숭원(李崇元)은 의논하기를,

"사대부(士大夫)의 집에서 누가 도살하는 자가 있겠습니까? 만약 사대부의 집을 수색한다면 대체(大體)에 손상될 듯합니다. 다만 도둑이나 도살로 직업을 삼는 자가 혹시 빈집에 와서 살고 있으면 아울러 수색하는 것이 마땅합니다."

했다. 어서(御書)로 이르기를,

"임금이 사대부를 대우하기를 중히 하지 않을 수 없는데, 내가 비록 〈사리에〉 어두우나 어찌 소를 중히 여기고 사대부를 가볍게 여기는 마음이 있겠는가? 다만 해조(該曹)의 품(稟)한 바를 가지고 여러 사람의 의논을 널리 채택하려는 것일 뿐이다. 과연 여러 사람의 말과 같이, 차라리 많은 소를 잃을지언정 사대부를 대우하는 예(禮)는 잃을 수 없으니, 수색해 잡는 일은 결단코 시행할 수 없다."

하고, 인하여

형조(刑曹)에 전지(傳旨)하기를,

"간사함을 막는 데에는 엄격한 법령만한 것이 없고 사대부를 대우하는 데에는 융성한 예(禮)로 하는 것이 마땅하다. 이제 소와 말을 도살하는 자가 형법(刑法)을 두려워하지 아니하고 오직 이(利)만 추구하니, 이같은 백성은 종자(種子)를 바꿀 수 없으므로 앞의 수교(受敎)에 의하여 듣는 대로 잡아서 즉시 논단(論斷)하여 먼 지방으로 내칠 것이다. 수색할 때에 사대부의 집을 아울러 수색하면 자못 사대부를 대우하는 체면이 없으니, 아울러서 수색하지 말라. 만일 소문이 확실함이 있으면 마땅히 권세를 피하지 말고 계문(啓聞)하여 추고(推考)하여서, 내가 도둑을 없애고 신하를 대우하는 뜻에 부응하도록 하라." 했다.

- 【태백산사고본】 26책 172권 7장
- 【주】 - 종재(宗宰) : 종친과 재상
  - 사련자(辭連者) : 공사(供辭)에 관련된 사람
  - 관차(官差) : 관에서 보낸 사람
  - 해조(該曹) : 형조(刑曹)

1516년 중종11년 11월 21일

가장 중요한 제사에는 흑우黑牛를 희생犧牲으로 사용했다

조선시대 각종 제향(祭享), 빈례(賓禮), 사여(賜與) 등에 필요한 가축의 사육을 관장하던 종6품의 관서를 전생서(典牲署)라 했는데, 태조(太祖)대의 소나 말 이외에 돼지, 양, 염소, 거위, 오리 등의 가축을 기르는 일을 맡아보던 예조 소속의 관청인 전구서를 세조 때 개칭한 것이다. 조선시대 국가의 제사는 대사(大祀), 중사(中祀), 소사(小祀)와 속제(俗祭)로 구분할 수 있는데, 단오나 추석, 설 등에 지내는 속제에는 희생을 사용하지 않는 반면 대사, 중사, 소사에는 반드시 희생을 올렸다. 이러한 희생에는 소, 양, 돼지를 사용했으며, 제사의 크기에 따라 희생의 수를 달리했고, 제사에 임박하여 정성스럽게 기른 가축을 잡아 제물로 활용했다. 이를 위해 전생서에서는 황우(黃牛) 3마리, 흑우(黑牛) 28마리, 양 60마리, 염소 14마리, 돼지 330마리 내외를 항상 사육했다. 특히 흑우(黑牛)는 1월에 행해지는 사직 기곡대제(祈穀大祭) 때나 종묘 춘향(春享) 때와 같이 중요한 제사에 반드시 사용되었으나 항상 조달이 쉽지 않아 애를 먹은 것으로 기록되어 있다.

실록에 흑우에 대한 기록은 20여 건이 나타나 있으나 제수로 흑우를 사용한 상세한 기록은 세종대의 기사로 1년 동안 소용되었던 소의 수가 종묘제에 검은 송아지 5두, 영녕전제(永寧殿祭) 때 검은 송아지 2두, 사직제 때 검은 큰 소 3두, 문선왕 석전제(文宣王釋奠祭) 때 큰 황소 2두, 문소전 별제(文昭殿別祭) 때 누런 송아지 2두를 매양 봄·가을에 올린 것으로 나타나 있다.

이어 중종 때는 제사에 쓰는 황우와 흑우를 외방(外方)으로 하여금 상납하게 했는데, 민가에서 흑우는 희소하고 황우는 그래도 쉽게 구할 수 있지만 소 값으로 거두어 모으는 면포가 7~8동(同, 50필이 1동)이나 되어 폐단이 적지 않다고 적고 있다.

502년 전 오늘의 기사에는 제사에 쓰는 황우와 흑우를 민간에서 조달하지 말고, 국가 목장을 설치하고 직접 나누어 키우는 일을 의논하라고 전교(傳敎)하고 있다.

- 중종실록 26권, 중종 11년 11월 21일 무술 기사 1516년 명 정덕(正德) 11년

제사에 쓰는 황우와 흑우를 키우는 문제를 삼공에게 의논하라고 전교하다

전교했다.

"제사에 쓰는 황우와 흑우는 목장(牧場)을 설치하고 나누어 키우는 일을 삼공(三公)에게 의논하라."

- 【태백산사고본】 13책 26권 69장

1425년 세종17년 11월 22일

망아지와 닥나무로 만든 저화(楮貨)를 바꾼 지방 수령이 면직되었다

조선시대 초기 닥나무 껍질을 원료로 하여 만든 종이로 만들어 발행한 명목 화폐를 저화(楮貨)라 했다. 이 저화의 발행은 고려의 주요 정치 세력인 권문세가의 금, 은, 포화(布貨)를 거둬들이고 저화로 바꿈으로서 새로운 왕조의 재정 기반을 마련하고자 하는 의도가 있었던

것으로 알려져 있다.

발행 당시 저화 한 장의 가치는 품질이 중간 정도 등급의 베(布)인 상오승포(常五升布) 한 필 혹은 쌀 2두로 책정해 유통시키려고 많은 노력을 했지만 잘 이루어지지 않아 저화를 절반씩 사용하도록 하는 저화통행법(楮貨通行法)을 시행하고 저화 수납을 거부하는 경우 법으로 처리하도록 하기도 했다.

그러나 민간에서는 면포와 쌀과 같은 현물화폐만 사용하자 오승포(五升布)를 쓰지 못하게 금지하기도 하고, 금지 책을 어길 시에는 일반 백성은 가산을 몰수하고 관료의 경우 직첩을 거두고 법률에 따라 장형에 처하는 처벌 규정도 마련했다.

이후에도 세금으로 내는 모든 포를 저화로 전환시켜 납부하도록 하기도 하고, 저화로 관리들의 녹봉을 나누어주기도 했으며, 저화를 사용하지 않을 경우 3일 동안 거리에 세워 여러 사람에게 보이고, 장 100대를 때리거나 저화 30장을 징수하게 하여 유통을 독려했다. 그러나 저화의 유통은 자리를 잡지 못하여 세종 때는 저화 한 장의 가치가 쌀 3되에서 쌀 1되로 점점 하락했다. 성종 임금 이후에는 저화 통용의 법을 세웠으나 지켜지지 않아 심지어 지방에서는 저화의 존재 자체를 모른다는 이야기가 있은 후로 거의 교환수단으로서의 기능을 상실한 것으로 알려져 있다.

593년 전 오늘의 기사에는 지방 수령이 말을 확보하기 위해 관고의 소금과 각궁을 내주고, 목장의 병든 망아지와 바꾸기 위해 관의 저화 5장(쌀 5두, 현시세 12만원 추정)을 쓴 것을 논죄하여 서용(敍用)하지 말고 장물(臟物)은 도로 징수하게 하고 있다.

• 세종실록 30권, 세종 7년 11월 22일 정사 기사 1425년 명 홍희(洪熙) 1년

관고 물품을 유용한 전 지장연현사 이거현을 서용 않고 장물을 징수하게 하다

사헌부에서 계하기를,

"전 지장연현사(知長淵縣事) 이거현(李巨賢)은 임지에 있을 때에 관고(官庫)의 소금 2 말(斗), 각궁(角弓) 한 개, 녹피(鹿皮) 한 벌로 내관(內官) 이득주(李得周)의 말(馬)과 바꿨으며, 또 관(官)의 저화(楮貨) 5장으로 목장(牧場)의 병든 망아지와 바꿨으나, 죄를 범한 것이 사령(赦令) 전에 있었다. 청하옵건대 하교(下敎)에 의하여 서용(敍用)하지 마시고 장물(臟物)은 도로 징수하게 하소서."

하니, 그대로 따랐다.

• 【태백산사고본】 10책 30권 17장

↘ 1431년 세종13년 11월 25일

제주도에 3만 두의 말이 목양되었고 도지사가 관리했다

조선시대 제주도는 태조 때에 제주목을 설치한 이래 8도 체제가 확

립되기 전에는 전라도 나주목의 관할이었으나, 태종 때 제주목사가 전라도 관찰사의 지휘·감독을 받게되면서 제주 전역을 관할하기 시작했다.

당시 조정에서는 국가에 필요한 말을 확보하기 위해 해안가와 섬에 목마장을 설치해 운영했는데, 목마장은 나라에서 운영하는 국둔(國屯)과 민간이 운영하는 사둔(私屯)으로 구분하여 국용(國用)에 필요한 말은 국둔에서 길렀으며, 제주도 목장은 국내 최대의 목마장으로서 그 역할을 수행했다.

국가에서 운영하던 목장의 관리를 관할하며 말의 번식, 개량, 관리, 조달 등을 맡아본 정6품 관직을 감목관(監牧官)이라 했는데, 감목관은 각 도 관찰사의 지휘 아래 부(府), 목(牧), 군(郡), 현(縣)에 있는 목장을 관할했다.

통상 각 도의 목장에서는 암말 100필과 수말 15필을 1군(群)으로 편성하여 1군마다 군두(群頭) 1명, 군부(群副) 2명, 목자(牧子) 4명을 배치하여 말을 관리하게 했다. 이들은 매년 85필 이상을 번식시키는 임무를 지녔으며, 매년 5월에 감목관과 안무사(按撫使)가 마필을 점고(點考)하고 문부(文簿)를 작성하게 했다.

제주도 목장에서는 많을 때는 2~3만 필, 적을 때는 1~2만 필의 말이 목양되었는데, 생산된 말은 주로 공마(貢馬)로 진상되었다. 평년에는 세공마(歲貢馬)로 300필, 3년마다 한 번씩 돌아오는 식년(式年)에는 300필을 추가로 진상했다. 세종 때는 제주의 국둔 마필 중 3세 이상

6세 이하의 새끼 없는 암말 500필을 색출해, 전라도 각 고을에 분산해 기르게 하다가 농한기에 황해도 초도(椒島), 백령도(白翎島), 기린도(麒麟島) 등의 목장에 놓아기르게 했다.

587년 전 오늘의 기사에는 제주의 목장은 좋은 말이 생산되는 땅인데, 수령들이 이 지방 사람을 따로 감목관으로 임명해 놓으니 말을 기르는 일은 자기에게 관계가 없다고 여겨 말의 번식이 점점 예전과 같지 못하니, 수령에게도 감목관을 겸임하도록 하여 함께 말 기르는 일을 살펴 번식하게 하자는 논의가 있었다.

• 세종실록 54권, 세종 13년 11월 25일 병술 기사 1431년 명 선덕(宣德) 6년

제주의 수령에게 감목관을 겸임하도록 하다

병조에서 아뢰기를,

"제주(濟州)의 목장(牧場)은 좋은 말이 생산하는 땅인데, 수령들은 생각하기를 이미 본지방 사람으로써 감목관을 임명해 놓으니 말을 기르는 일은 자기에게 관계가 없다고 여겨, 일찍이 마음을 쓰지 않았으므로 말의 번식(繁息)하는 것이 점점 예전과 같지 못합니다. 지금부터는 수령에게도 감목관을 겸임하도록 하여 감목관과 함께 말 기르는 일을 살펴서 번식하게 하소서."

하니, 그대로 따랐다.

• 【태백산사고본】 17책 54권 29장

\ 1504년 연산10년 11월 27일

궁궐 내 마구간에 돼지 1백여 마리를 기르게 한 연산군

조선시대 돼지는 왕실이 주관하는 종묘, 사직, 선농단 등에서 거행하는 제향에 없어서는 안 되는 제물로, 종묘 때에는 소, 양, 돼지를 쓰고, 사직 때는 소, 돼지만을 썼으며 선농, 선잠에서는 돼지만을 썼을 정도로 중요한 가축이었다. 또한 왕실에서 외국사신을 접대하는 의식인 빈례(賓禮), 사신이나 신하에게 임금이 회사(回賜), 사급(賜給), 하사(下賜)하는 사여(賜與)등에도 반드시 필요한 축종이었다.

이러한 돼지는 실제로 각종 제향, 손님 접대 등을 관장하던 종6품 관서인 전생서(典牲署)는 물론 빈객(賓客)의 연향(宴享)과 공궤(供饋)를 맡아보던 관아인 예빈시(禮賓寺), 목축에 관한 일을 맡아보던 전구서(典廐署), 후에 양 관아를 합쳐 만든 분예빈시(分禮賓寺), 나중에 독립되어 말, 소 이외의 가축을 기르는 일을 담당한 사축서(司畜署) 등 모든 관련 관청에서 사육했다.

실록에 돼지에 관한 기록은 700여 건으로 주로 제향, 강무 등 사냥, 연향과 관련된 기록이 대부분이며, 임금별로는 세종 때 가장 많은 120여 건의 기록이 나타나 있고 성종 때도 많은 기록을 보이고 있다. 짐승에 관한 기록을 많이 남긴 연산군은 돼지에 관해서도 특이한 기사를 여러 곳에서 남기고 있는데, 국가기관에서 기르는 소, 염소, 돼지, 오리들에게 먹이는 소금, 콩, 겨의 수량이 적어 몹시 여위어서 사신이 오게 되면 접대하기에 알맞지 않다는 보고가 있자 먹이를 배로 늘려주게 했다. 궁궐 안에 내사복시(內司僕寺)에서 관리하던 마구간인 내구(內廐)에서 돼지 1백여 마리를 기르게 하고는 신하들이 우리를 짓지 않으면 말구유를 더럽히고 대궐 안을 돌아다닐 것이라고 건의하자, 선공감(繕工監)에게 공지(空地)에 우리를 짓게 하고 먹일 양곡은 호조에서 주도록 명하기도 했다.

또한 사슴을 후원에서 몰고 다니고 들돼지를 산채로 잡아 궐내 우리에 가두어 대신들이 인군(仁君)으로서 뛰어다니는 짐승을 가까이 하면 안 된다는 질책을 받기도 했다. 홍문관 상소에 따르면 "대궐 안에 돼지 두 마리가 화살을 맞고 온 몸이 피투성이가 되어 본관의 책방으로 뛰어들어 왔는데, 아시는 일이라면 미안한 일"이라는 추궁에, "응방(鷹房)에서 돼지를 기르는 것은 유래가 오래된 것으로 필시 개에게 물려 그런 것이거나 혹은 부딪쳐서 상한 것일 수도 있다"며 시치미를 떼기도 했다.

또한 돼지 창자를 좋아하여 식이요법에 쓸 돼지 내장(猪腸)은 전생서에서 기른 것으로 쓰게 했다. 조세로 바치는 쌀의 수송, 보관 도중에 발생하는 자연손실을 보완하고 지방관서의 경비 충당을 위해 책정된 쌀인 낙정미(落庭米)를 각종 맹금류와 가축을 기르던 응방(鷹坊)에서 실어다 쓰게 했는데 대간(臺諫)들이 중지하게 하자, 곡식은 붉게 썩어버리면 쓰지 못하게 되는데 써야 할 데 쓰지 않으면 하늘이 주신 물건을 못 쓰게 버리는 것이니 다시 쓰게 하고는 응방에서 기르는 사축서(司畜署)의 돼지도 먹일 것을 전교했다.

515년 전 오늘의 기사에는 초사흗날 하는 사냥에 돼지는 물론 토끼, 노루 같은 작은 짐승을 살은 채로 사로잡아 오라고 전교했다.

- 연산군일기 56권, 연산 10년 11월 27일 계축 기사 1504년 명 홍치(弘治) 17년

초사흗날에 하는 사냥에 토끼 같은 작은 짐승을 사로잡아 오게 하다

전교하기를,

"초사흗날 하는 사냥에 토끼, 노루, 돼지 같은 작은 짐승을 사로잡아 오라." 했다.

- 【태백산사고본】 15책 56권 22장

\ 1421년 세종3년 11월 28일

버터Butter를 전문적으로 제조하는 수유치酥油赤가 수백 호나 있었다

조선시대 궁중에서 임금을 위한 약으로 쓰거나 늙고 병든 신하에게 귀하게 나누어 주던 우유의 지방으로 만든 일종의 버터(butter)를 수유(酥油)라 했는데, 이 수유는 우유를 그릇에 담고 2~3번 끓여 낸 후 양동이에 식혀서 겉에 껍질을 거둔 후 이 껍질을 다시 불에 올려 끓여서 찌꺼기를 버리고 사발에 담아 식혀서 만드는 것으로 기록되

어 있다.

수유는 원래 불교의 밀교(密敎)에서 제단에 마련한 화로에 불을 피우고 진언(眞言)을 외우면서 그 불 속에 물건을 던져 공양하고 소원을 비는 의식인 호마(護摩) 때 쓰는 기름을 일컬었는데, 불교의 풍속에서 유래하여 만들어진 수유에 칡뿌리 가루인 갈분(葛粉)을 넣어 쑨 죽인 제호(醍醐)가 만들어져 보양식으로 자리 잡게 되었다.

고려시대 이래 이러한 수유를 전문적으로 제조하는 집단을 수유치 또는 수유적이라고 했다. 이들은 원나라 멸망 후 북원 세력의 잔존 세력과 나머지 몽골인 집단들이 치열한 쟁탈전을 벌여 몽골고원 동쪽과 요동 지역에서 패권을 차지한 몽골어 타타르(塔塔爾, Tatar), 한자어 표기인 달단(韃靼, 達達)족의 후손들로 주로 황해도와 평안도에 살았던 것으로 나타나 있다.

598년 전 오늘의 기사에는 이들이 주로 가축을 도살하는 도재(屠宰)를 직업으로 삼고 있으며, 매 호에 해마다 수유(酥油) 한 정을 사옹방(司饔房)에 바치면 부역을 면하여 주었고 군역을 피하려는 일반 양민이 많이 찾아간 것으로 기록되어 있다.

그러나 수유는 얻기가 어려워 한 호에서 몇 해를 지나도 한 정을 바치지 못하는 경우가 있었고, 몇 호에서 공동으로 한 정을 바치는 경우도 있어 국가에 들어오는 것은 얼마 안 되고 각 지방 주현(州縣)에 많은 폐해를 준 것으로 나타나 있다.

실제로 황해도 서흥군(瑞興郡)에는 한 호에 건장한 남자가 21명이 있으면서 부역을 하지 않았던 것으로 조사되어, 태상왕(太上王)이 병조에 명하여 각 도의 수유적의 호수를 전부 조사하여 수유적을 폐지하고, 있는 곳의 고을에서 군역에 충당하게 하니 그 수가 수백 호에 달한 것으로 기록되어 있다.

• 세종실록 14권, 세종 3년 11월 28일 정해 기사 1421년 명 영락(永樂) 19년

군역의 회피 수단인 수유적을 폐지하다

수유적(酥油赤)을 폐지했다. 황해도·평안도에 수유적이 있는데, 스스로 달단(韃靼)의 유종(遺種)이라 하면서 도재(屠宰)로써 직업을 삼고 있었다. 매 호(戶)에 해마다 수유(酥油) 한 정(丁)을 사옹방(司饔房)에 바치고는 집에 부역(賦役)이 없으니, 군역(軍役)을 피하는 사람이 많이 가서 의지했다. 그러나, 수유는 실로 얻기 어려우므로, 혹은 한 호(戶)에서 몇 해를 지나도 한 정(丁)을 바치지 못한 사람이 있는가 하면, 혹은 몇 호에서 공동으로 한 정을 바치는 사람이 있게 되니, 국가에 들어오는 것은 얼마 안 되는데도 주현(州縣)의 폐해(弊害)가 되는 것은 실제로 많았다. 서흥군(瑞興郡)에 한 호(戶)에 건장한 남자가 21명이 있으면서 부역(賦役)을 하지 않으려고 했다. 태상왕이 병조에 명하여 각 도의 수유적(酥油赤)의 호수(戶數)를 두루 살펴서, 있는 곳의 고을에서 군역(軍役)에 충당(充當)하게 하니, 참의 윤회가 아뢰기를,

"수유는 어용(御用)의 약(藥)에 소용되며, 또 때때로 늙어 병든 여러 신하들에게도 내리기도 하니, 이를 폐지하지는 못할 듯합니다."

라고 했다. 태상왕은 말하기를,

"그대의 알 바가 아니다."

라고 하면서, 드디어 이를 다 폐지하니, 모두 수백 호(戶)나 되었다.

• 【태백산사고본】 5책 14권 10장

\ 1414년 태종14년 11월 29일

재래마를 타고 하던 경기인 격구에는 임금도 돈을 걸었다

조선시대 초기 대표적인 왕실 스포츠인 격구(擊毬)를 가장 많이 즐긴 임금은 태종으로 재위 18년 동안 공식 기록으로 30차례 이상 경기를 한 것으로 기록되어 있다. 주로 종친들과 함께 창덕궁내 군신들이 모여 연회하던 누각인 광연루 아래나 서대문에 지어져 정종이 죽을 때까지 살았던 인덕궁에 나가 격구를 한 것으로 나타나 있다.

일반적으로 격구는 말을 타고 숟가락 모양의 채 막대기인 장시(杖匙)로 공을 구문(毬門)에 치거나 떠 넣는 경기로, 경기를 위해서는 격구관복(擊毬冠服)이라 하여 별도의 복식을 갖추고 참여했다. 모자는 검은색 말갈기로 만든 갓으로 모정(帽頂)이 평평하고 첨(尖)이 있는 종립(鬃笠)에 물총새의 깃털인 취우(翠羽)와 호랑이 수염인 호수(虎鬚)를 모자의 양쪽에 꽂아 세웠으며, 옷은 옷깃이 곧은 직령(直領) 형태의 홍색 철릭(帖裏)을 입고 허리에 두루는 과두(裹肚)를 갖추고 광조대(廣絛帶)를 매고 팔에는 소매 끝을 쪼여 매는 사구(射韝)를 착용했다.

격구할 때 쓰는 공은 나무로 깎아 붉은색을 칠했는데, 이를 주칠목환(朱漆木丸)이라고도 했으며 공의 둘레는 1척 3촌이었다. 격구의 채인 장시는 나무로 만들었는데 크게 두 부분으로 나뉘어 공을 치는 부분은 숟가락처럼 생겨 시부(匙部)라 하여 코뚜레처럼 나무를 둥글게 구부려 묶어 공을 뜰 수 있게 만들었다. 길이와 넓이는 각각 9촌이었으며 자루 부분은 길이가 3척 5촌으로 다섯 가지 색깔을 칠했다.

격구를 하는 격구장은 구장(毬場)이라고도 하는데 고려시대에는 개경에 수십 채의 민가를 헐어 별도의 구장(毬場)을 마련한 것으로 기록되어 있다. 조선에서는 궁궐 내 격구장외에 사신을 접대하던 모화관(慕華館)이나 군사의 시재(試才), 무예의 훈련 등을 하던 훈련원이 많이 이용된 것으로 나타나 있다.

격구에서 가장 중요한 말은 키가 3척(90.9cm)정도밖에 되지 않지만 지구력이 강한 재래마인 과하마(果下馬)를 주로 활용했고, 말의 안장은 매우 화려하고 사치스러워 중인의 집 열 채 가격에 맞먹을 정도였다. 특히 태종 때는 격구를 하는 말에 돈을 걸어 내기를 하는 도마희(賭馬戱)에는 임금도 참여한 것으로 기록되어 있다.

605년 전 오늘의 기사에는 임금이 광연루 아래에 나아가서 종친을 모아 격구를 한 것으로 적고 있다.

• 태종실록 28권, 태종 14년 11월 29일 무진 기사 1414년 명 영락(永樂) 12년

광연루에서 종친들과 격구하다

광연루(廣延樓) 아래에 나아가서 종친(宗親)을 모아서 격구(擊毬)했다.

- 【태백산사고본】 12책 28권 42장

12월
/
계동
季冬

\ 1462년 세조8년 12월 2일

임금이 신하들의 노고를 치하할 때는
소고기 육회를 대접했다

조선시대에 빈객의 접대와 국가에서 개최하는 연향(燕享)을 관장하고 종재(宗宰)에게 식사를 공급하는 등의 일을 담당하던 관서를 예빈시(禮賓寺)라 했는데, 정3품 판사(判事) 2명, 종3품 경(卿) 2명, 종4품 소경(少卿) 2명, 승(丞) 1명, 겸승(兼丞) 1명은 종5품, 주부(注簿) 2명, 겸주부(兼注簿) 1명은 종6품, 종7품 직장(直長) 2명, 정8품 녹사(錄事) 2명 등 많은 인원이 근무했다.

예빈시의 주요 업무는 외국 사신의 접대로, 사신이 도착한 직후 여행길의 노고를 위로하며 열어 주던 연회인 하마연(下馬宴), 사신이 유숙한 관소(館所)에서 베푸는 연회로 칙사가 한양에 도착한 뒤 베푸는 관소연(館所宴), 사신이 돌아갈 때 개최하는 전별연(餞別宴)등 칙사와 통관들에 대한 각종 접대를 담당했다.

또한 국왕이 경사가 있거나 신하들의 노고를 치하할 일이 있어, 사온서(司醞署)나 내의원(內醫院)에서 양조한 임금의 어용주인 향온(香醞)을 신료들에게 하사하는 선온(宣醞)을 담당했다. 이밖에도 종묘에 친향하는 날에 향관(享官)과 제집사(諸執事)에 대한 식사 제공 및 진향(進香)이나 노제(路祭), 치제(致祭) 제물을 준비하기도 했다.

특히 임금이 하사하는 선온에서는 육회나 탕을 준비하여 올렸다.

육회는 기름기 없는 연한 소고기를 얇게 저며서 가늘게 썰고 물에 담가 피를 잠깐 뺀 후 베보자기에 잘 짜서 파와 마늘을 다져 넣고 후춧가루와 깨소금, 기름, 꿀을 섞어 잘 주물러 잰 후에 잣가루를 많이 섞는데 기름을 많이 쳤다. 또 후추와 꿀을 섞어 만든 초고추장인 윤즙은 식성대로 한 것으로 기록되어 있다. 이밖에도 선온에는 면(麵)과 병(餠), 편육(片肉), 청밀(淸蜜), 초장(醋醬)을 내놓기도 했다.

이처럼 예빈시에서는 각종 음식물 등의 조달을 위해 전구서 등과 같이 염소나 양, 돼지, 오리, 기러기, 닭 등을 사육하기도 했으며, 공물로 찹쌀의 일종인 점미(粘米), 메밀인 목맥미(木麥米), 참기름인 진유(眞油) 등을 징수하거나 별도로 준비하여 구비했다.

557년 전 오늘의 기사에는 왕실 연향(宴享)에 임금의 허락을 받은 뒤 소, 말, 양(羊)을 잡게 한 것으로 기록되어 있다.

• 세조실록 29권, 세조 8년 12월 2일 임술 기사 1462년 명 천순(天順) 6년

예조에 연향(宴享)에 취지한 후 희생을 잡도록 하다

어찰(御札)로 예조(禮曹)에 전지(傳旨)하기를,

"이제부터는 연향(宴享)에 취지(取旨) 한 뒤에 소·말·양(羊)을 잡게 하라." 했다.

• 【태백산사고본】 10책 29권 28장

\ 1525년 중종20년 12월 3일

강원도에서 개가 왼쪽 갈비 쪽으로
새끼를 낳는 일이 있었다

조선시대 나라에 괴이(怪異)한 현상이 발생했을 때 이를 물리치기 위하여 지내는 제사를 해괴제(解怪祭)라 했다. 비일상적인 자연 현상은 큰일의 전조로 간주되어 백성들을 동요시키고 사회를 불안하게 만들 수 있어 이러한 원인을 잘 파악하여 불행을 예방하고 물리치는 것을 중요하게 여겼으며, 그러한 수단의 하나로 치러진 해괴제는 재난의 전조를 불식시키는 기양의례(祈禳儀禮)였다.

실록에 해괴제에 관한 기록은 1천여 건 이상이 실려있다. 별들에 나타난 이상 현상인 성변(星變)은 물론 종소리가 나는 것, 산이 붕괴되는 것, 돌이 움직인 것, 지진, 바닷물이 붉게 변하는 적조(赤潮), 벼락에 사람이 죽었을 때 등 다양한 현상에 해괴제를 지낸 것으로 나타나 있다.

이 중에 가축이나 짐승과 관련된 기록들을 일부 살펴보면 태종 때에 부엉이가 창덕궁 인정전에서 울어 해괴제를 행하라 했으며, 세종 때에도 20여 차례 궁궐에서 부엉이가 울어서 해괴제를 지냈으나 그 횟수가 늘어나자 예조에 전지하여 대궐 안에 부엉이가 운 곳에는 더 이상 해괴제를 거행하지 말라하기도 했다.

또한 한낮에 표범이 도성에 들어왔다가 개천으로 달아나 안국방에서 잡히니 해괴제를 지냈고, 충청도 해미현에서 암탉이 수컷으로 변하여 벼슬, 발톱, 깃털과 날고 우는 것이 모두 수탉과 같다는 보고가 있을 때, 경상도 창녕현에 소가 입이 둘이고 코가 둘이고 눈이 넷인 암송아지 한 마리를 낳고 즉시 죽었을 때에도 해괴제를 지낸 것으로 기록되어 있다.

494년 전 오늘의 기사에는 강원도에서 개가 왼쪽 갈비로 새끼를 낳았는데 매우 괴이한 일이며, 함경도에서도 사람이 왼쪽 갈비로 아이를 낳은 일이 있었는데 모자가 아직도 모두 살아 있는지 하서(下書)하여 물어보게 지시했다.

• 중종실록 56권, 중종 20년 12월 3일 정해 기사 1525년 명 가정(嘉靖) 4년

평안도 관찰사의 재변에 대한 서장을 내리며 지시하다

평안도 관찰사의 재변에 대한 서장(書狀)을 내리며 일렀다.

"흰 운기가 해를 꿰는 것은 곧 병란(兵亂)의 형상이다. 비록 변방의 사단이 없다 하더라도 오히려 두려운 일인데, 더구나 변방 사단이 있는 때이겠는가? 상하가 마땅히 공구 수성(恐懼修省)하여 각기 직책을 지켜야 한다. 또한 마땅히 평안도 절도사에게 유시하기를 '지금 재변에 관한 장계(狀啓)를 보건대 지극히 경악스럽다. 더구나 흰 운기는 병란의 형상이니, 변장(邊將)이 된 자는 마땅히 병화(兵火)가 조석 사이에 일어나게 될 것을 생각하여, 방어하는 일을 배나 더 조치해야 된다.' 하라.

또 입거(入居)하는 사람들을 힘써 안접(安接)시키게 할 것을 아울러 감사(監司)에게 유시하라. 또 11월 13일과 20일의 흰 운기는 한 하늘 아래서는 반드시 볼 수 있었을 것인데 관상감(觀象監)은 아뢰는 말이 없었으니, 관상감 관원들을 추고하라.

또 강원도에서 개가 왼쪽 갈비로 새끼를 낳았으니, 이 또한 매우 괴이한 일이다. 전일에 함경도에서 사람이 왼쪽 갈비로 아이를 낳은 일이 있었는데 모자가 아직도 모두 살아 있는지 하서(下書)하여 물어 보라."

- 【태백산사고본】 28책 56권 2장

1417년 태종17년 12월 4일

목장을 정할 때 가장 중요한 것이 호랑이가 없는 것이었다

조선시대 말과 소를 기르기 위해 일정한 설비를 갖추고 인원을 배치하여 운용하던 시설을 목장이라 했는데, 목장에는 국가에서 운영하는 국마 목장과 민간에서 운영하는 사마 목장이 있었다.

경국대전에 따르면 국마 목장은 각 도의 관찰사 아래에 감목관을 두어 관리했으며, 실무를 담당하는 군두(群頭)와 군부(群副) 및 목자(牧子)를 관할하여 암말 100필과 수말 15필을 1군(群)으로 삼고, 군마다 군두 1명, 군부 2명, 목자 4명을 배치하여 말을 돌보게 했다.

이러한 목장을 설치하고 운영할 때 가장 중요하게 고려한 사항은 우선, 백성이 적게 살고 토지도 넓은 지역으로 물과 풀이 모두 풍족한 지역을 선정했다. 그중에 무엇보다 중요한 것이 호랑이가 없거나 적은 곳으로 주로 제주도는 물론 강화도, 진도, 거제도. 연평도 등 도서 지역에 많이 설치·운영되었다.

임금대별로 목장에 호랑이가 출현하여 피해를 입힌 기록은 태종 당시 강화도 매도 목장에 큰 호랑이가 들어가서 국마를 상하게 했으나 강화 부사가 이를 잡자 나(羅), 견(絹) 1필씩을 내려 주었다. 세종 때는 전라도 백야곶 목장에 호랑이와 표범이 피해를 입히자 먼저 잡은 자에게 마리수를 계산하여 벼슬을 주도록 했고, 충청도 태안과 경상도 거제에 물과 풀이 모두 풍족하고 호랑이가 없으니 목장을 만들자는 논의도 있었다.

세조 때는 경기도 양주에 있었던 녹양 목장에서 호랑이가 말을 물었다는 소문이 있자 임금이 직접 거동하여 군사들로 하여금 오봉산과 수락산에 몰이를 하게 했으며, 나중에 직접 잡기까지 했으나 이후에 방목한 국마가 맹수에게 물려 죽는 숫자가 태반이 되자 목장을 폐쇄하기도 했다.

중종 때는 한양에 있던 살곶이 목장에 호랑이가 들어와서 말들을 상하게 하자 품계가 높은 재상을 대장으로 임명하여 군졸들을 동원하여 며칠간 기일을 정하여 호랑이를 끝까지 추격하여 잡도록 명하기도 했다.

602년 전 오늘의 기사에는 변경에서 도적을 막거나 목장에서 호랑이를 잡는 위급한 일이 있으면 소재지의 관사(官司)에 군사를 조발하여 책응하고 본도 감사에게 급히 보고하여 조치하도록 했다.

• 태종실록 34권, 태종 17년 12월 4일 을유 기사 1417년 명 영락(永樂) 15년

병조에서 연변 주군의 응변 조병하는 법을 올리다

병조(兵曹)에서 연변(沿邊) 주군(州郡)의 응변 조병(應變調兵)하는 법을 올리었다.

계문(啓聞)은 이러했다.

"연변 주군에 혹은 도적이 있거나, 혹은 목장에 맹수가 돌입하면, 소재지의 관리가 상례에 구애되어 결재를 받아서 군사를 조발(調發)하기 때문에 시기를 놓쳐 미치지 못하는 일이 있으니, 참으로 염려됩니다. 삼가 상고하면, 대명률(大明律) 천조군마조(擅調軍馬條)에 이르기를, '사나운 군사가 졸지에 이르러 와서 공격하고 엄습하고자 하고, 성진(城鎭)군마가 둔취(屯取)735한 곳에 미치거나 혹 반역이 있거나 혹 적이 내응(內應)하는 것이 있어 일이 급하고 길이 멀면 아울러 편의에 따라 화속(火速)하게 군마를 조발하여 시기를 타서 소멸 체포하도록 허락하고, 만일 도적이 불어나서 응당 모여서 잡아야 할 것은 인근의 위소(衛所)가 비록 소속이 아니더라도 군마를 조발하여 책응(策應)하고, 아울러 곧 본관 상사(本管上司)에 신보(申報)하여 조정에 전

달(轉達)하여 알리고, 만일 곧 조발하여 보내어 회합하지 않았거나 혹 곧 상사(上司)에 신보(申報)하지 않거나, 인근(隣近) 위소(衛所)에서 곧 군사를 보내어 책응하지 않은 자는 아울러 임의대로 조발한 죄와 같이 한다.' 했다.

지금부터 만일 변경에서 도적을 막거나 목장에서 호랑이를 잡는 위급한 일이 있으면, 소재지의 관사(官司)에 곧 군사를 조발하여 책응하고, 본도 감사에게 급히 보고하여 사유를 갖추어 본조(本曹)에 이문(移文)하면, 본조에서 사실을 조사하여 계달(啓達)하게 하는 것으로써 항식(恒式)을 삼으소서."

임금이 그대로 따랐다. 이보다 앞서 목장에 호랑이가 있어 그 고을의 수령이 군사를 조발하여 구축했는데, 감사가 허물로 삼아 병조(兵曹)에 이문(移文)하여 병조에서 아뢰었다. 임금이,

"혹은 도적이 있거나 혹은 이와 같은 나쁜 짐승이 있는데 결재를 받은 연후에 군사를 조발하겠느냐? 병조에서 지금까지 입법을 하지 않은 것이 가하겠느냐? 예전 제도를 널리 상고하여 입법하는 것이 가하다."

했으므로, 병조에서 이 계문(啓聞)이 있었다.

• 【태백산사고본】 15책 34권 35장

\ 1431년 세종13년 12월 6일

중국에서 요구한 농우 1만 두 교역을
6천 두로 경감한 세종世宗

조선시대 중국과의 외교관계에서 각종 교역(交易)과 사행무역(使行貿易)은 물론 외교문서를 주고받는 최일선 접경지는 명나라가 중국 요동 지역에 설치한 요동도사(遼東都司)였다.

군사적 중요성 때문에 설치된 요동도사는 군정 합일기관으로 명나라 1대 황제인 주원장 때인 홍무(洪武) 연간의 요동 경략에서부터 제3대 황제인 주체(朱棣) 때인 영락(永樂) 연간의 몽골(蒙古)과 여진족에 대한 회유, 조선과의 국경 문제 및 불법으로 국경을 넘나드는 범월(犯越), 밀교역 등 다양한 문제를 협의하는 창구로 활용되었다.

당시 조선에서는 중국으로 사신이 갈 때 정기, 비정기 사행을 막론하고 진헌물을 준비했는데, 중요 진헌물로는 초기에 금과 은을 포함하여 돗자리, 인삼, 가죽, 모시, 삼베, 명주와 같은 직물과 마필이 항상 포함되어 있었다.

세종 때는 중국에서 교역을 핑계 삼아 요동 주둔군에 밭을 가는 소(耕牛) 1만 두를 요청하여 조정을 곤혹스럽게 했다.

세종은 이 같은 요구가 있자 대신들과 소가 숫놈은 적고 암놈이 많은데 장차 자웅을 반반으로 갖추어서 할 것인가 아니면 암소를 많이 갖추어서 교환할 것인가를 논의하기도 했고, 조선에는 소가 본래 많지도 않은데 백성들이 실농하여 쓸 만한 농우가 더욱 적어 이 같은 요구대로 하면 민간에는 농우는 남김이 없게 되어 염려가 된다며 걱정을 하기도 했다.

그러면서 직접 중국 사신을 만나 근년에 수재와 가뭄으로 백성들이 소를 기를 만한 여력이 없어 농우가 있는 사람이 열 집에 한 집이 될 정도이며, 그 있는 집도 한 마리에 지나지 않다고 중국 황제에게 주청해 줄 것을 요구하는 등 끈질기게 설득한 결과 교역 두수를 1만 두에서 6천 두로 감면하는데 성공하게 된다.

588년 전 오늘의 실록에는 중국 사신이 조선은 작은 나라이므로 사냥용 매인 해청(海靑)과 야생 시라소니인 토표(土豹)를 잡는 일로도 번거로운데 소까지 교환하기는 적당하지 못하다는 의견에 동의를 구한다는 내용이 실려 있다.

- 세종실록 54권, 세종 13년 12월 6일 정유 기사 1431년 명 선덕(宣德) 6년

윤봉이 소 교환의 어려움을 창성에게 말하다

안숭선이 아뢰기를,

"윤봉이 노한에게 말하기를, '황제께서 소와 말을 각각 1만 필을 교환하고자 하니, 한림원(翰林院)에서 아뢰기를,「조선은 작은 나라이므로 지금 해청과 토표를 잡는 일로도 번거로운데, 소까지 교환하기는 적당하지 못합니다.」고 하여서, 황제가 이 말을 따라서 칙서를 내리지 않았는데, 내가 돌아가서 소가 생산되지 않는 이유를 자세히 아

뢰겠지마는, 창 대인(昌大人)에게도 힘써 말하는 것이 매우 옳을 것입니다.'했다." 했다.

- 【태백산사고본】 17책 54권 32장
- 【주】윤봉(尹鳳) : 중국 명나라 선덕제(宣德帝)의 사신

\ 1412년 태종12년 12월 10일

하루에 쌀, 콩 3말씩을 먹으며 사람을 해치다 섬에서 죽은 일본 코끼리

조선시대 일본 및 오키나와 섬을 중심으로 한 유국(琉球, 오키나와), 여진(女眞)에 대한 외교정책을 교린(交隣)이라 했는데, 교린의 외교 의례적 개념은 '적국항례(敵國抗禮)'로서 필적하는 나라끼리 대등한 의례를 나눈다는 의미였다.

이에 따라 조선 초기 임금은 일본 국왕인 실정막부(室町幕府) 장군과 유구국왕(琉球國王)과 적례교린(敵禮交隣)을 맺었으며, 교린의 예에 따라 상대국의 길흉사에 사절이 왕래하고, 재화나 무역을 허용하되 이윤을 추구하는 것을 배척하는 형태로 교류가 이루어졌다.

이러한 외교관계에 따라 일본과는 다양한 예물을 주고받았는데 일본에서는 호초(胡椒), 명반(明礬), 단목(丹木), 대화(大和)진주, 문지(紋紙) 등 주로 토산물(土産物)과 말, 원숭이, 물소, 공작새 등 다양한 동물을

보내 온 것으로 기록되어 있다.

특히 태종 때는 일본국왕이 당시 조선에는 없던 코끼리를 바치자 사복시에서 기르게 했는데, 날마다 콩 4~5두(斗)씩을 먹어 치우며 사람까지 죽고 다치게 하자 나라에 이익이 없다며 전라도 바닷가 섬에서 기르도록 명했다.

그러나 이 코끼리는 전라도 순천부 장도(獐島)에 방목된 후에는 수초(水草)를 먹지 않고 날로 수척(瘦瘠)해지고 사람을 보면 눈물을 흘리는 것으로 보고되자 임금이 불쌍히 여겨 다시 육지로 보내 기르도록 했다. 세종 때는 이 코끼리를 관리하던 전라도 관찰사가 도내 네 곳의 지방관에게 명하여 돌려가면서 먹여 기르고 있으나 폐해가 적지 않고 백성들만 괴로움을 받는다고 보고하자, 충청도는 물론 경상도까지 돌아가면서 기르도록 했다.

이렇게 애를 먹인 코끼리는 조선에 온지 10년 되는 해에 공주에서 코끼리를 기르던 종이 발에 차여 죽게 되고, 먹이는 꼴과 콩이 다른 짐승보다 열 곱절이나 되어 하루에 쌀 두 말, 콩 한 말씩을 소비하면서 사람을 해치기에 이르렀다. 그러자 당시 관리를 맡은 충청도 관찰사가 다시 바다 섬 가운데 있는 목장으로 보내자고 보고하니, 임금은 물과 풀이 좋은 곳을 가려서 내어놓아 병들어 죽지는 말게 하라는 선지(宣旨)가 있은 후 실록에는 더 이상의 기록이 남아 있지 않다.

607년 전 오늘의 실록에는 일본 국왕(日本國王)이 길들인 코끼리(馴象)

를 받쳤는데 정 3품 관직인 공조전서(工曹典書)가 기이한 짐승이라 하여 가보다가, 그 꼴이 추함을 비웃으며 침을 뱉었는데, 노한 코끼리 한테 밟혀 죽은 것으로 기록하고 있다.

- 태종실록 24권, 태종 12년 12월 10일 신유 기사 1412년 명 영락(永樂) 10년

전 공조 전서 이우가 코끼리에 밟혀 죽다

전 공조 전서(工曹典書) 이우(李瑀)가 죽었다. 처음에 일본 국왕(日本國王)이 사신을 보내어 순상(馴象)을 바치므로 3군부(三軍府)에서 기르도록 명했다. 이우가 기이한 짐승이라 하여 가보고, 그 꼴이 추함을 비웃고 침을 뱉었는데, 코끼리가 노하여 밟아 죽였다.

- 【태백산사고본】 10책 24권 30장

\ 1531년 중종26년 12월 12일

당상관(堂上官)의 방한모에는 담비 털, 그 이하에는 족제비 털을 썼다

조선시대 겨울철 추위를 막기 위해 주로 상류층에서 머리에 쓴 방한모를 이엄(耳掩), 또는 호엄(狐掩), 피견(披肩), 풍차(風遮) 등이라 했다. 방한모의 겉은 견직물을 사용하고 안을 털가죽을 사용하여 머리에서 어깨까지 덮는 형태로 만들었다.

이러한 이엄은 신분에 따라 재료가 달랐는데, 문무백관(文武百官)은 조정의 허락이 있으면 시월 초부터 정월 말까지 사모(紗帽) 아래에 이엄을 착용할 수 있었으며, 조의(朝議)를 행할 때 당상(堂上)에 앉을 수 있는 정3품 통정대부(通政大夫) 이상의 당상관은 겉에는 부드러운 질감의 직물인 단(段)을 사용하고 안에는 최고급 담비 털가죽인 초피(貂皮)를 사용한 이엄을 썼다. 하지만 3품 이하 9품까지의 당하관은 얇은 비단으로 만든 초(綃)와 족제비 털가죽인 서피(鼠皮)를 사용하게 했다.

이러한 이엄을 만들 때 사용하는 가죽은 이외에도 여우 털가죽인 호피(狐皮), 늑대의 털가죽인 이피(狸皮), 산양피(山羊皮), 개 가죽인 구피(狗皮), 고양이 가죽인 묘피(猫皮), 토끼 가죽인 토피(兔皮)등이 사용되었다. 크기도 초기에는 귀만 가렸던 형태에서 점점 머리와 어깨를 감쌀 정도로 크기가 점점 커져 나중에는 사용되는 털가죽의 수량이 초피 4~5장, 서피 13~14장을 썼던 것으로 기록되어 있다.

이 같은 모피류 중에 최고급품인 초피는 평안도나 함경도의 토산품으로 충당했으나 물량이 많지 않아 대부분 북방민족인 야인(野人, 여진족) 들로부터 조달했으며, 시류(時流)가 풍속이 사치를 숭상하게 되고 일반 복식(服飾)에 까지 초피와 서피를 많이 사용하게 되면서 이들에게 농기구나 철물은 물론 우마(牛馬) 등을 주고 모피(毛皮)을 교역한 것으로 나타나 있다.

488년 전 오늘의 실록에는 함경도 관찰사가 지방 수령들이 야인(野

人)들로부터 초피(貂皮)를 과다하게 징수했다고 장계(狀啓)를 올리자, 이들을 추고(推考)하라고 전교하고 있다.

- 중종실록 72권, 중종 26년 12월 12일 신묘 기사 1531년 명 가정(嘉靖) 10년

야인들로부터 초피를 과다하게 거둔 미전 첨사 강위 등을 파출하도록 하다

함경도 관찰사 한형윤(韓亨允)이 장계(狀啓)를 올리기를,

"미전 첨사(美錢僉使) 강위(姜渭), 훈융 첨사(訓戎僉事) 김이(金璃), 황척파 권관(黃拓坡權管) 양홍(楊泓)이 진상(進上)을 빙자하여 야인(野人)들로부터 초피(貂皮)를 과다하게 징수했기 때문에 이미 각 고을에 나누어 가두었다."

하니 전교했다.

"가두었다고는 하나 야인을 대하는 도리를 다하지 못했으니 파출(罷黜)한 후 잡아다가 추고하라."

- 【태백산사고본】 36책 72권 29장

↘ 1414년 태종14년 12월 13일

한양에 양羊이 1천 5백 두 이상 사육되어 도성都城에서 기르지 못하게 했다

조선시대 종묘나 사직에 행하는 대사에는 반드시 희생 재물로 소, 돼지, 양을 사용했다. 이 중에 양은 조선에서 잘 자라지 않아 구하기가 어려워 종묘 제향에는 양을 쓰고 사직 제향에는 염소를 쓰기도 했는데, 역대 임금별로 양을 확보하기 위하여 다양한 노력을 기울인 것으로 나타나 있다.

태종 때는 양을 구하기 위해 사람을 중국 요동에 직접 보내어 제사에 쓸 것을 바꾸어 오게 했고, 양이 귀하게 되자 연향에는 쓰지 말고 희생 제물에만 쓰도록 하기도 했다. 가축을 기르는 관청인 전구서와 예빈시에서는 양을 포함한 중소가축들을 당시 가축사양 관리서인 농잠집요에 의해 철저히 관리하도록 했다.

이 같은 양 증식 정책은 세종 때 적극 추진되어 전·현직 관리에게 양을 나누어 기르게 하여 정1품 이상은 2마리, 그 나머지는 1마리를 기르게 했으며, 암수 60두 이상 기르는 자는 새끼 2마리를 낳으면 한 마리만 나라에 바치게 했다. 또한 각 도와 제주에 각각 암양 4마리와 숫양 2마리를 보내 착실한 민가 2호를 선택하여 각 호마다 암양 2마리와 숫양 1마리를 주어 번식시키게 하고, 3년 후에는 그 자웅을 회수하되 고실된 것은 징수하지 말게 하며 10년을 한하여 시험하는 사업을 실시했다.

이후에는 각 고을에 목장의 말처럼 어미 양 10마리에 새끼 5마리 이상 치게 하고 5마리가 못되는 경우는 양 기르는 사람과 지방 수령을 논죄하기까지 하였다.

이 같은 노력으로 태종 때 중국에서 들여 온 것을 포함하여 500여두에 불과하던 도성 내 양 사육 두수는 세종 대에는 왕실 관청인 예빈에서만 1,500여두에 이르렀다. 세조 때는 비록 사전에 허가를 받기는 하지만 연향에 다시 양을 쓰도록 했고, 중종 때에는 한양에서 민간이 기르는 양이 너무 많아 떼지어 다니며 볕에 말리는 곡물을 죄다 먹고 성 밖의 벼도 많이 먹어 없앤다고 하니 성 안에서는 개인이 양을 기르지 못하게 하고, 성 밖에서만 기르도록 한 것으로 기록되어 있다.

605년 전 오늘의 실록에는 명나라에 가서 암양(牝羊)을 무역해 오라고 명(命)한 것으로 기록되어 있다.

- 태종실록 28권, 태종 14년 12월 13일 임오 기사 1414년 명 영락(永樂) 12년

명나라에 가서 암 양을 무역해 오라고 명하다

경사(京師)에서 암 양(牝羊)을 역환(易換)하라고 명했다. 예조에 하지(下旨)했다. "금후로는 매양 부경(赴京)하는 행차(行次)가 있거든 나아가서 가포(價布)를 부치라."

- 【태백산사고본】 12책 28권 44장
- 【주】 경사(京師) : 명나라 서울. 가포(價布) : 가격으로 쳐주는 포목(布木)

↘ 1541년 중종36년 12월 17일

전염병으로 소와 돼지가 많이 죽자 한글로 된 치료서적을 간행·보급했다

조선시대 소들 사이에 전파력이 강하고 폐사율이 70%에 달하는 치명적인 전염병인 우역(牛疫)에 관한 최초의 기록은 중종(中宗) 때로, 당시 기록에 따르면 평안도 소들은 거의 대부분 병으로 죽었고, 황해도 역시 마찬가지로 죽어 조정에서 다른 지역의 소를 보내주려고 했다.

그러나 평안도의 농사일은 다른 도와 달라서 소를 보내 주더라도 2~3년 안에 그곳의 밭갈이에 익숙하기 어렵다고 보고되자, 그 지역에서 소가 죽지 않은 집의 소를 서로 변통하여 농사를 짓게 조정했으며, 우역이 멈추지 않아 소가 죽지 않은 집도 전염될 염려가 있으니 미리 대비하도록 조치하도록 한바 있다.

또한 당시 발생한 우역은 양과 돼지에게까지 크게 유행하여 전염이 확산되자, 조정에서는 임금의 명에 따라 향촌궁항(鄕村窮巷)의 사람들도 이해하기 쉽도록 여러 가지 가축의 치료법을 이두문(吏讀文)과 한글로 적고, 약명은 향명(鄕名)으로 된 책을 간행·보급하게 되었는데 이 책이 우마양저염역치료방(牛馬羊猪染疫病治療方)이다.

이 책에는 신편집성마의방(新編集成馬醫方), 우의방(牛醫方), 증류본초(證類本草), 신은방(神隱方), 산거사요(山居四要), 사림광기(事林廣記), 우마양저(牛馬羊猪) 등에서 소, 말은 물론 양과 돼지의 전염병 치료에 필요한 치료 방법들을 발췌하여 간행한 것으로 우리나라 우역사(牛疫史)나 수의사(獸醫史)를 밝히는 데 중요한 자료로 평가 받고 있다.

또한 당시에 이 책을 경적(經籍)의 인쇄를 담당하는 교서관(校書館)에서 인출하여 10부 정도는 한양의 여러 관아에 두고 나머지 9부는 개성부 및 8도에 나누어 내려보내 활용토록 했고, 각 도에서는 여러 부를 각판(刻版)하여 우역이 유행하는 곳에 보내고 치료에 적용하여 효과를 검토하게 했다. 이후에도 각 임금 대 별로 우역이 발생할 때마다 이 책을 간행, 반포한 것으로 나타나 있다.

한편, 이 책은 한문 원문과 이것을 이두 및 한글 두 가지로 번역하여 나란히 수록했다는 특징을 가지고 있다. 서문은 이두문으로 작성되어 책의 편찬 배경이 자세히 서술되어 있으며, 병조에서 작성한 임금에게 보고한 문서와 이에 대한 임금의 재가한 사항을 함께 수록하고 있다.

그 주요내용은 평안도에서 올린 '서장(書狀)'에 근거하여 병조에서 치료방문을 이두와 한글로 번역했고, 약재명(藥材名)도 한자와 한글로 향명(鄕名)을 함께 적어 가축의 전염병에 대처하기 위해 간행한다는 내용으로 되어 있다.

478년 전 오늘의 실록에는 강원도 여러 고을에서 기르는 돼지와 함경도 고원(高原) 등지의 고을에서 기르는 소가 전염병으로 많이 죽었다고 기록하고 있다.

- 중종실록 97권, 중종 36년 12월 17일 무진 기사 1541년 명 가정(嘉靖) 20년

강원도·함경도의 돼지와 소가 전염병으로 죽다

강원도 안협(安峽)·금성(金城)·회양(淮陽) 등의 고을에서 기르는 돼지와 함경도 고원(高原)·영흥(永興)·정평(定平)·홍원(洪原) 등의 고을에서 기르는 소가 전염병으로 많이 죽었다.

- 【태백산사고본】 49책 97권 6장

1459년 세조5년 12월 18일

영호남 지역에서 평안도로 이주하면 관청에서 농토農土와 농우農牛를 주었다

조선시대 여진족을 몰아내기 위해 평안도와 함경도 지역에 군사 행정 구역인 4군 6진(四郡六鎭)을 개척하면서 남쪽의 백성들을 이주시키는 정책이 시행되었는데, 이를 사민(徙民)정책이라 했다.

이러한 사민정책은 국경지대에 야인들의 국경 침입이 잦아지고 경비에도 취약한 점이 많아지면서 행해진 정책으로 처음에는 평안도 일대에 거주하는 백성들을 대상으로 했으나, 응하는 자가 없자 강원도는 물론이고 충청, 전라, 경상도에서까지 자원 및 초정(抄定) 사민을 모집하는 방식으로 시행되었다.

특히 초정사민은 충청, 전라, 경상 지역인 하삼도의 군사 및 양민, 향호(鄕戶) 중에서 장정 셋 이상의 넉넉한 호를 북방으로 강제 이주시키는 늑령사변(勒令徙邊) 정책에서 특정한 죄를 지으면 전 가족이 평안도나 함경도의 변방으로 강제 이주시키는 전가사변(全家徙邊)으로 확대되었다. 이 전가사변은 무거운 형벌로 운용되어 사면령에서도 제외되었으며 종신토록 석방되어 돌아올 수 없도록 했다.

이후에는 평안도에서 군사를 대거 징발해 추진한 야인 정벌이 어려워지고 극심한 기근과 전염병으로 사망자가 크게 늘어나면서 조정에서는 공사천(公私賤)을 은닉하거나 향리의 질서를 어지럽힌 부류, 호강(豪强)한 품관(品官) 등 외방의 유력 층인 사족(士族)들도 상당수 포함된 전가사변 정책을 추진하기도 했다.

특히 세조 임금 당시 하삼도의 양인으로 모집에 응하는 사람 중에 경상도, 전라도에서 평안도로 옮기는 사람은 관직이 있건 없건 모두 5자급(資級)을 올려주고, 강원도와 황해도에서 옮기는 사람은 3자급, 충청도에서 평안도로 옮기는 사람은 4자급, 그중에서 강원도와 황해도로 옮기는 사람은 2자급을 뛰어 올려서 서용(敍用)하는 파격적인 제도를 도입했다. 또한 공사천인(公私賤人)중 응한 사람은 천인 신분을 면하게 하고 양인(良人)으로 영속시켜 벼슬길에도 통하게 했다.

560년 전 오늘의 실록에는 양인 중에 이주에 응해 옮긴 사람은 장정(壯丁)의 수효를 감안하여 농토(農土)를 주고 농우(農牛)와 농기(農器)는 관청에서 준비하여 보조해 주도록 했으며, 10년 동안 세금을 면제하는 복호(復戶)를 하도록 하고 있다.

- 세조실록 18권, 세조 5년 12월 18일 병인 기사 1459년 명 천순(天順) 3년

의정부에 평안도·황해도·강원도에 백성을 이주시키는 일에 대해 아뢰다

어서(御書)로 의정부(議政府)에 교지(敎旨)를 내리기를,
"내가 즉위(卽位)한 이래로 오로지 백성을 위하여 그 가혹한 금령(禁令)을 없애고 그 형벌을 관대(寬大)히 하여, 관리를 억제하고 백성들로 하여금 바로 나에게 와서 알리도록 했으나, 조정에 있는 관원이 오히려 혹 내 뜻을 알지 못하는데 백성들이 어찌 능히 다 알겠는가? 그들 중에 알지 못하는 사람은 매양 한 번 영(令)이 내리면 반드시 몹시 놀라면서 그 어수선하게 고치는 것을 비방하는 사람이 있으며, 그것이 자기에게 불편하면 반드시 원망하는 말로 〈인심을〉 선동하는 사람도 있고, 그것이 자기에게 불편하면 반드시 칭찬하면서 덕을 기리는 사람도 있으니, 이것은 능히 사람마다 다 덕을 좋아하도록 할 수는 없는 것이다.

국가에서는 8도(道)를 한 집안으로 삼았는데도, 평안도(平安道)·황해도(黃海道)·강원도(江原道)의 3도(道)는 인물(人物)이 조잔(凋殘)하여 한 집안에 비유한다면 한 면(面)은 담이 없는 것과 같으니, 어찌 수비하지 않을 수가 있겠는가? 내가 백성을 모집하여 3도(道)에 옮겨 거주시키려고 하는데, 만약 능히 모집에 응하는 사람이 있으면 양직(良職)

과 천량(賤良)은 10년 동안 복호(復戶)하고 전지(田地)를 넉넉히 주어서 무육(撫育)하는 것이 다른 사람보다 갑절이나 더하게 할 것이니, 어찌 국가에 힘을 다하기를 뜻하는 사람이 없겠는가? 오직 너희 의정부(議政府)에서 그 조건(條件)을 의논하여 아뢰라."

하니, 의정부(議政府)에서 아뢰기를,

"1. 하삼도(下三道)의 양인(良人)으로 모집에 응하는 사람 중에 경상도(慶尙道)와 전라도(全羅道)로부터 평안도(平安道)로 옮기는 사람은 관직이 있건 없건 모두 5자급(資級)을 뛰어올리고, 강원도(江原道)와 황해도(黃海道)로 옮기는 사람은 3자급을 뛰어올리고, 충청도(忠淸道)로부터 평안도(平安道)로 옮기는 사람은 4자급을 뛰어올리고, 강원도(江原道)와 황해도(黃海道)로 옮기는 사람은 2자급을 뛰어올려서 서용(敍用)하고, 그 도(道)의 토관(土官)이 되려고 하는 사람이 있으면 들어주소서.

1. 하삼도(下三道)의 공사 천인(公私賤人)으로 모집에 응한 사람은 천인(賤人)을 면하고 양인(良人)으로 영속(永屬)시켜 벼슬길에 통하게 하며, 사천(私賤)은 나이가 알맞고 하삼도(下三道)에 거주하는 공천(公賤)으로써 주인의 자원(自願)에 따라 바꾸어 주도록 하고, 만약 본주인이 저지하고 억제하여 〈사천(私賤)으로 하여금〉 모집에 응하지 못하도록 하는 사람은 장(杖) 1백 대를 집행하고 본주인까지 아울러 옮기게 하고, 서로 바꾸기를 허가하지 않는 것을 고발한 사람은 양인(良人)은 관직을 상주고 천인(賤人)은 면포(綿布) 30필을 상주도록 하며, 모집에

응한 양인(良人)이 만약 장정(壯丁)으로 남아서 본업(本業)을 지키기를 자원(自願)하는 사람이 있으면 식구(食口)를 헤아려 남아 있도록 들여주고 왕래하면서 서로 도와주도록 허락하소서.

1. 모집해 옮긴 사람은 장정(壯丁)의 수효를 계산하여 3등으로 삼아, 비옥하여 경작할 만한 토지를 가려서 1등은 토지 50결(結)을 주고, 2등은 40결(結)을 주고, 3등은 30결(結)을 주며, 농우(農牛)와 농기(農器)는 관청에서 준비하여 보조해 주고 10년 동안을 복호(復戶)하고, 그 새로 개간한 토지는 7년 동안 면세(免稅)하고, 곡식 종자와 구량(口糧)은 의창(義倉)의 곡식으로써 주고, 별도로 존휼(存恤)을 더하소서.

1. 위의 항목(項目)의 여러 사람들이 만약 관직을 받고 천인(賤人)을 면한 후에 도망해 돌아온 사람이 있으면, 다른 사람이 진고(陳告)하도록 허용하여 관직을 빼앗고 천인(賤人)으로 돌아가게 하며, 형률(刑律)에 의거하여 논죄(論罪)하여 돌려보내고, 진고(陳告)한 사람은 본인(本人)의 본업(本業)인 토지와 재산으로서 상(賞)에 충당하도록 하고, 알고서 고발하지 않은 이정(里正)과 색장(色掌)은 장 1백 대를 집행하도록 하소서.

1. 이사(移徙)할 때 지나가는 여러 고을에서는 양식을 주고 구료(救療)하는데, 만약 병을 치료하지 않아서 죽은 사람이 있으면 수령은 제서 유위율(制書有違律)로써 논죄(論罪)하여 영구히 서용(敍用)하지 않도록 하소서.

1. 새로 이사(移徙)한 백성들은 모두 내군(內郡)에 두고 아주 먼 변방

으로는 보내지 말도록 하소서."

하니, 그대로 따르고 명하여 좌보덕(左輔德) 이익(李翊)을 충청도(忠淸道)에, 겸 부지승문원사(兼副知承文院事) 권지(權至)를 전라도(全羅道)에, 성균관 사예(成均館司藝) 김영유(金永濡)를 경상좌도(慶尙左道)에, 대호군(大護軍) 신후갑(愼後甲)을 경상우도(慶尙右道)에 보내어 모집에 응하는 사람을 찾아내도록 했다.

- 【태백산사고본】 7책 18권 19장
- 【주】구량(口糧) : 사람 수효대로 내어 주는 양식

1517년 중종12년 12월 19일

설날 선물로 가장 인기 있는 품목은 살아있는 꿩生雉이었다

조선시대 신년을 하례하며 감사의 뜻으로 연말에 보내는 선물을 세향(歲餉)이라 했는데, 세궤(歲饋), 궤세(饋歲), 세의(歲儀)도 비슷한 의미로 사용되었다. 각 지방에서는 세금 대신 지역 특산품이나 음식을 진상한다 하여 이를 세공(歲貢)이라 부르기도 했다. 또 개인이 가까운 이들에게 토산물을 선물하는 것이나, 나라에서 음력 12월 말일인 제석(除夕) 전에 백성들에게 곡식을 나누어 주는 것도 세궤라고 불렀다.

통상 각 도의 관찰사, 통제사, 감사, 병사, 수사, 그리고 수령들은 세궤의 예에 따라, 매년 연말에 임금에게 해당 지역의 특산물을 진상하였다. 하지만 이들 세궤가 한도 이상으로 선사되어 관직을 도모할 때 일종의 뇌물로 사용되는 폐단이 있기도 했으며, 재해를 입은 지역에서는 세궤를 올리지 말도록 명하기도 했다.

통상 지방 관리들이 세궤를 할 때는 진상하는 세궤함에 편지 외에 지역 토산물 종류를 기록해 놓은 총명지(聰明紙)를 조그맣게 접어 함께 넣었는데, 각 관청의 아전들에게 가장 인기 있는 품목은 살아있는 꿩(生雉, 꿩고기)이나 곶감 등이었다. 민간에서는 어른이나 스승 그리고 처가 등지에 닭, 계란, 과일, 육포, 귤, 마른 생선 등을 주고받는 경우가 많아 이를 세찬풍속이라 부르기도 했다.

이 같은 세향 토산물 중에 꿩은 예전부터 겨울철 육류로 귀하게 먹었는데, 8월부터 이듬해 2월까지 먹을 수 있으며 나머지 달에는 독이 있고 맛이 없다고 여겼고, 어린 꿩은 7월에 먹는데 뼈가 목에 걸리면 고칠 약이 없는 것으로 알려져 있다.

또한 나라에 지내는 제향이나 천신에도 꿩을 올렸고, 왕실에 소용되는 음식 재료인 물선(物膳)을 각 도에서 바칠 때에도 꿩이 포함되어 경기도에서 올리는 명일(明日) 물선 중에는 생치를 정조(正朝)에 10마리, 단오에 15마리, 동지에 30마리, 탄일(誕日)에 20마리를 올렸다. 전라도에서는 초하루에 임금에게 바치는 삭선(朔膳)으로 11월과 12월에 생치를 15마리, 강원도에서는 11월과 12월에 생치를 15마리를 함경도에서는 12월에 생치 1마리를 올린 것으로 나타나 있다. 502년 전 오늘의 실록에는 평안도 강계(江界) 지방에 머리는 수컷인데 몸통은 암컷인 꿩이 태어난 것으로 기록되어 있다.

- 중종실록 31권, 중종 12년 12월 19일 경신 기사 1517년 명 정덕(正德) 12년

평안도 강계 지방에 기형의 꿩이 태어나다

평안도 강계(江界) 지방에 머리는 수컷인데 몸통은 암컷인 꿩이 있었다.

- 【태백산사고본】 16책 31권 13장

1420년 세종2년 12월 20일

전국 각 도에서 개를 기르는데 연간 쌀 3천 6백 가마가 소요되었다

조선왕조실록에 개(犬)에 관한 기록 중 가장 많이 언급되어 있는 것은 사냥개에 관한 내용으로 전견(田犬) 또는 엽견(獵犬), 응견(鷹犬) 등으로 표기되어 있다. 임금 대 별로는 세종(世宗)대에 가장 많은 기사가 실려 있고, 태종, 성종, 연산군 순으로 많은 기록이 나타나 있다. 태종 때 사냥개에 관한 기록은 주로 중국 사신들에게 주거나 대신들에게 하사(下賜)하는 내용으로 이 중 명나라 사신들은 중국으로 돌아

갈 때 조선에서 얻은 사냥개를 다른 관원들에게 비싼 값을 주고 팔아, 올 때마다 사냥개를 청구하기를 매우 간절히 한 것으로 되어 있다. 이 가운데 지방 관리들이 임금에게 사냥개를 바치는 경우에는 일종의 화폐인 저화(楮貨)나 귀한 왕실 마필인 내구마를 직접 내려 준 것으로 기록되어 있다.

세종 때도 역시 사신들에게 사냥개를 많이 주었으며, 사냥개를 이용한 사냥이 지방 관리들에게 까지 퍼져 철원·평강 등지에서 사냥개를 길러 임금의 사냥터인 강무장의 짐승을 몰래 잡고 있다고 하는데, 그 수령들이 이를 금지시키지 않은 이유를 추문하여 보고하라고 경기·강원도 감사에게 전지하기도 했다.

또한 군영에까지 사냥개 사육이 확산되어 수군이나 육군의 장수들이 다투어 사육하며 날마다 사냥만을 일삼아 아무런 성과도 없으니 군대를 부리어 사냥하는 것을 금지하고, 조관(朝官)을 보내어 진(陳)치는 법을 연습하고 전투하는 법을 가르치는 실정을 조사하게 하자는 상서가 있기도 했다.

이렇게 각 도에서 사육하는 개 마리수가 늘자 나라의 살림을 맡고 있는 호조판서가 관청에서 관리하는 개의 1년 사육비가 양곡으로 2천여 석(石, 쌀 기준 3천6백가마)에 달하니, 그 수를 정하여 쓸데없는 잡비를 줄이자 건의했다. 이에 임금 본인이 개를 좋아하는 것은 아니나 명나라에서 요구해 이를 대비하기 위하여 경외에서 미리 기르게 한 것인데, 그 경비가 과연 적지 않으니 수효를 줄이도록 승정원에 명한 것으로 기록되어 있다.

599년 전 오늘의 실록에는 관청에 필요 없는 개를 많이 길러서 창고에 곡식만 허비하니 금후로는 먹이를 매월 세말 씩 감할 것이며, 그 중 좋은 개 5마리만 가려서 남기고, 나머지는 모두 여러 신하에게 나누어 주라고 기록되어 있다.

- 세종실록 10권, 세종 2년 12월 20일 갑인 기사 1420년 명 영락(永樂) 18년

상왕이 관견의 수를 줄일 것을 명하다

상왕이 말하기를,

"필요 없는 개(狗)를 많이 길러서 창고에 곡식만 허비하니, 그 폐단이 심히 크다. 하물며 개에게 주는 식료가 사람이 먹는 것과 같으니 진실로 좋지 못한 일이다. 금후로는 먹이를 매월에 3말씩 감할 것이며, 그중 좋은 개 5마리만 가려서 남기고, 나머지는 모두 여러 신하에게 나누어 주라." 했다.

- 【태백산사고본】 4책 10권 19장

↘ 1431년 세종13년 12월 23일

일식과 월식 때는 짐승의 도살을 금했다

조선시대 우주의 구조, 천체(天體)의 현상 등을 구명하는 천문학(天文

學)은 농사 절기에 대한 예보 기능 외에도 천인 합일적(天人合一的) 성격도 아울러 지니고 있어 일식(日食)이나 월식(月食), 오행성(五行星) 등 천문 현상에 대한 정확한 예측과 예보가 중요했다. 이를 위해 천문의 재상(災祥)과 역일을 택하는 등의 일을 관장하는 관서로 서운관(書雲觀)을 설치·운영했는데, 후에 관제가 재정비되면서 관상감(觀象監)으로 개칭되었다.

이러한 천문 현상 중에 일식(日蝕)과 월식(月蝕)은 천체(天體)의 중심인 해와 달이 잠식되는 불길한 재변으로 하늘이 임금의 잘못을 직접 견책하고 근신케 하는 표징이라고 여겼다. 또한 일식이나 월식이 있으면 임금은 소복(素服)으로 갈아입고 근신(近臣)들을 이끌고 정전(正殿) 월대(月臺) 위에 나가 석고대죄(席藁待罪) 하듯 하늘에 용서를 비는 의식을 행했는데, 이를 구식례(救蝕禮)라 했다.

통상 일식 예보가 있으면 시일에 맞추어 각 관청은 어명을 받아 당상관과 낭관 각 1명이 제사 때 입는 엷은 옥색 옷인 천담복(淺淡服)을 입고 기구(祈求)했다. 당상관이 없는 관청은 행수관(行首官)과 좌이관(佐貳官) 2명이 행하도록 했는데, 일식이나 월식이 시작되면 일식에는 북을 쳐서 양기를 돋고 월식에는 종을 쳐서 음기를 돋우면 그 정성에 하늘이 감복하여 일식, 월식을 곧바로 원상대로 회복시켜 준다고 여겨졌다.

임금 대 별로는 태조(太祖)와 정종(定宗) 대에 일식(日食)이 있으니 임금이 소복(素服) 차림으로 군신(群臣)을 거느리고 북을 치며 구원한 기록이 있다. 태종(太宗) 대에는 일식을 예측한 서운관 부정(書雲觀 副正)이 실제 일식이 이뤄진 것이 정한 분도(分度)를 지났고, 때도 정한 때에 어긋났다 하여 그 직임을 다하지 못한 책임을 물어 동래(東萊)로 유배시킨 것으로 나타나 있다.

세종(世宗) 대에는 일식과 월식은 천변(天變)의 큰 것이니 음악을 끊고, 죄인을 형벌(刑罰)에 의하여 죽이는 형륙(刑戮)을 제거하며, 짐승의 도살(屠殺)을 금지하고, 조회(朝會)와 시장을 정지시켜 천변을 두려워해야 될 것이라고 임금이 예조(禮曺)에 전지하기도 했다.

606년 전 오늘의 실록에는 예조에서 아뢰기를 중국에서도 해(日)에 변고가 있으면 황제는 소복을 입고 정전을 피하고, 백관 이하도 모두 소복을 입고 각기 청사 앞에서 겹줄로 매 등급마다 자리를 달리하여 해를 향하여 서고, 해가 밝게 되면 그치게 된다며 매양 일식과 월식을 만나면 조회를 정지하고 음악을 끊고 형륙(刑戮)을 없애고 짐승의 도살(屠殺)을 금하도록 보고하고 있다.

- 세종실록 54권, 세종 13년 12월 23일 갑인 기사 1431년 명 선덕(宣德) 6년

일식과 월식 때 조회음악을 정지하고 형륙을 없애기로 하다

예조에서 아뢰기를,

"삼가 《두씨통전(杜氏通典)》을 살펴보건대, '천자(天子)는 합삭(合朔)175)에 북을 치게 되고, 주나라 제도에는 일식이 있으면 천자는 풍악을 잡히지 않고 소복을 하고 오휘(五麾)를 설치하고 오고(五鼓)와 오병(五

兵)과 해를 구하는 활과 살을 진설하고, 또 붉은 실로써 사(社)에 두르고 북을 치면서 자기를 책망한다.' 했으며, 또 말하기를, '하관(夏官)에 태복이 군려와 전역을 맡아서 왕고를 찬조하고, 일식·월식에도 또한 이와 같다.'고 했으며,

또 말하기를, '제후가 천자를 뵈오려고 문에 들어가서도 예를 마치지 못한 것이 네 가지인데, 일식이 그 한 가지이므로, 진(晉)나라 함녕(咸寧) 3년과 4년에 모두 정월 초하루가 합삭이 되어 원회를 물리쳤다.'고 했으며, 또 말하기를, '일식 전의 3각에 황제가 통천관(通天冠)을 쓰고 어좌에 나앉되 직위는 보통 때와 같이 하고 정사를 보지 않으며, 변고가 있어 북소리를 들으면 정전을 피해서 동당(東堂)으로 나아가고 백협단의(白袷單衣)를 입는다.'고 했으며,

또 말하기를, '그 날에는 정무를 폐하고 백관들은 본사를 지키게 되고, 해가 변고가 있으면 황제는 소복을 입고 정전을 피하고, 백관 이하도 모두 소복을 입고 각기 청사 앞에서 겹줄로 매 등급마다 자리를 달리 하여 해를 향하여 서고, 해가 밝게 되면 그치게 된다.'고 했으니 청하건대, 매양 일식과 월식을 만나면 조회를 정지하고 음악을 끊고 형륙(刑戮)을 없애고 짐승의 도살(屠殺)을 금하소서."

하니, 그대로 따랐다.

• 【태백산사고본】 17책 54권 37장

> 1384년 세종20년 12월 24일

제향에 쓰는 소와 양은 고기 외에 내장을 제물로 올렸다

조선시대 국가에서 제사를 지낼 때 사용할 희생 제물을 도살하면 다양한 부위를 여러 제기에 담아 진설했는데, 특히 소, 양, 돼지 등 희생의 고기를 올릴 때는 도마처럼 생긴 나무그릇인 조(俎)를 사용했으며, 날고기를 올리는 경우와 익힌 고기를 올리는 경우 모두 이 조를 사용했다. 이밖에 초기에는 제사 때 생육을 갑(匣)에 담는 예와 제물로 생수(牲首)를 올리는 예가 있어 상자처럼 생긴 생육갑(牲肉匣)을 사용하기도 했다.

세종 때 종묘에 있는 사당인 영녕전(永寧殿)에서 섭행(攝行)된 춘향(春享)의 기록에 따르면 소고기와 양고기는 모두 생고기로 각각 양쪽 허파와 양쪽 어깨, 양쪽 갈비에다가 등심 등 7개 부위를 함께 쓰되, 허파는 양쪽 끝에 놓고 어깨와 갈비는 그 다음에 놓고 등심은 한 가운데 놓아 각기 다른 조에 담아 대나무로 굽이 높게 만들어 과일 앞에 놓는 것으로 나타나 있다.

또한 돼지고기도 7개 부위를 우성이나 양성과 같이 하여 조에 담아 국 따위를 담는데 쓰이는 굽이 높은 나무로 된 제기인 두(豆) 앞에 놓았다. 또 다른 3개의 조에는 하나는 소고기로써 익힌 내장 위와 폐를 담고, 하나는 양고기로써 익힌 내장 위와 폐를 담고, 하나는 돼지고기로써 익힌 고기를 담는데, 돼지고기를 앞에 놓고, 소고기와 양고기는 그 다음에 놓는 것으로 기록되어 있다.

이외에도 제사의 종류에 따라 임금이 직접 제사를 드리는 친제(親祭)인 대사(大祀)인 경우 희생을 도살했음을 보여주는 핏덩이와 희생이 순색의 온전한 것임을 나타내는 가축의 털을 쟁반 모양의 제기인 모혈반에 담아 올렸으며, 구운 간인 간료(肝膋)와 창자 사이에 끼인 기름인 율료(膟膋)는 간을 하지 않은 국을 담는 제기에 담아서 사용했다.

581년 전 오늘의 실록에는 종묘 등의 제향에 메, 국, 떡, 흰떡 등은 미리 진설하지 말게 하되, 소, 양의 창자, 위, 허파와 돼지고기는 익혀서 올리고, 종묘에는 날 것으로 희생을 올리므로 미리 준비하도록 하고 있다.

• 세종실록 83권, 세종 20년 12월 24일 갑술 기사 1438년 명 정통(正統) 3년

첨지중추원사 박연이 모든 제향에 제물을 미리 진설하지 말고 임시에 진설하기를 상언하다

첨지중추원사 박연(朴堧)이 상언하기를,

"금년 납향(臘享)부터 모든 제향에 전(奠)·찬(饌)·메(飯)·국·떡·흰떡(餌) 등속을 미리 진설하지 말게 하고, 문소전(文昭殿)의 예에 의거하여 임시에 진설하게 하되, 경점(更點)에 의거하여 그 시간을 한정하고 장찬(掌饌)을 세워서 그 임무를 맡게 하고, 기장·피·벼·수수(粱)·국·떡 등의 물건들을 모름지기 극히 뜨거운 것으로써 때를 맞추게 하여서, 향내가 바야흐로 오르게 한 뒤에 제사를 행하기를 청하옵니다."

하니, 예조에 내려서 의정부와 더불어 같이 의논하게 하매, 영의정 황희 등이 의논하기를,

"본조에서는 송(宋)나라 때의 제향하는 의식에 의거하옵는데, 전(前) 5각(刻)에 종묘령(宗廟令)과 전사관(典祀官)이 그 소속 관원을 거느리고 들어가서 찬구(饌具)를 담는 것이 축전(丑前) 1각이옵고, 행사(行事)하는 것은 4경(更) 1점(點)이온데, 그 사이에 시각이 매우 촉박하여 메·국·떡·흰떡을 만약 임시하여 진설하면 시간에 못미쳐서 실례하기에 이를까 두렵사오며, 더군다나 소·양의 창자·위·허파와 돼지고기를 임시하여 익혀서 올리고, 또 종묘에는 날 것으로 희생(犧牲)을 올리므로 원묘(原廟)와 같지 아니하오니, 옛 제도에 따라서 3경(更) 3점(點)에 들어가서 찬구를 담게 하되 전(奠)드리는 물건들을 먼저 담게 하고, 메·국·떡·흰떡은 맨 나중에 진설하게 하고 전날 저녁에 미리 진설하지 말게 하옵소서." 하니, 그대로 따랐다.

- 【태백산사고본】 26책 83권 27장

1457년 세조3년 12월 25일

사복시에 기르는 말의 풀 사료로
하루에 5천단이 필요했다

조선시대 국가에서 필요로 하는 말을 생산 관리하는 일을 총괄하고

전국에 목장을 관리하며, 왕실에 사용하는 수레와 말을 관리하는 병조 예하의 정 3품 관청을 사복시라 했다.

이 사복시에서 관리하는 말들에게 급여하는 말먹이는 마료(馬料)라 하여 급여하는 사료의 종류와 양을 규정해 놓고 사육했다. 말의 주된 사료인 풀의 성장기에 따라 1년을 청초절(靑草節)인 5~9월과 황초절(黃草節)인 10~4월로 구분하여 각각 달리 지급하도록 했으며, 특히 풀 사료인 경우 실록에는 말꼴(馬蒭), 마른꼴(蒭菱), 꼴(蒭), 생추(生蒭), 꼴짚(蒭藁) 등 다양한 표현으로 기록되어 각 목장에 설치된 마초장(馬草場)이나 일반 백성들로부터 거두어 들여 활용한 것으로 나타나 있다.

문종 때 기록에 따르면 사복시에서 기르는 마필 수는 항상 5백여 필에 달하여 한 필이 하루에 먹는 꼴의 양이 10여 속(束, 단)으로 전체적으로는 하루에 5천 단이 소요된 것으로 나타나 있으며, 이 같은 생꼴(生蒭)을 벨 때가 바로 농사철에 당하여 농부는 하루도 편할 수 없다고 보고되고 있다.

특히 경기인 경우 여름에 생꼴을 나르는 수고가 심히 괴롭고, 사복시에서 숙직하는 한 사람이 혼자서 수납하기 때문에 아전이 이로 인하여 농간을 부리고 시일을 끌어서 농사를 방해하고 백성을 병들게 하여 그 폐단이 적지 않으니, 이제부터 사복시의 겨울·여름에 기르는 말의 수를 일정 두수로 정하여 백성들의 폐해를 덜게 하자는 논의가 있었다.

또한 평안도 연변의 각진과 작은 관방의 거민들은 동절기 거주지를 옮기는 입보(入保)를 하게 되는데 미리 마른 꼴을 준비하지 않기 때문에 풀이 마르고 눈이 깊게 쌓이면 말을 먹이지 못하여 여위고 죽게 되니 풀이 마르기 전에 미리 베어서 쌓아 그 수량을 도절제사에게 보고하고, 도절제사가 도진무를 보내서 심사하여 예기치 않은 사태)에 대비하도록 적고 있다.

562년 전 오늘의 실록에는 경성 및 여러 영·진의 성안에 본래 말꼴을 거두어 저장하지 않으니, 사복시로 하여금 호곶이(壺串, 살곶이), 삼전도(三田渡, 송파) 등지에서 마른꼴을 많이 베어 운반하게 하여 말을 먹이고 남는 것은 저장하여 불시의 수요에 대비하자는 논의가 있었다.

- 세조실록 10권, 세조 3년 12월 25일 을묘 기사 1457년 명 천순(天順) 1년

병조의 건의로 경성 및 각진·영에 말먹이를 잘 보관하고 관찰사가 점검토록 하다

병조에서 아뢰기를,

"경성(京城) 및 여러 영·진(營鎭)의 성안에 본래 말꼴(馬芻)을 거두어 저장하지 않으니, 너무도 원려(遠慮)가 없는 것입니다. 청컨대 이제부터 서울에서는 사복시(司僕寺)로 하여금 호곶이(壺串)·삼전도(三田渡) 등지에서 마른꼴(蒭茭)을 많이 베어 운반하게 하여, 말을 먹이고 남는 것은 무역(貿易)하지 말고 잘 쌓아 두껍게 덮어 부패해서 손상되지 않게

하고, 영·진도 역시 많이 수확 저장하여 불시의 수요에 대비하게 하고, 관찰사가 이를 점검하도록 하소서."

하니, 그대로 따랐다.

- 【태백산사고본】 4책 10권 29장

1483년 성종14년 12월 26일

혼인을 뜻하는 초례(醮禮)는 돼지를 나눠 먹고 동체(同體)가 되는 것이었다

조선시대 왕실의 혼례를 국혼(國婚)이라 했는데, 국혼은 왕, 왕세자, 왕세손의 혼례인 가례(嘉禮)와 일반 왕자녀의 혼례인 길례(吉禮)로 구분했다.

조선 초기 왕명으로 오례(五禮)의 예법과 절차 등을 그림을 곁들여 편찬한 책인 국조오례의(國朝五禮儀)에 기록된 혼례의 종류로는 납비의(納妃儀), 왕세자납빈의(王世子納嬪儀), 왕자혼례의(王子昏禮儀), 왕녀하가의(王女下嫁儀), 종친문무관일품이하혼례의(宗親文武官一品以下昏禮儀)가 있었고, 국조속오례의(國朝續五禮儀)에는 납비친영의(納妃親迎儀), 왕세손납빈의(王世孫納嬪儀)가 추가되어 있다.

이 같은 가례 중에 왕이 왕비를 맞이하는 의식을 납비의(納妃儀)라 하여 육례(六禮)의 절차가 있었는데 ①혼인을 청하는 납채(納采) ②혼인이 이루어진 징표로 예물을 보내는 납징(納徵) ③봉영일이 적힌 교서를 전하는 고기(告期) ④왕비로 책봉하는 책비(冊妃) ⑤사자(使者)를 보내 왕비를 맞아들이는 명사봉영(命使奉迎) ⑥교배석 위에 음식상을 놓고 왕과 왕비가 마주 앉아 술잔을 받아 마시는 동뢰(同牢)의 절차가 있었다.

이러한 절차가 끝나면 연회를 포함한 문무백관의 하례의식이 있었으며, 가례의 전 과정은 가례도감(嘉禮都監)을 설치하여 총괄했고, 각 의식들은 실행하기에 앞서 예행연습을 여러 차례 진행했다.

납비의(納妃儀)는 여섯 가지 절차 중 왕과 왕비가 마주 앉아 술잔을 받아 마시는 동뢰의 경우 소, 양, 돼지 등으로 길례(吉禮)에 사용하는 희생인 뇌(牢)를 같이 먹고, 조롱박을 갈라 만든 근(巹)을 함께하여 술로 입가심함으로서 몸을 합하여 존비(尊卑)를 같이 하는 것을 뜻했다. 통상 동뢰연(同牢宴)에서는 새끼 돼지의 오른쪽 반은 신랑에게, 왼쪽 반은 신부에게 차려 줘 나눠 먹게 하여 서로 다른 두 사람이 동체(同體)가 됨을 나타냈으며, 일반 민가에서는 이를 초례(醮禮)라 했다. 초례상에는 밤, 대추, 술 주전자, 술잔, 합근, 청색보자기와 홍색보자기에 싸여진 닭 두 마리를 차려놓기도 했다.

536년 전 오늘의 실록에는 도승지가 자식을 초례 시켜 가서 보기를 청한다고 아뢰자, 임금이 술과 안주를 내려주고 이를 공경히 받고서 나간 것으로 기록하고 있다.

- 성종실록 161권, 성종 14년 12월 26일 을유 기사 1483년 명 성화(成化) 19년

도승지 김여석이 자녀의 초례(醮禮)를 아뢰니 술과 안주를 하사하다

도승지(都承旨) 김여석(金礪石)이 아뢰기를,

"오늘 자식을 초례(醮禮) 시키니 가서 보기를 청합니다."

하니, 임금이 술과 안주를 하사하도록 명하자, 김여석이 하사하는 것을 공경히 받고서 나갔다. 이튿날 동료(同僚)가 말하기를,

"어제 특별히 은사(恩賜)를 입었으니 하례할 만하다. 다만 사사로운 일로써 위로 신청(宸聽)을 번거롭게 함은 어려움이 없었는가?"

하니, 김여석이 말하기를,

"일로 인하여 먼저 나가는데 아뢰지 아니할 수 없었다."

했다. 동료가 말하기를,

"일찍이 보건대 일찍 나간 적이 많았는데, 어찌하여 일일이 계품(啓稟)하지 아니했는가?"

하자, 김여석이 대답하지 아니하니 좌중이 가만히 웃었다. 김여석은 승정원(承政院)에 들어오면서부터 뜻을 굽혀 아첨하여 자못 은권(恩眷)이 있어서 도승지(都承旨)에 뛰어올려 제수되었는데, 지우(知遇)의 깊음을 스스로 다행스럽게 여겨서 총애를 굳게 하는 계책에 더욱 힘썼다.

- 【태백산사고본】 24책 161권 17장
- 【주】 - 초례(醮禮) : 결혼
    - 지우(知遇) : 자기의 재능 등을 알아 주어 잘 대우하는 일

1440년 세종22년 12월 27일

한 해의 마지막 날 행하는 나례(儺禮)에는
수탉을 잡아 땅에 묻었다

조선시대 한 해의 마지막 달인 섣달 마지막 날에는 궁궐과 민간에서 사신(邪神)과 역질(疫疾)을 쫓는 의식을 행했는데 이를 나례(儺禮), 또는 대나례(大儺禮), 대나(大儺)라고 불렀다.

통상 섣달은 28수의 별자리 중 허수(虛宿)와 위수(危宿)를 지나는 시기로 허수와 위수는 재앙과 불운 그리고 죽음을 가져다주는 별로 음기가 강해져 이 시기에 대나의식과 희생을 신에게 바쳐 음기를 제거하는 방책을 행하여 재앙과 질병을 물리쳤다.

대나례는 천문을 관측하고 역서를 발간하며 시간을 알려 주는 등의 일을 담당하던 관상감(觀象監)의 주도로 연행되었는데, 한양 사대문 안인 광화문 및 흥인문, 숭례문, 돈의문, 숙정문에서 행했다.

나례의 행렬은 4대로 나누어 각 대마다 역귀를 쫓는 역할을 하는 방상씨(方相氏)가 1인, 진자(侲子)가 12인, 집편(執鞭)이 5인, 노래 부르는 자, 몽둥이를 든 자, 징 연주자, 북 연주자, 피리 연주자 각각 1인으로 구성되었으며, 매 대마다 횃불을 가진 10인이 앞에서 행진했.

또한 대나의 절차는 관상감이 역귀를 몰아내는 나자(儺者)를 거느리고 새벽에 근정전 문 밖으로 나가면 승지가 역귀를 쫓을 것을 고한 뒤에 궐 안의 한 사람이 선창하면 다른 사람이 따라 대답했으며, 요란하게 북을 두드리고 함성을 지르며 횃불 행렬을 다함께 광화문으로, 사대문 밖으로 몰아내었다.

제례(祭禮)는 먼저 봉상시의 관원이 돗자리를 깔아 놓고 제관과 관원이 북향하고 있다가 재배한 뒤에 술을 올리고 축문을 읽은 뒤, 다시 재배하면 나자가 나올 무렵 반드시 수탉을 잡고 술을 부어 제사를 마친 뒤 제물을 땅에 묻는 것으로 마무리 했다.

이러한 대나 의식은 민간에서도 연행되었는데, 푸른 대나무 잎과 박태기 나뭇가지, 익모초 줄기, 동으로 뻗은 복숭아 나뭇가지를 합하여 만든 액막이용 빗자루와 북과 방울을 가지고 창문과 문지방을 두드리면서 매구(枚鬼)를 쫓아낸다고 말하며 문 밖으로 쫓는 시늉을 한 것으로 알려져 있다.

536년 전 오늘의 실록에는 대궐 뜰에서 나례(儺禮)를 베푸니, 임금이 이를 야밤중까지 구경한 것으로 기록되어 있다.

- 세종실록 91권, 세종 22년 12월 27일 병신 기사 1440년 명 정통(正統) 5년

대궐에서 나례를 베풀다

대궐 뜰에서 나례(儺禮)를 베푸니, 임금이 이를 구경하여 야밤중(夜分)까지 이르렀다.

- 【태백산사고본】 29책 91권 19장

조선시대 목축업에 관한 기록

축산실록

초판 1쇄 발행 2019년 11월 29일

지 은 이 | 남인식
펴 낸 이 | 하광옥
기　　획 | 김재민
교정·교열 | 옥미영
편　　집 | 조혜정
인　　쇄 | 금강인쇄(주)
펴 낸 곳 | 팜커뮤니케이션(협동조합 농장과 식탁)
　　　　　　출판등록 제 2018-000122호(2015. 7. 3)
주　　소 | 서울특별시 서초구 서초대로 64길 55, 201호
　　　　　　(서초동, 준원빌딩)
　　　　　　Tel. 편집부 070.5101.6741
　　　　　　　　 영업부 070.5101.6740
　　　　　　Fax. 070.8240.7007
　　　　　　e-mail. farmtable5@faeri.kr

ⓒ남인식 2019, Printed in Korea
ISBN 979-11-957265-9-2

- 책값은 뒤표지에 있습니다.
- 잘못된 책은 구입처에서 바꾸어드립니다.
- 이 책은 저작권법에 따라 보호받는 저작물이므로 무단전재와 무단 복사를 금지하며 이 책 내용의 전부 또는 일부를 이용하려면 반드시 팜커뮤니케이션의 서면 동의를 받아야 합니다.
- 이 도서의 국립중앙도서관 출판예정도서목록(CIP)은 서지정보유통 지원시스템 홈페이지(http://seoji.nl.go.kr)와 국가자료종합목록 구축시스템(http://kolis-net.nl.go.kr)에서 이용하실 수 있습니다. (CIP제어번호 : CIP2019044414)